Die Anerkennung der privaten Ersatzschule und ihre Auswirkungen auf das Privatschulverhältnis

Schriften zum

STAATSKIRCHENRECHT

Herausgegeben von
Axel Frhr. von Campenhausen
und Christoph Link

Band 26

PETER LANG
Frankfurt am Main · Berlin · Bern · Bruxelles · New York · Oxford · Wien

René Seidel

Die Anerkennung der privaten Ersatzschule und ihre Auswirkungen auf das Privatschulverhältnis

PETER LANG
Europäischer Verlag der Wissenschaften

Bibliografische Information Der Deutschen Bibliothek
Die Deutsche Bibliothek verzeichnet diese Publikation in der Deutschen Nationalbibliografie; detaillierte bibliografische Daten sind im Internet über <http://dnb.ddb.de> abrufbar.

Zugl.: Halle-Wittenberg, Univ., Diss., 2004

3
ISSN 1437-3149
ISBN 3-631-53461-2

www.peterlang.de

Ich danke meinen Eltern, die durch ihre jahrelange Unterstützung es mir erst ermöglicht haben, meine Wünsche zu erfüllen.

Weiterhin möchte ich Herrn Prof. Dr. de Wall danken, der mir die Gelegenheit für diese Arbeit gegeben hat.

Schließlich danke ich insbesondere Frau Doktorandin Kati Schulz LL.M.oec. für ihre großartige Hilfe bei der Literaturrecherche in der Hansestadt Hamburg.

Inhaltsverzeichnis

Literaturverzeichnis

Anders, Monika / Ascheid, Reiner / Dörner, Hans-Jürgen / Gehle, Burkhard u.a. (Hrsg.)
Das Bürgerliche Gesetzbuch mit besonderer Berücksichtigung der Rechtsprechung des Reichsgerichts und des Bundesgerichtshofes,

Band II, 1.Teil, §§ 241-413, 12. Aufl., Berlin, New York 1976

Band II, Teil 3/1, §§ 611-620, 12. Aufl., Berlin, New York 1997

Band II, Teil 3/2, §§ 621-630, Bergarbeitsrecht, See- und Binnenschifffahrtsrecht, Kirchenarbeitsrecht, §§ 651a-651k, 12. Aufl., Berlin, New York 1997
(zit.: Bearbeiter in BGB/RGRK)

Anders, Sönke
Die Schulgesetzgebung der neuen Bundesländer, Weinheim, München 1995
(zit.: Anders, Schulgesetzgebung der neuen Bundesländer)

ders.
Die Vorläufigkeit der Schulgesetzgebung der neuen Bundesländer, RdJB 1992, 281ff.
(zit.: Anders, RdJB 1992, 281)

Anschütz, Gerhard
Die Verfassung des Deutschen Reichs vom 11.August 1919, Kommentar, Vierte Bearbeitung, 14. Aufl., Berlin 1933
(zit.: Anschütz, WRV)

ders. / Thoma, Richard (Hrsg.)
Handbuch des Deutschen Staatsrechts, Zweiter Band, Tübingen 1932
(zit.: Bearbeiter in Anschütz, Hdb d. Dt. Staatsrechts)

Bachof, Otto
Teilrechtsfähige Verbände des öffentlichen Rechts, AöR 83 (1958), 208ff.
(zit.: Bachof, AöR 83 (1958), 208)

Ballerstedt, Kurt	Zur Haftung für culpa in contrahendo bei Geschäftsabschluss durch Stellvertreter, AcP 151 (1950-1951), 501ff. (zit.: Ballerstedt, AcP 151 (1950-1951), 501)
Baumert, Jürgen Artelt, Cordula Klieme, Eckkard u.a. (Hrsg.)	PISA 2000 – Die Länder der Bundesrepublik Deutschland im Vergleich, Zusammenfassung zentraler Befunde, Berlin 2002 (zit.: PISA 2000: Die Länder der BRD im Vergleich)
dies.	PISA 2000: Die Studie im Überblick, Grundlagen, Methoden und Ergebnisse, Berlin 2002 (zit.: PISA 2000: Die Studie im Überblick)
Becker, Klaus	Aufsicht über Privatschulen, Diss. iur., Köln 1969 (zit.: Becker K., Aufsicht über Privatschulen)
Becker, Ulrich	Möglichkeiten und Grenzen staatlicher Einflussnahme auf den Betrieb von Privatschulen, BayVBl. 1996, 609ff. (zit.: Becker U., BayVBl. 1996, 609)
Benda, Ernst Maihofer, Werner Vogel, Hans-Jochen (Hrsg.)	Handbuch des Verfassungsrechts der Bundesrepublik Deutschland, 2. Aufl., Berlin, New York 1994 (zit.: Bearbeiter in Benda/Maihofer/Vogel, Hdb VerfR)
Bericht der Kommission Schulrecht des 51. Deutschen Juristentages 1976	Schule im Rechtsstaat, Band I, Entwurf für ein Landesschulgesetz, München 1981 (zit.: Schule im Rechtsstaat, Bd. I)
Bernhard, Ralf	Zu den verfassungsrechtlichen Grenzen staatlicher Sparmaßnahmen bei der Privatschulfinanzierung, DVBl. 1983, 299ff. (zit.: Bernhard, DVBl. 1983, 299)

Bettermann, Karl August Nipperdey, Hans Carl Scheuner, Ulrich (Hrsg.)	Die Grundrechte, Handbuch der Theorie und Praxis der Grundrechte, Vierter Band, Grundrechte und institutionelle Garantien, 1. Halbband, Berlin 1960 (zit.: Bearbeiter in Bettermann/Nipperdey/Scheuner, Die Grundrechte, IV/1)
Blau, Klaus	Bedeutung und Probleme der Privatschulfreiheit, JA 1984, 463ff. (zit.: Blau, JA 1984, 463)
Boyd, William Lowe	Schule zwischen Zentralisierung und Zivilgesellschaft: Trends in der Schulreform in England und den Vereinigten Staaten, RdJB 1999, 214ff. (zit.: Boyd, RdJB 1999, 214)
Braun, Klaus	Kommentar zur Verfassung des Landes Baden-Württemberg, Stuttgart, München 1984 (zit.: Braun, Kommentar zur Verf des Landes Baden-Württemberg)
Bude, Hermann	Die Erneuerung des Schulwesens in den 5 neuen Ländern und Berlin (Ost) im Vergleich, RdJB 1991, 304ff. (zit.: Bude, RdJB 1991, 304)
Bülow, Peter Artz, Markus	Fernabsatzverträge und Strukturen eines Verbraucherprivatrechts im BGB, NJW 2000, 2049ff. (zit.: Bülow/Artz, NJW 2000, 2049)
Burgi, Martin	Der Beliehene – ein Klassiker im modernen Verwaltungsrecht, in Festschrift für Hartmut Maurer zum 70.Geburtstag, München 2001, S.581ff. (zit.: Burgi, FS f. Maurer)
Caspar, Johannes	Die EU-Charta der Grundrechte und das Bildungsrecht, RdJB 2001, 165ff. (zit.: Caspar, RdJB 2001, 165)
Däubler, Wolfgang	Neues Schuldrecht – ein erster Überblick, NJW 2001, 3729ff. (zit.: Däubler, NJW 2001, 3729)

Dörner, Heinrich — Verbraucherschutz bei privatem Direktunterricht, NJW 1979, 241ff.
(zit.: Dörner, NJW 1979, 241)

Dreier, Horst (Hrsg.) — Grundgesetz, Kommentar, Band I, Art.1-19 GG, Tübingen 1996
(zit.: Bearbeiter in Dreier, GG)

Duchêne, Monika — Entwicklung des Schulrechts in Thüringen von 1992 bis 1996, RdJB 1997, 200ff.
(zit.: Duchêne, RdJB 1997, 200)

Eiselt, Gerhard — Art.7 V GG im System des Privatschulrechts, DÖV 1988, 211ff.
(zit.: Eiselt, DÖV 1988, 211)

Elser, Werner / Kramer, Otto — Grundriß des Schulrechts in Baden-Württemberg, 5. Aufl., Neuwied 1998
(zit.: Elser/Kramer, Grundriß des SchulR in B-W)

Evers, Hans-Ulrich — Verwaltung und Schule, in VVDStRL 23 (1966), 147ff.
(zit.: Evers, VVDStRL 23 (1966), S.147)

ders. — Verwaltungsrechtsweg und Aufnahme in eine anerkannte Ersatzschule, JuS 1967, 257ff.
(zit.: Evers, JuS 1967, 257)

Eyermann, Erich / Fröhler, Ludwig (Hrsg.) — Verwaltungsgerichtsordnung, Kommentar, 11. Aufl., München 2000
(zit.: Bearbeiter in Eyermann, VwGO)

Falckenberg, Dieter — Grundriß des Schulrechts in Bayern, 2. Aufl., Neuwied 1995
(zit.: Falckenberg, Grundriß des SchulR in Bayern)

Fischer, Klaus — Direktunterricht und Verbraucherkreditgesetz, MDR 1994, 1063ff.
(zit.: Fischer, MDR 1994, 1063)

Friedrich, Gerd / Anders, Sönke — Zur Entwicklung der Schulgesetzgebung in den neuen Bundesländern: Sachsen, RdJB 1992, 251ff.
(zit.: Friedrich/Anders, RdJB 1992, 251)

Frowein, Jochen Abraham — Zur verfassungsrechtlichen Lage der Privatschulen unter besonderer Berücksichtigung der kirchlichen Schulen, Berlin 1979
(zit.: Frowein, Lage der Privatschulen)

ders.
Peukert, Wolfgang — Europäische Menschenrechtskonvention, Kommentar, 2. Aufl., Kehl, Straßburg 1996
(zit.: Bearbeiter in Frowein/Peukert, EMRK)

Fuß, Ernst-Werner — Verwaltung und Schule, in VVDStRL 23 (1966), 199ff.
(zit.: Fuß, VVDStRL 23 (1966), S.199)

Galas, Dieter
Habermalz, Wilhelm
Schmidt, Frank — Niedersächsisches Schulgesetz, Kommentar, 2. Aufl., Neuwied 1996
(zit.: Galas/Habermalz/Schmidt, Niedersächsisches SchulG)

Gallwas, Hans-Ullrich — Die Privatschule im bayrischen Bildungswesen, BayVBl. 1970, 119ff.
(zit.: Gallwas, BayVBl. 1970, 119)

Geller, Gregor
Kleinrahm, Kurt
Dickersbach, Alfred
Kühne, Jörg-Detlef — Die Verfassung des Landes Nordrhein-Westfalen, Kommentar, 3. Aufl., Göttingen 1977, 2. Ergl. 1994
(zit.: Bearbeiter in Geller/Kleinrahm, Verf des Landes NRW)

Gessert, Thomas — Schadensersatz nach Kündigung, Voraussetzungen, Inhalt, Reichweite und Konsequenzen des § 628 Abs.2 BGB, Frankfurt/M. 1987
(zit.: Gessert, Schadensersatz n. Kdg.)

Gilles, Peter
Heinbuch, Holger
Gounalakis, Georgios — Handbuch des Unterrichtsrechts, München 1988
(zit.: Gilles/Heinbuch/Gounalakis, Hdb UnterrichtsR)

Gounalakis, Georgios
Gounalakis, Kathrin — Rechtsprobleme der Vertragsgestaltung bei privaten Unterrichtseinrichtungen, RdJB 1997, 229ff.
(zit.: Gounalakis/Gounalakis, RdJB 1997, 229)

Gounalakis, Georgios / Klose-Mokroß, Lydia — Rechtsfragen des Nachhilfeunterrichts, RdJB 1994, 50ff. (zit.: Gounalakis/Klose-Mokroß, RdJB 1994, 50)

Graf von Westphalen, Friedrich — AGB-Recht ins BGB – Eine erste Bestandsaufnahme, NJW 2002, 12ff. (zit.: Graf v. Westphalen, NJW 2002, 12)

ders. — Vertragsrecht und AGB-Klauselwerke, Kommentar, 6. Ergl., Köln 1998 (zit.: Graf v. Westphalen, AGB-Klauselwerke)

ders. / Emmerich, Volker / Kessler, Ronald — Verbraucherkreditgesetz, Kommentar, Köln 1991 (zit.: Graf v. Westphalen/Emmerich/Kessler, VerbrKrG)

Hanßen, Klaus-Detlef — Zur Entwicklung der Schulgesetzgebung in den neuen Bundesländern: Brandenburg, RdJB 1991, 280ff. (zit.: Hanßen, RdJB 1991, 280)

Hauenschild, Wolf-Dieter — Chancengleichheit für Schüler privater Ersatzschulen beim Abitur?, RdJB 1990, 307ff. (zit.: Hauenschild, RdJB 1990, 307)

Heckel, Hans — Anmerkung zum Urteil des BGH v. 29.5.1961, DÖV 1961, 788ff. (zit.: Heckel, DÖV 1961, 788)

ders. — Anmerkung zum Urteil des OVG Berlin v. 7.4.1965, DVBl. 1966, 869ff. (zit.: Heckel, DVBl. 1966, 869)

ders. — Deutsches Privatschulrecht, Berlin, Köln 1955 (zit.: Heckel, Dt. Privatschulrecht)

ders. — Einführung in das Erziehungs- und Schulrecht, Darmstadt 1977 (zit.: Heckel, Einführung in das Erziehungs- und SchulR)

ders. — Entwicklungsrichtlinien im Privatschulrecht, DÖV 1964, 595ff. (zit.: Heckel, DÖV 1964, 595)

Heckel, Hans Avenarius, Hermann	Schulrechtskunde, 7. Aufl., Neuwied 2000 (zit.: Heckel/Avenarius, Schulrechtskunde)
Heinbuch, Holger	Erleichterte Kündigung von Direktunterrichtsverträgen?, MDR 1980, 980ff. (zit.: Heinbuch, MDR 1980, 980)
Herdegen, Matthias	Europarecht, 4. Aufl., München 2002 (zit.: Herdegen, Europarecht)
Holfelder, Wilhelm Bosse, Wolfgang	Schulgesetz für Baden-Württemberg, Handkommentar mit Nebenbestimmungen, 10. Aufl., Stuttgart, München 1991 (zit.: Holfelder/Bosse, SchulG für B-W)
Holfelder, Wilhelm Bosse, Wolfgang Benda, Hans-Heinrich Runck, Andreas	Sächsisches Schulgesetz, Handkommentar, 4. Aufl., Neuwied 1995 (zit.: Holfelder/Bosse/Benda/Runck, Sächs SchulG)
Huber, Peter Faust, Florian	Schuldrechtsmodernisierung, Einführung in das neue Recht, München 2002 (zit.: Bearbeiter in Huber/Faust, SchuldRMod)
Hufen, Friedhelm	Verwaltungsprozessrecht, 4. Aufl., München 2000 (zit.: Hufen, VwProzR)
Isensee, Josef Kirchhof, Paul (Hrsg.)	Handbuch des Staatsrechts der Bundesrepublik Deutschland, Band V, Allgemeine Grundrechtslehren, Heidelberg 1992 (zit.: Bearbeiter, HdbStR V) Band VI, Freiheitsrechte, Heidelberg 1989 (zit.: Bearbeiter, HdbStR VI)
Jach, Frank-Rüdiger	Die Rechtsstellung der Schulen in freier Trägerschaft vor dem Hintergrund der neueren Rechtsprechung zu Art.7 Abs.4 und 5 GG, DÖV 2002, 969ff. (zit.: Jach, DÖV 2002, 969)

Jach, Frank-Rüdiger	Schulvielfalt als Verfassungsgebot, Berlin 1991 (zit.: Jach, Schulvielfalt als Verfassungsgebot)
ders. Jenkner, Siegfried (Hrsg.)	Autonomie der staatlichen Schule und freies Schulwesen, Festschrift zum 65. Geburtstag von Johann Peter Vogel, Berlin 1998 (zit.: Bearbeiter in Jach/Jenkner, Autonomie der staatl. Schule)
Jarass, Hans D.	Zum Grundrecht auf Bildung und Ausbildung, DÖV 1995, 674ff. (zit.: Jarass, DÖV 1995, 674)
ders. Pieroth, Bodo	Grundgesetz, Kommentar, 6. Aufl., München 2002 (zit.: Bearbeiter in Jarass/Pieroth, GG)
Jülich, Christian	Grundriß des Schulrechts in Nordrhein-Westfalen, 2. Aufl., Neuwied 1998 (zit.: Jülich, Grundriß des SchulR NRW)
Kirchhof, Paul (Hrsg.)	EStG Kompaktkommentar, Einkommensteuergesetz, 2. Aufl., Heidelberg 2002 (zit.: Bearbeiter in Kirchhof, EStG)
Klein, Hans H.	Zum Begriff der öffentlichen Aufgabe, DÖV 1965, 755ff. (zit.: Klein, DÖV 1965, 755)
Korte, Rainer	Die „Freie Schule“ in der Bundesrepublik Deutschland, Diss. Erziehungswissenschaften, Essen 1974 (zit.: Korte, Die „Freie Schule“ in der BRD)
Kramer, Franz-Ludolf	Die Entwicklung des Schulrechts in Sachsen-Anhalt (1990-1994), RdJB 1996, 125ff. (zit.: Kramer, RdJB 1996, 125)
Kröning, Volker Pottschmidt, Gunter Preuß, Ulrich K. Rinken, Alfred (Hrsg.)	Handbuch der Bremischen Verfassung, Baden-Baden 1991 (zit.: Bearbeiter in Kröning/Pottschmidt/Preuß/Rinken, Handbuch der Brem. Verfassung)

Krzyweck, Hans-Jürgen — Zur Entwicklung der Schulgesetzgebung in den neuen Bundesländern: Berlin, RdJB 1991, 290ff.
(zit.: Krzyweck, RdJB 1991, 290)

Kullmann, Hans Josef — Sind Privatschulen „Behörden" und ihre schulischen Entscheidungen Verwaltungsakte, DÖV 1959, 569ff.
(zit.: Kullmann, DÖV 1959, 569)

Kunzmann, Bernd
Haas, Michael
Baumann-Hasske, Harald — Die Verfassung des Freistaates Sachsen, 2. Aufl., Berlin 1997
(zit.: Bearbeiter in Kunzmann/Haas/Baumann-Hasske, Verf des Freistaats Sachsen)

Landé, Walter — Die Schule in der Reichsverfassung, Berlin 1929
(zit.: Landé, Die Schule in der Reichsverfassung)

Larenz, Karl — Lehrbuch des Schuldrechts, I. Band, Allgemeiner Teil, 14. Aufl., München 1987
(zit.: Larenz, SchuldR AT)

ders. — Lehrbuch des Schuldrechts, Zweiter Band, Besonderer Teil, 1. Halbband, 13. Aufl., München 1986
(zit.: Larenz, SchuldR II/1)

Leenknegt, Gert-Jan — Schulrecht in vergleichender Hinsicht, RdJB 1996, 503ff.
(zit.: Leenknegt, RdJB 1996, 503)

Lemper, Lothar Theodor — Das Dilemma der deutschen Schulen, Die Politische Meinung, April 2002, 27ff.
(zit.: Lemper, Die Politische Meinung, April 2002, 27)

ders. — Privatschulfreiheit, Eine Untersuchung zur Genese, Praxis und Chance eines Grundrechtes, Diss. phil., Köln 1984
(zit.: Lemper, Privatschulfreiheit)

Link, Christoph — Anmerkung zum Urteil des BVerfG vom 14.11.1969, JZ 1971, 551ff.
(zit.: Link, JZ 1971, 551)

Listl, Joseph Pirson, Dietrich (Hrsg.)	Handbuch des Staatskirchenrechts der Bundesrepublik Deutschland, Erster Band, 2. Aufl., Berlin 1994 (zit.: Bearbeiter, HdbStKirchR I) Zweiter Band, 2. Aufl., Berlin 1995 (zit.: Bearbeiter, HdbStKirchR II)
Loebel, Hans-Christoph	Neuere Rechtsprechung zum Schulrecht, RdJB 1994, 506ff. (zit.: Loebel, RdJB 1994, 506)
Lorenz, Stephan	Im BGB viel Neues: Die Umsetzung der Fernabsatzrichtlinie, JuS 2000, 833ff. (zit.: Lorenz, JuS 2000, 833)
Mansel, Heinz-Peter	Die Neuregelung des Verjährungsrechts, NJW 2002, 89ff. (zit.: Mansel, NJW 2002, 89)
Mascello, Bruno	Elternrecht und Privatschulfreiheit, Dargestellt an der Volksschule in der Schweiz und in Deutschland, Diss. iur., St. Gallen 1994 (zit.: Mascello, Elternrecht u. Privatschulfreiheit)
Maunz, Theodor Dürig, Günter Herdegen, Matthias Herzog, Roman (Hrsg.)	Grundgesetz, Kommentar, Band I, Präambel, Art. 1-13, 39. Ergl., München 2001 (zit.: Bearbeiter in Maunz/Dürig, GG)
Maurer, Hartmut	Allgemeines Verwaltungsrecht, 14. Aufl., München 2002 (zit.: Maurer, AVwR)
Meder, Theodor	Die Verfassung des Freistaates Bayern, Handkommentar, 4. Aufl., Stuttgart, München 1992 (zit.: Meder, BayVerf)
Medicus, Dieter	Schuldrecht I, Allgemeiner Teil, 13. Aufl., München 2002 (zit.: Medicus, SchuldR AT)

Müller, Friedrich	Das Recht der Freien Schule nach dem Grundgesetz, 2. Aufl., Berlin 1982 (zit.: Müller, Recht der Fr. Schule nach dem GG)
ders. Kromer, Michael	Zur Verfassungsmäßigkeit staatlicher Prüfungsordnungen für anerkannte Ersatzschulen, NVwZ 1984, 77ff. (zit.: Müller/Kromer, NVwZ 1984, 77)
Müller, Friedrich Pieroth, Bodo Fohmann, Lothar	Leistungsrechte im Normbereich einer Freiheitsgarantie, Berlin 1982 (zit.: Müller/Pieroth/Fohmann, Leistungsrechte im Normbereich einer Freiheitsgarantie)
Neumann, Heinzgeorg	Die Verfassung der Freien Hansestadt Bremen, Kommentar, Stuttgart, Berlin 1996 (zit.: Neumann, Verf. der Fr. Hansestadt Bremen)
Niebes, Ludwig Becher, Bernhard Pollmann, Andrea	Schulgesetz und Schulordnungen im Freistaat Sachsen, 2. Aufl., Stuttgart, München 1996 (zit.: Niebes/Becher/Pollmann, SchulG und SchulO in Sachsen)
Niehues, Norbert	Schul- und Prüfungsrecht, Band 1, Schulrecht, 3. Aufl., München 2000 (zit.: Niehues, Schul- u. PrüfungsR Bd.1)
Ossenbühl, Fritz	Rechtliche Grundfragen der Erteilung von Schulzeugnissen, Berlin 1978 (zit.: Ossenbühl, Rechtl. Grundfragen der Erteilung von Schulzeugnissen)
ders.	Die Erfüllung von Verwaltungsaufgaben durch Private, in VVDStRL 29 (1971), S.137ff. (zit.: Ossenbühl, VVDStRL 29 (1971), S.137)
Palandt, Otto	Bürgerliches Gesetzbuch, Kommentar, 61. Aufl., München 2002 (zit.: Palandt/Bearbeiter)
ders.	Gesetz zur Modernisierung des Schuldrechts, München 2002 (zit.: Palandt/Bearbeiter, Ergbd. GModSchuldR)

Peters, Hans	Öffentliche und staatliche Aufgaben, in Festschrift für Hans Carl Nipperdey, Band II, München, Berlin 1965, S.877ff. (zit.: Peters, FS für Nipperdey Bd.II)
Pfautsch, Reinhart Lorentzen, Uwe	Grundriß des Schulrechts und der Schulverwaltung in Schleswig-Holstein, 2. Aufl., Neuwied 1997 (zit.: Pfautsch/Lorentzen, Grundriß SchulR Schl-H)
Picker, Eduard	Fristlose Kündigung und Unmöglichkeit, Annahmeverzug und Vergütungsgefahr im Dienstvertragsrecht-Teil 1, JZ 1985, 641ff. (zit.: Picker, JZ 1985, 641)
Pieroth, Bodo Schlink, Bernhard	Grundrechte, Staatsrecht II, 17. Aufl., Heidelberg 2001 (zit.: Pieroth/Schlink, Staatsrecht II)
Pieroth, Bodo Schuppert, Gunnar Folke	Die staatliche Privatschulfinanzierung vor dem Bundesverfassungsgericht, Baden-Baden 1988 (zit.: Pieroth/Schuppert, Die staatliche Privatschulfinanzierung vor dem Bundesverfassungsgericht)
Plotke, Herbert	Schweizerisches Schulrecht, Bern, Stuttgart 1979 (zit.: Plotke, Schweiz. Schulrecht)
Plümer, Egon	Verfassungsrechtliche Grundlagen und Rechtsnatur der Privatschulverhältnisse, Bad Schwartau 1970 (zit.: Plümer, Rechtsnatur der Privatschulverhältnisse)
ders.	Zum Anspruch der Privatschulen auf staatliche Anerkennung, DVBl. 1971, 537ff. (zit.: Plümer, DVBl. 1971, 537)
Rebmann, Kurt Säcker, Franz Jürgen Rixecker, Roland (Hrsg.)	Münchener Kommentar zum Bürgerlichen Gesetzbuch, Band 1, Allgemeiner Teil, §§ 1-240, AGB-Gesetz, 4. Aufl., München 2001 Band 2, Schuldrecht, Allgemeiner Teil, §§ 241-432, 4. Aufl., München 2001 (zit.: MK/Bearbeiter)

Rebmann, Kurt / Säcker, Franz Jürgen / Rixecker, Roland (Hrsg.) — Münchener Kommentar zum Bürgerlichen Gesetzbuch, Band 3, Schuldrecht, Besonderer Teil I, §§ 433-606, 3. Aufl., München 1995

Band 4, Schuldrecht, Besonderer Teil II, §§ 607-704, 3. Aufl., München 1997

Band 5, Schuldrecht, Besonderer Teil III, §§ 705-853, Partnerschaftsgesellschaftsgesetz, Produkthaftungsgesetz, 3. Aufl., München 1997
(zit.: MK/Bearbeiter)

Recker, Wilfried — Leistungsstörungsrecht nach der Schuldrechtsmodernisierung im Überblick, NJW 2002, Heft 1, S.XII
(zit.: Recker, NJW 2002, Heft 1, S.XII)

Redeker, Konrad / Redeker, Martin / von Oertzen, Hans-Joachim / Kothe, Peter — Verwaltungsgerichtsordnung, Kommentar, 13. Aufl., Stuttgart, Berlin 2000
(zit.: Redeker/von Oertzen, VwGO)

Reich, Andreas — Schulgesetz Sachsen-Anhalt, Kommentar, Bad Honnef 1997
(zit.: Reich, SchulG LSA)

Rennert, Klaus — Entwicklungen in der Rechtsprechung zum Schulrecht, DVBl. 2001, 504ff.
(zit.: Rennert, DVBl. 2001, 504)

Sachs, Michael (Hrsg.) — Grundgesetz, Kommentar, 2. Aufl., München 1999
(zit.: Bearbeiter in Sachs, GG)

Säcker, Horst — Zum Anspruch der Privatschulen auf staatliche Anerkennung, DVBl. 1971, 537ff.
(zit.: Säcker, DVBl. 1971, 537)

Schlaf, Elmar — Die Aufsicht über Privatschulen, Diss. iur., Münster 1968
(zit.: Schlaf, Aufsicht über Privatschulen)

Schlie, Hans-Walter	Elterliches Erziehungsrecht und staatliche Schulaufsicht im Grundgesetz, Frankfurt a.M., Bern, New York 1986 (zit.: Schlie, Elterliches Erziehungsrecht u. staatliche Schulaufsicht)
Schlosser, Peter	Erleichterte Kündigung von Direktunterrichtsverträgen?, NJW 1980, 273ff. (zit.: Schlosser, NJW 1980, 273)
Schmidt, Ludwig (Hrsg.)	Einkommensteuergesetz, Kommentar, 21. Aufl., München 2002 (zit.: Bearbeiter in Schmidt, EStG)
Schriever, Andreas	Ausbildungsverträge zugunsten Minderjähriger, DRiZ 1978, 305ff. (zit.: Schriever, DRiZ 1978, 305)
Schröder, Arletta-Marie	Zur Zulassung von Privaten Volksschulen, RdJB 1998, 110ff. (zit.: Schröder, RdJB 1998, 110)
Schütz, Dieter	Zur Entwicklung des Schulrechts in den neuen Bundesländern: Thüringen, RdJB 1992, 253ff. (zit.: Schütz, RdJB 1992, 253)
Soergel, Hans Theodor	Bürgerliches Gesetzbuch mit Einführungsgesetzen und Nebengesetzen, Band 2, Schuldrecht I, §§ 241-432, 12. Aufl., Stuttgart 1990 Band 3, Schuldrecht II, §§ 433-515, AGBG, AbzG, EAG, EKG, UN-KaufAbk, 12. Aufl., Stuttgart 1991 (zit.: Soergel/Bearbeiter)
Stein, Ekkehart Roell, Monika	Handbuch des Schulrechts, 2. Aufl., Bottighofen 1992 (zit.: Stein/Roell, Hdb SchulR)
Stein, Friedrich Jonas, Martin (Hrsg.)	Kommentar zur Zivilprozessordnung, Band 6, §§ 704-863, 21. Aufl., Tübingen 1995 (zit.: Stein/Jonas/Bearbeiter, ZPO)

Steiner, Udo	Anmerkung zum Urteil des VGH München v. 11.2.1974, NJW 1975, 1797f. (zit.: Steiner, NJW 1975, 1797)
ders.	Der „beliehene Unternehmer" - VG Münster NJW 1967, 171, JuS 1969, 69ff. (zit.: Steiner, JuS 1969, 69)
ders.	Öffentliche Verwaltung durch Private, DÖV 1970, 526ff. (zit.: Steiner, DÖV 1970, 526)
ders.	Öffentliche Verwaltung durch Private, Allgemeine Lehren, Hamburg 1975 (zit.: Steiner, Öffentl. Verw. durch Private)
Stelkens, Paul Bonk, Heinz Joachim Sachs, Michael (Hrsg.)	Verwaltungsverfahrensgesetz, Kommentar, 5. Aufl., München 1998 (zit.: Bearbeiter in Stelkens/Bonk/Sachs, VwVfG)
Strauch, Hans-Joachim	Staatliche und akademische Prüfungsordnungen, Heidelberg, Hamburg 1978 (zit.: Strauch, Staatliche und akademische Prüfungsordnungen)
Teichmann, Arndt	Strukturveränderungen im Recht der Leistungsstörungen nach dem Regierungsentwurf eines Schuldrechtsreformgesetzes, BB 2001, 1485ff. (zit.: Teichmann, BB 2001, 1485)
Theuersbacher, Paul	Die Entwicklung des Schulrechts von 1984-1987, NVwZ 1988, 887ff. (zit.: Theuersbacher, NVwZ 1988, 887)
ders.	Die Entwicklung des Schulrechts in den Jahren 1993 und 1994, NVwZ 1995, 1178ff. (zit.: Theuersbacher, NVwZ 1995, 1178)
ders.	Die Entwicklung des Schulrechts in den Jahren 1997 und 1998, NVwZ 1999, 838ff. (zit.: Theuersbacher, NVwZ 1999, 838)

Theuersbacher, Paul	Die neueste Rechtsprechung des Bundesverfassungsgerichts zur Privatschulfinanzierung, RdJB 1994, 497ff. (zit.: Theuersbacher, RdJB 1994, 497)
Ulmer, Peter Brandner, Hans Erich Hensen, Horst-Diether Schmidt, Harry	AGB-Gesetz, Kommentar, 8. Aufl., Köln 1997 (zit.: Bearbeiter in Ulmer/Brandner/Hensen, AGBG)
Vogel, Johann Peter	Das „herkömmliche Bild der Privatschule", RdJB 1998, 206ff. (zit.: Vogel, RdJB 1998, 206)
ders.	Das Recht der Schulen in freier Trägerschaft in den neuen Bundesländern, RdJB 1992, 305ff. (zit.: Vogel, RdJB 1992, 305)
ders.	Das Recht der Schulen und Heime in freier Trägerschaft, 3. Aufl., Neuwied 1997 (zit.: Vogel, Recht der Schulen in fr. Trägerschaft)
ders.	Der Status der Schulen in freier Trägerschaft nach dem Entwurf des Deutschen Juristentages für ein Landesschulgesetz, RdJB 1981, 214ff. (zit.: Vogel, RdJB 1981, 214)
ders.	Die Bestandsgarantie des Art.7 IV GG, DVBl. 1985, 1214ff. (zit.: Vogel, DVBl. 1985, 1214)
ders.	Die neue Privatschulgesetzgebung, RdJB 1974, 34ff. (zit.: Vogel, RdJB 1974, 34)
ders. Knudsen, Holger (Hrsg.)	Bildung und Erziehung in freier Trägerschaft, 86. Ergl., Neuwied 2002 (zit.: BEFT)

von Brauchitsch, Max Drews, Bill Lassar, Gerhard (Hrsg.)	Verwaltungsgesetze für Preußen, Sechster Band, Schulrecht, Erster und zweiter Halbband, Berlin 1933 (zit.: Bearbeiter in v. Brauchitsch, VerwG f. Preußen, VI)
von Hase, Karl	Fristlose Kündigung und Abmahnung nach neuem Recht, NJW 2002, 2278ff. (zit.: v. Hase, NJW 2002, 2278)
von Mangoldt, Hermann Klein, Friedrich Starck, Christian (Hrsg.)	Das Bonner Grundgesetz, Kommentar, Band 1: Präambel, Art.1 bis 19 GG, 4. Aufl., München 1999 Band 2: Art. 20 bis 78 GG, 4. Aufl., München 2000 (zit.: Bearbeiter in v. Mangoldt/Klein/Starck, GG)
von Münch, Ingo (Hrsg.)	Besonderes Verwaltungsrecht, 8. Aufl., Berlin 1988 (zit.: Bearbeiter in v. Münch, BesVwR)
ders. Kunig, Philip (Hrsg.)	Grundgesetz-Kommentar, Band 1, Präambel bis Art.19 GG, 5. Aufl., München 2000 Band 2, Art.20 bis 69 GG, 5. Aufl., München 2001 (zit.: Bearbeiter in v. Münch/Kunig, GG)
von Staudinger, Julius	J. von Staudingers Kommentar zum Bürgerlichen Gesetzbuch mit Einführungsgesetz und Nebengesetzen Zweites Buch, Recht der Schuldverhältnisse §§ 255-292, 13. Bearbeitung, Berlin 1995 §§ 328-362, 13. Bearbeitung, Berlin 1995 §§ 611-615, 13. Bearbeitung, Berlin 1999 §§ 620-630, 13. Bearbeitung, Berlin 1995 (zit.: Staudinger/Bearbeiter)

von Staudinger, Julius	Gesetz zur Regelung der allgemeinen Geschäftsbedingungen (AGBG), 13. Bearbeitung, Berlin 1998
	Verbraucherkreditgesetz, Haustürwiderrufsgesetz, § 13a UWG, 13. Bearbeitung, Berlin 1998 (zit.: Staudinger/Bearbeiter)
Vortmann, Jürgen	Verbraucherkreditgesetz, Kommentar, Stuttgart 1991 (zit.: Vortmann, VerbrKrG)
Wassermann, Rudolf (Hrsg.)	Kommentar zum Grundgesetz, Reihe Alternativkommenare, Band I, Art.1-37 GG, 2. Aufl., Neuwied 1989 (zit.: Bearbeiter in AK-GG)
Weiß, Wolfgang	Beteiligung Privater an der Wahrnehmung öffentlicher Aufgaben und staatliche Verantwortung, DVBl. 2002, 1167ff. (zit.: Weiß, DVBl. 2002, 1167)
Westermann, Harm Peter (Hrsg.)	Erman, Bürgerliches Gesetzbuch, Handkommentar, Band I, §§ 1-853, HausTWG, ProdHaftG, SchuldRAnpG, VerbrKrG, 10. Aufl., Münster, Köln 2000
	Band II, §§ 854-2385, AGBG, EGBGB, ErbbauVO, HausratsVO, SachenRBerG, 10. Aufl., Münster, Köln 2000 (zit.: Erman/Bearbeiter)
Wienands, Hans-Gerd	Der private Unterrichtsvertrag, Diss. iur., Köln 1995 (zit.: Wienands, Der private Unterrichtsvertrag)
Wolf, Manfred Horn, Norbert Lindacher, Walter F.	AGB-Gesetz, Kommentar, 4. Aufl., München 1999 (zit.: Bearbeiter in Wolf/Horn/Lindacher, AGBG)
Wolff, Hans J. Bachof, Otto Stober, Rolf	Verwaltungsrecht II, Besonderes Organisations- und Dienstrecht, 5. Aufl., München 1987 (zit.: Wolff/Bachof/Stober, VwR II)
Wolff, Klaus Richter, Rudolf Gras, Sigrun	Schulgesetz des Landes Sachsen-Anhalt, Kommentar, 7. Ergl., Wiesbaden 2001 (zit.: Wolff/Richter/Gras, SchulG LSA)

Woltering, Herbert Bräth, Peter	Niedersächsisches Schulgesetz, Handkommentar, 4. Aufl., Stuttgart, München 1998 (zit.: Woltering/Bräth, Nds SchG)
Zimmer, Daniel	Das neue Recht der Leistungsstörungen, NJW 2002, 1ff. (zit.: Zimmer, NJW 2002, 1)
Zöller, Richard	Zivilprozessordnung, 22. Aufl., Köln 2001 (zit.: Zöller/Bearbeiter, ZPO)
Zweigert, Konrad Kötz, Hein	Einführung in die Rechtsvergleichung, 3. Aufl., Tübingen 1996 (zit.: Zweigert/Kötz, Einführung in die Rechtsvergleichung)

A) Einleitung

Wie vor kurzer Zeit in der PISA-Studie festgestellt worden ist, liegen der Bildungsstand und das Leistungsniveau der deutschen Schülerinnen und Schüler unterhalb des internationalen Durchschnitts der an der Untersuchung beteiligten Länder. Von 31 an der Untersuchung teilnehmenden Ländern ordnete die Studie das Leistungsvermögen der deutschen Schüler erst an Position 21 ein. Die Vergleichsstudie untersuchte insbesondere die Bereiche der Lesekompetenz, der mathematischen und naturwissenschaftlichen Grundbildung sowie fächerübergreifende Fähigkeiten des Lernens fünfzehnjähriger Schülerinnen und Schüler.[1] In all diesen Bereichen rangieren die Deutschen im Durchschnitt im hinteren Drittel. Damit stellt sich der Glaube an die Qualität der deutschen Schulausbildung scheinbar als Irrtum heraus. Zwar besteht in Deutschland nach den Ergebnissen der PISA-Ergänzungsstudie, in der das Leistungsvermögen der deutschen Schüler in den einzelnen Bundesländern aufgegliedert ist, ein erhebliches Leistungsgefälle von Süden nach Norden. Die Schüler der süddeutschen Bundesländer weisen insgesamt bessere Ergebnisse auf. Doch nur Bayern befindet sich danach über dem gebildeten internationalen Durchschnitt der PISA-Studie und liegt im vorderen Drittel der internationalen Rangliste.[2] Doch selbst das beste deutsche Bundesland zählt, international betrachtet, nicht zur absoluten Spitzengruppe im Hinblick auf das Leistungsvermögen seiner Schüler.
Zur Verbesserung dieses für Deutschland blamablen Ergebnisses haben die Kultusminister der Länder Gegenmaßnahmen beschlossen. Deutschlandweit einheitliche und verbindliche Bildungsstandards sollen in allen Bundesländern eingeführt werden. Sie beschreiben Kerninhalte, die als gesichertes Wissen zusammen mit Fertigkeiten, Fähigkeiten und überfachlichen Kompetenzen am Ende eines Bildungsabschnittes vorhanden sein müssen.[3] Diese Bildungsstandards stellen vergleichbare Anforderungen für die einzelnen Bildungsgänge der Länder auf. Das Konzept vereinheitlichter Bildungsstandards führt trotz aller entgegengesetzten Beteuerungen zur weiteren Vereinheitlichung des Systems der staatlichen Schulen. Ob durch die bloße Angleichung und Festschreibung der Kerninhalte des Unterrichts auch die Bildungsqualität verbessert werden

---

1 PISA 2000: Die Studie im Überblick, S.1f., 6ff. (nachzulesen unter http://www.mpib-berlin.mpg.de/pisa); Lemper, Die Politische Meinung, April 2002, S.27

2 PISA 2000: Die Länder der BRD im Vergleich, S.17ff. (nachzulesen unter http://www. mpib-berlin.mpg.de/pisa); i.V.m. PISA 2000: Die Studie im Überblick, S.16

3 beschlossen auf der 298. Plenarsitzung der Kultusministerkonferenz am 23./24.5.2002 in Eisenach und weiterentwickelt auf der 299. Plenarsitzung der Kultusministerkonferenz am 17./18.10.2002 in Würzburg (nachzulesen als Zentrale Beschlüsse unter http://www. kmk.org/ aktuell/home.htm); siehe auch die Meldungen in der FAZ vom 25.5.2002, S.1; FAZ vom 27.6.2002, S.1 und FAZ vom 19.10.2002, S.4

kann, wird sich zeigen müssen. Letztendlich kommt es doch auf die konkrete Art und Weise der Wissensvermittlung im Unterricht also auf die Qualität des Unterrichts selbst an.
Im Wesentlichen ausgenommen von der öffentlichen Diskussion als Folge der PISA-Studie sind bisher in Deutschland erstaunlicherweise die Privatschulen. Gerade sie stellen jedoch eine pädagogische Alternative zum öffentlichen Schulwesen dar und vermögen durch intensivere und individuellere Betreuung dem einzelnen Schüler u.U. eine bessere schulische Ausbildung zu vermitteln. Die Privatschulen bringen einen Hauch von Wettbewerb in das ansonsten eher starre deutsche Schulsystem. Wettbewerb, der die Qualität der Schulausbildung erhöht, sollte dabei in Deutschland höchst willkommen sein. Die quantitative Bedeutung der deutschen Privatschulen ist aber eher als gering einzuschätzen. Nur rund 6 % aller Schulen in Deutschland befinden sich in privater Trägerschaft. In Großbritannien sind es hingegen 8 %, in Frankreich 12 %, in Irland 25 % und in Belgien und den Niederlanden sogar rund 70 %.[4] Dennoch ist der Anteil der Schüler von Privatschulen in der Bundesrepublik Deutschland an der Gesamtschülerzahl von 2,8 % im Jahr 1960[5] auf 6 % in den alten Bundesländern im Jahre 1998 gestiegen. In den neuen Bundesländern besuchten 1998 lediglich 1 % der Schüler private Schulen.[6] Vielleicht nun auch bestärkt durch die Ergebnisse der PISA-Studie, steigen die Schülerzahlen der Privatschulen jedoch weiterhin beständig. So erreichte z.B. in Hessen im Schuljahr 2001/2002 die Schülerzahl an hessischen Privatschulen einen Höchststand. Sie stieg um 1,2 % auf 35800 Schüler in 105 privaten Ersatzschulen.[7] Auch in Sachsen-Anhalt, das nach der PISA-Ergänzungsstudie regelmäßig hintere Plätze im Leistungsvermögen der Schüler belegt,[8] steigt die Anzahl der privaten allgemein bildenden Schulen. Gab es im Schuljahr 2001/2002 31 private Ersatzschulen mit insgesamt 6100 Schülern, so öffneten zum neuen Schuljahr 2002/2003 sieben weitere Schulen in freier Trägerschaft ihre Pforten.[9] Eine entsprechende Nachfrage nach Bildungsalternativen scheint damit gegeben zu sein. Das Privatschulwesen stellt eine durch das Grundgesetz garantierte Alternative zum öffentlichen Schulwesen dar. Die Privatschulen könnten gerade wegen der konstatierten Schwäche der an öffentlichen Schulen vermittelnden Ausbildung auch in Zu-

---

[4] Die Zahlenangaben stammen aus der FAZ, Verlagsbeilage Internate und Privatschulen vom 19.2.2002, S.B1 sowie von Leenknegt, RdJB 1996, 503(506)
[5] Korte, Die „Freie Schule" in der BRD, S.127; Mascello, Elternrecht und Privatschulfreiheit, S.250
[6] Die Zahlenangaben aus dem Jahr 1998 stammen von Vogel, RdJB 1998, 206(210).
[7] FAZ vom 13.6.2002, S.4
[8] PISA 2000: Die Länder der BRD im Vergleich, S.17ff.; i.V.m. PISA 2000: Die Studie im Überblick, S.16
[9] MZ vom 2.7.2002, S.4 und MZ vom 26.7.2002, S.1

kunft noch weiter an Bedeutung gewinnen und so zum Pluralismus der schulischen Ausbildung in Deutschland einen größeren Beitrag leisten.
Insofern ist es interessant, die rechtliche Situation der Privatschulen in Deutschland zu betrachten. Die folgende Untersuchung möchte diesem Ziel dienen.
Dabei soll zunächst die verfassungsrechtliche Lage der Privatschulen begutachtet werden. Hierfür sind der Schutzbereich des Grundrechts der Privatschulfreiheit, die Unterscheidung zwischen Ersatz- und Ergänzungsschulen und die Voraussetzungen der Genehmigung von Ersatzschulen näher darzulegen. Die Betrachtung der Umsetzung der grundrechtlichen Vorgaben in das Landesrecht der einzelnen Bundesländer bildet den Abschluss dieses Teils der Arbeit.
Die gesamte Darstellung wird sich generell primär mit den Ersatzschulen im Bereich allgemein bildender Schulen befassen. Denn gerade diese Privatschulen sind dafür geeignet, mit gleichwertigen Bildungsangeboten und –alternativen öffentliche Schulen zu ersetzen. Große Bedeutung erlangen die privaten Ersatzschulen aber auch im Bereich der berufsbildenden Schulen. Darauf und auf die Rechtslage der privaten Ergänzungsschulen soll jedoch in dieser Arbeit nicht näher eingegangen werden. Ebenso wenig wird das Problem der finanziellen Förderung der Privatschulen durch den Staat in dieser Arbeit erörtert. Mit dieser Frage hatte sich das Bundesverfassungsgericht in letzter Zeit mehrmals auseinander zu setzen.[10]
Die Anerkennung der genehmigten Ersatzschulen bildet vielmehr ein weiteres zentrales Problem des Rechts der privaten Ersatzschulen. Die strittige Frage der Verfassungsmäßigkeit der Anerkennung stellt einen Schwerpunkt dieser Arbeit dar. Unter Betrachtung der historischen Entwicklung, der Ausgestaltung in anderen Ländern des deutschen Rechtskreises und des jeweiligen Landesrechts der einzelnen Bundesländer soll beantwortet werden, ob und wie die Anerkennung als verfassungsrechtlich wirksam anzusehen ist. Dabei muss zugleich auf den Charakter und die Bedeutung des Berechtigungswesens eingegangen werden. Nach der Erteilung der Anerkennung können die Ersatzschulen in eigener Verantwortung und mit Außenwirkung Prüfungen durchführen sowie Abschlusszeugnisse erteilen. Dies ist den lediglich genehmigten Ersatzschulen verwehrt. Deshalb soll in einem weiteren Teil der Arbeit untersucht werden, wie die Schüler genehmigter Ersatzschulen ihren Schulabschluss mit Außenwirkung erwerben können. Den Schwerpunkt der Betrachtung bilden dafür die landesrechtlichen Normenkomplexe zum Erwerb des Abiturs.
Der letzte Abschnitt der Arbeit betrachtet die Rechtsbeziehungen der Ersatzschule im Verhältnis zum Staat und im Verhältnis zu ihren Schülern. In diesem Abschnitt erfolgt eine konkrete Darstellung der Rechtsverhältnisse der geneh-

---

[10] siehe dazu insbesondere BVerfGE 75, 40; 90, 128; LVerfG M-V DÖV 2002, 118; Jach, DÖV 2002, 969(973ff.); Müller/Pieroth/Fohmann, Leistungsrechte im Normbereich einer Freiheitsgarantie; Pieroth/Schuppert, Die staatliche Privatschulfinanzierung vor dem Bundesverfassungsgericht; Vogel, RdJB 1998, 206

migten Ersatzschulen und der anerkannten Ersatzschulen. Unterschiede und Gemeinsamkeiten des Privatschulverhältnisses der genehmigten Ersatzschulen und der anerkannten Ersatzschulen sollen dabei herausgearbeitet und die Bedeutung der Anerkennung für die Ersatzschulen und ihre Rechtswirkungen so noch einmal veranschaulicht werden.

Das Privatschulrecht erweist sich insgesamt als eine sehr differenzierte Rechtsmaterie mit einer wie im gesamten Schulrecht insgesamt hohen Regelungsdichte an Gesetzen und Verordnungen. Durch die grundlegenden Problembereiche der Genehmigung und Anerkennung der Ersatzschule sind das Verfassungsrecht, das Verwaltungsrecht und das Privatrecht in unterschiedlichen Konstellationen miteinander verwoben. Der Verfasser hofft, durch diese Arbeit derartige Verflechtungen näher darlegen und so etwas mehr Klarheit in die komplexe Rechtsmaterie des Privatschulrechts bringen zu können.

B) Verfassungsrechtliche Grundlagen: Die Privatschulfreiheit gemäß Art.7 IV, V GG

Bereits das Grundgesetz gibt die Vorgaben für die rechtliche Ausgestaltung der Privatschulen und des Privatschulverhältnisses. Das Grundrecht der Privatschulfreiheit gem. Art.7 IV, V GG stellt den Rahmen dar, in welchem die Privatschulen autonom eigene pädagogische Konzepte verfolgen können. Die derart grundrechtlich garantierte Privatschulfreiheit führt zur verfassungsrechtlichen Absicherung der Betätigung privater Schulen.
Eine Darstellung der aus Art.7 IV, V GG abzuleitenden Rechte muss daher Grundlage dieser Arbeit sein. Erst dann kann im Anschluss festgestellt werden, welchen Charakter die Anerkennung der Privatschulen aufweist und wie sich die Anerkennung auf die Rechtssituation der Privatschulen auswirkt. Um die Anerkennung der Privatschule und die Auswirkungen dieser auf das Privatschulverhältnis zwischen den Schülern und dem privaten Schulträger näher darlegen zu können, ist deshalb zunächst auf die Privatschulfreiheit als verfassungsrechtlich garantiertem Grundrecht einzugehen. Darum soll im nun im Anschluss der Schutzbereich des Grundrechts der Privatschulfreiheit, insbesondere die Untergliederung in Ersatz- und Ergänzungsschulen und die Voraussetzungen der Genehmigung der Ersatzschulen näher dargestellt werden.

I.) Der Schutzbereich des Grundrechts der Privatschulfreiheit

1.) Der persönliche Schutzbereich des Grundrechts der Privatschulfreiheit

Art.7 IV, V GG garantiert als klassisches Freiheitsrecht die Privatschulfreiheit. Die Freiheit, Privatschulen unter den noch näher darzulegenden Anforderungen der Art. 7 IV, V GG zu errichten, wird nach der freiheitlich demokratischen Grundordnung des Grundgesetzes gegenüber jedermann gewährleistet. Die Wahrnehmung des Grundrechts der Privatschulfreiheit ist somit nicht nur auf Deutsche beschränkt, sondern ein Jedermannsrecht.[11]
Um aber feststellen zu können, wie nun jedermann eine private Schule errichten kann, ist zunächst die Klärung des Begriffs Privatschule notwendig. Hierbei muss zuerst die Erläuterung der Einrichtung Schule im generellen Sinne erfolgen, um diese von den vielfältigen existierenden Bildungs- und Unterrichtseinrichtungen im weitesten Sinne abgrenzen zu können.

[11] Heckel, Dt. Privatschulrecht, S.207, 228; Pieroth in Jarass/Pieroth, GG, Art.7, Rn 12; Mascello, Elternrecht u. Privatschul-freiheit, S.253; Maunz in Maunz/Dürig, GG, Art.7, Rn 70

a) Die Definition des Begriffs Schule

Der Begriff Schule wird in vielen Publikationen in gängigen Definitionen zusammengefasst. So lautet eine Definition: Schule ist eine Anstalt, die durch gemeinschaftliche, planmäßige Wissensvermittlung in einer Mehrzahl von Fächern, dem Unterricht, der Erziehung und Bildung Jugendlicher dient und den Erwerb weiterführender Berechtigungen ermöglicht.[12] Eine andere Erläuterung definiert folgendermaßen: Schule ist eine organisierte, auf eine Mindestdauer angelegte Einrichtung, in der unabhängig vom Wechsel der Lehrer und Schüler durch planmäßiges gemeinsames Lernen bestimmte Bildungs- und Erziehungsziele verfolgt werden.[13] Die zuletzt genannte Definition wird in ähnlicher Weise auch von verschiedenen Landesschulgesetzen verwandt. Dies sind § 2 Nr.1 BbgSchulG, § 1 II/1 SchG Nds, § 1 SchVG NRW, § 3 SchulG Rh-P, §§ 39 PrivSchG Rh-P, 1 PrivSchGDVO Rh-P, §§ 3 I SaarlSchoG, 1 II SaarlPrivSchG und § 2 I SchulG Schl-H. Als gemeinsame Merkmale der genannten Definitionen können verschiedene Punkte festgehalten werden. Schule ist länger dauernder Unterricht. Er erfolgt in einer Mehrzahl von Fächern und hat die pädagogische Erziehung als Ziel. Da gemeinsames Lernen und Arbeiten erfolgen soll, müssen Lehrende und eine größere Anzahl von Schülern räumlich beisammen sein.[14] Mit dem Abschluss der Ausbildung wird grundsätzlich ein Abschluss, eine Berechtigung erworben. Unter diese Merkmale lassen sich sowohl die klassischen allgemein bildenden Schulen als auch die berufsbildenden Schule subsumieren.
Hingegen sind Hochschulen und Fachhochschulen keine Schulen im obigen Sinne.[15] Hochschulen werden durch Art.5 III, 19 III GG und nicht durch Art.7 IV GG geschützt.[16] Folgende Unterrichtseinrichtungen sind ebenfalls nicht unter den Begriff der Schule zu fassen: Tanz-, Fahr-, Reitschulen, Fern- und Privatunterricht, kürzere Lehrgänge und Kurse, Einrichtungen der Erwachsenenbildung und der Elementarbildung, wie z.B. Kindergärten.[17] Ihnen fehlt das Merkmal der dauernden gemeinschaftlichen Unterrichtung in einer Mehrzahl von Fächern, bei denen pädagogische Bildung und Erziehung vermittelt werden. Wenn somit die Definition des Begriffs Schule feststeht, muss im folgen-

---

[12] Wolff/Bachof/Stober, VWR II, § 101, Rn 5
[13] Heckel/Avenarius, Schulrechtskunde, S.5
[14] Heckel/Avenarius, Schulrechtskunde, S.5
[15] BVerfGE 37, 314 (320f.); Heckel/Avenarius, Schulrechtskunde, S.5; Maunz in Maunz/Dürig, GG, Art.7, Rn 9
[16] BVerfGE 15, 256 (261f.); 31, 314 (322); Scholz in Maunz/Dürig, GG, Art.5, Rn 124
[17] Heckel, Dt. Privatschulrecht, S.45; Heckel/Avenarius, Schulrechtskunde, S.5; Peters in Bettermann/Nipperdey/Scheuner, Die Grundrechte, IV/1, S.430; Robbers in v. Mangoldt/Klein/Starck, GG, Art.7, Rn 180; Vogel, Recht der Schulen in fr. Trägerschaft, S.30; Wolff/Bachof/Stober, VWR II, § 101, Rn 9

den Schritt nun noch zwischen öffentlichen Schulen und Privatschulen unterschieden werden.

b) Die Unterscheidung zwischen öffentlicher und privater Schule

Nach der Weimarer Reichsverfassung, auf deren schulrechtlichen Regelungen auch Art.7 IV, V GG aufbauen, sind öffentliche Schulen die Schulen, die vom Staat, d.h. dem Reich und Ländern, und von den Gemeinden eingerichtet werden.[18] Danach sind öffentliche Schulen diejenigen Schulen, deren Träger eine öffentlich-rechtliche Gebietskörperschaft ist. An dieser Definition hat sich bis heute im Wesentlichen nichts geändert. Als Beispiel soll die Legaldefinition gem. § 2 II/1 SG LSA dienen. Danach werden als öffentliche Schulen diejenigen bezeichnet, deren Träger die Landkreise, die Gemeinden oder das Land sind. Der Bund ist im Gegensatz zur Weimarer Reichsverfassung (dort das Reich) nicht mehr aufgeführt, da das Schulwesen gem. Art.30, 70ff. GG in den Bereich der Länderkompetenzen fällt. Der sachsen-anhaltischen Definition entsprechen im Grunde folgende andere Länderregelungen: § 2 I SchG B-W, Art.3 I BayEUG, § 2 Nr.2 BbgSchulG, § 178 II HSchG, § 1 III/1 SchG Nds, § 3 I SchVG NRW, § 17 II/1 SchulG Rh-P, § 7 I SaarlSchoG, § 3 II SächsSchulG und § 2 II SchulG Schl-H. Nach § 3 II/1 SchVG NRW sind öffentliche Schulen auch Schulen, deren Träger eine Innung, eine Handwerkskammer, eine Industrie- und Handelskammer oder eine Landwirtschaftskammer ist. Erfasst werden durch diese Regelung bestimmte öffentlich-rechtliche Personalkörperschaften, die sich insbesondere der Berufsausbildung widmen. Zusammenfassend kann somit festgehalten werden, dass Schulträger einer öffentlichen Schule eine juristische Person des öffentlichen Rechts, in Form einer Körperschaft ist, die als Teil der unmittelbaren oder mittelbaren Staatsverwaltung handelt. Die öffentlichen Schulen selbst sind dabei als öffentlich-rechtliche nichtrechtsfähige Anstalten organisiert.[19] Die öffentliche Schulen ist damit eine öffentlich-rechtliche Verwaltungseinrichtung, eine Behörde[20] und daher letztendlich eine Einrichtung, deren gesamte Bildungs- und Erziehungsarbeit vom Staat bestimmt wird.[21]
Hingegen werden als Privatschulen, verwendet wird auch der Terminus Schulen in freier Trägerschaft, diejenigen Schulen bezeichnet, deren Träger entweder eine natürliche oder juristische Person des Privatrechts oder eine Religions-

---

[18] Anschütz, WRV, Art.147, Anm.1
[19] Heckel/Avenarius, Schulrechtskunde, S.38; Oppermann, HdbStR VI, § 135, Rn 2; ders. in v. Münch, BesVwR, S.788; so auch Art. 3 I/4 BayEUG; § 52 I SchulG M-V; § 1 III/2 SchG Nds; § 6 SchVG NRW; § 16 I SaarlSchoG; § 32 I/1 Sächs SchG; § 2 II/2 SG LSA; § 3 S.1 SchulG Schl-H; § 13 I/2 ThürSchulG
[20] Heckel/Avenarius, Schulrechtskunde, S.38; Reich, SchulG LSA, § 2, Rn 3
[21] Wolff/Bachof/Stober, VWR II, § 101, Rn 13

bzw. Weltanschauungsgemeinschaft ist, welche gem. Art.140 GG i.V.m. Art.137 V WRV die Rechte einer Körperschaft des öffentlichen Rechts besitzt.[22] Dieser Definition folgen § 2 Nr.3 BbgSchulG, § 166 II HSchG, § 116 II SchulG M-V, § 1 IV SchG Nds, § 2 I SächsFrTrSchulG, § 2 III SG LSA, § 2 III SchulG Schl-H und § 2 I ThürSchfTG. In verschiedenen Bundesländern wird der Begriff der Privatschule nach negativer Methode definiert, wonach alle Schulen die nicht öffentliche Schulen sind, Privatschulen sind.[23] So oder ähnlich lauten § 1 II SchG B-W, Art.3 II/1 BayEUG, § 1 I PrivSchulG Bln, § 1 I BremPrivSchG; § 36 I SchOG NRW, § 17 II/2 SchulG Rh-P und § 7 I, II/1 SaarlSchoG sowie § 1 II SaarlPrivSchG.
Gemeinsames Merkmal all dieser Definitionen ist es aber, dass sich die Privatschule in privater, d.h. nicht in unmittelbarer oder mittelbarer staatlicher Trägerschaft befindet. Private Rechtssubjekte gründen und führen Privatschulen in Ausübung des Grundrechts der Privatschulfreiheit gem. Art.7 IV GG, nicht jedoch unmittelbar oder mittelbar staatliche Träger. Dies bedarf für die juristischen Personen noch näherer Ausführungen.

c) Juristische Personen als Träger des Grundrechts der Privatschulfreiheit

Gemäß Art.19 III GG gelten die Grundrechte auch für inländische juristische Personen, soweit sie ihrem Wesen nach auf diese anwendbar sind. Träger des Grundrechts der Privatschulfreiheit kann damit jede juristische Person sein, hinter der ein personelles Substrat steht.[24] D.h., dass hinter dem „Mantel" der juristischen Person gleichsam natürliche Personen agieren müssen, die durch und mit dem Konstrukt der juristischen Person ihre grundrechtlich verbürgten Rechte wahrnehmen.[25] Dies ist bei juristischen Personen des öffentlichen Rechts grundsätzlich nicht der Fall. Sie üben unmittelbare oder mittelbare Staatsgewalt aus und nehmen keine Grundrechte wahr. Eine Ausnahme bilden jedoch die Religions- und Weltanschauungsgemeinschaften gem. Art.4 I, II GG i.V.m. Art.140 GG, 137 V, VII WRV. Sie können Träger einer Privatschule gem. Art.7

---

[22] Peters in Bettermann/Nipperdey/Scheuner, Die Grundrechte, IV/1, S.429f.; Gröschner in Dreier, GG, Art.7, Rn 86; Wolff/Bachof/Stober, VWR II, § 101, Rn 13, 84; so auch schon Anschütz, WRV, Art.147, Anm.1

[23] Definition so auch schon nach § 2 I der Vereinbarung der Unterrichtsverwaltungen der Länder über die Durchführung des Art.147 Abs.1 WRV vom 24.01.1928 RMinBl. 1928, S.531 und 06.08.1930 RMinBl. 1930, S.500f.

[24] Maunz in Maunz/Dürig, GG, Art.7, Rn 70; Hemmrich in v. Münch/Kunig, GG, Art.7, Rn 37

[25] Träger des Grundrechts aus Art.7 IV, 19 III GG sind auch Stiftungen des Bürgerlichen Rechts, obwohl sie nicht mitgliedsfähig sind, sondern nur Destinatäre aufweisen können. Gerade eine Stiftung als ständige Einrichtung bei der Gestaltung von Gegenwart und Zukunft bedürfe für die Betätigung im Rahmen dieser ihr vom Stifter gesetzten Aufgabe des Schutzes der Grundrechte gegen staatliche Eingriffe. so BVerwGE 40, 347(348f.)

IV GG sein.[26] Religions- und Weltanschauungsgemeinschaften sind aber auch keine öffentlich-rechtlichen Körperschaften im herkömmlichen Sinne. Sie gehören nicht zur mittelbaren Staatsverwaltung und sind keine Organe der öffentlichen Gewalt. Für die Kirchen hat das Bundesverfassungsgericht klargestellt, dass sie ihrem Wesen nach vom Staat unabhängige Institutionen mit dem Recht der Selbstbestimmung darstellen und ihre Gewalt nicht von Staat herleiten.[27] Sie sind als Körperschaften des öffentlichen Rechts angesichts der religiösen und konfessionellen Neutralität des Staates nicht mit anderen öffentlich-rechtlichen Körperschaften zu vergleichen, die als in den Staat eingegliederte organische Verbände agieren.[28] Ihr öffentlich-rechtlicher Status bedeutet nur eine Heraushebung über andere Religionsgemeinschaften, weil der Anerkennung als Körperschaft des öffentlichen Rechts die Überzeugung des Staates zugrunde liegt, diese Religionsgemeinschaften hätten eine besondere Wirksamkeit und gewichtige Stellung in der Gesellschaft und würden Gewähr auf Dauer bieten.[29] Die Kirchen sind somit nicht Teil der Staatsorganisation und üben keine Staatsgewalt aus, sie sind wie juristische Personen in privater Trägerschaft grundrechtsberechtigt und können Träger einer Privatschule i.S.v. Art.7 IV GG sein.[30]

Neben den Kirchen können andere Religionsgemeinschaften bzw. weltanschauliche Vereinigungen gem. Art.140 GG i.V.m. Art.137 V, VII WRV ebenfalls als öffentlich-rechtliche Körperschaften organisiert sein. Voraussetzung für die Verleihung des öffentlich-rechtlichen Status ist hierfür im Gegensatz zur soeben zitierten Entscheidung des BVerfG lediglich, dass die Vereinigung gem. Art.140 GG i.V.m. Art.137 V/2 WRV einen Antrag stellt und durch ihre Verfassung und die Zahl ihrer Mitglieder die Gewähr der Dauer bietet.[31] Eine besondere Wirksamkeit bzw. gewichtige Stellung der Religions- und Weltanschauungsgemeinschaften ist gem. Art.137 V/2 WRV nicht Voraussetzung für die Organisation als öffentlich-rechtliche Körperschaft. Die Gemeinschaft muss allerdings geltendes Recht beachten und darf die in Art.79 III GG umschriebenen fundamentalen Verfassungsprinzipien nicht gefährden.[32]

Fraglich bleibt damit, ob auch andere juristische Personen des öffentlichen Rechts als Träger öffentlicher Verwaltung eine Privatschule gem. Art.7 IV GG

[26] Weber, HdbStKirchR I, § 19, S.579; Loschelder, HdbStKirchR II, § 55, S.511, 513; Maunz in Maunz/Dürig, GG, Art.7, Rn 71; Hemmrich in v. Münch/Kunig, GG, Art.7, Rn 37
[27] BVerfGE 18, 385(386); 19, 1(5); 30, 415(428); 57, 220(244); 66, 1(19)
[28] BVerfGE 18, 385(386f.); 66, 1(20)
[29] BVerfGE 66, 1(20)
[30] Frowein, Lage der Privatschulen, S.31; Hollerbach, HdbStR VI, § 138, Rn 132; Loschelder, HdbStKirchR II, § 55, S.513; Müller, Recht der Fr. Schule nach dem GG, S.57, 96f.; Rüffner, HdbStR V, § 116, Rn 73
[31] so auch BVerfGE 19, 129(134); 102, 370(384f.)
[32] BVerfGE 102, 370(390ff.)

gründen können. Art.7 IV GG ist ein Freiheitsrecht gegenüber dem Staat und soll gerade Freiheit vor dem Staat gewährleisten.[33] Eine juristische Person des öffentlichen Rechts die als Träger unmittelbarer oder mittelbarer Staatsverwaltung hoheitliche Aufgaben wahrnimmt, ist Teil öffentlicher Staatsgewalt. Sie kann sich nicht auf die Grundrechte berufen, da diese gerade als Abwehrrechte gegen die Staatsgewalt konzipiert sind. Auch die Gemeinden und Gemeindeverbände sind Teil der mittelbaren Staatsverwaltung. Sie nehmen am Schulwesen regelmäßig durch Verlagerung hoheitlicher Gewalt auf die Kommunalebene teil und können deshalb nicht Träger des Grundrechts der Privatschulfreiheit sein.[34]
Daraus folgt, eine juristische Person des öffentlichen Rechts als Träger öffentlicher Gewalt kann die Grundrechtsgewährleistungen nicht für sich in Anspruch nehmen und deshalb keine Privatschule unter Inanspruchnahme des Art.7 IV GG gründen.[35] Das schließt nicht unbedingt aus, dass Träger der Staatsverwaltung, soweit die Schulgesetze dies vorsehen würden, eine Schule in Formen des Privatrechts führen dürften, im Wege des so genannten Verwaltungsprivatrechts. Sie könnten sich dabei aber nicht auf das Grundrecht des Art.7 IV GG berufen.

2.) Der sachliche Schutzbereich der Privatschulfreiheit

Nach der Feststellung des persönlichen Schutzbereichs des Art.7 IV, V GG gilt es nun, den sachlichen Schutzbereich der Privatschulfreiheit näher zu bestimmen. Privatschulen i.S.v. Art.7 IV GG werden nach Ersatz- und Ergänzungsschulen unterschieden. Diese Unterscheidung ist deshalb von Bedeutung, weil Ersatzschulen gem. Art.7 IV/2 GG der Genehmigung bedürfen. Im Folgenden ist deshalb zunächst eine Abgrenzung der beiden Privatschultypen vorzunehmen.

a) Die Definition des Begriffs der privaten Ersatzschule

Bereits nach der Weimarer Reichsverfassung wurde zwischen privaten Ersatz- und Ergänzungsschulen unterschieden. Nach § 3 der Vereinbarung der Unterrichtsverwaltungen der Länder über die Durchführung des Art.147 I WRV war eine Privatschule dann als Ersatzschule einzuordnen, wenn im Lande entsprechende öffentliche Schulen allgemein vorgesehen oder zugelassen gewesen

---

[33] OVG Berlin DVBl. 1966, 45; Maunz in Maunz/Dürig, GG, Art.7, Rn 67; Oppermann, HdbStR VI, § 135, Rn 17
[34] Maunz in Maunz/Dürig, GG, Art.7, Rn 72
[35] Peters in Bettermann/Nipperdey/Scheuner, Die Grundrechte, IV/1, S.433; Evers, VVDStRL 23 (1966), S.147(173f.); Maunz in Maunz/Dürig, GG, Art.7, Rn 70; Hemmrich in v. Münch/Kunig, GG, Art.7, Rn 37; Vogel, Recht der Schulen in fr. Trägerschaft, S.184

sind. Von dieser Definition wird grundsätzlich auch noch heute ausgegangen. Dabei wird der Begriff der Ersatzschule durch das Grundgesetz i.S.v. Art.7 IV, V GG geprägt.[36] Als Ersatzschulen gelten demnach Privatschulen, die nach dem mit ihrer Einrichtung verfolgten Gesamtzweck als Ersatz für eine in dem Land vorhandene oder grundsätzlich vorgesehene öffentliche Schule dienen sollen.[37] Dieser Definition folgen § 3 I PSchG B-W; Art. 91 Bay EUG; § 4 I/1 PrivSchulG Bln; § 120 I/1 BbgSchulG; § 2 II BremPrivSchG; § 1 II HmbSfTG; § 170 I/1 HSchG; § 118 I SchulG M-V; § 142 SchG Nds; § 36 III SchOG NRW; § 5 PrivSchG Rh-P; § 5 I a) Saarl PrivSchG; § 3 I SächsFrTrSchulG; § 16 I/1 SG LSA; § 2 IV/1 SchulG Schl-H und § 4 I/1 ThürSchfTG.

Für private Ersatzschulen gibt es somit Entsprechungen im öffentlichen Schulwesen, bzw. es sind derartige vorgesehen. Ersatzschulen existieren daher hauptsächlich im Bereich der allgemein- und berufsbildenden Schulen. Ob entsprechende öffentliche Schulen bestehen oder vorgesehen wurden, lässt sich dabei nicht ausschließlich nach Bundesverfassungsrecht beantworten. Auch das Landesschulrecht nimmt hierauf Einfluss, indem es bestimmt, welche öffentlichen Schulen überhaupt existieren oder vorgesehen sind, denen dann eine Privatschule entsprechen kann, so dass sie als Ersatzschule anzusehen ist.[38] So existierte z.B. in Niedersachsen nach dem niedersächsischen Schulgesetz keine Lehranstalt für medizinisch-technische Assistenten als Berufsschule. Eine derartige Berufsschule war auch nicht vorgesehen. Als Folge dessen konnte eine private Schule für medizinisch-technische Assistenten nicht als Ersatzschule genehmigt und errichtet werden.[39] Daraus folgt, die Ersatzschule muss im Verhältnis zur öffentlichen Schule eine wirkliche Ersatzfunktion aufweisen und hinsichtlich der von ihr wahrgenommenen Bildungs- und Erziehungsaufgaben geeignet sein, eine ihr entsprechende öffentliche Schule zu ersetzen.[40] Der Begriff der Ersatzschule orientiert sich damit nach dem öffentlichen Schulwesen. Insoweit besteht eine gewisse Akzessorietät der privaten Ersatzschule zur öffentlichen Schule.[41] Als Voraussetzung für die Einordnung einer Privatschule als Ersatzschule reicht es jedoch aus, wenn die Privatschule öffentlichen Schulen in ihrem Schulangebot ähnelt. Ein Übereinstimmen mit dem zum Vergleich

---

36 BayVGH, Urteil vom 5.6.1964, AktZ.: Nr.245 III 63; abgedruckt in BEFT, 61.3, S.1

37 BVerfGE 27, 195(201f.); 75, 40(76); 90, 128(139); BVerwGE 104, 1(8)

38 BVerfGE 90, 128(139); BVerwGE 104, 1(7); 105, 20; Niehues, Schul- u. PrüfungsR Bd.1, Rn 230

39 BVerwGE 105, 20

40 BVerwGE 104, 1(7); Niehues, Schul- u. PrüfungsR Bd.1, Rn 229

41 BVerfGE 37, 314(319)

herangezogenen öffentlichen Schultyp ist nicht notwendig.[42] Die Garantie der Privatschulfreiheit nach Art.7 IV GG gewährleistet vielmehr eine eigenständige Ausgestaltung der Privatschule. Für die Einordnung als Ersatzschule ist es demnach ausreichend, dass an der Ersatzschule im Kern gleiche Kenntnisse und Fertigkeiten vermittelt werden.[43] Bereits dann entspricht der mit der Einrichtung verfolgte Gesamtzweck demjenigen öffentlicher Schulen. Es kommt also auf die vermittelte Bildung an. Abweichungen in den Lerninhalten und – methoden sind möglich. Die Schüler müssen lediglich nach Abschluss des Bildungsganges ein den Schülern öffentlicher Schulen vergleichbares Bildungsniveau aufweisen.[44] In genehmigten Ersatzschulen können aufgrund der mit öffentlichen Schulen bestehenden Akzessorietät und Ersatzfunktion die Schülerinnen und Schüler ihre allgemeine Schulpflicht erfüllen.[45]

b) Die Definition des Begriffs der privaten Ergänzungsschule

Ergänzungsschulen sind hingegen Schulen, für die vergleichbare öffentliche Schulen nicht bestehen und in denen der Schulpflicht grundsätzlich nicht genügt werden kann.[46] Ergänzungsschulen wollen das Bildungsangebot der öffentlichen Schulen nicht ersetzen, sondern durch zusätzliche Bildungsleistungen erweitern bzw. ergänzen und stehen daher außerhalb des allgemeinen Schulsystems.[47] In den Schulgesetzen der Länder wird der Begriff der Ergänzungsschule nach negativer Methode derart definiert, dass alle Schulen in freier Trägerschaft, die nicht Ersatzschulen sind, als Ergänzungsschulen gelten.[48] Beispiele für Ergänzungsschulen sind Sprach-, Sing-, Gymnastik- und Sportschulen, sowie Schulen im Bereich der ergänzenden Berufsausbildung, für die vergleichba-

---

[42] So aber §§ 39 PrivSchG Rh-P, 5 I/1 PrivSchGDVO Rh-P, die nach dem Wortlaut ein Übereinstimmen mit öffentlichen Schulen in Aufgabe und Struktur der Privatschule, in der Dauer des Bildungsgangs, in der Abgrenzung des Lehrstoffs sowie in den Lehr- und Erziehungsmethoden fordern. Von einen eigenverantwortlichen Gestaltung der Schule gem. Art.7 IV GG kann dann jedoch nicht mehr ausgegangen werden. Siehe zu diesem Problem auch Jach, DÖV 2002, 969(971)

[43] BVerfGE 90, 128(140)

[44] Jach, DÖV 2002, 969(971); Maunz in Maunz/Dürig, GG, Art.7, Rn 75

[45] Jach, DÖV 2002, 969(970)

[46] BVerfGE 27, 195(202)

[47] Heckel, Dt. Privatschulrecht, S.46; Stein/Roell, Hdb SchulR, S.101

[48] so § 13 I/1 PSchG B-W; Art.102 I BayEUG; § 9 I PrivSchulG Bln; § 125 I BbgSchulG; § 2 IV BremPrivSchG; § 175 I HSchG; § 124 I SchulG M-V; § 158 I SchG Nds; § 36 IV SchOG NRW; § 14 I PrivSchG Rh-P; § 14 I SaarlPrivSchG; § 10 I/1 SächsFrTrSchulG; § 18b I SG LSA; § 2 IV/2 SchulG Schl-H; § 11 I/1 ThürSchfTG; anders hingegen die ausführliche Definition in § 1 III HmbSfTG

re öffentliche Schulen nicht bestehen, in denen die Schulpflicht erfüllt werden kann.[49]

c) Das geschützte Verhalten im Schutzbereich der Privatschulfreiheit

Gemäß Art.7 IV/1 GG wird das Recht zur Errichtung von privaten Schulen gewährleistet. Art.7 IV/1 GG will die Freiheit im Schulwesen verwirklichen und gewährleistet jedermann, Privatschulen zu errichten, vorbehaltlich staatlicher Genehmigung.[50] Eine Bedürfnisprüfung für die Privatschule ist unzulässig.[51] Art.7 IV GG stellt damit ein klassisches Freiheitsrecht gegen alle staatliche Gewalt dar.[52] Geschützt wird aber nicht nur das Errichten, sondern auch das Betreiben privater Schulen.[53] Dazu zählt ein durch die Privatschule eigenverantwortlich geprägter und gestalteter Unterricht, wobei Freiheit insbesondere hinsichtlich der Erziehungsziele, der weltanschaulichen Basis, der Lehrmethode, des Lehrstoffs und der Lehrinhalte gegeben sein muss.[54] Für Privatschulen in kirchlicher Trägerschaft bedeutet dies ein Recht auf freie Gestaltung des Schulbetriebs nach religiösen Gesichtspunkten und nach den diesen entsprechenden Leitbildern der Erziehung.[55] Die Privatschulfreiheit ist damit eine Absage an ein staatliches Schulmonopol und zugleich eine Wertentscheidung, die die Benachteiligung gleichwertiger Ersatzschulen gegenüber den entsprechenden staatlichen Schulen allein wegen ihrer andersartigen Erziehungsformen verbietet.[56] Das Offensein des Staates für eine Vielfalt der Formen und Inhalte, in denen Schule sich darstellen kann, entspricht dabei den Wertvorstellungen der freiheitlich demokratischen Grundordnung.[57] Der Privatschulträger kann daher die Schule, insbesondere die Lehr- und Unterrichtsmethoden, ebenso die Lehrmittel, abweichend von den öffentlichen Schulen gestalten. Aus der Privat-

---

[49] Hemmrich in v. Münch/Kunig, GG, Art.7, Rn 39; Stein/Roell, Hdb SchulR, S.101

[50] BVerfGE 27, 195(200); 88, 40(46); 90, 107(114); Peters in Bettermann/Nipperdey/Scheuner, Die Grundrechte, IV/1, S.428; Maunz in Maunz/Dürig, GG, Art.7, Rn 66; Vogel, Recht der Schulen in fr. Trägerschaft, S.18

[51] Heckel, Dt. Privatschulrecht, S.231; Peters in Bettermann/Nipperdey/Scheuner, Die Grundrechte, IV/1, S.437; Maunz in Maunz/Dürig, GG, Art.7, Rn 80; Müller, Recht der Fr. Schule nach dem GG, S.319; Plümer, Rechtsnatur der Privatschulverhältnisse, S.64

[52] Blau, JA 1984, 463(465); Gröschner in Dreier, GG, Art.7, Rn 88; Richter in Jach/Jenkner, Autonomie der staatl. Schule, S.25; Maunz in Maunz/Dürig, GG, Art.7, Rn 67

[53] Heckel/Avenarius, Schulrechtskunde, S.204; Maunz in Maunz/Dürig, GG, Art.7, Rn 66; Hemmrich in v. Münch/Kunig, GG, Art.7, Rn 38; Vogel, Recht der Schulen in fr. Trägerschaft, S.18; Wolff/Bachof/Stober, VWR II, § 101, Rn 85

[54] BVerfGE 27, 195(200f.); 34, 165(197); 75, 40(62); 88, 40(46); Plümer, Rechtsnatur der Privatschulverhältnisse, S.10

[55] Müller, Recht der Fr. Schule nach dem GG, S.108; Loschelder, HdbStKirchR II, § 55, S.527

[56] BVerfGE 27, 195(201); 34, 165(197); 75, 40(62); 90, 107(114)

[57] BVerfGE 27, 195(201)

schulfreiheit folgen weiterhin das Recht der Privatschule zur freien Auswahl der Schüler,[58] auch im Hinblick auf religiöse und weltanschauliche Kriterien[59], das Recht der Privatschule, ihr Lehrpersonal frei auszuwählen[60], sowie das Recht, die inneren und äußeren Angelegenheiten der Privatschule selbständig zu gestalten.[61] Schließlich gibt die Privatschulfreiheit den Eltern gegenüber dem Staat das Recht, ihre Kinder auf eine genehmigte Ersatzschule anstatt auf eine öffentliche Schule zu schicken, um so die Schulpflicht durch die Kinder erfüllen zu lassen.[62] Das Recht der genehmigten Ersatzschule zur Aufnahme Schulpflichtiger ist Bestandteil der Privatschulfreiheit.[63] Die Privatschulfreiheit muss dabei grundsätzlich im Blick auf Art.1 I, 2 I, 4 und 6 II/1 GG gewürdigt werden.[64]

d) Die Institutsgarantie der Privatschule

Mit der Gründungsfreiheit verbindet Art.7 IV/1 GG zugleich eine Garantie der Privatschule als Institution, die der Privatschule mit Verfassungskraft eine ihrer Eigenart entsprechende Verwirklichung sichert.[65] Eine Einrichtungsgarantie enthält den Verfassungsauftrag, das Garantieobjekt in seinem Kernbereich bestehen zu lassen.[66] Dies bedeutet Kernbereich der Institution Privatschule. Eine Bestandsgarantie für die einzelne private Schule, die dem Konkurrenzdruck durch andere private und öffentliche Schulen ausgesetzt ist, besteht nicht, sondern nur eine Bestandsgarantie für den Fortbestand des als Institution garantierten privaten Schulwesens insgesamt.[67] Es gibt also keinen absoluten Bestandschutz, das Unternehmensrisiko soll dem Privatschulträger nicht abgenommen werden.[68] Bestandschutz i.S.d. Art.7 IV GG bedeutet dann einen Anspruch des

---

[58] BVerwGE 12, 349(351); Heckel, Dt. Privatschulrecht, S.234; Maunz in Maunz/Dürig, GG, Art.7, Rn 66

[59] Falckenberg, Grundriß des SchulR in Bayern, S.133; Loschelder, HdbStKirchR II, § 55, S.535

[60] Richter in AK-GG, Art.7, Rn 60; Maunz in Maunz/Dürig, GG, Art.7, Rn 60

[61] Müller, Recht der Fr. Schule nach dem GG, S.225

[62] BVerfGE 34, 165(198); Frowein, Lage der Privatschulen, S.1; Maunz in Maunz/Dürig, GG, Art.7, Rn 64

[63] Jach, DÖV 2002, 969(970); Plümer, Rechtsnatur der Privatschulverhältnisse, S.111

[64] BVerfGE 75, 40(62); 88, 40(46)

[65] BVerfGE 6, 309(355); 27, 195(200); 90, 107(114); BayVfGH BayVBl. 1983, 430; NVwZ 1985, 481(482); LVerfG M-V DÖV 2002, 118; Peters in Bettermann/Nipperdey/Scheuner, Die Grundrechte, IV/1, S.428; Heckel, Dt. Privatschulrecht, S.48f.; Maunz in Maunz/Dürig, GG, Art.7, Rn 66; Vogel, Recht der Schulen in fr. Trägerschaft, S.18

[66] Bernhard, DVBl. 1983, 299(302)

[67] BVerfGE 75, 40(68); BVerwGE 70, 290(292); 79, 154(158); LVerfG M-V DÖV 2002, 118; Blau, JA 1984, 463(465)

[68] BVerfGE 27, 195(208); 90, 107(118); BVerwGE 79, 154(158); Vogel, DVBl. 1985, 1214(1218)

Ersatzschulträgers, der die Genehmigungsvoraussetzungen erfüllt, auf die Genehmigung, einen Anspruch, dass staatliche Maßnahmen abgewehrt werden, welche die Existenz der Schule beeinträchtigen, solange die Genehmigungsvoraussetzungen vorliegen und einen Anspruch darauf, dass der Staat fördernd eingreift, wenn dem Schulträger bei zumutbarer Anspannung seiner Kräfte die Aufrechterhaltung der Genehmigungsvoraussetzungen insbesondere in finanzieller Hinsicht aufgrund der Anforderungen des Art.7 IV GG unmöglich wird.[69] Gerade aber auch zur Finanzierung der Privatschule soll zuvörderst privates Engagement der Gründer und Träger eingreifen. Der Staat beteiligt sich nur an diesem Engagement.[70] Der Staat ist somit nicht verpflichtet, die anfallenden Kosten privater Schulträger voll zu übernehmen, sondern er muss nur einen Beitrag dazu leisten, der sicherstellen soll, dass die Schulträger auf Dauer die Genehmigungsvoraussetzungen des Art.7 IV GG erfüllen können.[71] Der Staat, d.h. die Länder als Träger der Kulturhoheit sind jedoch verpflichtet, die Privatschulen nicht nur als Konkurrenz zum staatlichen Schulwesen zu betrachten, sondern sie nach den ihn zur Verfügung stehenden Kräften zu fördern.[72] Denn Art.7 IV GG gebietet dem Staat, für Schulvielfalt Sorge zu tragen und schulischem Wettbewerb zwischen dem öffentlichen Schulwesen und den privaten Ersatzschulen unter fairen Bedingungen auch gegen sich selbst zu ermöglichen.[73]

Aufgrund dieser Garantie der Privatschulfreiheit wird das Bestehen einer Schutzpflicht des Staates gegenüber dem privaten Ersatzschulwesen angenommen.[74] Diese konkretisiert sich, wie soeben schon erwähnt, in einer Förderpflicht des Staates für Ersatzschulen. Sie wird als notwendig betrachtet, damit die Privatschulfreiheit aufgrund der hohen Kosten einer privaten Ersatzschule, der zusätzlichen kostenintensiven Anforderungen des Art.7 IV/2-4 GG und des daraus resultierenden Verbots der Erhebung hoher Schulgelder durch die Privatschule nicht leer läuft.[75] Denn um die Anforderungen des Art.7 IV GG zu erfüllen, ist durch den Privatschulträger ein umfangreicher Investitionsbedarf für die gesamte Schule zu tätigen, der sich generell abschreckend bzgl. der Errichtung einer Privatschule auswirken kann. Für die Förderpflicht des Staates soll allerdings eine Gestaltungsfreiheit des Gesetzgebers bestehen.[76] Grundsätz-

[69] BVerfGE 27, 195(200); 75, 40(62ff.); 90, 107(114ff.); Richter in Jach/Jenkner, Autonomie der staatl. Schule, S.25; Vogel, DVBl. 1985, 1214(1218)

[70] BVerfGE 90, 107(117f.); BayVGH BayVBl. 2002, 242(243); kritisch dazu: Vogel, RdJB 1998, 206ff.

[71] LVerfG M-V DÖV 2002, 118; BayVGH BayVBl. 2002, 242(243)

[72] Lemper, Privatschulfreiheit, S.48f.

[73] so LVerfG M-V DÖV 2002, 118

[74] BVerfGE 75, 40

[75] BVerfGE 75, 40(65); 90, 107(114f.)

[76] BVerfGE 75, 40(66f.); 90, 107(116); 90, 128(143)

lich hat der Privatschulträger angemessene Eigenleistungen zu erbringen.[77] Eine Förderpflicht des Staates wird nur bis zur Höhe des Existenzminimums der Institution Ersatzschule angenommen, d.h., der Grundbedarf für die dauerhafte Gewährleistung der Genehmigungsvoraussetzungen muss gewährleistet sein.[78] Eine Handlungspflicht des Staates soll erst ausgelöst werden, wenn das Ersatzschulwesen in seinem Bestand bedroht ist.[79] Die Förderpflichten des Staates kommen dabei nur den privaten Ersatzschulen aber nicht den Ergänzungsschulen zugute, aufgrund der Anforderungen, die Art.7 IV/2-4 GG gerade nur an die Träger privater Ersatzschulen stellt.[80]

3.) Der Genehmigungsvorbehalt des Art.7 IV/2 GG für die private Ersatzschule

Das Recht zur Errichtung privater Ersatzschulen wird gem. Art.7 IV/2 GG durch den Vorbehalt staatlicher Genehmigung beschränkt. Ein Anspruch auf die Erteilung der Genehmigung ist nur unter den in Art.7 IV/3, 4 und V GG aufgeführten Voraussetzungen verfassungsverbürgt.[81] Damit soll gewährleistet werden, dass ein gewisser Mindeststandard der privaten Ersatzschule gewährleistet wird, da mit dem Besuch einer derartigen Schule immerhin der Schulpflicht genügt werden kann. Die Genehmigung ist zu erteilen und darf nicht aufgehoben werden, solange die Voraussetzungen des Art.7 IV, V GG vorliegen.[82] Es handelt sich somit um eine gebundene Entscheidung. Die Genehmigung kann nicht wieder entzogen werden, solange die zur Genehmigung notwendigen Voraussetzungen des Art.7 IV, V GG erfüllt sind.[83] Die im Grundgesetz genannten Genehmigungserfordernisse dürfen auch nicht durch Landesrecht verschärft werden, d.h., es darf keine weiteren landesrechtlichen Einschränkungen der Privatschulfreiheit geben.[84] Derartige Einschränkungen wären gem. Art.31 GG unwirksam. Die Genehmigung erfolgt durch Verwaltungsakt. Adressat des VA und Inhaber der Genehmigung ist dabei der Träger der Privatschule. Das

---

[77] BVerwGE 70, 290(293); Jach in Jach/Jenkner, Autonomie der staatl. Schule, S.80
[78] BVerfGE 75, 40(68); Niehues, Schul- u. PrüfungsR Bd.1, Rn 290
[79] BVerfGE 75, 40(67)
[80] BVerfGE 90, 107(121); 90, 128(138)
[81] BVerfGE 27, 195(200)
[82] BVerfGE 27, 195(200); BVerwGE 12, 349(351); BVerwG NVwZ 2001, 919(920); Becker U., BayVBl. 1996, 609(610); Gröschner in Dreier, GG, Art.7, Rn 92; Frowein, Lage der Privatschulen, S.2; Heckel, Dt. Privatschulrecht, S.47, 273; Maunz in Maunz/Dürig, GG, Art.7, Rn 74, 80; Müller, Recht der Fr. Schule nach dem GG, S.96; Niehues, Schul- u. PrüfungsR Bd.1, Rn 238; Stein/Roell, Hdb SchulR, S.103; Hemmrich in v. Münch/Kunig, GG, Art.7, Rn 41f.; Loschelder, HdbStKirchR II, § 55, S.530; Vogel, Recht der Schulen in fr. Trägerschaft, S.19
[83] BVerwGE 12, 349(351)
[84] BVerwGE 12, 349ff.; 17, 236(238); 104, 1(6); BVerwG DVBl. 1970, 566; Frowein, Lage der Privatschulen, S.2

Grundgesetz statuiert mehrere Genehmigungsvoraussetzungen, die im Folgenden darzulegen sind.
Gemäß Art.7 IV/3 GG darf die private Ersatzschule in ihren Lehrzielen, Einrichtungen und der wissenschaftlichen Ausbildung ihrer Lehrkräfte nicht hinter den öffentlichen Schulen zurückstehen. Die genannten Merkmale werden unter dem Begriff der *Gleichwertigkeit* zusammengefasst.[85] Für die Genehmigung wird nämlich nur die Gleichwertigkeit, nicht aber die Gleichartigkeit der Ersatzschule gefordert.[86] Dieses Gleichwertigkeitspostulat bedeutet, dass Abweichungen der Privatschulen von den Lehr- und Erziehungsmethoden der öffentlichen Schulen möglich sind, die Lehr- und Erziehungsziele müssen denen öffentlicher Schulen nur entsprechen, die Abweichungen wertmäßig also unerheblich sein.[87] Dabei ist auf ein *Nichtzurückstehen* der privaten Ersatzschule abzustellen, so auch der Wortlaut des Grundgesetzes, jedoch nicht die eindeutige Feststellung der Gleichwertigkeit erforderlich.[88] Geprüft wird im Rahmen des Genehmigungsverfahrens nach einer auf konkreten Feststellungen gestützten Prognose, also lediglich, ob die Ersatzschule voraussichtlich nicht gegenüber der öffentlichen Schule zurückstehen wird.[89] Die Gleichwertigkeit muss hierfür grundsätzlich im Hinblick auf eine öffentliche Schule gleicher Schulform und gleichen Typs gemessen werden, wobei keine unerfüllbaren Anforderungen zu stellen sind.[90] Als Auslegungsgrundsatz hat zu gelten, dass Grundrechte Freiheitsrechte sind und so im Zweifel die Privatschule zu genehmigen ist.[91] Hat die Privatschule ihre Gleichwertigkeit, d.h. ein Nichtzurückstehen, schlüssig dargelegt, so ist es Aufgabe der Schulaufsichtsbehörden nachzuweisen, dass das Erfordernis der Gleichwertigkeit nicht gegeben sei.[92] Die Erfüllung der Genehmigungsvoraussetzungen unterliegt in vollem Umfang der gerichtlichen Überprüfung.[93]
Im Anschluss an diese allgemeinen Ausführungen sollen nun die einzelnen Genehmigungsvoraussetzungen näher betrachtet werden.

---

[85] BVerwGE 17, 236(240)
[86] BVerwGE 12, 349(351); Peters in Bettermann/Nipperdey/Scheuner, Die Grundrechte, IV/1, S.435; Frowein, Lage der Privatschulen, S.2; Heckel, Dt. Privatschulrecht, S.279; Niehues, Schul- u.PrüfungsR Bd.1, Rn 240; Hemmrich in v. Münch/Kunig, GG, Art.7, Rn 41
[87] BVerwGE 17, 236(240); Maunz in Maunz/Dürig, GG, Art.7, Rn 75
[88] BVerwGE 90, 1(15); Müller, Recht der Fr. Schule nach dem GG, S.137ff.; Niehues, Schul- u. PrüfungsR Bd.1, Rn 240; Robbers in v. Mangoldt/Klein/Starck, GG, Art.7, Rn 193; Vogel, Recht der Schulen in fr. Trägerschaft, S.27
[89] BVerwGE 17, 236(240); 90, 1(15)
[90] Peters in Bettermann/Nipperdey/Scheuner, Die Grundrechte, IV/1, S.435; Niehues, Schul- u. PrüfungsR Bd.1, Rn 245
[91] Peters in Bettermann/Nipperdey/Scheuner, Die Grundrechte, IV/1, S.436
[92] Heckel/Avenarius, Schulrechtskunde, S.209; Müller, Recht der Fr. Schule nach dem GG, S.363; Vogel, Recht der Schulen in fr. Trägerschaft, S.27
[93] BayVGH, Urteil vom 27.7.1994, AktZ.: 7 B 93.1536, abgedruckt in BEFT, 68.3, S.1(3)

Art.7 IV/3 GG fordert, dass die private Ersatzschule hinsichtlich der Lehrziele nicht hinter öffentlichen Schulen zurücksteht. Lehrziele sind die Gesamtheit der Bildungsvorstellungen, die der Schulträger mit seiner Erziehungsarbeit anstrebt.[94] Daraus folgt, Bildung und Erziehung insbesondere die fachliche Wissensvermittlung müssen mindestens auf dem Niveau erfolgen, das die entsprechenden öffentlichen Schulen erreichen.[95] Die Ersatzschule steht dann nicht hinter öffentlichen Schulen zurück, wenn die Schüler dort so unterrichtet werden, dass ihre daraufhin erlangte Qualifikation derjenigen gleichwertig ist, die Schülern an entsprechenden öffentlichen Schulen vermittelt wird.[96] Die Ersatzschulen dürfen hierfür nur solche Schüler aufnehmen, die für die jeweilige Schulart geeignet sind und dort hinsichtlich des Erreichens der von dieser vermittelten Qualifikation gefördert werden können.[97] Dabei müssen jedoch nicht identische Wege beschritten werden. Der Ausbildungs- und Leistungsstand der einzelnen Jahrgangsklassen am Ende des jeweiligen Schuljahres darf deshalb anders ja auch schlechter sein, als an öffentlichen Schulen, da der Privatschulträger die Zwischenziele für die Ausbildung der Schüler nach eigenem pädagogischen Ermessen festsetzen darf.[98] Nur bei Abschluss des schulischen Bildungsganges müssen die Schüler ein gleichwertiges Bildungsniveau aufweisen.[99] Welchen Leistungsstand die Schüler aber jeweils am Ende derjenigen Schuljahre aufweisen, die dem Abschlussjahr vorausgehen, ist gleichgültig.[100] Die Ersatzschule besitzt deshalb weitestgehende Freiheit bei der Gestaltung ihres Unterrichts. Eine Bindung an die von der Schulaufsichtsbehörde erlassenen Lehrpläne, Rahmenrichtlinien und Stundentafeln besteht nicht.[101] Die Mischung der Jahrgangsstufen ist ebenfalls möglich.[102] Die Privatschule bleibt frei in der Verteilung des Unterrichtsstoffes und des Fächeraufbaus.[103] Es steht ihr natürlich frei, bessere Bildungsangebote als die öffentlichen Schulen zu machen und mit eigenen pädagogischen Methoden eine qualitativ hochwertigere Ausbildung zu ermöglichen. Der Schulträger kann zudem im Unterricht seine eigenen religiösen oder weltanschaulichen Vorstellungen vermitteln. Er hat das Recht, die Schulbücher für die Ersatzschule frei auszuwählen. Als Lehrziel haben die Pri-

---

[94] Maunz in Maunz/Dürig, GG, Art.7, Rn 74
[95] BayVGH BayVBl. 1998, 180; Niehues, Schul- u. PrüfungsR Bd.1, Rn 241
[96] BVerwGE 90, 1(9)
[97] BayVGH, Urteil vom 9.7.1997, AktZ.: 7 B 97.1185, abgedruckt in BEFT, 64.3, S.1; betraf behinderten Schüler, der eine private Grundschule besuchen wollte
[98] BVerwG NVwZ 2001, 919(920f.); Maunz in Maunz/Dürig, GG, Art.7, Rn 75
[99] Jach, DÖV 2002, 969(971); Maunz in Maunz/Dürig, GG, Art.7, Rn 75
[100] BVerwG NVwZ 2001, 919(921)
[101] Heckel/Avenarius, Schulrechtskunde, S.209; Maunz in Maunz/Dürig, GG, Art.7, Rn 75; Niehues, Schul- u. PrüfungsR Bd.1, Rn 243; Vogel, Recht der Schulen in fr. Trägerschaft, S.87
[102] BVerwG NVwZ 2001, 919(921f.)
[103] Niehues, Schul- u. PrüfungsR Bd.1, Rn 244

vatschulen bei der Wissensvermittlung vor allem die freiheitlich demokratische Grundordnung des Grundgesetzes zu beachten, somit insbesondere die objektive Wertordnung der Grundrechte.[104] Wer seine Schüler im Sinne einer geschlechtsdiskriminierenden oder totalitären bzw. religiös fanatischen Lehre erziehen möchte, wird dem Erfordernis des Nichtzurückstehens in den Lehrzielen damit nicht gerecht. Gleichwertigkeit bedeutet für die Ersatzschule keine Nivellierung hinsichtlich der Lehrziele. Vielmehr ist Gleichwertigkeit somit im Sinne einer Niveaugleichheit im Verhältnis zu öffentlichen Schulen zu verstehen.
Weiterhin darf die Ersatzschule gem. Art.7 IV/3 GG nicht hinter den Einrichtungen der öffentlichen Schulen zurückstehen. Zu den Einrichtungen zählt alles, was an äußeren Vorbedingungen des Unterrichts dazu dient und geeignet ist, die Qualität der Schule auszuweisen.[105] Dazu gehören Sachen und Organisationsformen, insbesondere das Schulgebäude, die sachliche Einrichtung und Ausstattung der Schule mit Tischen, Stühlen, Lehrtechnik und Lehr- und Lernmaterial, die Anzahl der Lehrer, wegen der Bedeutung für die Größe des Klassenverbandes, die Lehrstoffverteilung, die Unterrichtsdauer und Schulzeit, die Schulordnung sowie die Beteiligungsrechte der Eltern und Schüler.[106] Das Schulgebäude muss den Anforderungen des Baurechts und des Gesundheitsschutzes genügen und für den Schulzweck geeignet sein.[107]
Schließlich darf die private Ersatzschule gem. Art.7 IV/3 GG nicht hinsichtlich der wissenschaftlichen Ausbildung ihrer Lehrkräfte hinter den öffentlichen Schulen zurückbleiben. Die Privatschule hat das Recht der freien Lehrerauswahl.[108] Jedoch darf die Ausbildung und Lehrbefähigung der Lehrkräfte nicht hinter derjenigen der Lehrkräfte vergleichbarer öffentlicher Schulen zurückstehen. Es kommt hierfür auf die persönliche Befähigung jedes einzelnen Lehrers an.[109] Diese kann unproblematisch angenommen werden, wenn die Laufbahnvoraussetzungen für ein Lehramt an einer öffentlichen Schule gegeben sind.[110] Weist der Privatschullehrer diese Qualifikation nicht auf, so kann seine Eignung als Lehrkraft durch eine gleichwertige Ausbildung nachgewiesen werden.[111] Dabei sind die fachlich-wissenschaftliche und die praktisch-pädagogische Qua-

---

[104] BVerwGE 90, 1(12, 16); 94, 82(93); Niehues, Schul- u. PrüfungsR Bd.1, Rn 247
[105] Müller, Recht der Fr. Schule nach dem GG, S.131; Niehues, Schul- u. PrüfungsR Bd.1, Rn 248
[106] BVerfGE 90, 128(142); Heckel/Avenarius, Schulrechtskunde, S.210; Maunz in Maunz/Dürig, GG, Art.7, Rn 74; Niehues, Schul- u. PrüfungsR Bd.1, Rn 248; Vogel, Recht der Schulen in fr. Trägerschaft, S.89, 91
[107] Stein/Roell, Hdb SchulR, S.103
[108] Richter in AK-GG, Art.7, Rn 60; Maunz in Maunz/Dürig, GG, Art.7, Rn 60
[109] OVG Münster NWVBl. 1993, 206ff.; Niehues, Schul- u. PrüfungsR Bd.1, Rn 251
[110] Niehues, Schul- u. PrüfungsR Bd.1, Rn 251; Theuersbacher, NVwZ 1995, 1178(1182)
[111] OVG Münster NWVBl. 1993, S.206(207); Maunz in Maunz/Dürig, GG, Art.7, Rn 76

lifikation maßgebend.[112] Die fachwissenschaftliche Qualifikation erlangen Lehrer öffentlicher Schulen, in dem sie die 1. Lehramtsprüfung ablegen. Für Privatschullehrer muss ein anderweitiger Nachweis einer gleichwertigen wissenschaftlichen Ausbildung möglich sein. Die pädagogisch-praktische Unterrichtsqualifikation erhalten Lehrer öffentlicher Schulen mit dem Bestehen der 2. Lehramtsprüfung. Die Privatschulen müssen auch hier ein gleichwertiges Niveau nachweisen. Dabei ist zu berücksichtigen, dass Schulen in freier Trägerschaft häufig besondere pädagogische Konzepte verfolgen und das Lehrpersonal sich an die hieraus ergebenden Anforderungen durch laufende Weiterbildungsmaßnahmen anpasst.[113] Hinreichend qualifizierte Lehrkräfte müssen schon bei der Aufnahme des Schulbetriebs zur Verfügung stehen, jedoch darf diese Anforderung nicht zu eng gesehen werden, so dass es ausreicht, wenn in Betracht kommende Lehrkräfte sich im Rahmen des Zumutbaren zu einer entsprechenden Tätigkeit verpflichtet haben.[114] Die Schulgesetze der Bundesländer sehen in Konkretisierung dieser Anforderungen vor, dass die Voraussetzungen für die Genehmigungserteilung in Bezug auf die wissenschaftliche Ausbildung der Lehrkräfte gegeben sind, wenn eine gleichwertige fachlich pädagogische Ausbildung sowie die Abschlussprüfungen oder anderweitig die fachliche und pädagogische Eignung der Lehrkräfte nachgewiesen werden.[115]

Gemäß Art.7 IV/3 2.HS GG darf als weitere Voraussetzung für die Genehmigung der Ersatzschule durch diese eine Sonderung der Schüler nach den Besitzverhältnissen der Eltern nicht gefördert werden. Die Ersatzschule soll grundsätzlich allen Schülern ohne Rücksicht auf ihre wirtschaftlichen Verhältnisse offen stehen, um Standesschulen zu vermeiden.[116] Dazu reicht es nicht aus, wenn der Privatschulträger nur in Ausnahmefällen für besonders begabte oder besonders arme Kinder Schulgeldstipendien gewährt.[117] Einerseits ist die Ersatzschule zu ihrer Finanzierung auf das Schulgeld angewiesen, andererseits darf dieses aber auch nicht zu hoch angesetzt werden, damit auch Kinder schlechter verdienender Eltern die Privatschule besuchen können. Das Bundesverfassungsgericht ging in einer Entscheidung aus dem Jahre 1994 davon aus, dass Schulgeld in der Höhe von 170 bis 190 DM (86,92 bis 97,15 €) monatlich nicht von allen Eltern gezahlt werden könnte.[118] Es setzte sich damit der Kritik

---

[112] BVerwG NVwZ 1990, 864f.; OVG Münster NWVBl. 1993, 206(207); NWVBl. 1993, 211; Vogel, Recht der Schulen in fr. Trägerschaft, S.97

[113] VG Halle LKV 1998, 495

[114] VG Halle LKV 1998, 495; Niehues, Schul- u. PrüfungsR Bd.1, Rn 255

[115] so § 5 III PSchG B-W; Art.94 BayEUG; § 4 II PrivSchulG Bln; § 121 II BbgSchulG; § 5 IV BremPrivSchG; § 6 V HmbSfTG; § 174 I HSchG; § 120 II SchulG M-V; § 144 II SchG Nds; § 37 III SchOG NRW; § 23 PrivSchG Rh-P; § 23 SaarlPrivSchG; § 5 II SächsFrTrSchG; § 16 IIIa SG LSA; § 86 II SchulG Schl-H; § 5 II ThürSchfTG

[116] BVerfGE 75, 40(64); 90, 107(119)

[117] BVerfGE 75, 40(63); 90, 107(119)

[118] BVerfGE 90, 107(119)

aus, dass die Privatschule ja dann überhaupt nichts mehr verlangen dürfe, weil aus dieser Sicht die Privatschule auch Sozialhilfeempfängern offen stehen müsste. Der Sinn des Sonderungsverbots liege nicht darin, jedermann den Besuch von Privatschulen zu ermöglichen, sondern darin, Standesschulen nur für einen kleinen Kreis besonders Begüterter zu verhindern. Ein Schulgeld, das breite Kreise einer relativ gut verdienenden Mittelschicht ohne weiteres aufbringen könnten, verstoße dagegen nicht.[119] Als Fazit dieser Ansichten kann man feststellen, dass das Schulgeld nicht ungewöhnlich hoch sein darf. Es muss aber auch so bemessen sein, dass die Privatschule, die in vielen Fällen qualitativ hochwertige Leistungen erbringt, dafür eine adäquate Gegenleistung erhält, die ja auch zur Deckung ihres Finanzbedarfs dienen soll. Nach dem Wortlaut des Art.7 IV/3 GG ist denn davon auszugehen, dass eine Sonderung nach den Besitzverhältnissen der Eltern nur nicht gefördert werden darf. Eine gewisse Sonderung besteht aber allein schon deshalb, weil in aller Regel ein Schulgeld verlangt wird und dies auch notwendig ist, um den Finanzbedarf der Schule zu decken.[120] Meistens ermäßigen oder erlassen zudem die Privatschulen das Schulgeld für Kinder finanzschwächerer Eltern, bzw. geben Ermäßigungen für weitere an der Privatschule eingeschulte Geschwister. Eine Schulgeldforderung in sozial ausgewogener angemessener Höhe wäre demnach als verfassungskonform anzusehen.[121] Für Ganztagsschulen und Internatsschulen dürfte das Schulgeld zudem wesentlich höher als der vom BVerfG genannte Betrag anzusetzen sein. Denn diese Schulen erbringen zusätzliche Leistungen in Form der Ganztagsbetreuung und Verpflegung des Schülers sowie im Fall der Internatschule durch die Unterbringung des Schülers in einem Internat. Diese Leistungen rechtfertigen eine höhere Vergütung.

Nach Art.7 IV/4 GG muss als weitere Voraussetzung für die Genehmigung die wirtschaftliche und rechtliche Stellung der Lehrkräfte genügend gesichert sein. Dies bedeutet nicht eine dem Lehrpersonal im öffentlichen Schuldienst vergleichbare Stellung bzw. vergleichbare Vergütung.[122] Durch Vertrag in Schriftform sind aber die dienstlichen Verpflichtungen der Lehrkräfte, Fragen des Kündigungsschutzes und der Altersvorsorge, die Höhe der Bezüge, deren Fälligkeit, die Zahlung der Sozialversicherungsbeiträge und Urlaubsansprüche zu

---

[119] Theuersbacher, RdJB 1994, 497(505)

[120] Vogel, Recht der Schulen in fr. Trägerschaft, S.21

[121] Jach hält für das Jahr 2002 unter Berücksichtigung des Anstiegs der Lebenshaltungskosten ein durchschnittliches Schulgeld von monatlich ca. 115 € für „eindeutig verfassungswidrig." Siehe Jach, DÖV 2002, 969(975)

[122] BVerwGE 40, 347 (350); Müller, Recht der Fr. Schule nach dem GG, S.155; Niehues, Schul- u. PrüfungsR Bd.1, Rn 257

regeln.[123] Die soziale Stellung der Privatschullehrkräfte muss somit derart angemessen gesichert sein, dass sie ihre Lehrtätigkeit als Hauptbeschäftigung betreiben können,[124] ohne dass sie dadurch in eine wirtschaftliche oder soziale Notlage geraten und deshalb gezwungen sind einen Zweitjob aufzunehmen. Liegen die aufgeführten Voraussetzungen für die Genehmigung der privaten Ersatzschule in ihrer Gesamtheit vor, so hat der Träger der Ersatzschule einen Anspruch auf die Erteilung der Genehmigung.[125] Das Grundgesetz bestimmt selbst und abschließend die Genehmigungsvoraussetzungen.[126] Nach Erteilung der Genehmigung kann der Ersatzschulträger mit dem Betrieb der Ersatzschule beginnen und aufgrund der Privatschulfreiheit seine pädagogischen Vorstellungen verwirklichen.

4.) Besteht das Genehmigungserfordernis auch für die Ergänzungsschulen?

Art.7 IV/2-4 GG betrifft nur die Genehmigung der privaten Ersatzschulen. Es stellt sich dabei die Frage, ob auch die privaten Ergänzungsschulen einer Genehmigung bedürfen. Davon wird teilweise ausgegangen, wobei es dem Landesrecht obliegen soll, ob ein Genehmigungserfordernis besteht, da das Grundgesetz diese Frage nicht ausdrücklich regle.[127] Zur Begründung dieser Ansicht ist unter anderem vorgetragen worden, Art.7 IV GG orientiere sich an Art.147 WRV. Art.147 IV WRV kannte bereits Ergänzungsschulen und habe ihre Regelung dem Landesrecht überlassen.[128] Art.147 IV WRV lautet aber: Für private Schulen, die nicht als Ersatz für öffentliche Schulen dienen, verbleibt es bei dem geltenden Recht. Damit wurde auf das jeweilige Landesrecht verwiesen, welches zum Teil noch aus der Ära vor der Reichsgründung 1871 stammte und generell vom Konzessionserfordernis für Privatschulen ausging.[129] Eine Art.147

---

[123] Maunz in Maunz/Dürig, GG, Art.7, Rn 78; Müller, Recht der Fr. Schule nach dem GG, S.156; Niehues, Schul- u. PrüfungsR Bd.1, Rn 257; Stein/Roell, Hdb SchulR, S.103f.; Vogel, Recht der Schulen in fr. Trägerschaft, S.104f.

[124] Teilweise wird verlangt, dass die Lehrkräfte der Privatschulen mindestens 75% des Gehaltes vergleichbarer im öffentlichen Dienst stehender Lehrkräfte erhalten müssten bzw. nicht weniger als 90% des Anfangsgehaltes. Siehe § 4 Zweite DurchführungsVO PrivSchulG Bln (GVBl. Berlin 1991 KM 10, S.116); §§ 121 X BbgSchulG, 2 IV BbgESGAV (GVBl. Brandenburg II, 1997, S.608 zuletzt geändert GVBl. Brandenburg II 2001, S.539)

[125] siehe Fn 82

[126] Rennert, DVBl. 2001, 504(514)

[127] Peters in Bettermann/Nipperdey/Scheuner, Die Grundrechte, IV/1, S.431, 440; Maunz in Maunz/Dürig, GG, Art.7, Rn 84; Meder, BayVerf, Art.134, Rn 6

[128] Peters in Bettermann/Nipperdey/Scheuner, Die Grundrechte, IV/1, S.431, Fn 225

[129] z.B. die preußische Kabinettsorder, betr. die Aufsicht des Staats über Privatanstalten und Privatpersonen, die sich mit dem Unterrichte und der Erziehung der Jugend beschäftigen, v. 10.06.1834 (GS S.135); Diese galt auch noch zu Zeiten der Weimarer Reichsverfassung in Preußen. Siehe Lande´ in v. Brauchitsch, VerwG für Preußen, VI/2, S.1004f.; Plümer, Rechtsnatur der Privatschulverhältnisse, S.51

IV WRV entsprechende Norm enthält das GG aber nicht. Vielmehr ist nach Art.7 IV/1 GG vom Primat der Privatschulfreiheit auszugehen. Art.7 IV/2 GG regelt nur das Genehmigungserfordernis für Ersatzschulen, ansonsten ist das Recht zur Errichtung von Privatschulen unbeschränkt. D.h., es gibt für Ergänzungsschulen keine weiteren Genehmigungserfordernisse. Sie unterliegen lediglich der Schulaufsicht gem. Art.7 I GG.[130] Verbleibende allgemeine insbesondere gefahrenabwehrrechtliche Anforderungen können von den Aufsichtsbehörden nach Anzeige geprüft werden. Repressiv steht dann als härtestes Mittel die Untersagung des Schulbetriebs zur Verfügung.

5.) Die Genehmigung der Volksschule gem. Art.7 IV, V GG

Die Genehmigung einer privaten Volksschule erfolgt nur, wenn sie neben den Anforderungen des Art.7 IV GG auch die zusätzlichen Voraussetzungen des Art.7 V GG erfüllt. Das Grundgesetz verwendet in Art.7 V GG den Begriff der Volksschule. Damit wird heute im Wesentlichen die Grundschule gemeint.[131] Art.7 V GG erfasst hierbei auch die Klassenstufen 5 und 6, falls der Landesgesetzgeber eine sechsjährige Grundschulpflicht vorgesehen hat.[132] Verschiedene Bundesländer unterstellen jedoch auch die Hauptschulen den zusätzlichen Anforderungen des Art.7 V GG.[133] Für die Genehmigung privater Volkschulen ist gem. Art.7 V GG grundsätzlich davon auszugehen, dass die öffentliche Volksschule gegenüber der privaten Volksschule den Vorrang genießt.[134] Die öffentliche Volks- bzw. Grundschule soll den Normalfall, die Regel des Grundschulwesens darstellen. Die private Grundschule kann demnach nur der Ausnahmefall sein. Art.7 V GG legt diese von Art.7 IV GG abweichende Rangfolge des Verhältnisses zwischen öffentlicher und privater Schule fest, um zu verhindern, dass schon im Grundschulalter die Schulkinder einseitig nach der sozialen Herkunft ihrer Eltern getrennt, auf verschiedenen Schulen lernen. Es sollen Kinder aller Volksschichten zumindest in den ersten Klassen gemeinsam eine Schule besuchen und so eine generelle Abgrenzung der gesellschaftlichen Schichten

[130] Gröschner in Dreier, GG, Art.7, Rn 105; Lemper, Privatschulfreiheit, S.100; Müller, Recht der Fr. Schule nach dem GG, S.55f.; Plümer, Rechtsnatur der Privatschulverhältnisse, S.78f.; Theuersbacher, NVwZ 1999, 838(842); Vogel, Recht der Schulen in fr. Trägerschaft, S.45, 133f.

[131] BVerfGE 88, 40(45f.); Loschelder, HdbStKirchR II, § 55, S.533; Niehues, Schul- u. PrüfungsR Bd.1, Rn 258

[132] BVerfGE 88, 40(46); BVerwGE 104, 1(8)=BVerwG NVwZ-RR 1997, 541(543), dort jedoch Begründung vollständig abgedruckt; a.A.: Rennert, DVBl. 2001, 504(515): Art.7 V GG reiche nur bis Klasse 4.

[133] so Art. 7 I, 92 III/2 BayEUG; § 144 I/2 SchG Nds; § 7 PrivSchG Rh-P; Nach Art.28 II SaarlVerf und § 8 I SaarlPrivSchG unterliegen auch Schulen für Behinderte den Anforderungen des Art.7 V GG.

[134] BVerfGE 88, 40(49f.); BVerwGE 75, 275(278); 90, 1(8)

vermieden werden.[135] So wird dann eine private Volksschule nach der 1. Alternative des Art.7 V GG nur zugelassen, wenn die Unterrichtsverwaltung ein besonderes pädagogisches Interesse an der privaten Volksschule anerkennt. Der Antragsteller hat zunächst die Darlegungslast für das geltend gemachte pädagogische Interesse.[136] Liegt aber ein besonderes pädagogisches Interesse vor, muss die Privatschule von der Unterrichtsverwaltung genehmigt werden.[137] Der Begriff des pädagogischen Interesses ist ein unbestimmter Rechtsbegriff dessen Auslegung durch die Unterrichtsverwaltung in vollem Umfang der gerichtlichen Nachprüfung unterliegt.[138] Er ist objektiv zu betrachten.[139] Hierfür ist nach fachlichen Maßstäben zu beurteilen, ob ein öffentliches Interesse an der Erprobung und Fortentwicklung besonderer pädagogischer Konzepte sowie ein Interesse an der angemessenen pädagogischen Betreuung spezieller Schülergruppen durch die Privatschule besteht, welches durch öffentliche Schulen nicht erfüllt werden kann.[140] Der Terminus besonderes pädagogisches Interesse bedeutet dabei, dass das pädagogische Konzept der Privatschule wesentlich neue Akzente setzen muss oder, dass schon erprobte Konzepte durch die Privatschule weiterentwickelt werden, indem neue pädagogische Ansätze Zugang zu den Lehr- und Erziehungsmethoden der Schule finden.[141] Eine Genehmigung der privaten Volksschule erfolgt dann, wenn das pädagogische Interesse an der privaten Volksschule gegenüber dem Grundsatz des verfassungsmäßigen Vorrangs der öffentlichen Volksschule als gemeinsamer Schule für alle im Rahmen einer Abwägung überwiegt.[142] Das für die Genehmigung erforderliche besondere pädagogische Interesse fehlt jedoch, wenn durch eine flächendeckende Zulassung privater Grundschulen mit demselben Alternativkonzept der Vorrang der staatlichen Schule gefährdet sein würde.[143] Der Ausnahmefall der privaten Grundschule darf nicht zur Regel werden. Die Feststellung einer Gefährdung des Vorrangs öffentlicher Grundschulen verlangt dabei eine Gewichtung und Abwägung aller nach Lage der Dinge im Einzelfall erheblichen Umstände.[144] Zu berücksichtigen sind unter anderem die Lage der Schulen innerhalb oder außerhalb eines Ballungsraums, die Schülerkapazität der privaten Grundschulen im Verhältnis zu den öffentlichen, die Größe des Einzugsbereichs der privaten Grundschulen im Verhältnis zu konkurrierenden öffentlichen sowie die demo-

---

[135] BVerfGE 88, 40(49f.); BVerwGE 75, 275(278); BVerwG NJW 2000, 1280(1281f.)
[136] BVerfGE 88, 40(51)
[137] BVerfGE 88, 40(50); Plümer, Rechtsnatur der Privatschulverhältnisse, S.76
[138] BVerwG NJW 2000, 1280(1283); Plümer, Rechtsnatur der Privatschulverhältnisse, S.75f.
[139] VG Halle LKV 1998, 495(496f.)
[140] BVerfGE 88, 40(51)
[141] BVerfGE 88, 40(53);
[142] BVerfGE 88, 40(55); Eiselt, DÖV 1988, 211(213)
[143] BVerfGE 88, 40(52); BayVGH Urteil vom 9.4.1997, AktZ.: 7B95.3026 (zum Teil abgedruckt bei Schröder, RdJB 1998, 110(111))
[144] BVerwG NJW 2000, 1280(1281)

graphische Situation im Einzugsbereich der Privatschule und die Qualität der Verkehrsverbindungen zum Erreichen des Schulortes.[145]
Nach der 2. Alternative des Art.7 V GG wird eine private Volksschule dann genehmigt, wenn sie auf Antrag von Erziehungsberechtigten als Gemeinschaftsschule, Bekenntnis- oder Weltanschauungsschule errichtet werden soll und eine öffentliche Volksschule dieser Art in der Gemeinde nicht besteht. Die Darlegung eines besonderen pädagogischen Interesses ist in derartigen Fällen nicht erforderlich. Die Begriffe religiöses Bekenntnis und Weltanschauung sind wie in Art.4 I, II GG zu verstehen.[146] Bekenntnisschule sind danach diejenigen Schulen, an denen der Unterricht, die Lehrer und die Schüler, durch ein bestimmtes gemeinsames religiöses Bekenntnis geprägt werden.[147] Vorausgesetzt wird die Homogenität des Bekenntnisses von Eltern, Schülern und Lehrern, das die Schule und den Unterricht prägt.[148] Bei Weltanschauungsschulen bestimmt entsprechend eine Weltanschauung, die kein religiöses Bekenntnis ist, die Gestaltung der Schule.[149] Das religiöse oder weltanschauliche Bekenntnis muss den gesamten Unterricht der Privatschule tangieren, d.h., es soll für die Gestaltung von Erziehung und Unterricht in den verschiedenen Unterrichtsfächern nicht nur methodisch, sondern auch inhaltlich maßgebend sein.[150] Existiert eine vergleichbare öffentliche Schule in der Gemeinde nicht, ist die private Volksschule als Bekenntnis- oder Weltanschauungsschule zu genehmigen. Gemeinschaftsschulen im Sinne des Art.7 V GG sind Schulen, die unabhängig von religiösen und weltanschaulichen Bekenntnissen gestaltet werden, die Lehrer und Schüler verschiedener Bekenntnisse unterrichten bzw. lernen zusammen. Auch für diesen Schultyp darf in der Gemeinde keine öffentliche Volksschule gleicher Art vorhanden sein. Konfessionell nicht gebundene Grund- oder Hauptschulen existieren jedoch zumeist als öffentliche Schulen bereits in den Gemeinden, so dass der Verbreitungsgrad der privaten Gemeinschaftsvolksschule als sehr gering einzuschätzen ist.
Als Fazit bleibt festzuhalten, dass als private Volksschulen zumeist Grundschulen, in manchen Bundesländern aber auch Hauptschulen angesehen werden. Sie entsprechen damit vorhandenen öffentlichen Schultypen und sind deshalb als Ersatzschulen gem. Art.7 IV/2 GG einzuordnen. Sie müssen somit neben den Genehmigungsanforderungen des Art.7 IV GG weiterhin die strengeren Vor-

[145] BVerwG NJW 2000, 1280(1282)
[146] BVerwGE 89, 368ff.; 90, 1(8)
[147] Eiselt, DÖV 1988, 211(212); Maunz in Maunz/Dürig, GG, Art.7, Rn 12d; Niehues, Schul- u. PrüfungsR Bd.1, Rn 270
[148] BVerwGE 89, 368(372); BVerwG, Urteil vom 19.2.1992, AktZ.: 6 C 3.91; abgedruckt in BEFT, 61.1, S.82a
[149] BVerwGE 89, 368; Eiselt, DÖV 1988, 211(212f.); Maunz in Maunz/Dürig, GG, Art.7, Rn 12d
[150] BVerwGE 89, 368(372)

aussetzungen des Art.7 V GG erfüllen, wobei Art.7 V GG grundsätzlich vom Vorrang der öffentlichen Schule ausgeht.

6.) Die Privatschulfreiheit in der EMRK, in den allgemeinen Grundsätzen des Gemeinschaftsrechts und in der Charta der Grundrechte der Europäischen Union

Die Europäische Menschenrechtskonvention garantiert in Art.2 des 1. Zusatzprotokolls vom 20.3.1952 die Freiheit der Gründung von Privatschulen.[151] Nähere Voraussetzungen für die Gründung von Privatschulen wurden in der EMRK nicht festgelegt. Das Recht auf Gründung derartiger Schulen darf aber nicht beseitigt werden.[152] Die Bestimmungen der EMRK gelten in Deutschland als Bundesgesetz gem. Art.59 II/1 2.Alt. GG.[153] Sie gelten im Rang somit unterhalb des Verfassungsrechts. Eine Verfassungsbeschwerde kann also nicht auf die Verletzung der EMRK gestützt werden.[154] Jedoch sind die Bestimmungen der EMRK bei der Auslegung grundrechtlicher und verfassungsrechtlicher Standards heranzuziehen, sofern dies nicht zu einer Einschränkung oder Minderung des Grundrechtsschutzes nach dem Grundgesetz führt.[155] Nach Art.34 EMRK kann sich nun aber auch jede natürliche Person, nichtstaatliche Organisation oder Personengruppe mit einer Individualbeschwerde an den Europäischen Gerichtshof für Menschenrechte wenden und dort die Verletzung eines Konventionsrechts geltend machen.[156] Die deutschen Regelungen gem. Art.7 IV, V GG werden den Anforderungen der EMRK jedoch gerecht.
Gemäß Art.6 II EU gelten die Grundrechte, wie sie in der EMRK gewährleistet sind und wie sie sich aus den gemeinsamen Verfassungsüberlieferungen der Mitgliedsstaaten ergeben, als allgemeine Grundsätze des Gemeinschaftsrechts der Europäischen Union. Die EMRK entfaltet somit mittelbar auch im Gemeinschaftsrecht Wirkung, indem sie die ungeschriebenen Grundrechtsstandards des Gemeinschaftsrechts determiniert. Die im Rahmen der EU definierten Grundrechte der EU binden die Organe der EU. Sie gelten und binden aber auch die Mitgliedsstaaten, wenn diese Vollzugaufgaben für die Europäische Union wahrnehmen.[157] D.h., die Organe der EU müssen ebenfalls das Grundrecht zur

---

[151] EGMR EuGRZ 1976, 478(483f.); Frowein in Frowein/Peukert, EMRK, Art.2 des 1.ZP, Rn 9

[152] Frowein in Frowein/Peukert, EMRK, Art.2 des 1.ZP, Rn 9

[153] BVerfGE 19, 342(347); 74, 358(370); 82, 106(114)

[154] BVerfGE 64, 135(157)

[155] BVerfGE 74, 358(370)

[156] Herdegen, Europarecht, Rn 22; Zu beachten sind die Zulässigkeitsvoraussetzungen gem. Art.28, 35 EMRK, insbesondere die Erschöpfung aller innerstaatlichen Rechtsbehelfe.

[157] EUGH EuGRZ 1991, 274(283); EuGRZ 2000, 524(527); so Erläuterung zum Textentwurf des Art.51 I Ch

Gründung von Privatschulen beachten. Dieses Recht darf durch ein Handeln der EU-Organe nicht unverhältnismäßig eingeschränkt oder ausgeschlossen werden.

Auf dem EU-Gipfel von Nizza wurde im Dezember 2000 die Charta der Grundrechte der Europäischen Union verkündet.[158] Danach ist gemäß dem Wortlaut des Art.14 III der Charta die Freiheit zur Gründung von Lehranstalten unter Achtung demokratischer Grundsätze sowie das Recht der Eltern, die Erziehung und den Unterricht ihrer Kinder entsprechend ihrer eigenen religiösen, weltanschaulichen und erzieherischen Überzeugungen sicherzustellen, nach denjenigen einzelstaatlichen Gesetzen zu achten, welche die Ausübung dieser Fragen regeln.

Art.14 III Ch garantiert damit ausdrücklich die Freiheit der Gründung und des Betriebs von Privatschulen als Aspekt der unternehmerischen Freiheit.[159] Dies erfolgt jedoch nur entsprechend der in den einzelstaatlichen Rechtsvorschriften festgelegten Modalitäten.[160] Ein von Art.7 IV, V GG abweichender Gewährleistungsinhalt kann daher nicht angenommen werden. Die Charta bindet gem. Art.51 I Ch im Gegensatz zu den Grundfreiheiten, welche primär die Mitgliedsstaaten hinsichtlich der Durchsetzung des Gemeinsamen Marktes verpflichten, nur die Organe und Einrichtungen der Europäischen Union unter Beachtung des Subsidiaritätsprinzips. Diese haben gem. Art.14 III Ch für die Privatschulfreiheit den Gewährleistungsgehalt der Grundrechte, wie er in den einzelstaatlichen Gesetzen geregelt ist, zu beachten. Die Mitgliedsstaaten werden ebenfalls gebunden, wenn sie Vollzugsaufgaben für die EU wahrnehmen. Aufgrund Art.14 III Ch i.V.m. Art.7 IV, V GG stellen sich für die deutsche Staatsgewalt hinsichtlich der Privatschulfreiheit jedoch keine andersartigen Anforderungen. Zudem vermag die Grundrechtecharta derzeit mangels vertraglich begründeter Geltung keine unmittelbare Verbindlichkeit zu entfalten.[161] Ihre Bedeutung für die Auslegung der ungeschriebenen gemeinschaftsweiten Grundrechtsstandards durch den EuGH sollte aber nicht unterschätzt werden.

---

[158] siehe endgültiger Textentwurf: CHARTE 4487/00 CONVENT 50 und Erläuterung zum endgültigen Textentwurf: CHARTE 4473/00 CONVENT 49; beides abgedruckt in EuGRZ 2000, 554ff.

[159] so Anm. 2 der Erläuterung zum Textentwurf des Art.14 III Ch; Caspar, RdJB 2001, 165(170)

[160] so Anm. 2 der Erläuterung zum Textentwurf des Art.14 III Ch

[161] Herdegen, Europarecht, Rn 174 b

II.) Die Schranken der Privatschulfreiheit

Das Grundrecht der Privatschulfreiheit gem. Art.7 IV, V GG enthält keinen Gesetzesvorbehalt.[162] Der Wortlaut des Art.7 IV/2 GG spricht zwar davon, dass Privatschulen den Landesgesetzen unterstehen. Dieser Teilsatz gibt jedoch keine staatliche Regelungsbefugnis im Sinne eines Gesetzesvorbehalts, sondern stellt nur klar, dass die Ersatzschulen in die Gesetzgebungskompetenz der Länder fallen[163] und den allgemeinen Landesgesetzen unterstehen, deren Regelungsgegenstand nicht gerade nur die Privatschulen sind.[164]
Die Ersatzschulen unterliegen zwar dem Genehmigungsvorbehalt des Art.7 IV/2 GG. Dieser legt aber nur Mindestvoraussetzungen für die Gründung und den Betrieb von privaten Ersatzschulen fest. Bei Erfüllung dieser Voraussetzungen muss, als gebundene Entscheidung der Verwaltung, der Privatschule die Genehmigung erteilt werden. Die Genehmigungsvoraussetzungen sind daher ein verfassungsrechtlich verankertes präventives Verbot mit Erlaubnisvorbehalt.[165] Sie beschränken insoweit die Privatschulfreiheit. Sie sind normative Ausgestaltungen des Schutzbereichs, aber keine klassischen Schranken der Privatschulfreiheit im verfassungsrechtlichen Sinne.[166]
Gemäß Art.7 I GG steht das gesamte Schulwesen unter der Aufsicht des Staates. Unter diesen Sammelbegriff des gesamten Schulwesens fallen auch die Privatschulen. Art.7 I GG legt den staatlichen Erziehungsauftrag in der Schule fest und statuiert ein Aufsichtsrecht mit Verfassungsrang.[167] Art.7 I GG stellt an sich als Aufsichtsrecht den Inbegriff der staatlichen Herrschaftsrechte über die Schule dar, nämlich die Gesamtheit der staatlichen Befugnisse zur Organisation, Planung, Leitung und Beaufsichtigung des Schulwesens.[168] Die Anforderungen für die Zulassung privater Schulen sind jedoch in Art.7 IV, V GG abschließend formuliert. Zudem garantiert Art.7 IV GG die Privatschule institutionell. Aus Art.7 I GG kann damit kein umfassendes Gestaltungs- und Eingriffsrecht in die Privatschulfreiheit folgen. Aufsicht bedeutet in diesem Rahmen le-

---

[162] Becker U., BayVBl. 1996, 609(615); Pieroth in Jarass/Pieroth, GG, Art.7, Rn 21; Müller, Recht der Fr. Schule nach dem GG, S.319; Pieroth/Schlink, Staatsrecht II, Rn 684; Schlaf, Aufsicht über Privatschulen, S.29

[163] Pieroth in Jarass/Pieroth, GG, Art.7, Rn 21; Müller, Recht der Fr. Schule nach dem GG, S.98ff., 319; Robbers in v. Mangoldt/Klein/Starck, GG, Art.7, Rn 219; Schmitt-Kammler in Sachs, GG, Art.7, Rn 67

[164] Blau, JA 1984, 463(465); Robbers in v. Mangoldt/Klein/Starck, GG, Art.7, Rn 203

[165] so auch Schlaf, Aufsicht über Privatschulen, S.26

[166] Jeand' Heur in Jach/Jenkner, Autonomie der staatl. Schule, S.109; Müller, Recht der Fr. Schule nach dem GG, S.54; Niehues, Schul- u. PrüfungsR Bd.1, Rn 238; a.A.: Plümer, Rechtsnatur der Privatschulverhältnisse, S.82ff.

[167] BVerfGE 26, 228(238f.); 34, 165(182f.); Niehues, Schul- u. PrüfungsR Bd.1, Rn 223

[168] BVerfGE 26, 228(238); 34, 165(182); BVerwGE 6, 101(104)

diglich Überprüfung des Vorliegens der Voraussetzungen und Anforderungen des Art.7 IV, V GG unter Beachtung des Verhältnismäßigkeitsprinzips, d.h. insbesondere bei den Ersatzschulen Überprüfung und Kontrolle der Einhaltung der Genehmigungsvoraussetzungen, bei Ergänzungsschulen generelle Gesetzmäßigkeitskontrolle.[169]
Aus Art.7 I GG folgen damit Aufsichtsbefugnisse für die Schulaufsichtsbehörden mit denen die Verfassungs- und Gesetzmäßigkeit der Privatschulen im Rahmen des Art.7 IV, V GG kontrolliert werden soll, jedoch kein allgemeiner Gesetzesvorbehalt zur Einschränkung des Art.7 IV, V GG. Eine verfassungsrechtliche Rechtfertigung von Eingriffen in die Privatschulfreiheit die außerhalb der Wahrnehmung von Aufsichtsbefugnissen liegen, kann daher nur im Wege des kollidierenden Verfassungsrechts erfolgen. Hierbei muss im Rahmen einer Abwägung zwischen den kollidierenden Verfassungsinteressen das vorrangige Interesse ermittelt werden, wobei der besondere Rang der Privatschulfreiheit als Grundrecht zu berücksichtigen ist.

III.) Die Umsetzung der oben aufgeführten Grundsätze in das Landesrecht

Gemäß Art.30, 70ff. GG haben die Länder die Gesetzgebungskompetenz für das Schulwesen, inklusive des Privatschulwesens.[170] Die bisher aufgeführten Grundsätze müssen daher durch die einzelnen Bundesländer in Landesschulrecht umgesetzt werden. Für das jeweilige Landesprivatschulrecht sind dabei die soeben dargestellten Grundsätze des Art.7 IV, V GG bindend. Die landesrechtlichen Umsetzungen dürfen nicht hinter dem Grundrecht der Privatschulfreiheit zurückbleiben, da sie sonst verfassungswidrig wären. Es ist der Vorrang der Verfassung zu beachten. Hingegen ist gem. Art.142 GG eine mit Art.7 IV, V GG im Einklang stehende aber auch darüber hinausgehende Gewährung von Freiheitsrechten in den Landesverfassungen und eine daraus folgende Umsetzung im Landesschulrecht zulässig.[171] Das Landesschulrecht kann damit in wei-

---

[169] BVerwGE 12, 349(351); 17, 236f.; BVerwG DÖV 1970, 566; Gröschner in Dreier, GG, Art.7, Rn 91; Evers, VVDStRL 23 (1966), S.147(190); Frowein, Lage der Privatschulen, S.20; Richter in Jach/Jenkner, Autonomie der staatl. Schule, S.17; Pieroth in Jarass/Pieroth, GG, Art.7, Rn 21; Oppermann, HdbStR VI, § 135, Rn 21; Müller, Recht der Fr. Schule nach dem GG, S.113ff.; Plümer, Rechtsnatur der Privatschulverhältnisse, S.94f.; Vogel, Recht der Schulen in fr. Trägerschaft, S.40

[170] BVerfGE 6, 309(354); 27, 195(200); 34, 165(181); 53, 185(196); 59, 360(377); Heckel, Dt. Privatschulrecht, S.41, 73; Müller, Recht der Fr. Schule nach dem GG, S.29; Vogel, Recht der Schulen in fr. Trägerschaft, S.19

[171] BVerwGE 104, 1(6); Pieroth in Jarass/Pieroth, GG, Art.142, Rn 3; Müller, Recht der Fr. Schule nach dem GG, S.31ff., 42; v. Münch in v. Münch/Kunig, GG, Art.142, Rn 7

tergehendem Umfang Ersatzschulen für genehmigungsfähig erklären, als dies Art.7 IV GG mindestens gewährleistet.[172]
Im Anschluss soll nun die Umsetzung des Art.7 IV, V GG in das Landesrecht der einzelnen Bundesländer dargestellt werden. Dabei wird zunächst die Rechtslage der Ersatzschulen in den Bundesländern dargelegt und danach kurz noch zusammengefasst die Rechtslage der Ergänzungsschulen erörtert.

1.) Die Rechtslage der Ersatzschulen nach dem Landesrecht

a) Die Regelungen im Landesverfassungsrecht

In einigen Bundesländern wird in den Landesverfassungen das Grundrecht der Privatschulfreiheit ausdrücklich festgeschrieben.[173] Danach ist das freie Errichten und Betreiben von Privatschulen landesverfassungsrechtlich geschützt. Private Ersatzschulen können aber auch nach den Landesverfassungen nur mit Genehmigung des Staates errichtet und betrieben werden.[174] Damit wird die Errichtung von Ersatzschulen auch landesverfassungsrechtlich unter Genehmigungsvorbehalt gestellt.[175] Die Genehmigungsvoraussetzungen der Landesverfassungen entsprechen dabei von ihrem Inhalt her Art.7 IV, V GG.[176] Teilweise wird ausdrücklich auf die Voraussetzungen des Art.7 IV, V GG verwiesen.[177] Die Genehmigung ist bei Vorliegen der Voraussetzungen zu erteilen.
In Bayern wird gem. Art.134 II BayVerf als zusätzliche Voraussetzung verlangt, dass gegen die Person des Schulleiters keine Bedenken bestehen dürfen. Das Erfordernis der persönlichen Zuverlässigkeit wird durch diese Regelung als weitere Voraussetzung der Genehmigung normiert.[178]
Nach dem Wortlaut der Landesverfassungsregelungen in Bayern, Bremen und Hessen würde das Genehmigungserfordernis auch die Ergänzungsschulen erfassen.[179] Diese Landesverfassungen sind jedoch vor dem Grundgesetz in kraft ge-

---

[172] BVerwGE 104, 1(6); Niehues, Schul- u. PrüfungsR Bd.1, Rn 233
[173] Art.134 BayVerf; Art.30 VI BbgVerf; Art.29 BremVerf; Art.61 HessVerf; Art.8 IV Verf NRW; Art.30 Verf Rh-P; Art.28 SaarlVerf; Art.102 III/1 SächsVerf; Art.28 I/1 Verf LSA; Art.26 I Verf Thür
[174] Art.134 I/1, 2 BayVerf; Art.30 VI/1 BbgVerf; Art.29 BremVerf; Art.61 S.1 HessVerf; Art.8 IV/1 Verf NRW; Art.30 I/1 Verf Rh-P; Art.28 I/1 SaarlVerf; Art.102 III/2 SächsVerf; Art.28 I/2 Verf LSA; Art.26 II/1 Verf Thür
[175] Baumann-Hasske in Kunzmann/Haas/Baumann-Hasske, Verf des Freistaats Sachsen, Art.102, Rn 5
[176] Art.134 II, III BayVerf; Art.61 S.2 HessVerf; Art.30 I/2, II Verf Rh-P; Art.28 I/2, 3 SaarlVerf; Art.102 III/3, 4 Sächs Verf; Art.28 I/3, 4 Verf LSA
[177] so Art.30 VI/1 BbgVerf; Art.8 IV/1 Verf NRW; Art.28 II SaarlVerf
[178] zur verfassungsrechtlichen Zulässigkeit gem. Art.7 IV GG dieser Anforderung zugleich im Anschluss
[179] so Art.134 I/2 BayVerf; Art.29 BremVerf; Art.61 S.1 HessVerf

treten und verwenden daher zum Teil vom Grundgesetz abweichende Formulierungen und können deshalb missverstanden werden.[180] Sie müssen gem. Art.7 IV/2 GG verfassungskonform ausgelegt werden. Auch nach diesen Landesbestimmungen kann nur für die Ersatzschulen eine Genehmigung verlangt werden. Ergänzungsschulen unterliegen damit in den aufgeführten Ländern nicht dem Genehmigungserfordernis.[181]

In einigen Bundesländern wurde außerdem landesverfassungsrechtlich der Anspruch auf staatliche Zuschüsse festgelegt.[182] Damit ist der Anspruch der Ersatzschulen auf staatliche Förderung ausdrücklich landesverfassungsrechtlich festgeschrieben.[183] Art.7 IV GG gewährt einen derartigen Anspruch jedoch direkt.[184] Die Landesregelungen haben daher nur deklaratorischen Charakter. Aus den genannten Verfassungsbestimmungen folgt ebenfalls die Garantie der Privatschulen als Institution.[185]

b) Die Regelungen in den Landesschul- und Landesprivatschulgesetzen

Die Vorgaben des Grundgesetzes gem. Art.7 IV, V GG und der Landesverfassungen für die Ersatzschulen werden durch die Landesschul- und Landesprivatschulgesetze der einzelnen Bundesländer umgesetzt. Ersatzschulen dürfen danach nur mit vorheriger Genehmigung der zuständigen Schulaufsichtsbehörde errichtet und betrieben werden.[186]

Die Genehmigung ist zu erteilen, wenn die Genehmigungsvoraussetzungen erfüllt sind.[187] Die Genehmigungsvoraussetzungen der Landesgesetze orientieren

---

[180] Die Bayrische und die Hessische Verfassung wurden 1946 erlassen, die Bremer Verfassung 1947.

[181] für Bayern: BayVerfGH E 37, 148(155); für Bremen: Neumann, Verf. der Fr. Hansestadt Bremen, Art.29, Rn 4; Füssel in Krönig/Pottschmidt/Preuß/Rinken, Handbuch der Brem. Verfassung, S.199f.; siehe auch oben B, I.), 4.)

[182] so Art.30 VI/2 BbgVerf; Art.8 IV/3 Verf NRW; Art.30 III Verf Rh-P; Art.28 III Saarl-Verf; Art.28 II Verf LSA; Art.26 II/2 Verf Thür

[183] für NRW: Dickersbach in Geller/Kleinrahm, Verf des Landes NRW, Art.8, Anm. 5., b)

[184] BVerfGE 75, 40(65); 90, 107(114f.)

[185] für Bayern: BayVerfGH BayVBl. 1983, 430; NVwZ 1985, 481

[186] § 4 I PSchG B-W; Art.92 I BayEUG; § 4 I PrivSchulG Bln; § 121 I BbgSchulG; § 5 I BremPrivSchG; § 6 HmbSfTG; § 171 I/1 HSchG; § 119 I SchulG M-V; § 143 I SchG Nds; § 37 I SchOG NRW; § 6 I PrivSchG Rh-P; § 6 I, II SaarlPrivSchG; § 4 I/1 SächsFrTrSchulG; § 16 II SG LSA; § 58 I SchulG Schl-H; § 4 II ThürSchfTG

[187] § 5 I PSchG B-W; Art.92 II BayEUG; § 4 II PrivSchulG Bln; § 121 II BbgSchulG; § 5 II BremPrivSchG; § 6 II Hmb SfTG; § 171 III HSchG; § 120 I SchulG M-V; § 144 I SchG Nds; § 37 II SchOG NRW; § 6 II PrivSchG Rh-P; § 7 I Saarl PrivSchG; § 5 I SächsFrTrSchulG; § 16 III SG LSA; § 58 III SchulG Schl-H; § 5 I ThürSchfTG

sich dabei grundsätzlich an Art.7 IV, V GG.[188] Häufig werden die Genehmigungsvoraussetzungen wortgleich aufgeführt oder es wird ausdrücklich auf Art.7 IV, V GG verwiesen. Gemäß § 16 III Nr.1 SG LSA ist Voraussetzung für die Genehmigung jedoch nicht das Nichtzurückstehen in den Lehrzielen gem. Art.7 IV/3 GG, Art.28 I/3 Verf LSA, sondern ein Nichtzurückstehen „in den Lernzielen". Teilweise werden Lernziele dabei als geringere Anforderung gewertet, die im Sinne des Bildungsweges schulformspezifisch zu verstehen sei; auf Methoden und Mittel des Unterrichts soll es hingegen nicht ankommen.[189] Nach anderer Ansicht sind die Anforderungen an Lernziele erfüllt, wenn die innere und äußere Gestalt der Ersatzschule als gleichwertig im Vergleich mit den öffentlichen Schulen anzusehen ist.[190] Insofern besteht kein Unterschied zum Begriff des Lehrziels. Nach Erteilung der Genehmigung können die Schüler auf der Ersatzschule ihre Schulpflicht erfüllen.[191]

Unproblematisch im Hinblick auf Art.7 IV/3 GG ist auch die baden-württembergische Regelung gem. Ziff.5 VVPSchG B-W, wonach eine Sonderung der Schüler nach den Besitzverhältnissen der Eltern nicht gefördert wird, wenn in einem angemessenen Umfang für minderbemittelte Schüler wirksame wirtschaftliche Erleichterungen hinsichtlich des Schulgeldes und der sonstigen Kosten gewährt werden.

In Rheinland-Pfalz können nach §§ 11 PrivSchG Rh-P, 11 II PrivSchG DVO Rh-P der Abschluss der Ausbildung an genehmigten Ersatzschulen von Prüfungen abhängig gemacht und Prüfungsordnungen erlassen werden, die den Anforderungen an Schüler öffentlicher Schüler entsprechen. Dies bezieht sich auf die Nichtschülerprüfungen der Schüler genehmigter Ersatzschulen. Die nur geneh-

---

[188] siehe §§ 5, 6 PSchG B-W u. § 23 S.1 Nr.1 PSchG B-W i.V.m. Ziff. 4-8 VVPSchG (GBl. Baden-Württemberg 1971, S.347, zuletzt geändert GBl. Baden-Württemberg 1985, S.71, 85); Art.92 II, III i.V.m. Art. 4, 93, 94, 96f. BayEUG; § 4 II-IV PrivSchulG Bln und §§ 2-4 der Zweiten DurchführungsVO PrivSchulG Bln (GVBl. Berlin 1991 KM 10, S.116); § 121 II-IV BbgSchulG; §§ 5 II-IV, 6 BremPrivSchG; § 6 II, III, V, VI HmbSfTG; §§ 171 III, 174 HSchG; §§ 120 I-III, VII, 131 Nr.1 SchulG M-V i.V.m. §§ 1, 2 PSchVO M-V (GVOBl. Mecklenburg-Vorpommern 1997, S.469; zuletzt geändert GVOBl. M-V 2002, S.50); §§ 144, 145 SchG Nds; § 37 II, III, 43 SchOG NRW u. § 42 SchOG NRW i.V.m. §§ 1ff. ESchVO NRW (GV NRW 1994, S.953; zuletzt geändert GV NRW 2000, S.462, 469); §§ 6, 7 PrivSchG Rh-P i.V.m. §§ 6-8 PrivSchGDVO (GVBl. Rheinland-Pfalz 1987, S.362; zuletzt geändert GVBl. Rheinland-Pfalz 2000, S.103); §§ 7, 8 SaarlPrivSchG; § 5 SächsFrTr SchulG; §§ 16 III, IIIa SG LSA und 17 IV SG LSA i.V.m. §§ 2, 3 ESch-VO LSA (GVBl. LSA 1995, S.23; zuletzt geändert GVBl. LSA 2002, S.422); § 58 II-IV SchulG Schl-H; § 5 I-III ThürSchfTG

[189] Reich, SchulG LSA, § 16, Rn 5

[190] Wolff/Richter/Gras, SchulG LSA, § 16, Anm. 3.1

[191] so ausdrücklich § 4 II PSchG B-W; § 13 I BremPrivSchG; § 171 II HSchG; § 120 VI SchulG M-V; § 143 III SchG Nds; § 6 II PrivSchG Rh-P; § 9 SaarlPrivSchG; § 4 III SächsFrTrSchulG; § 4 III ThürSchfTG

migte Ersatzschule kann keine Berechtigungen verleihen. Auf die jeweiligen Nichtschülerprüfungsordnungen wird unten noch näher einzugehen sein.
In einigen Bundesländern kann Ersatzschulen, bei denen Voraussetzungen für die Erteilung der Genehmigung noch nicht voll erfüllt sind, die Genehmigung nach Anhörung des Trägers unter der Bedingung erteilt werden, dass die noch fehlenden Voraussetzungen innerhalb einer von der Schulaufsichtsbehörde festzusetzenden Frist erfüllt werden.[192] Es handelt sich dabei um das Rechtsinstitut der so genannten vorläufigen Genehmigung. Art.7 IV GG erwähnt diese Möglichkeit zwar nicht. Die *vorläufige Genehmigung* ist jedoch eine den Schulträger begünstigende Regelung, die aufgrund des Verhältnismäßigkeitsprinzips gegenüber der Versagung der Genehmigung das mildere Mittel darstellt.[193] Die vorläufige Genehmigung wird mit Nebenbestimmungen verbunden, welche die Erreichung der Genehmigungsvoraussetzungen durch die Ersatzschule als Ziel haben. Die vorläufige Genehmigung ist verfassungskonform. Sie darf aber nur erteilt werden, wenn das leibliche oder sittliche Wohl der Schüler nicht beeinträchtigt oder gefährdet wird und Erziehung und Ausbildung hinreichend gewährleistet sind.[194] Liegen hingegen alle Voraussetzungen für eine endgültige Genehmigung vor, muss diese erteilt werden. Eine nur vorläufige Genehmigung würde ansonsten gegen Art.7 IV GG verstoßen.[195]
In Rheinland-Pfalz wird ausdrücklich gem. § 6 V PrivSchGDVO Rh-P geregelt, dass die Genehmigung unter Bedingungen und Auflagen erfolgen kann. Wird die Bedingung innerhalb der gesetzten Frist nicht erfüllt, erlischt die Genehmigung. Wird eine Auflage nicht erfüllt, ist die Genehmigung zu widerrufen. Die Nebenbestimmungen dürfen jedoch nicht im Widerspruch zu Art.7 IV GG stehen. Für Nebenbestimmungen gelten insofern die § 36 I VwVfG entsprechenden Landesregelungen.
Die Genehmigung erlischt nach den Regelungen vieler Bundesländer, wenn die Schule nicht innerhalb eines Jahres eröffnet, der Betrieb aufgegeben oder die Schule ohne Zustimmung der Aufsichtsbehörde ein Jahr lang nicht betrieben wird.[196] In Nordrhein-Westfalen regelt § 2 II ESchVO NRW, das die Genehmigung oder die vorläufige Erlaubnis erlöschen, wenn die Schule nicht innerhalb

[192] Ziff. 9 VVPSchG B-W; Art.98 I/1 BayEUG; § 4 V PrivSchulG Bln; § 120 IV SchulG M-V; § 37 IV/1 SchOG NRW; § 6 III PrivSchG Rh-P; § 7 II/1 SaarlPrivSchG; § 5 V ThürSchfTG
[193] so auch Schlaf, Aufsicht über Privatschulen, S.31
[194] Art.98 I/2 BayEUG; § 7 II/2 SaarlPrivSchG
[195] VG Köln, Urteil vom 11.10.1983, AktZ.: 10 K 3668/81; abgedruckt in BEFT, 61.9, S.41
[196] § 7 PSchG B-W; Art.98 II BayEUG (In Bayern erlischt die Genehmigung generell bei einjährigem Nichtbetreiben der Schule unabhängig von der Zustimmung der Aufsichtsbehörde.); § 122 III BbgSchulG; § 8 BremPrivSchG; § 7 III Hmb SfTG; § 172 III HSchG; § 121 II SchulG M-V; § 147 II SchG Nds; §§ 9 PrivSchG Rh-P, 9 PrivSchGDVO Rh-P (Danach darf auch keine Verlängerung dieser Frist durch die Aufsichtsbehörde erfolgt sein.); § 11 Saarl PrivSchG; § 6 SächsFrTr SchulG;

von zwei Jahren nach Zustellung des Bescheides in Betrieb genommen wird oder wenn der Betrieb länger als ein Jahr geruht hat. Eine vorläufige Erlaubnis erlischt gem. § 2 III/2 ESchVO NRW vier Jahre nach Aufnahme des Schulbetriebs, wenn sie nicht bis dahin in eine Genehmigung umgewandelt oder die Frist nicht verlängert worden ist.
In Thüringen erlischt die Genehmigung gem. § 6 II ThürSchfTG, wenn die Schule nicht spätestens zum zweiten Schuljahresbeginn nach Zustellung des Genehmigungsbescheids eröffnet, wenn der Betrieb aufgegeben, wenn sie ohne Zustimmung ein Jahr lang nicht betrieben wird oder wenn eine Bedingung aufgrund vorläufiger Genehmigung in der festgesetzten Frist nicht erfüllt wird.
Wesentliche Änderungen der für die Genehmigung maßgebenden Verhältnisse müssen unverzüglich der zuständigen Schulaufsichtsbehörde angezeigt werden.[197] In Sachsen-Anhalt bedürfen Veränderungen gegenüber der im Genehmigungsbescheid genannten Bedingungen gem. § 3 III ESch-VO LSA der Genehmigung. In Thüringen bedürfen wesentliche Änderungen in den Voraussetzungen nach Erteilung der Genehmigung gem. § 5 IV/5 ThürSchfTG der erneuten Genehmigung.
Die Auflösung oder den Abbau einer Ersatzschule hat der Schulträger ebenfalls unverzüglich anzuzeigen.[198] In Brandenburg sind Veränderungen beim Unterrichtseinsatz der Lehrkräfte gem. § 121 IX/1 Bbg SchulG dem zuständigen Schulamt anzuzeigen. In Niedersachsen sind gem. § 146 SchG Nds Änderungen der Schulleitung und der wirtschaftlichen und rechtlichen Stellung der Lehrkräfte sowie der Schuleinrichtungen anzuzeigen.
Die Genehmigung ist aufzuheben, wenn die Genehmigungsvoraussetzungen bei Erteilung der Genehmigung nicht vorlagen oder von der Ersatzschule nach der Erteilung der Genehmigung nicht mehr eingehalten werden.[199] Zuvor ist dem Schulträger der Ersatzschule eine angemessene Frist zur Beseitigung der genannten Mängel zu setzen.[200] In Berlin steht die Aufhebung der Genehmigung im Ermessen der Aufsichtsbehörde, denn der Wortlaut des § 6 Priv SchulG Bln lautet „kann widerrufen werden“. In Schleswig-Holstein kann die Genehmigung

---

[197] so § 8 I HmbSfTG; § 120 V SchulG M-V (Danach sind auch die Aufnahme und Entlassung von Schülern anzuzeigen.)
[198] so § 8 II HmbSfTG; § 13 SaarlPrivSchG; § 8 ThürSchfTG (In Thüringen hat die Anzeige sechs Monate vor dem beabsichtigten Zeitpunkt zu erfolgen.)
[199] § 6 PrivSchulG Bln; § 122 II BbgSchulG; § 11 I, II BremPrivSchG; § 172 II HSchG; § 121 I SchulG M-V; § 147 I SchG Nds; § 39 SchOG NRW; §§ 10 PrivSchG Rh-P, 10 II PrivSchG DVO Rh-P; § 10 I SaarlPrivSchG; §§ 16 V, 17 IV SG LSA, 6 ESch-VO LSA (Nach § 6 ESch-VO LSA ist die Genehmigung auch zu widerrufen, wenn Fristbestimmungen zur Aufnahme des Schulbetriebs nicht eingehalten worden sind oder der Betrieb länger als ein Jahr geruht hat.); § 58 V/1 SchulG Schl-H; § 6 I ThürSchfTG
[200] so § 6 PrivSchulG Bln; § 122 II BbgSchulG; § 11 IV Brem PrivSchG; § 7 I, II HmbSfTG; § 121 I SchulG M-V; § 147 I SchG Nds; § 39 II SchOG NRW; §§ 10 II PrivSchG Rh-P, 10 III PrivSchG DVO Rh-P; § 10 II SaarlPrivSchG; §§ 17 IV SG LSA, 6 I/2 ESch-VO LSA

gem. § 58 V/2 SchulG Schl-H auch widerrufen werden, wenn der Schulträger Anordnungen der Schulaufsichtsbehörde wiederholt nicht befolgt oder festgestellte Mängel auch nach einer Mahnung nicht abstellt. Die Aufhebung der Genehmigung in den Bundesländern ohne spezielle Ermächtigung in den Landesschulgesetzen richtet sich nach den §§ 48f. VwVfG entsprechenden Landesnormen.

c) Spezielle Probleme des Landesrechts zur Genehmigung, bei denen die Regelungen der Landesschul- und Landesprivatschulgesetze verfassungskonform ausgelegt werden müssen

In bestimmten Bereichen weichen die Landesregelungen zur Umsetzung des Art.7 IV, V GG
häufig vom Wortlaut des Grundgesetzes ab oder stellen weitere Anforderungen, die Art.7 IV, V GG nicht ausdrücklich nennt. Es gilt der Grundsatz, dass die Landesgesetze verfassungskonform ausgelegt werden müssen. Auf die Abweichungen und Unterschiede der Landesregelungen im Verhältnis zu Art.7 IV GG soll nun im Anschluss näher eingegangen werden. Dabei ist zu untersuchen, inwieweit derartige Regelungen noch verfassungskonform sind.
In Baden-Württemberg wird als Genehmigungsvoraussetzung gem. § 5 II PSchG B-W verlangt, dass die Gestaltung der Lehr- und Erziehungsmethoden der Ersatzschule den öffentlichen Schulen gleichwertig sein müssen. Eine weitere Konkretisierung erfolgt durch § 23 S.1 Nr.1 PSchG B-W i.V.m. den Vorschriften des Kultusministeriums zum Vollzug des Privatschulgesetzes (VVPSchG).[201] Nach Ziff.4 I Nr.2 VVPSchG B-W sollen Lehr- und Anschauungsmittel, Unterrichtsräume und Laboratorien und praktische Übungen gegenüber demjenigen an entsprechenden öffentlichen Schulen im Wesentlichen gleichwertig sein. In Nordrhein-Westfalen müssen gem. § 37 III lit. a) SchOG NRW Lehrziele und Einrichtungen, in Niedersachsen gem. § 144 II SchG Nds die Gestaltung der Ersatzschule den öffentlichen Schulen gleichwertig sein. In vielen Bundesländern wird weiterhin als Voraussetzung der Genehmigung gefordert, dass die Ausbildung der Lehrkräfte der Ersatzschulen derjenigen der Lehrer an öffentlichen Schulen im Werte gleich kommt bzw. gleichwertig ist.[202] Das Grundgesetz spricht vom Erfordernis des Nichtzurückstehens der Lehrziele, Einrichtungen und wissenschaftlichen Ausbildung der Lehrkräfte der Ersatzschulen. Die eindeutige Feststellung der Gleichwertigkeit ist nicht erforder-

---

[201] GBl. Baden-Württemberg 1971, S.347, zuletzt geändert GBl. Baden-Württemberg 1985, S.71, 85

[202] so § 5 III PSchG B-W i.V.m. Ziff.6 II VVPSchG B-W; Art.94 BayEUG; § 4 II/1 lit.b), II/2 PrivSchulG Bln; § 121 II Nr.2 BbgSchulG; § 6 V HmbSfTG; § 174 I/1 HSchG; § 120 II SchulG M-V; § 144 III SchG Nds; § 37 III lit.b) SchOG NRW; § 5 II SächsFrTr SchulG; §§ 16 IIIa, 17 IV SG LSA i.V.m. § 2 II ESch-VO LSA

lich.[203] Gleichwertigkeit kann somit nicht als Übereinstimmen verstanden werden, sondern bedeutet lediglich, dass die Ersatzschule ein im Verhältnis zu den öffentlichen Schulen entsprechendes Niveau aufweisen muss. *Der in den Landesgesetzen verwendete Begriff der „Gleichwertigkeit" muss deshalb verfassungskonform gem. Art.7 IV/3 GG im Sinne eines Nichtzurückstehens ausgelegt werden.*
In Schleswig-Holstein fordert § 58 III Nr.3 SchulG Schl-H, dass die Schulgebäude und –anlagen den allgemeinen gesetzlichen Bestimmungen und den Anforderungen für einen geordneten Schulbetrieb entsprechen müssen. Diese Anforderung kann unter den Begriff der nichtzurückstehenden Einrichtungen gem. Art.7 IV/3 GG subsumiert werden.
In einigen Bundesländern dürfen nur Lehrer und Schulleiter beschäftigt werden, für die von der zuständigen Schulaufsichtsbehörde eine Unterrichtsgenehmigung erteilt worden ist.[204] Diese Entscheidung ist mit der Genehmigung der Ersatzschule zu verbinden.[205] Eine derartige Personalisierung der Genehmigung trägt aber zusätzlich dem gelegentlichen Wechsel des Lehrpersonals Rechnung. Der Privatschulträger muss dann nicht generell beim Lehrerwechsel die weitere Einhaltung der Genehmigungsvoraussetzungen darlegen. Denn bei der Erteilung der Genehmigung und der zukünftigen Einhaltung der Genehmigungsvoraussetzungen kommt es auf die persönliche Befähigung jedes einzelnen Lehrers an.[206] Die Darlegung der Einhaltung der Genehmigungsvoraussetzungen beim Wechsel einer Lehrkraft wird dem Privatschulträger durch die bloße personalisierte Überprüfung der Eignung des Lehrers von der Schulaufsichtsbehörde erspart.[207] Die Unterrichtsgenehmigung für Lehrer ist daher verfassungskonform. Sie ist zu erteilen, wenn der Lehrer in seiner wissenschaftlichen Ausbildung gem. Art.7 IV/3 GG nicht hinter derjenigen der Lehrer an öffentlichen Schulen zurücksteht. In Nordrhein-Westfalen werden nähere Anforderungen an die wissenschaftliche Ausbildung der Lehrkräfte in § 7 ESchVO NRW festgelegt. Danach findet ein Feststellungsverfahren statt, indem die fachliche und pädagogische Eignung der Lehrkraft überprüft wird. Auch hierfür ist lediglich auf ein Nichtzurückstehen der Ausbildung i.S.v. Art.7 IV/3 GG abzustellen.

---

[203] BVerwGE 90, 1(15); Müller, Recht der Fr. Schule nach dem GG, S.137ff.; Niehues, Schul- u. PrüfungsR Bd.1, Rn 240; Robbers in v. Mangoldt/Klein/Starck, GG, Art.7, Rn 193; Vogel, Recht der Schulen in fr. Trägerschaft, S.27

[204] § 4 II/2 PrivSchulG Bln; § 121 IV/1 BbgSchulG (nur für Lehrkräfte die ihre Lehrbefähigung nicht in Brandenburg erworben haben); § 10 I BremPrivSchG; § 167 II/1 SchG Nds; § 41 II SchOG NRW; § 23 I PrivSchG Rh-P; § 86 I, II SchulG Schl-H

[205] so ausdrücklich auch § 6 VI PrivSchGDVO Rh-P

[206] OVG Münster NWVBl. 1993, 206ff.; Niehues, Schul- u. PrüfungsR Bd.1, Rn 251

[207] Schlaf, Aufsicht über Privatschulen, S.32f.

In Berlin und Brandenburg darf die Unterrichtsgenehmigung gem. § 4 II/3 2.HS PrivSchulG Bln bzw. gem. § 121 IV/3 BbgSchulG befristet werden, insbesondere wenn die Eignung des Lehrers durch gleichwertige freie Leistungen nachgewiesen wird. Der Terminus „freie Leistungen" bedeutet, dass der Lehrer seine Lehrbefähigung nicht durch die für öffentliche Schulen vorgeschriebenen Lehramtsprüfungen erlangt hat. Art.7 IV/3 GG geht aber davon aus, dass eine wissenschaftliche Ausbildung der Lehrkräfte, die nicht hinter den öffentlichen Schulen zurücksteht, für die Genehmigung der Ersatzschule gerade ausreicht. Anderweitige Lehrbefähigungen sind somit nicht irgendwelche Ausnahmefälle, für die befristete Genehmigungen erteilt werden können, sondern der gerade von Art.7 IV/3 GG vorgesehene Normalfall. Maximal bis zur Feststellung des Nichtzurückstehens der Ausbildung kann deshalb die Unterrichtsgenehmigung des Lehrers befristet werden. Wurde ein Nichtzurückstehen der anderweitigen freien Leistungen nachgewiesen, muss der Lehrkraft die Unterrichtsgenehmigung entsprechend Art.7 IV/3 GG erteilt werden. Eine andere Auslegung der §§ 4 II/3 2.HS Priv SchulG Bln, § 121 IV/3 BbgSchulG wäre verfassungswidrig. Der Nachweis der Befähigung kann nach der neusten Novellierung des BbgSchulG[208] gem. § 121 IV/4 BbgSchulG nun auch durch gleichwertige freie Leistungen im Rahmen der Tätigkeit an der Ersatzschule erbracht werden.
Ähnlich verhält es sich bei den landesrechtlichen Bestimmungen, die festschreiben, dass nur in Ausnahmefällen die fachliche und pädagogische Eignung der Lehrkräfte durch anderweitig erbrachte freie gleichwertige Leistungen nachgewiesen werden kann.[209] Eine anderweitige Ausbildung der Lehrkräfte von Ersatzschulen wird durch Art.7 IV/3 GG, soweit sie nicht zurücksteht, aber gerade erlaubt und ist somit nicht eine Ausnahme. Die Genehmigung ist also auch zu erteilen, wenn die wissenschaftliche Ausbildung des Lehrers anders als durch staatliche Lehramtsprüfungen nachgewiesen wird. Die Ausbildung der Lehrkraft darf nur im Niveau nicht hinter derjenigen der Lehrer an öffentlichen Schulen zurückstehen. Ein anderweitiger Nachweis der pädagogischen Eignung kann in Baden-Württemberg gem. § 5 III/2 PSchG B-W i.V.m. Ziff.6 III VVPSchG B-W verfassungskonform auch im Rahmen der Tätigkeit an der Privatschule innerhalb einer von der Schulaufsichtsbehörde zu bestimmenden Frist erfolgen.
Eine weitere, von Art.7 IV GG nicht ausdrücklich genannte Voraussetzung der Genehmigung ist *das Erfordernis der persönlichen Zuverlässigkeit.* In vielen

[208] GVBl. Brandenburg Teil II, 2001, S.539
[209] so § 174 I/2 HSchG; § 120 II SchulG M-V; § 37 III lit.b) SchOG NRW; § 23 II PrivSchG Rh-P; § 86 II/2 SchulG Schl-H

Bundesländern wird die persönliche Zuverlässigkeit des Schulleiters[210] der Ersatzschule sowie die persönliche Zuverlässigkeit des Schulträgers oder bei juristischen Personen von dessen Vertretungsberechtigten[211]
als Voraussetzung für die Genehmigung verlangt. Diese Voraussetzung der Ersatzschulgenehmigung ergibt sich ebenfalls nicht direkt aus dem Wortlaut von Art.7 IV GG. Persönliche Zuverlässigkeit oder Eignung ist eine Eigenschaft, die in der Person des Schulträgers bzw. Schulleiters zu überprüfen ist. Vorstrafen oder sittenwidriger Lebenswandel können zum Beispiel persönliche Unzuverlässigkeit begründen und den Schulträger als ungeeignet für das Betreiben einer Ersatzschule bzw. den Schulleiter als ungeeignet für die Leitung einer Ersatzschule erscheinen lassen. Die Versagung der Genehmigung gegenüber einem unzuverlässigen Schulträger oder Schulleiter soll nach einer Ansicht im Rahmen legitimer Missbrauchsabwehr, gestützt auf Art.7 I GG als spezieller Schulaufsichtsnorm mit Verfassungsrang, gerechtfertigt werden.[212] Jedoch legt Art.7 IV GG die Genehmigungsvoraussetzungen für Ersatzschulen abschließend fest.[213] Über Art.7 I GG dürfen somit keine neuen Genehmigungshürden aufgebaut werden. Aufgrund Art.7 I GG kann lediglich, im Rahmen der Schulaufsicht, die Einhaltung der Genehmigungsvoraussetzungen kontrolliert werden. Die Überprüfung der persönlichen Zuverlässigkeit von Lehrkräften und Schulleitern wird denn auch, auf Art.7 IV/3 GG gestützt, für zulässig befunden.[214] Die verfassungsrechtliche Forderung, nach der die Lehrkräfte der Ersatzschulen hinsichtlich ihrer wissenschaftlichen Ausbildung nicht hinter denen der öffentlichen Schulen zurückstehen dürfen, beziehe sich nämlich nicht nur auf die bloße Unterrichtstätigkeit. Den Standards öffentlicher Schulen müsse die Tätigkeit der an Ersatzschulen beschäftigten Lehrkräfte auch dann entsprechen, soweit die Lehrer nicht unmittelbar unterrichten, sondern leitende, koordinierende und überwachende Aufgaben der Unterrichtsverwaltung übernehmen.[215] Der Träger

---

[210] § 9 BremSchulG; § 6 II Nr.5 HmbSfTG; § 145 I Nr.2 SchG Nds (Der Wortlaut der Regelung in Niedersachsen lautet „Eignung".); § 6 II lit. c) PrivSchG Rh-P (Der Wortlaut der Regelung in Rheinland-Pfalz lautet „Eignung".); § 7 I lit.d) SaarlPrivSchG; § 58 III Nr.2 SchulG Schl-H (Der Wortlaut der Regelung in Schleswig-Holstein lautet „Eignung".); § 5 I Nr.2 ThürSchfTG (Der Wortlaut der Regelung in Thüringen lautet „Eignung".)

[211] § 6 I PSchG B-W; § 4 III PrivSchulG Bln; § 121 VI BbgSchulG; § 9 BremSchulG; § 145 I Nr.2 SchG Nds (Der Wortlaut der Regelung in Niedersachsen lautet „Eignung".); § 38 SchOG NRW; § 6 II lit. c) PrivSchG Rh-P (Der Wortlaut der Regelung in Rheinland-Pfalz lautet „Eignung".); § 7 I lit.d) SaarlPrivSchG; § 5 I Nr.3 SächsFrTr SchulG; § 58 III Nr.2 SchulG Schl-H (Der Wortlaut der Regelung in Schleswig-Holstein lautet „Eignung".); § 5 I Nr.2 ThürSchfTG (Der Wortlaut der Regelung in Thüringen lautet „Eignung".)

[212] Müller, Recht der Fr. Schule nach dem GG, S.207

[213] BVerwGE 17, 236f.; 23, 347(349)

[214] BVerwG DÖV 1970, 566; NVwZ 1990, 864f.; Korte, Die „Freie Schule" in der BRD, S.84

[215] BVerwG NVwZ 1990, 864(865)

der Ersatzschule ist jedoch nicht mit einem Lehrer gleichzustellen, so dass die eben aufgeführte Argumentation für den Schulträger nicht greift. Es kann nunmehr aber auf den Begriff der Einrichtungen i.S.v. Art.7 IV/3 GG abgestellt werden. Dieser Begriff meint nicht nur die rein sachliche Ausstattung der Schule, sondern alles, was zur Durchführung eines geordneten Schulbetriebs erforderlich ist.[216] Der gesamte lebende Betrieb mit der sachlichen und personalen Ausstattung der Ersatzschule soll erfasst werden.[217] Dazu muss aber auch die persönliche Zuverlässigkeit des Schulträgers bzw. bei einer juristischen Person des Vertretungsberechtigten zählen. Diese ist unverzichtbar für die ordnungsgemäße Durchführung eines Schulbetriebs, der nicht hinter dem öffentlicher Schulen zurückstehen darf. Die persönliche Zuverlässigkeit des Schulträgers bzw. des Unternehmers kann somit unter den Begriff der Einrichtungen subsumiert und deshalb im Genehmigungsverfahren überprüft werden.[218] Das Erfordernis der persönlichen Zuverlässigkeit bzw. der Eignung ist deshalb als verfassungskonforme Voraussetzung der Genehmigung zulässig.
In einigen Bundesländern kann die soeben oben besprochene Unterrichtsgenehmigung für Lehrkräfte und Schulleiter versagt oder aufgehoben werden, wenn Tatsachen vorliegen, die bei Lehrkräften öffentlicher Schulen zu einer Beendigung des Dienstverhältnisses führen, die Entfernung aus dem Dienst rechtfertigen würden oder Tatsachen vorliegen, die die Lehrkraft für die Ausübung einer solchen Tätigkeit ungeeignet erscheinen lassen.[219] Diese Regelungen dürfen nicht so extensiv ausgelegt werden, dass jeglicher Kündigungsgrund zur Untersagung der Unterrichtsgenehmigung durch die Schulaufsichtsbehörde führt. Denn dann könnte die Freiheit der Lehrerwahl der Privatschule gem. Art.7 IV GG ausgehöhlt werden. Der Kündigungsgrund muss vielmehr das Gewicht eines wichtigen Grundes aufweisen.[220] Für die Auslegung dieser Normen ist Art.7 IV/3 GG heranzuziehen. Danach müssen Lehrkräfte eine nicht hinter öffentlichen Schulen zurückstehende Ausbildung vorweisen. Dabei kann auch auf die persönliche Eignung und insbesondere bei Schulleitern auf administrative Fähigkeiten abgestellt werden.[221] D.h., nur die fehlende persönliche Zuverlässigkeit der Lehrkraft, ein Kriterium, das einen öffentlich-rechtlichen

---

[216] Maunz in Maunz/Dürig, GG, Art.7, Rn 74

[217] Heckel, Dt. Privatschulrecht, S.280

[218] i.E. ebenfalls das Erfordernis der persönlichen Zuverlässigkeit für den Schulträger als zulässig erachtend: BVerwG, Beschluss vom 28.4.1969, AktZ.: VII B 61.68; abgedruckt in BEFT, 61.1, S.11; Mit der Begründung, diese subjektive Voraussetzung gehe verfassungsrechtlich auf Art.12 I GG zurück und es sei nicht zweifelhaft, dass sie auch von einem privaten Schulträger gefordert werden dürfe.

[219] § 8 PSchG B-W; Art.95 BayEUG; § 167 II/3 SchG Nds; 41 IV SchOG NRW; § 7 SächsFrTrSchulG; § 86 III SchulG Schl-H; § 7 ThürSchfTG

[220] für Niedersachsen: Woltering/Bräth, Niedersächsisches SchulG, § 167, Rn 5

[221] BVerwG DÖV 1970, 566; NVwZ 1990, 864(865); Woltering/Bräth, Niedersächsisches SchulG, § 167, Rn 5

Schulträger zur außerordentlichen Kündigung bzw. bei beamteten Lehrern zur Entfernung aus dem Dienst berechtigen würde, kann zur Versagung oder Aufhebung der Unterrichtsgenehmigung führen. Fehlende persönliche Zuverlässigkeit als Untersagungsgrund der Lehr- und Leittätigkeit kann dabei auf Art.7 IV/3 GG gestützt werden, denn die Ersatzschule darf in der Ausbildung ihrer Lehrkräfte und in ihren Einrichtungen, nicht hinter öffentlichen Schulen zurückstehen. Fehlende persönliche Zuverlässigkeit des Lehr- und Leitungspersonals würde aber ein Zurückstehen zur Folge haben. Die Lehrkraft selbst muss sich hingegen auf ihr Grundrecht aus Art.12 I GG berufen.
In Bremen müssen nach § 10 II BremPrivSchG die Lehrkräfte der Ersatzschulen den staatsbürgerlichen Auftrag eines jeden Erziehers in dem Umfang erfüllen können, wie es von Lehrern an öffentlichen Schulen verlangt wird. Diese Anforderung an die Lehrer darf ebenfalls nicht extensiv über die Voraussetzungen des Art.7 IV/3 GG hinaus ausgedehnt werden. Die Befähigung zur Erziehung von Schülern soll nur nicht hinter der öffentlicher Schulen zurückstehen.
In vielen Bundesländern wird weiterhin von demjenigen, der eine Ersatzschule errichten, betreiben oder leiten will, als Voraussetzung der Genehmigung die Gewähr dafür verlangt, dass er *nicht gegen die verfassungsmäßige Ordnung verstößt.*[222] Eine derartige Voraussetzung der Genehmigung führt Art.7 IV GG ebenfalls nicht auf. Unter verfassungsmäßiger Ordnung ist die freiheitlich demokratische Grundordnung gem. Art.9 II, 18, 21 II GG zu verstehen. Dieses Rechtsgut mit Verfassungsrang kann als Schranke der Privatschulfreiheit im Wege kollidierenden Verfassungsrechts dienen, so dass die aufgeführten Landesregelungen als verfassungskonform anzusehen sind.[223] In Sachsen-Anhalt muss gem. §§ 16 IV SG LSA, 2 VI ESch-VO LSA derjenige, der eine Ersatzschule errichten, betreiben oder leiten will, bzw. bei juristischen Personen oder Personenvereinigungen die vertretungsberechtigte Person, die verfassungsmäßige Ordnung wahren. Verfassungsmäßige Ordnung meint dabei, wie soeben beschrieben, die freiheitlich demokratische Grundordnung, die als Rechtsgut mit Verfassungsrang die Privatschulfreiheit beschränken kann.[224] Hingegen will Reich den Begriff verfassungsmäßige Ordnung i.S.v. Art.2 I GG, Art.5 I Verf LSA als Gesamtheit aller Normen, die mit der Verfassung in Einklang stehen, verstanden wissen.[225] Damit müsste diejenige Person, die eine Ersatzschule errichtet, betreibt oder leitet, alle Normen einhalten, welche als verfassungsgemäß betrachtet werden. Dies beträfe auch Normenbereiche, die mit dem Betrieb oder

---

[222] Art.92 II Nr.1 BayEUG; § 4 III PrivSchulG Bln; § 121 VI BbgSchulG; § 9 Brem PrivSchG; § 145 I Nr.2 SchG Nds; § 38 SchOG NRW; §§ 16 IV SG LSA, 2 VI ESch-VO LSA; § 58 III Nr.2 SchulG Schl-H; § 5 I Nr.2 ThürSchfTG

[223] für Bayern ebenso, allerdings mit der Begründung „selbstverständlich" i.E.: Meder, BayVerf, Art.134, Rn 5

[224] Wolff/Richter/Gras, SchulG LSA, § 16, Anm. 5

[225] Reich, SchulG LSA, § 16, Rn 10

der Leitung einer Ersatzschule in keinem Zusammenhang stehen. Verstöße gegen Regelungen des Verkehrsrechts würden somit z.B. ebenso eine Verletzung der verfassungsmäßigen Ordnung im Sinne der Definition von Reich darstellen. Die weite Definition des Begriffs der verfassungsmäßigen Ordnung führt damit zu einer extensiven Gesetzmäßigkeitskontrolle vor der Erteilung der Genehmigung, denn der Betroffene muss alle Normen einhalten, die mit der Verfassung in Einklang stehen. Das ist im Hinblick auf die Privatschulfreiheit aber nicht angebracht. Nicht jeder Normverstoß ohne Sachzusammenhang zum Betrieb einer Privatschule stellt die Verfassungstreue eines Leiters bzw. Betreibers der Privatschule in Frage und kann die Versagung der Genehmigung rechtfertigen.

d) Verfassungsrechtlich bedenkliche Regelungen der Landesschul- und Landesprivatschulgesetze zur Genehmigung der privaten Ersatzschule

Die soeben aufgeführten landesrechtlichen Bestimmungen stellen sich damit verfassungskonform dar oder können zumindest so ausgelegt werden. Hier sollen nun einige Bestimmungen aufgeführt werden, deren Verfassungsmäßigkeit wesentlich kritischer zu beurteilen ist.
In Baden-Württemberg setzt nach Ziff.4 I Nr.1 VVPSchG B-W die Genehmigung einer Ersatzschule insbesondere voraus, dass Lehrgegenstände, Lehrziel, Aufbau und Ausbildungsdauer mit denen einer im Land bestehenden entsprechenden öffentlichen Schule im Wesentlichen *übereinstimmen*. Aufgrund dieser Regelung werden der Ersatzschule genaue Vorgaben für die Ausgestaltung ihres Unterrichts gemacht. Wesentliches Übereinstimmen bedeutet dabei im Grunde Gleichartigkeit in den aufgeführten Punkten. Art.7 IV/3 GG legt hingegen ausdrücklich fest, dass die Ersatzschule in ihren Lehrzielen und Einrichtungen nicht zurückstehen darf. Ein wesentliches Übereinstimmen geht als strengere Anforderung aber weit darüber hinaus. Die Freiheit der Gestaltung der Privatschule würde dadurch unverhältnismäßig eingeschränkt. Ziff.4 I Nr.1 VVPSchG B-W ist deshalb als verfassungswidrig anzusehen.[226]
In Bayern kann gem. Art.93 Bay EUG das zuständige Staatsministerium *Mindestlehrpläne, Mindeststundentafeln* und Prüfungsordnungen erlassen oder genehmigen. Dies soll gem. Art.92 II Nr.2 BayEUG in Konkretisierung des Erfordernisses des Nichtzurückstehens in den Lehrzielen und Einrichtungen geschehen können. In Rheinland-Pfalz kann gem. §§ 11 Priv SchG Rh-P, 11 I PrivSchGDVO Rh-P der Minister für Unterricht und Kultus Mindestlehrpläne aufstellen. Im Saarland haben die Ersatzschulen gem. § 12 I SaarlPrivSchG die für ihren Schultyp bestehenden Lehrpläne als Richtlinien zu berücksichtigen. Es muss dabei jedoch beachtet werden, dass die Privatschule gem. Art.7 IV GG

---

[226] so auch Vogel, Recht der Schulen in fr. Trägerschaft, S.85f.; Schule im Rechtsstaat, Bd. I, S.392

ihre Lehrinhalte selbst bestimmen kann. Die Kompetenz zur Festlegung von Mindestlehrplänen und -stundentafeln kann deshalb nur als Festlegung von Minimalanforderungen verstanden werden, damit die Ersatzschule in ihren Lehrzielen und Einrichtungen nicht hinter öffentlichen Schulen zurücksteht. Eine darüber hinaus gehende Festlegung von Lehrplänen ist als verfassungswidrig abzulehnen.[227] Denn Art.7 IV GG gewährleistet der Ersatzschule die eigenverantwortliche Gestaltung des Unterrichts.
In Brandenburg werden die Voraussetzungen der Genehmigung durch § 121 X BbgSchulG i.V.m. der Verordnung über die Genehmigung und Anerkennung von Ersatzschulen (ESGAV)[228] näher konkretisiert. Eine Konkretisierung der Genehmigungsvoraussetzungen erfolgt insbesondere durch § 2 BbgESGAV. Gemäß §§ 121 X BbgSchulG, 4 II/1 Bbg ESGAV ist die Ersatzschule *an die Aufnahmevoraussetzungen* für Schüler in den entsprechenden Vorschriften über Bildungsgänge gem. § 56 S.1 Nr.4 Bbg SchulG für staatliche Schulen *gebunden,*[229] mit Ausnahme der Bestimmungen für das Auswahlverfahren bei Übernachfrage gem. § 54 BbgSchulG. Diese Vorschrift ist ebenfalls kritisch zu betrachten. Die genehmigte Ersatzschule hat nach Art.7 IV GG grundsätzlich das Recht zur freien Auswahl ihrer Schüler, solange sie in ihren Lehrzielen nicht hinter öffentlichen Schulen zurücksteht. Wird dies gewährleistet, ist die zwingende Anwendung staatlicher Vorgaben für die Auswahl der Schüler genehmigter Ersatzschulen als verfassungswidrig anzusehen. Als Folge der brandenburgischen Regelung ist beim Schulwechsel eines Schülers die Ersatzschule gem. §§ 121 X BbgSchulG, 4 II/2 Bbg ESGAV in den aufgeführten Bildungsgängen einer Schule in öffentlicher Trägerschaft gleichgestellt.
In Nordrhein-Westfalen muss gem. § 37 III lit. d) SchOG NRW die wirtschaftliche und rechtliche Stellung der Lehrkräfte der Ersatzschule der Stellung der Lehrer an den vergleichbaren öffentlichen Schulen *entsprechen.* Art.7 IV/4 GG verlangt jedoch ausdrücklich nur, dass die wirtschaftliche und rechtliche Stellung der Lehrkräfte genügend gesichert sein soll. Insbesondere die wirtschaftliche und die rechtliche Ausgestaltung des Arbeitsverhältnisses der Privatschullehrer muss demjenigen der Lehrer an öffentlichen Schulen nicht gleich sein.
Ein Entsprechungsverlangen geht daher über die Anforderungen des Art.7 IV/4 GG hinaus und ist deshalb als verfassungswidrig einzuschätzen.

---

[227] Schule im Rechtsstaat, Bd. I, S.392

[228] GVBl. Brandenburg Teil II, 1997, S.608 zuletzt geändert GVBl. Brandenburg II 2001, S.539

[229] Dies betrifft nach § 56 S.1 Nr.4 BbgSchulG in der Sekundarstufe II Bildungsgänge zur Vermittlung des schulischen Teils einer Berufsausbildung, zum Erwerb von Berufsabschlüssen nach Landesrecht, zum Erwerb der Fachhochschulreife sowie Bildungsgänge der Fachschule zum Erwerb eines typenspezifischen Abschlusses und Bildungsgänge des zweiten Bildungswegs gem. § 15 III/1 Nr.3 d), f), g), Nr.6 BbgSchulG.

Im Saarland steht nach § 38 SaarlPrivSchG i.V.m. § 1 I/1 der 1. DVO – SaarlPrivSchG[230] die Ersatzschule in ihren Lehrzielen und Einrichtungen nur dann nicht hinter einer entsprechenden öffentlichen Schule zurück, wenn sie hinsichtlich des Aufbaus und der Aufgabe, der Dauer des Bildungsganges, der Lehrpläne und des Lehrstoffes, der Unterrichts- und Erziehungsmethoden, der inneren Gestaltung der Schule sowie der Ausstattung mit Lehrmitteln und Inventar mit der entsprechenden öffentlichen Schule *übereinstimmt*. Gemäß § 1 I/2 der 1. DVO – SaarlPrivSchG sind Abweichungen in den Lehrplänen, im Lehrstoff, in den Unterrichtsmethoden sowie in der inneren Gestaltung und Ausstattung der Schule zulässig, wenn hierdurch die Gleichwertigkeit mit der entsprechenden öffentlichen Schule nicht beeinträchtigt wird. Dazu ist anzumerken: Die Regelung des Art.7 IV GG fordert gerade kein Übereinstimmen, sondern lässt generell und nicht nur als Ausnahme ein Nichtzurückstehen der Ersatzschule hinter entsprechenden öffentlichen Schulen als Voraussetzung für die Genehmigung der Ersatzschule ausreichen. Das grundsätzliche Erfordernis des § 1 I der 1. DVO – SaarlPrivSchG im Hinblick auf das Übereinstimmen der Ersatzschule mit öffentlichen Schulen ist deshalb als verfassungswidrig anzusehen.

Die in diesem Abschnitt aufgeführten landesrechtlichen Bestimmungen weisen somit alle die Tendenz auf, die privaten Ersatzschule im Wege der Genehmigung an die öffentlichen Schulen anzupassen. Eine Anpassung oder sogar Identität bzw. Gleichartigkeit der Ersatzschulen kann aber aufgrund der Genehmigungsvoraussetzungen gerade nicht verlangt werden. Voraussetzung der Genehmigung ist nur ein Nichtzurückstehen in den von Art.7 IV GG aufgeführten Kriterien. Ein darüber hinaus gehendes Erfordernis des Übereinstimmens der privaten Ersatzschulen mit öffentlichen Schulen verletzt den Schutzbereich des Art.7 IV GG und kann verfassungsrechtlich nicht gerechtfertigt werden.

230 Amtsbl. Saarland 1966, S.272, zuletzt geändert Amtsbl. Saarland 1994, S.509

2.) Die Rechtslage der Ergänzungsschulen nach dem Landesrecht

Die Ergänzungsschulen bedürfen keiner Genehmigung. Ihre Eröffnung muss in allen Bundesländern außer in Hamburg vor der Aufnahme des Unterrichts der jeweils zuständigen Landesbehörde lediglich angezeigt werden.[231] Einige Länder verlangen, dass die Anzeige mindestens drei Monate vor Beginn des Unterrichts erfolgt.[232] Viele Bundesländer fordern zudem, dass für den Schulbetrieb besonders relevante Sachfragen in der Anzeige konkret benannt werden. Das betrifft u.a. Angaben über die Schulart, die Bezeichnung der Schule, den Lehrplan, das Unterrichtsziel, Nachweise über den Schulträger, die Schuleinrichtungen, über die Vorbildung der Lehrkräfte und des Leiters, eine Übersicht über die Stundenzahl sowie über die vorgesehene Schülerzahl.[233] In manchen Bundesländern ist außerdem jeder Wechsel des Schulträgers und der Schulleitung, jede Einstellung von Lehrkräften mit Nachweisen über deren Vorbildung sowie jede wesentliche Änderung der Schuleinrichtungen anzuzeigen.[234]
In Hamburg werden Ergänzungsschulen auf Antrag gem. § 11 II/1 HmbSfTG in ein Ergänzungsschulenverzeichnis eingetragen, dass gem. § 11 I/2 HmbSfTG öffentlich zugänglich ist. Voraussetzung für die Eintragung ist, dass die an der Ergänzungsschule durchgeführte Ausbildung zur Erfüllung des Bildungs- und Erziehungsauftrages gem. §§ 2, 3 I, II HmbSG geeignet ist. Zur Beurteilung dieser Frage sind gem. § 11 II/2 HmbSfTG die Zulassungsvoraussetzungen, Ziel und Struktur der Ausbildung, das Verfahren der Feststellung der Leistungsentwicklung und des erfolgreichen Abschlusses der Ausbildung sowie die fachliche und pädagogische Eignung der Lehrkräfte heranzuziehen. Die Eintragung ist nicht Pflicht und kein Genehmigungsersatz. In Hamburg wird somit zwischen eingetragenen und nicht eingetragenen Ergänzungsschulen unterschieden. Eine allgemeine Anzeigepflicht für Ergänzungsschulen auch für nicht eingetragene Ergänzungsschulen ist gesetzlich nicht geregelt. Sie besteht somit nicht. Eingetragene Ergänzungsschulen müssen jedoch gem. § 11 IV HmbSfTG der zuständigen Behörde wesentliche Änderungen der nach § 11 II HmbSfTG mitgeteilten Verhältnisse anzeigen.

---

[231] § 13 II PSchG B-W; Art.102 II BayEUG; §§ 9 II PrivSchulG Bln, 10 der Zweiten DurchführungsVO PrivSchulG Bln; § 125 II BbgSchulG; § 14 I BremPrivSchG; § 175 II HSchG; §§ 124 II/1, 131 Nr.2 SchulG M-V, 4 PSchVO M-V; § 44 I SchOG NRW; § 158 II/1 SchG Nds; §§ 14 III/1 PrivSchG Rh-P, 12 PrivSchGDVO Rh-P; § 15 SaarlPrivSchG; § 10 II SächsFrTrSchulG; § 18b II SG LSA; § 59 I SchulG Schl-H; § 11 II ThürSchfTG
[232] Art.102 II BayEUG; § 44 I SchOG NRW; § 15 SaarlPrivSchG; § 10 II SächsFrTrSchulG; § 11 II ThürSchfTG
[233] Art.102 II BayEUG; § 125 II BbgSchulG; § 14 I BremPrivSchG; § 124 II/2 SchulG M-V; § 44 I SchOG NRW; § 158 II/2 SchG Nds; § 10 II SächsFrTrSchulG; § 18b II SG LSA; § 59 I SchulG Schl-H; § 11 II ThürSchfTG
[234] § 158 III/1 SchG Nds; § 18b III SG LSA

Die Fortführung einer Ergänzungsschule kann aufgrund einer ausdrücklichen Ermächtigung der Schulaufsichtsbehörden in fast allen Bundesländern untersagt werden, wenn diese nicht den Anforderungen entspricht, die an sie zum Schutz der Schüler oder der Allgemeinheit zu stellen sind, insbesondere wenn der Schulträger, seine Vertretungsberechtigten oder der Leiter persönlich nicht geeignet sind, die Schule verantwortlich zu führen oder wenn die Einrichtungen der Ergänzungsschule mit Mängeln behaftet sind.[235] Viele Länder verlangen zur Beseitigung der beanstandeten Mängel durch die Ergänzungsschule unter Beachtung des Verhältnismäßigkeitsprinzips vor der Untersagung des Schulbetriebs von der zuständigen Schulbehörde die Setzung einer Frist.[236] Die Untersagung darf dann nur erfolgen, wenn den Mängeln trotz Aufforderung der Schulaufsichtsbehörde innerhalb einer bestimmten Zeit nicht abgeholfen worden ist. In Nordrhein-Westfalen können gem. § 45 III SchOG NRW auch andere geeignete Maßnahmen getroffen werden. In Hamburg kann gem. § 13 II HmbSfTG die Tätigkeit einer Lehrkraft an der Ergänzungsschule untersagt werden, wenn an der Schule schulpflichtige Schüler unterrichtet werden und der Lehrkraft die fachliche und pädagogische Eignung fehlt. Die Untersagung der Errichtung und des Betriebs einer Ergänzungsschule ist im Bremer Privatschulgesetz hingegen nicht ausdrücklich geregelt. Sie muss nach den allgemeinen Gefahrenabwehrvorschriften erfolgen.

In Hessen kann die Landesregierung gem. § 175 IV HSchG durch Rechtsverordnung auch für Ergänzungsschulen die Genehmigungspflicht einführen, wenn der Besuch dieser Schulen für die Ausübung eines Gewerbes oder eines Berufes vorausgesetzt wird. Nach der hier vertretenen, oben dargelegten Ansicht ist die Einführung eines Genehmigungserfordernisses für Ergänzungsschulen jedoch verfassungswidrig.[237]

---

[235] § 14 PSchG B-W; Art.103 BayEUG; § 9 III PrivSchulG Bln; § 125 III BbgSchulG; § 13 I HmbSfTG; § 175 III HSchG; § 124 III SchulG M-V; § 45 II/1 SchOG NRW; § 159 I SchG Nds; § 15 I PrivSchG Rh-P; § 16 SaarlPrivSchG; § 11 Sächs FrTrSchulG; § 18c SG LSA; § 59 II SchulG Schl-H; § 12 ThürSchfTG

[236] Art.103 BayEUG; § 124 III SchulG M-V; § 45 II/2 SchOG NRW; § 159 I SchG Nds; § 15 II PrivSchG Rh-P; § 16 Saarl PrivSchG; § 11 SächsFrTrSchulG; § 18c SG LSA; § 59 II SchulG Schl-H; § 12 ThürSchfTG

[237] siehe oben Teil B), I.), 4.)

C) Die Anerkennung der genehmigten Ersatzschule

Im ersten Teil dieser Arbeit ist bisher dargelegt worden, unter welchen Voraussetzungen Privatschulen gegründet werden dürfen und wie die verfassungsrechtlichen Vorgaben in das Landesrecht umgesetzt worden sind. Dabei war von besonderer Bedeutung die Genehmigung der privaten Ersatzschule. Innerhalb des deutschen Privatschulrechts existiert nun ein zweiter Typus der genehmigten Ersatzschule, die zusätzlich anerkannte Ersatzschule. Bei der oben bereits erläuterten Genehmigung der Ersatzschule wurde nichts darüber ausgesagt, wie die Schüler dieser Schulen ihre Abschlüsse und Berechtigungen erwerben können. Dieses Merkmal des Berechtigungserwerbs mit öffentlichrechtlicher Außenwirkung stellt den Hauptunterschied zwischen der (nur) genehmigten Ersatzschule und der genehmigten und zusätzlich anerkannten Ersatzschule dar.
Genehmigte Privatschulen können die Leistungen ihrer Schüler bewerten, diese in ihrer Schule von einer Klasse in die nächste versetzen, Prüfungen abhalten sowie Zeugnisse erteilen. Dies geschieht jedoch nur mit interner Wirkung. Die erteilten Prüfungen haben keine rechtliche Wirkung bzw. Verbindlichkeit im Verhältnis zu Dritten nach außen. Das (interne) Abiturzeugnis einer genehmigten Ersatzschule vermittelt so z.B. keine Zugangsberechtigung für den Besuch einer Hochschule. Hingegen werden durch die Zeugnisse öffentlicher Schulen zugleich bestimmte Rechte verliehen. Der Schüler kann unproblematisch auf andere Schulen wechseln und aufgrund des Reifezeugnisses weitergehende Bildungseinrichtungen, wie z.B. Hochschulen besuchen. Prüfungen, Zeugnisse und die daraus folgenden Rechte, werden als staatliche Berechtigungen oder als Öffentlichkeitsrechte bezeichnet und bilden den Bereich des Berechtigungswesens. Staatliche Schulen erteilen durch Ausübung hoheitlicher Gewalt staatliche Berechtigungen.
Privatschulen sind hierzu nur in der Lage, wenn sie zusätzlich zur Genehmigung durch einen hoheitlichen Akt staatlich anerkannt wurden. Nur dann weisen die bei ihnen abgelegten Prüfungen und erworbenen (Reife-) Zeugnisse ebenfalls unmittelbare Rechtswirkung nach außen. Ist die Privatschule nicht anerkannt, so müssen ihre Schüler eine Prüfung vor einer staatlichen Prüfungskommission ablegen, um Berechtigungen mit öffentlich-rechtlicher Außenwirkung zu erlangen. Insoweit wird im deutschen Privatschulrecht grundsätzlich zwischen der anerkannten und der (nur) genehmigten Privatschule unterschieden. Die rechtstechnische Ausgestaltung und die Verfassungsmäßigkeit der Anerkennung, zu der Art.7 IV GG vom Wortlaut her ausdrücklich nichts aussagt, gilt es nun im Anschluss zu untersuchen. Die Rechtsfigur der Anerkennung entstand dabei schon vor der Gründung der Bundesrepublik Deutschland und dem

Erlass des Grundgesetzes. Die Entwicklung der Privatschule und der Rechtsfigur der Anerkennung soll deshalb im Anschluss kurz dargestellt werden.

I.) Die historische Entwicklung des Privatschulwesens und der Anerkennung in Deutschland mit besonderer Berücksichtigung der Rechtssituation in Preußen, in der DDR und den neuen Bundesländern

1.) Die Entwicklung der Privatschulen bis zur Weimarer Republik

Bereits im Mittelalter wurden in Deutschland eine Vielzahl von Privatschulen gegründet, da ein staatliches Schulsystem nicht vorhanden war. Zum Großteil waren dies kirchliche Schulen, also Kloster-, Dom- und Stiftsschulen, die seit dem 7. Jahrhundert entstanden. Später gegen Ende des 13. Jahrhunderts bildeten sich, verbunden mit dem Entstehen von Städten in Deutschland und der Entwicklung des städtischen aufstrebenden Bürgertums auch städtische Schulen.[238] Erst mit der Schaffung des modernen Staates, dem Erstarken der Staatsgewalt und der staatlichen Souveränität entstanden in Deutschland staatliche Schulen. Die Schule wurde in diesen Ländern, wie z.B. dem absolutistischen Preußen, als alleinige Staatsaufgabe angesehen. So führte Preußen erstmals im Jahre 1717 die Volksschulpflicht ein.[239]
Ziel dieser Maßnahme war unter anderem der Bruch der Vorherrschaft der Kirchenschulen im Bereich des Schulwesens und die Schaffung eines staatlichen Schulmonopols. Als weiteres Mittel diente hierzu in Preußen das Konzessionserfordernis für Privatschulen und das Verbot der nichtkonzessierten Privatschulen (Winkelschulen, Verbot nach § 15 GenLdSch Reglement) unter Friedrich II. 1763 durch das Generallandschulreglement vom 12.8.1763.[240] 1794 erfolgte mit dem Erlass des preußischen Allgemeinen Landrechts, welches als Gesetzbuch schon durch die Ideen der Aufklärung beeinflusst wurde, die erste allgemeine Regelung des Schulrechts in Preußen in Teil II Titel 12 des ALR. Diese Regelung sah grundsätzlich Schule als Veranstaltung des Staates und damit ein

---

[238] dazu Becker K., Aufsicht über Privatschulen, S.3f.; Heckel, Dt. Privatschulrecht, S.13f.; Korte, Die „Freie Schule" in der BRD, S.21ff.; Mascello, Elternrecht u. Privatschulfreiheit, S.21ff.; Plümer, Rechtsnatur der Privatschulverhältnisse, S.15ff.

[239] Lande´ in v. Brauchitsch, VerwG f. Preußen, VI/1, S.217; Plümer, Rechtsnatur der Privatschulverhältnisse, S.33

[240] Becker K., Aufsicht über Privatschulen, S.5; Vogel, Recht des Schulen in fr. Trägerschaft, S.8; Lande´ in v. Brauchitsch, VerwG f. Preußen, VI/2, S.993

Schulmonopol des Staates vor (§ 1 II 12 ALR).[241] Zugleich konnten aber gem. § 2 II 12 ALR neben den staatlichen Schulen, Privatschulen mit Vorwissen und Genehmigung des Staates errichtet werden. § 3 II 12 ALR forderte dafür einen Befähigungsnachweis des Gesuchstellers, den dieser selbst erbringen musste. Privatschulen auf dem Lande und in kleineren Städten, wo öffentliche Schulen vorhanden waren, unterlagen zudem gem. § 6 II 12 ALR einer besonderen Bedürfnisprüfung. Die Privatschulen unterstanden gem. §§ 4 ff. II 12 ALR einer sehr umfangreichen Aufsicht durch den Staat.
Das preußische ALR war die erste umfassende Kodifikation des Schulrechts in Deutschland. Es führte mit dem Genehmigungserfordernis für Privatschulen statt eines absolutistischen staatlichen Schulmonopols ein abgeschwächtes Schulmonopol des Staates ein und blieb bis 1919 Grundlage des preußischen und deutschen Privatschulrechts.[242] Es legte außerdem gem. § 70 II 10 ALR fest, dass niemanden ein Amt aufgetragen werden soll, der sich dazu nicht hinlänglich qualifiziert, und Proben seiner Geschicklichkeit abgelegt hat. Damit wurde das Prüfungserfordernis als Zugangserfordernis für öffentliche Ämter bereits im preußischen ALR festgeschrieben.[243] Durch Prüfungen erlangte Abschlüsse erlangten somit eine große Bedeutung. Das Leistungsprinzip begann damit gegenüber dem Prinzip der Patronage und Erbfolge an Bedeutung zu gewinnen. Ziel des Staates war es, über eine leistungsfähige Verwaltung zu verfügen.
Eine weitere Liberalisierung des Privatschulwesens erfolgte durch die §§ 83-86 des Gesetzes über die polizeilichen Verhältnisse der Gewerbe v. 07.09.1811 (GS. 263), welches die völlige Unterrichtsfreiheit statuierte und vom Erfordernis des Befähigungsnachweises absah.[244] Jedoch bereits 1834 wurde diese Regelung durch die Kabinettsorder betreffend der Aufsicht des Staats über Privatanstalten und Privatpersonen, die sich mit dem Unterrichte und der Erziehung der Jugend beschäftigen v. 10.06.1834 (GS.135) wieder rückgängig gemacht, um „entstandenen Missbräuchen" abzuhelfen und die Normen des ALR wieder in Kraft gesetzt. Durch die Staatsministerialinstruktion für die Lokalbehörden v. 31.12.1839 (MinBliV 1840, S.94ff.)zur Ausführung der Kabinettsorder v. 10.06.1834 erfolgte nun sogar gem. § 1 der Instruktion die Beschränkung der Zulassung von Privatschulen auf Orte mit nicht ausreichender Versorgung

---

[241] Lande' in v. Brauchitsch, VerwG f. Preußen, VI/1, S.72ff., VI/2, S.993f.; Heckel, Dt. Privatschulrecht, S.37f.; Korte, Die „Freie Schule" in der BRD, S.28f.; Lemper, Privatschulfreiheit, S.78
[242] Lande' in v. Brauchitsch, VerwG f. Preußen, VI/2, S.995; Lemper, Privatschulfreiheit, S.78; Plümer, Rechtsnatur der Privatschulverhältnisse, S.37f.
[243] Strauch, Staatliche und akademische Prüfungsordnungen, S.7
[244] Becker K., Aufsicht über Privatschulen, S.7; Lande' in v. Brauchitsch, VerwG f. Preußen VI/2, S. 1004; Plümer, Rechtsnatur der Privatschulverhältnisse, S.41

durch öffentliche Schulen.[245] Die wissenschaftliche und sittliche Befähigung zum Betrieb der Privatschule war gem. §§ 2, 3 der Instruktion nachzuweisen. Die Erlaubnis zum Betrieb der Privatschule konnte gem. § 5 I/2 der Instruktion ohne weiteres widerrufen werden, wobei der Widerruf nicht verwaltungsrichterlicher Nachprüfung unterlag.[246] Nach § 7 der Instruktion unterstanden die Privatschulen einer grundsätzlich unbegrenzten Aufsicht durch die Schulbehörden.[247] Mit den Regelungen des ALR und der nachfolgenden Gesetze wurde erstmals in Deutschland klar zwischen staatlichen und privaten Schulen getrennt und zugleich das Primat der staatlichen Schulen festgeschrieben. Die zuvor herausragende Bedeutung der kirchlichen Schulen im Schulwesen ging zu Ende.

2.) Die Entwicklung der Privatschulen und die Entstehung des Rechtsinstituts der privilegierten Privatschule in der Weimarer Republik

Mit den oben aufgeführten Regelungen wurde die Vorrangstellung der staatlichen Schulen und der Ausnahmecharakter des Privatschulwesens festgeschrieben, ein Zustand der sich erst mit dem Ende des deutschen Kaiserreichs und dem Erlass der Weimarer Reichsverfassung v. 11.08. 1919 (RGBl. 1919, S.1383) ändern sollte. Gemäß Art.143 I WRV war für die Bildung der Jugend durch öffentliche Anstalten zu sorgen. Daraus folgte, dass der Bereich des Schulwesens grundsätzlich eine öffentliche Aufgabe war und den Privatschulen nur eine ergänzende Funktion zukommen sollte.[248] Private Schulen als Ersatz für öffentliche Schulen bedurften gem. Art.147 I/1 WRV der Genehmigung des Staates. Damit wurde der Begriff der Ersatzschule geprägt und die Gründung einer derartigen Schule zugleich dem Genehmigungserfordernis unterstellt. Die Genehmigung war gem. Art.147 I/2 WRV zu erteilen, wenn die Privatschule in ihren Lehrzielen und Einrichtungen sowie in der wissenschaftlichen Ausbildung ihrer Lehrkräfte nicht hinter den öffentlichen Schulen zurückstand und eine Sonderung nach den Besitzverhältnissen der Eltern nicht gefördert wurde. Weiterhin musste gem. Art.147 I/3 WRV die Genehmigung versagt werden, wenn die wirtschaftliche und rechtliche Stellung der Lehrkräfte nicht genügend gesichert war. Diese Anforderungen entsprechen den heute noch geforderten Gleichwertigkeitsanforderungen des Art.7 IV GG. Es bestand bei Vorliegen der Voraussetzungen des Art.147 I WRV ein Anspruch auf Erteilung der Genehmi-

---

[245] Lande´ in v. Brauchitsch, VerwG f. Preußen, VI/2, S.1009; Lemper, Privatschulfreiheit, S.83f., 89, Fn 19

[246] Lande´ in v. Brauchitsch, VerwG f. Preußen, VI/2, S.1012

[247] Lande´ in v. Brauchitsch, VerwG f. Preußen, VI/2, S.1016

[248] Anschütz, WRV, Art.143, S.667; Peters in Bettermann/Nipperdey/Scheuner, Die Grundrechte, IV/1, S.428; Heckel, Dt. Privatschulrecht, S.39; Lande´, Die Schule in der Reichsverfassung, S.149ff.; Lande´ in v. Brauchitsch, VerwG f. Preußen, VI/1, S.44

gung für die Ersatzschule, eine besondere Bedürfnisprüfung durfte nicht erfolgen.[249] Die Versagung und der Widerruf der Genehmigung unterlagen der rechtlichen Nachprüfung im Verwaltungsstreitverfahren gem. § 12 der Vereinbarung der Unterrichtsverwaltungen der Länder über die Durchführung des Art.147 Abs.1 WRV.

Für die von den Ersatzschulen abzugrenzenden Ergänzungsschulen blieb es hingegen gem. Art.147 IV WRV beim geltenden Recht, der Zulässigkeit nach Ermessen der Verwaltung bei Bejahung eines Bedürfnisses.[250] Das gesamte Schulwesen stand gem. Art. 144 WRV unter der Aufsicht des Staates. Der Begriff der Schulaufsicht wurde dabei weit und inhaltlich grundsätzlich unbegrenzt verstanden.[251]

In der Weimarer Republik erfolgte somit insbesondere durch das Bestehen eines Anspruchs auf Erteilung der Ersatzschulgenehmigung eine Liberalisierung des Rechts der Privatschulfreiheit. Art.147 WRV garantierte zwar nun die Privatschulen institutionell, gewährleistete jedoch noch kein Grundrecht auf Errichtung von Privatschulen, wie dies heute aufgrund Art.7 IV/1 GG der Fall ist.[252] Die Weimarer Reichsverfassung entschied sich damit gegen ein uneingeschränktes staatliches Schulmonopol sowie gegen eine unbeschränkte Unterrichtsfreiheit, sie führte vielmehr das System der begrenzten Unterrichtsfreiheit ein, bei dem der Staat private Schulen zwar von einer Konzession abhängig machte, auf deren Erteilung aber bei Erfüllung der in der Verfassung geregelten Voraussetzungen ein Anspruch bestand.[253] Die Regelungen der Weimarer Reichsverfassung gingen gem. Art.143 WRV dabei aber noch grundsätzlich vom Vorrang der öffentlichen Schule aus.[254] Eine grundrechtliche Garantie und daraus folgende Gleichstellung der Privatschulen mit öffentlichen Schulen existierte noch nicht.

Art.147 WRV betraf ausdrücklich nur die Genehmigung der Ersatzschule und erwähnte den Begriff einer anerkannten Ersatzschule nicht. Gleichwohl existierte jedoch bereits durch die Verwaltungspraxis entwickelt,[255] in der Weimarer Republik eine derartige Form der privaten und nach Art.147 WRV genehmigten Ersatzschule. Es handelte sich dabei um so genannte privilegierte Privatschulen. Diese stellten einen bestimmt abgegrenzten Kreis von Privatschulen dar, der

---

[249] Becker K., Aufsicht über Privatschulen, S.7; Lande´ in v. Brauchitsch, VerwG f. Preußen, VI/2, S.994; so auch § 4 der Vereinbarung der Unterrichtsverwaltungen der Länder über die Durchführung des Art.147 I WRV v. 24.1.1928 (RMinBl. 1928, 531; 1930, 500f.)

[250] Lande´ in v. Brauchitsch, VerwG f. Preußen, VI/2, S. 995

[251] Lande´ in Anschütz, Hdb d. Dt. Staatsrechts, § 107, S.704; Lande´ in v. Brauchitsch, VerwG f. Preußen, VI/2, S. 988

[252] Maunz in Maunz/Dürig, GG, Art.7, Rn 64

[253] BVerfGE 75, 40(58); Lande´ in Anschütz, Hdb d. Dt. Staatsrechts, § 107, S.704f.

[254] Lemper, Privatschulfreiheit, S.80ff.

[255] Plümer, Rechtsnatur der Privatschulverhältnisse, S.53

gegenüber den normalen Privatschulen herausgehoben wurde, indem ihnen Vorrechte und Gleichstellung mit öffentlichen Schulen in bestimmten Beziehungen zugestanden worden waren, so z.B. im Bereich der Zeugniserteilung und Prüfungsabnahme also im Bereich des Berechtigungswesens sowie durch Zuschüsse aus öffentlichen Mitteln. Für die Privilegierung wurden neben der Genehmigung, welche eine Gleichwertigkeit der Privatschule verlangte, zusätzliche Voraussetzungen gefordert. Diese waren verschiedener Natur, z.B. ein besonderes öffentliches Interesse oder die Gemeinnützigkeit der Privatschule.[256] Ähnlich lautete auch § 2 der Ergänzung der Vereinbarung der Länder über die gegenseitige Anerkennung der Reifezeugnisse der höheren Schulen (RMinBl. 1928, S. 55). Danach konnte das Recht zur Abhaltung von Reifeprüfungen mit der Wirkung der gegenseitigen Anerkennung auch solchen privaten Schulen ohne Öffentlichkeitscharakter verliehen werden, die einer anerkannten Form der öffentlichen Schule im wesentlichen entsprachen und nach ihrer ganzen Einrichtung, insbesondere nach ihren Lehrzielen, ihrer Verfassung, ihrem Lehrkörper und ihrer sonstigen Einrichtungen und Leistungen den öffentlichen Schulen gleichstanden, also einen vollwertigen Ersatz für öffentliche Anstalten der gleichen Art bildeten. Damit wurde festgeschrieben, dass die Verleihung von Berechtigungen durch die Privatschulen, die Durchführung von Prüfungen für Reifezeugnisse, nur erfolgen konnte, wenn die Privatschule bestimmte zusätzliche über die Genehmigung hinausgehende Anforderungen erfüllte, die denen öffentlicher Schulen gleichkamen.
Die darin ausgedrückte Sonderung von den übrigen Privatschulen stellte keine bloß tatsächliche, sondern bereits eine rechtliche Unterscheidung dar.[257] Gemäß § 4 der Ländervereinbarung konnte jedoch das Recht zur Abhaltung von Reifeprüfungen nach § 2 jederzeit entzogen werden. Die Privilegierung hatte unter anderem folgende Auswirkungen: Die Privatschule durfte die gleichen Berechtigungen wie die entsprechenden öffentlichen Schulen erteilen, mit ihrem Schulbesuch konnte die Schulpflicht erfüllt werden, die Privatschule wurde in der Lage versetzt, Prüfungen selbst abnehmen, bei Schülern privilegierter Ersatzschulen erfolgte der Schulwechsel in eine öffentliche Schule ohne zusätzliche Aufnahmeprüfung und schließlich erhielt die privilegierte Ersatzschule Zuschüsse aus öffentlichen Mitteln.[258] Die Privilegierung der Privatschule erfolgte durch schulaufsichtliche Anerkennung, d.h. durch einen Verwaltungsakt, der neben der Errichtungsgenehmigung und grundsätzlich unabhängig von ihr, die Gleichordnung der Privatschule mit der öffentlichen Schule des betreffenden Grades mit öffentlich-rechtlicher Wirkung feststellte, wobei die Anerkennung

---

[256] Lande´ in v. Brauchitsch, VerwG f. Preußen, VI/1, S.15
[257] Lande´ in v. Brauchitsch, VerwG f. Preußen, VI/1, S.15
[258] Lande´ in Anschütz, Hdb d. Dt. Staatsrechts, § 107, S.707; Lande´ in v. Brauchitsch, VerwG f. Preußen, VI/1, S.15, VI/2, S.986, 992

auch mit der Genehmigung zusammenfallen konnte.[259] Ein Anspruch auf die Privilegierung bestand nicht. Es handelte sich um eine Ermessensentscheidung der Schulverwaltung.[260] Aufgrund der Privilegierung unterlagen die derart bevorzugten Privatschulen einer verstärkten Schulaufsicht, mit deren Hilfe die genaue Einhaltung der Privilegierungsvoraussetzungen sichergestellt werden sollte.[261]
Daraus folgt, dass die Rechtsfigur der Anerkennung bzw. Privilegierung sich bereits in der Weimarer Republik außerhalb des Regelungsbereichs von Art.147 WRV entwickelt hatte. Die Verleihung von Berechtigungen und das Recht, Prüfungen selbst vorzunehmen, folgte für die genehmigte Ersatzschule nicht direkt aus Art.147 I WRV, aus der Genehmigung, sondern war das Ergebnis einer besonderen Anerkennung bzw. Privilegierung der Privatschule durch Verwaltungsakt. So kommt das Bundesverfassungsgericht denn auch in historischer Auslegung zu dem Schluss, dass herkömmlich mit dem Begriff der Ersatzschule Berechtigungen oder "Öffentlichkeitsrechte" nicht verbunden sind, so dass die Schüler der nicht anerkannten Ersatzschule sich beim Abschluss ihrer Ausbildung stets einer besonderen "Externenprüfung" an der entsprechenden öffentlichen Schule oder vor einer staatlichen Kommission unterziehen mussten.[262]

3.) Die Entwicklung der Privatschulen und des Rechtsinstituts der Anerkennung in der DDR und in den neuen Bundesländern nach der Wiedervereinigung der beiden deutschen Staaten

In der Zeit des Nationalsozialismus konnten sich das Privatschulwesen und das Rechtsinstitut der Anerkennung in Deutschland nicht weiter entwickeln. Im Wege der Gleichschaltung der gesamten Bildungseinrichtungen wurden fast alle Privatschulen bis 1942 geschlossen oder verstaatlicht.[263] Der nationalsozialistischen Ideologie stand die freie pädagogische Erziehung in nicht unmittelbar vom Staat beherrschten Bildungseinrichtungen im Wege. Deshalb mussten die Privatschulen verschwinden.
Während nach der Befreiung Deutschlands vom Joch des Nationalsozialismus in den westlichen Zonen und dann in der Bundesrepublik Deutschland das Privatschulwesen wieder frei entstehen konnte, wurde in der sowjetisch besetzten Zone mit der Deutschen Demokratischen Republik ein Staat nach sowjetischem Vorbild aufgebaut. Der sozialistisch/stalinistisch geprägte Sowjetstaat übte dabei massiven Einfluss aus, um die DDR nach seinen Vorstellungen gestalten zu können. Einer sozialistischen Ideologie, welche die gesamte Gesellschaft

---

[259] Lande´ in v. Brauchitsch, VerwG f. Preußen, VI/2, S.986
[260] Heckel, Dt. Privatschulrecht, S.244
[261] Lande´ in v. Brauchitsch, VerwG f. Preußen, VI/2, S.992
[262] BVerfGE 27, 195(202)
[263] Heckel, Dt. Privatschulrecht, S.17

durchdringen sollte, standen dabei wiederum autonome Privatschulen mit eigenen Bildungszielen im Wege. Deshalb wurden bereits 1949 gem. Art.38 I/4 Verf DDR[264] Privatschulen als Ersatz für öffentliche Schulen als unzulässig bezeichnet und damit verboten. Dies betraf zwar ausdrücklich nur Ersatzschulen. Das totalitäre Regime der DDR stand aber auch den Ergänzungsschulen negativ gegenüber und ließ diesen ebenfalls keinen Raum zur Entwicklung.[265] Die Bildung der Bevölkerung hatte in einem einheitlichen sozialistischen Bildungssystem zu erfolgen.[266] In der späteren Fassung der Verfassung der DDR[267] aus dem Jahr 1968 wird das ausdrückliche Verbot der Privatschulen nicht mehr extra erwähnt. Es war inzwischen verwirklicht. Art.25 I/3 Verf DDR schreibt nun die Ausrichtung des Bildungswesens folgendermaßen fest: *Das einheitliche sozialistische Bildungssystem gewährleistet jedem Bürger eine kontinuierliche sozialistische Erziehung, Bildung und Weiterbildung*. Dies bedeutete die Gleichschaltung aller Schulen vor allem in ideologischer Hinsicht in einem zentralistisch organisierten einheitlichen Schulsystem. Eine Privatschule mit eigenen Bildungsvorstellungen hatte insofern kein Existenzrecht mehr.[268]

Erst mit der friedlichen Revolution im Jahr 1989 und den darauf folgenden ersten demokratischen Wahlen zur Volkskammer konnte dieser Rechtszustand geändert werden. Ausdruck des neuen demokratischen Verständnisses war schließlich das *Verfassungsgesetz über Schulen in freier Trägerschaft* vom 22.7.1990[269], welches zweifellos auch durch die Rechtslage in der Bundesrepublik inspiriert worden ist. § 1 des Gesetzes schaffte die oben genannten Verfassungsbestimmungen ab. Zugleich wurde in Art.25 IIa, IVa Verf DDR das Recht zur Errichtung von Privatschulen entsprechend Art.7 IV, V GG garantiert. Danach waren Privatschulen als Ersatz- und Ergänzungsschulen wieder zuzulassen. Die Ersatzschulen bedurften dabei gem. § 5 des Gesetzes der Genehmigung. Die Voraussetzungen für die Genehmigung entsprachen im wesentlichen Art.7 IV GG. Aber auch die Unterscheidung zwischen Genehmigung und Anerkennung der Ersatzschule wurde durch das Verfassungsgesetz über Schulen in freier Trägerschaft eingeführt. Nach § 6 S.1 des Gesetzes wird genehmigten Ersatzschulen, die nach ihrem vollständigen Aufbau dauernd die Genehmi-

---

264 GBl. DDR 1949, S.6

265 so auch schon Heckel, Dt. Privatschulrecht, S.42

266 so Art.17 II Verf DDR in der Fassung vom 6.4.1968; GBl. DDR I 1968, S.199 und in der geänderten Fassung vom 7.10.1974; GBl. DDR I 1974, S.432; so auch §§ 1 I, 2, 13 I des Gesetzes über das einheitliche sozialistische Bildungssystem vom 25.2.1965; GBl. DDR I 1965, S.83

267 GBl. DDR I 1968, S.199 und GBl. DDR I 1974, S.432

268 zur einzigen Ausnahme: Vogel, RdJB 1992, 305(310, Fn 2) Dies war die bischöfliche Theresienschule in Ostberlin, die nach dem Ende des 2. Weltkrieges vom Alliierten Kontrollrat zugelassen und weitgehend den Regelungen der Staatsschulen unterstellt worden war, aber Zeugnisse mit öffentlicher Wirkung erteilen konnte.

269 GBl. DDR I 1990, S.1036

gungsvoraussetzungen erfüllen, auf Antrag des Trägers der Schule von der zuständigen Schulaufsichtsbehörde die Anerkennung ausgesprochen. Diese Regelung war recht fortschrittlich, da sie für die Anerkennung der Ersatzschulen keine generelle Gleichartigkeit der Ersatzschule mit öffentlichen Schulen verlangte.[270] Sie forderte lediglich die dauernde Erfüllung der Genehmigungsvoraussetzungen und den vollständigen Schulausbau. Eine größere Anpassung der Ersatzschulen an öffentliche Schulen brauchte damit als Bedingung für die Anerkennung nicht zu erfolgen. Die Ersatzschulen hatten zudem einen Rechtsanspruch auf die Anerkennung bei Erfüllung dieser Voraussetzungen. Derart liberale Anerkennungsvoraussetzungen weisen momentan noch nicht alle Bundesländer auf. Das Land Sachsen-Anhalt macht hingegen heute die Anerkennung von ähnlichen Voraussetzungen wieder abhängig. Als Folge der Anerkennung waren gem. § 6 S.2 des Gesetzes Ersatzschulen berechtigt, nach den für staatliche Schulen geltenden Vorschriften Prüfungen abzuhalten sowie Zeugnisse und Abschlüsse zu erteilen. Die anerkannte Ersatzschule konnte damit als Privatschule zum Ende der DDR hin Aufgaben des Berechtigungswesens wahrnehmen. Der nur genehmigten Ersatzschule blieb dies auch in der DDR verwehrt.

Infolge der Vereinigung der beiden deutschen Staaten am 3.10.1990 richtete sich die Rechtslage der Privatschulen ab diesem Zeitpunkt gem. Art.3 EVertr[271] nach dem Grundgesetz. Die Regelungen des Verfassungsgesetzes über Schulen in freier Trägerschaft entsprachen den Anforderungen des Grundgesetzes und des Rechts der Europäischen Gemeinschaften und konnten deshalb gem. Art.9 I/1 EVertr nach der Wiedervereinigung der beiden deutschen Staaten im Beitrittsgebiet fortgelten.[272] Das Verfassungsgesetz über Schulen in freier Trägerschaft fiel hinsichtlich seiner Normen über die Privatschulen nach der Kompetenzverteilung des Grundgesetzes in die Zuständigkeit der Länder. Es blieb deshalb gem. Art.9 I/1 EVertr als Landesrecht in den neuen Bundesländern in Kraft.[273] Mit der Schaffung neuer Landesschul- und Privatschulgesetze in diesen Bundesländern wurde es jedoch durch die Neuregelungen abgelöst. Aufgrund Art.37 IV EVertr war nämlich das gesamte Bildungswesen der neuen Bundesländer nach dem Vorbild der alten Bundesländer unter Beachtung der Vereinbarungen der Kultusministerkonferenz zu gestalten,[274] was umfassende Neuregelungen notwendig machte, die auch zur Neugestaltung des Privatschulrechts führten.

---

[270] so auch das Gesetz als modern bezeichnend, Vogel, RdJB 1992, 305(307)
[271] BGBl. II 1990, S.889
[272] Anders, Schulgesetzgebung der neuen Bundesländer, S.57f.
[273] so für die Anwendung des Art.9 I/1 EVertr die Begründung in der Denkschrift zum Einigungsvertrag, BT-Drucks. 11/7760, S.361; abgedruckt auch bei Stern/Schmidt-Bleibtreu, Verträge und Rechtsakte zur Deutschen Einheit, Bd.2, S.134
[274] Anders, Schulgesetzgebung der neuen Bundesländer, S.70; ders., RdJB 1992, 281; Kramer, RdJB 1996, 125; siehe auch BT-Drucks. 11/7760, S.375

In *Berlin* galt schon vom 3.10.1990 an aufgrund der §§ 1 I und 2 des Gesetzes über die Vereinheitlichung des Berliner Landesrechts[275] vom 28.9.1990 das (West-)Berliner Privatschulgesetz aus dem Jahr 1987 als einheitliche Rechtsgrundlage für die Genehmigung und Anerkennung von Privatschulen.[276] Die durch das Verfassungsgesetz über Schulen in freier Trägerschaft danach bereits genehmigten Ersatzschulen galten gem. § 6 Nr.5 des Zweiten Gesetzes über die Vereinheitlichung des Berliner Landesrechts[277] vom 10.12.1990 und gem. § 14 VII PrivSchulG Bln als vorläufig genehmigt i.S.v. § 4 V PrivSchulG Bln.
In *Brandenburg* wurde das Schulrecht zunächst durch das Erste Schulreformgesetz für das Land Brandenburg[278] mit Wirkung vom 14.6.1991 neu gestaltet. Für die Privatschulen verwies das Gesetz nach § 62 auf das Berliner Privatschulgesetz und erklärte dieses für anwendbar.[279] Die Regelung der Anerkennung und der Genehmigung der Ersatzschulen entsprach danach der Rechtslage in Berlin. Die vor Inkrafttreten des Gesetzes ausgesprochenen Genehmigungen konnten jedoch gem. § 63 I des Gesetzes fortgelten.[280] Erst 1996 trat dann mit dem Gesetz über die Schulen im Land Brandenburg (BbgSchulG)[281] vom 12.4.1996 eine Regelung in Kraft, welche eigenständig die Genehmigung und Anerkennung der Ersatzschule gestaltete.
In *Mecklenburg-Vorpommern* wurde das Schulrecht durch das Erste Schulreformgesetz des Landes Mecklenburg-Vorpommern[282] vom 26.4.1991 neu gefasst. Für die Privatschulen galten danach gem. § 29 Nr.1 des Gesetzes zunächst die Bestimmungen des oben beschriebenen Verfassungsgesetzes über Schulen in freier Trägerschaft aus der DDR fort. Diese Bestimmungen wurden dabei wortwörtlich noch einmal aufgeführt. Erst mit dem Schulgesetz für das Land Mecklenburg-Vorpommern (SchulG M-V)[283] vom 15.5.1996 wurde auch das Recht der Privatschulen grundlegend neu gestaltet.
In *Sachsen* ist als einzigem neuem Bundesland kein Vorschaltgesetz in Form eines Reformgesetzes eingeführt, sondern sogleich mit dem Gesetzgebungsverfahren für ein endgültiges Schul- und Privatschulgesetz begonnen worden. Die Rechtslage der Privatschulen ist denn auch im Gesetz über Schulen in freier Trägerschaft[284] (SächsFrTrSchulG) vom 4.2.1992 sogleich endgültig geregelt

---

275 GVBl. Berlin 1990, S.2119
276 Krzyweck, RdJB 1991, 290(291)
277 GVBl. Berlin 1990, S.2289
278 GVBl. Brandenburg 1991, S.116
279 Anders, Schulgesetzgebung der neuen Bundesländer, S.157; Hanßen, RdJB 1991, 280(283f.)
280 Hanßen, RdJB 1991, 280(284)
281 GVBl. Brandenburg I 1996, S.102
282 GVOBl. Mecklenburg-Vorpommern 1991, S.123
283 GVOBl. Mecklenburg-Vorpommern 1996, S.205
284 GVBl. Sachsen 1992, S.37

worden. Bis zum Inkrafttreten dieses Gesetzes galt das Verfassungsgesetz über Schulen in freier Trägerschaft fort.[285]
In *Sachsen-Anhalt* erfolgte eine Neugestaltung des Schulrechts zunächst durch das Schulreformgesetz für das Land Sachsen-Anhalt[286] vom 11.7.1991. Dieses Gesetz enthielt auch eine eigenständige Regelung für Privatschulen. § 14 des Gesetzes gestaltete die Genehmigung der Ersatzschulen entsprechend Art.7 IV GG. § 17 I des Gesetzes legte die Voraussetzungen für die Anerkennung fest. Danach konnte einer Ersatzschule, die die Gewähr dafür bietet, dass sie dauernd die an gleichwertige öffentliche Schulen gestellten Anforderungen erfüllt, auf Antrag die Eigenschaft einer anerkannten Ersatzschulen verliehen werden. Diese Norm stellte damit die Anerkennung in das Ermessen der Verwaltung und verlangte weitestgehende Gleichartigkeit als Voraussetzung für die Anerkennung. Sie wies somit wesentlich strengere Voraussetzungen für die Anerkennung auf, als dies noch nach dem Verfassungsgesetz über Schulen in freier Trägerschaft der Fall gewesen ist. Niedersächsische Schuljuristen unterstützten Sachsen-Anhalt bei der Schaffung dieses Gesetzes, welches nach dem Vorbild des niedersächsischen Schulgesetzes konzipiert wurde,[287] so dass es nicht verwunderlich erscheint, dass der Wortlaut der sachsen-anhaltischen Regelung nahezu identisch mit der niedersächsischen Regelung ist. § 17 II des Gesetzes regelte die Folgen der Anerkennung. Ergänzungsschulen wurden im Schulreformgesetz nicht vorgesehen. Bereits 1993 erfolgte eine Überarbeitung des Schulreformgesetzes.[288] Es entstand das Schulgesetz des Landes Sachsen-Anhalt[289] vom 30.6. 1993, welches in wesentlichen Teilen der damaligen Fassung auch heute noch gilt. Nach § 17 I dieses Gesetzes besteht ein Rechtsanspruch der Ersatzschule auf die Anerkennung, wenn diese dauernd die Genehmigungsvoraussetzungen erfüllt, wovon nach dreijährigem ununterbrochenem Betrieb der Ersatzschule auszugehen war. Vor Ablauf dieser Frist konnte die Anerkennung gem. § 17 II des Gesetzes nach pflichtgemäßen Ermessen der Verwaltung erfolgen. Es wurde damit eine weitaus liberalere Regelung geschaffen, die wieder eher dem Inhalt des Verfassungsgesetzes über Schulen in freier Trägerschaft entsprach. In §§ 18b ff. wurden auch Regelungen zu Ergänzungs-

---

[285] Bude, RdJB 1991, 304(307)
[286] GVBl. Sachsen-Anhalt 1991, S.165
[287] Anders, Schulgesetzgebung der neuen Bundesländer, S.156, Fn 240; Kramer, RdJB 1996, 125(126)
[288] Zweites Gesetz zur Änderung des Schulreformgesetzes, GVBl. Sachsen-Anhalt 1993, S.214
[289] veröffentlicht als Schulgesetz des Landes Sachsen-Anhalt, GVBl. Sachsen-Anhalt 1993, S.314

schulen eingeführt. Die derzeit gültige Fassung des Schulgesetzes des Landes Sachsen-Anhalt erfolgte durch eine Novellierung im Jahre 1996.[290]
In *Thüringen* wurde am 25.3.1991 ein Vorläufiges Bildungsgesetz[291] beschlossen. Dieses Gesetz sollte wie die Schulreformgesetze der anderen neuen Bundesländer eine vorläufige Regelung sein und regelte nur sehr kurz die wichtigsten Grundsatzfragen.[292] Es ist in den folgenden Jahren durch einige Verordnungen ergänzt worden. Das Gesetz selbst behandelte in § 14 III äußerst knapp die Schulen in freier Trägerschaft. Diese setzen sich nach § 14 III/1 des Gesetzes aus Ersatz- und Ergänzungsschulen zusammen. Ersatzschulen werden in § 14 III/3 des Gesetzes nach herkömmlicher Weise definiert. Sie bedürfen gem. § 14 III/5 des Gesetzes der „staatlichen Genehmigung im Rahmen des Art.7 IV GG." Ergänzungsschulen sind gem. § 14 III/6 des Gesetzes lediglich anzeigepflichtig. Die Anerkennung der Ersatzschulen wurde hingegen in diesem Gesetz überhaupt nicht geregelt. Gemäß § 31 II/2 des Gesetzes wurde das Verfassungsgesetz über Schulen in freier Trägerschaft durch das Vorläufige Bildungsgesetz zudem aufgehoben. Nähere Regelungen sollten durch ein neues Privatschulgesetz geschaffen werden. Dieses entstand erst mit dem Erlass des Thüringer Gesetzes über Schulen in freier Trägerschaft (ThürSchfTG)[293] vom 23.3.1994. Es normierte das Recht der Privatschulen von nun an umfassend. Bis zum Erlass des ThürSchfTG galt die sehr dürftige Regelung des Vorläufigen Bildungsgesetzes weiter.[294] Es existierte in diesem Gesetz aber keine Regelung für die Anerkennung und damit gab es von März 1991 bis März 1994 keine gesetzliche Grundlage für die staatliche Schulverwaltung zur Erteilung der Anerkennung. Eine Gesetzesgrundlage für die Ausübung hoheitlicher Befugnisse im Bereich des Berechtigungswesens durch die anerkannten Ersatzschulen war in dieser Zeit ebenfalls nicht vorhanden. Der damalige Rechtszustand wurde somit den Anforderungen des Gesetzesvorbehalts nicht gerecht.
Die hier kurz dargestellte Neugestaltung des Schulrechts und insbesondere des Privatschulrechts und des Rechts der Anerkennung in den neuen Bundesländern erfolgte im Wesentlichen durch Rezeption der in den alten Bundesländern vorgefundenen Rechtssituation.[295] Schuljuristen der alten Bundesländer leisteten dabei umfangreiche Unterstützung. Die neuen Bundesländer wurden durch

[290] Viertes Gesetz zur Änderung des Schulgesetzes des Landes Sachsen-Anhalt, GVBl. Sachsen-Anhalt 1996, S.264; bekannt gemacht als Schulgesetz des Landes Sachsen-Anhalt, GVBl. Sachsen-Anhalt 1996, S.281
[291] GVBl. Thüringen 1991, S.61
[292] Schütz, RdJB 1992, 253
[293] GVBl. Thüringen 1994, S.323
[294] Duchêne, RdJB 1997, 200(203)
[295] Anders, Schulgesetzgebung der neuen Bundesländer, S.153

Partnerbundesländer unterstützt.[296] Die hohe Zahl der vorläufigen Regelungen und der zahlreichen Überarbeitungen ist durch die große Arbeitsbelastung der neu geschaffenen Parlamente zu erklären. Praktisch alle Rechtsgebiete im Bereich der Landesgesetzgebung mussten nach der Wiedervereinigung neu geschaffen oder umgestaltet werden. Der parlamentarische Gesetzgeber verfügte dabei über keine oder nur geringe Erfahrungen. Es bestand zudem erheblicher parlamentarischer und gesellschaftlicher Diskussionsbedarf, wie die Neugestaltung des Rechts zu erfolgen hatte. Fachverwaltungen, die wertvolle Zuarbeit hätten leisten können, waren noch nicht vollständig entstanden. Das erklärt die zum Teil verwirrende Rechtssituation, die in den ersten Jahren nach der Wiedervereinigung vorherrschte.
Wie die Anerkennung der Ersatzschule nach Abschluss dieser umfassenden Gesetzgebungstätigkeit derzeit in der Bundesrepublik Deutschland, d.h. in den alten und neuen Bundesländern juristisch geregelt ist und wie sie verfassungsrechtlich eingeordnet wird, soll nun im Anschluss dargestellt werden.

II.) Die Anerkennung der Ersatzschule nach dem derzeit geltenden Recht

Das Rechtsinstitut der Anerkennung stellt heute einen sehr umstrittenen Themenkomplex des Privatschulrechts dar. Hauptfrage des Meinungsstreits ist dabei die Verfassungsmäßigkeit der Anerkennung im Verhältnis zu Art.7 IV GG. Dieser Meinungsstreit wird hauptsächlich geprägt durch eine Entscheidung des Bundesverfassungsgerichts aus dem Jahre 1969.[297] Die Gesetzgebung der einzelnen Bundesländer griff diese Entscheidung auf und gestaltete das Landesschulrecht entsprechend, wobei auch hier in verschiedenen Bundesländern von der Entscheidung des BVerfG abweichende Lösungsmodelle entwickelt worden sind. Hingegen bildeten sich in der Forschung und Lehre im Verhältnis zur Judikatur des BVerfG starke Gegenpositionen, die mit gewichtigen Argumenten versuchen, die Rechtsposition des Bundesverfassungsgerichts zu widerlegen. Aufgrund der großen Bedeutung der Rechtsfigur der Anerkennung für die Gestaltung der genehmigten privaten Ersatzschule sollen diese verschiedenen Meinungen nun näher dargestellt werden.
Für die Frage der Vereinbarkeit der Rechtsfigur der Anerkennung mit dem Grundgesetz sind nicht nur die Voraussetzungen der Anerkennung, also des Anerkennungsvorbehalts, zu betrachten, sondern auch die Rechtsfolgen der An-

---

[296] Anders, Schulgesetzgebung der neuen Bundesländer, S.156, Fn 240: Danach bestanden folgende Länderpartnerschaften, Brandenburg und Nordrhein-Westfalen, Mecklenburg-Vorpommern und Schleswig-Holstein, Sachsen und Baden-Württemberg, Sachsen-Anhalt und Niedersachsen, Thüringen und Rheinland-Pfalz
[297] BVerfGE 27, 195

erkennung. Deshalb soll hier zusammenfassend der Begriff der Verfassungsmäßigkeit der Anerkennung verwendet werden.

1.) Die Verfassungsmäßigkeit der Rechtsfigur der Anerkennung im Hinblick auf Art.7 IV GG

Zu Beginn der Erläuterungen soll noch einmal kurz eine Darstellung des Regelungsbereichs der Anerkennung erfolgen.
Mit der Anerkennung werden die Ersatzschulen durch staatlichen Beleihungsakt hinsichtlich der von ihnen zu verleihenden Berechtigungen den öffentlichen Schulen gleichgestellt. D.h., sie können mit gleicher Wirkung wie öffentliche Schulen Prüfungen abhalten und Zeugnisse mit öffentlich-rechtlicher Außenwirkung ausstellen. Die Anerkennungsvoraussetzungen müssen dabei sicherstellen, dass die staatlichen Berechtigungen in vergleichbarer Art und Weise, d.h. auch auf einem vergleichbaren Niveau wie an staatlichen Schulen vergeben werden. Allein aus der Genehmigung gem. Art. 7 IV GG soll dabei das Recht, im Bereich des Berechtigungswesens tätig zu werden, für die Ersatzschule noch nicht folgen.

a) Die Rechtsansicht des Bundesverfassungsgerichtes und der Rechtsprechung zur Verfassungsmäßigkeit der Anerkennung

Das Bundesverfassungsgericht hatte aufgrund einer Vorlage des VG Frankfurt/Main gem. Art.100 I GG i.V.m. §§ 13 Nr.11, 80ff. BVerfGG zu entscheiden, ob § 11 Abs.1 und 2 des damaligen hessischen Privatschulgesetzes mit dem Grundgesetz vereinbar waren. Das hessische Privatschulgesetz führte unter anderem aus, dass einer Ersatzschule, die die Gewähr dafür bietet, dass sie dauernd die an gleichartige oder verwandte öffentliche Schulen gestellten Anforderungen erfüllt, die Eigenschaft einer anerkannten Privatschule verliehen werden kann, woraufhin die anerkannte Ersatzschule das Recht erhält, nach den für öffentliche Schulen geltenden Vorschriften Prüfungen abzuhalten und Zeugnisse zu erteilen. Das VG Frankfurt/Main war der Ansicht, diese Norm sei mit Art.7 IV GG unvereinbar, da über die Genehmigungsvoraussetzungen für Ersatzschulen gem. Art.7 IV GG hinausgehende Anforderungen einen unzulässigen Eingriff in die Privatschulfreiheit darstellten. Die Anerkennung sei nur die Vollendung der Genehmigung, weil sie die Feststellung enthalte, dass die Schule die Genehmigungsvoraussetzungen auf Dauer erfülle.[298]
Die Frage, die sich dem Bundesverfassungsgericht in diesem Fall somit stellte, kann in etwa formuliert werden: Folgt die Anerkennung einer genehmigten Ersatzschule direkt aus Art.7 IV GG und hat die betroffene Privatschule einen An-

[298] BVerfGE 27, 195(197f.)

spruch auf die Anerkennung oder steht die Anerkennung wegen ihrer Bedeutsamkeit für das Berechtigungswesen außerhalb des Schutzbereichs von Art.7 IV GG, so dass u.U. kein Rechtsanspruch der Privatschule auf die Anerkennung existiert?

Das Bundesverfassungsgericht, die Obergerichte des Bundes und der Länder sowie ein Teil der Literatur beantworten diese Frage folgendermaßen:

Das Grundgesetz verbietet nicht die Heraushebung einer Gruppe der genehmigten Ersatzschulen als anerkannte Ersatzschulen; ihre Ausgestaltung obliegt dem Landesgesetzgeber.[299]

Die Anerkennung einer Gruppe von Ersatzschulen und die nur diesen Schulen verliehenen Befugnisse sind keine Berechtigungen, die nach Art.7 IV/2 GG allen Ersatzschulen zukommen müssen.[300] Denn *aus Art.7 IV GG ergibt sich kein Anspruch auf die Verleihung von Öffentlichkeitsrechten.*[301] Daraus folgt, den genehmigten Ersatzschulen steht mit dem Anspruch auf Genehmigung nicht gleichzeitig ein Anspruch auf Anerkennung zu, der direkt aus Art.7 IV GG folgen würde.

Zur Begründung führt das BVerfG aus, dass die Anerkennung den Ersatzschulen das Recht gewähre, Prüfungen durchzuführen, Zeugnisse und Abschlüsse zu erteilen. Dies sei der Bereich des Berechtigungswesens, der nach der Anerkennung auch von der Privatschule wahrgenommen werden dürfe. Wortlaut und Sinn des Art.7 IV könne aber keine staatliche Verpflichtung entnommen werden, den Ersatzschulen derartige Berechtigungen einzuräumen.[302] Denn Art.7 IV, V GG betreffe nur die Voraussetzungen der Genehmigung, es handele sich dabei aber um einen anderen Sachverhalt, als ihn die Anerkennung zum Gegenstand habe.[303]

Die Unterscheidung der Rechtsinstitute Genehmigung und Anerkennung legt das BVerfG dann weiter im Anschluss dar:

Sinn der Genehmigung ist es, die Allgemeinheit vor unzureichenden Bildungseinrichtungen zu schützen. Denn durch die Erteilung der Genehmigung wird festgestellt, dass Bedenken gegen die Errichtung der Privatschule nicht bestehen und dass der Besuch der Schule durch die Schüler als Erfüllung der Schul-

---

[299] BVerfGE 27, 195; 37, 314(324); BayVerfGH BayVBl. 1983, 430; NVwZ 1984, 97; Plümer, DVBl. 1971, 540

[300] BVerfGE 27, 195(201); BVerwGE 68, 185(187f.); BVerwG NVwZ 2001, 919(921); Niehues, Schul- u. PrüfungsR Bd.1, Rn 278; Plümer, Rechtsnatur der Privatschulverhältnisse, S.155f.; Theuersbacher, NVwZ 1988, 887(892)

[301] OVG Berlin DVBl. 1966, 45(46)

[302] BVerfGE 27, 195(203); BVerwGE 17, 236(239); Gröschner in Dreier, GG, Art.7, Rn 99; Evers, VVDStRL 23 (1966), S.147(191)

[303] BVerfGE 27, 195(203)

pflicht gilt; die Privatschule kann sich damit in den Formen des Privatrechts im schulischen Bereich frei betätigen.[304]
Im Gegensatz dazu besteht der Sinn der Anerkennung darin, der Ersatzschule die Befugnis zu geben, den Bildungsgrad ihrer Schüler mit öffentlich-rechtlicher Außenwirkung feststellen zu können. D.h., die anerkannte Ersatzschule darf öffentlich-rechtliche Zugangsberechtigungen oder Berechtigungen zur Führung einer Berufsbezeichnung erteilen.[305] Es handelt sich dabei um die Ausübung hoheitlicher Funktionen des Berechtigungswesens, die der Privatschule aus ihrem privatrechtlichen Status allein nicht zukommen können, sondern ihr von einem Hoheitsträger übertragen werden müssen.[306] Das Berechtigungswesen ist in seiner Zielrichtung nicht bloß auf das Schulwesen beschränkt. Es erstreckt sich in weitem Umfang auch auf das Berufsleben und die Berufsausübung, wo in den durch Art.12 I/2 GG gezogenen Grenzen ein Allgemeininteresse an einer besonderen Qualifikation besteht.[307] Die Privatschule hat deshalb im Bereich des Berechtigungswesens kein Selbstbestimmungsrecht, *vielmehr ist die Ordnung des Berechtigungswesens eine natürliche Aufgabe des Staates.*[308]
Das Bundesverfassungsgericht geht also davon aus, dass das Berechtigungswesen zu den hoheitlichen staatlichen Aufgaben zählt. Die anerkannten Ersatzschulen erfüllen somit für den Bereich des Berechtigungswesens hoheitliche Aufgaben. Die Kompetenz zur Wahrnehmung dieser Aufgaben muss ihnen jedoch zusätzlich zur Genehmigung verliehen werden. Die nur genehmigte Ersatzschule nimmt im Gegensatz dazu keine hoheitlichen Aufgaben des Berechtigungswesens wahr.
Zu den Voraussetzungen der Anerkennung stellt das BVerfG dann im Anschluss fest: Die Anerkennung der Ersatzschule hänge entscheidend von der auf Dauer gewährleisteten Qualität der einzelnen Schule ab, während die Genehmigung der Ersatzschule nur die Erfüllung der Voraussetzungen des Art.7 IV, V GG erfordere.[309] Die Genehmigungsvoraussetzungen des Art.7 IV/3 GG umschrieben nämlich nur den äußeren Rahmen der Ersatzschule, innerhalb dessen sie Bildung und Erziehung weitgehend mit eigenen, vom Staat nicht geprägten Methoden, Inhalten und Zielen verwirklichen könne. Ob die genehmigte Ersatzschule ihren Schülern aber eine Ausbildung und Erziehung vermittele, die nicht hinter der durch öffentliche Schulen zu erlangenden Ausbildung und Erziehung zurücksteht, hänge von der Bewährung der Privatschule ab, die in der Regel erst

[304] BVerfGE 27, 195(203)
[305] BVerfGE 27, 195(203f.)
[306] BVerfGE 27, 195(204); BVerwGE 17, 41(42)
[307] BVerfGE 27, 195(206)
[308] BVerfGE 27, 195(206)
[309] BVerfGE 27, 195(204)

nach einer gewissen Dauer, also noch nicht bei Genehmigung beurteilt werden kann.[310]
Es liege im Wesen der Berechtigungen, dass das Prinzip der Gleichwertigkeit gegenüber dem Prinzip der *Gleichartigkeit* zurücktreten müsse.[311] Grad und Inhalt der öffentlichen Schulausbildung bestimmen dabei die Voraussetzungen, unter denen die Berechtigung erteilt werde, da der Staat bei der Ordnung des Berechtigungswesens an die öffentliche Schule als Regelschule anknüpfen müsse.[312] Staatlich anerkannte Ersatzschulen seien daher verpflichtet, bei der Aufnahme, bei der Versetzung, beim Schulwechsel von Schülern sowie bei der Abhaltung von Prüfungen und der Erteilung von Abschlusszeugnissen die allgemeinen für öffentliche Schulen geltenden Bestimmungen anzuwenden.[313] Denn eine Ersatzschule, die ihre Schüler nach den für öffentliche Schulen geltenden Prinzipien auswähle, biete dem Staat eine besondere Gewähr für einen den öffentlichen Schulen entsprechenden Ausbildungserfolg, sowohl während der Ausbildung als auch bei Abschluss der Ausbildung.[314]
Zusammenfassend kann also festgestellt werden, dass das BVerfG die Abnahme von Prüfungen, die Erteilung von Abschlusszeugnissen sowie die Versetzung und Aufnahme von Schülern als hoheitliche staatliche Aufgabe des Berechtigungswesens ansieht. Art.7 IV GG erfasst nach der Ansicht des BVerfG von seinem Schutzbereich her den Bereich des Berechtigungswesens nicht. Das Berechtigungswesen soll eine über die Schule und Privatschulfreiheit hinausgehende Bedeutung für die Berufswahl haben. Eine nur genehmigte Ersatzschule kann deshalb keine Berechtigungen erteilen. Hierfür ist zusätzlich die Anerkennung der genehmigten Ersatzschule notwendig. Ob und in welchem Umfang ein Bundesland von der Möglichkeit der Verleihung von Öffentlichkeitsrechten an Ersatzschulen Gebrauch macht, steht im Ermessen des Landesgesetzgebers.[315] Die Anerkennung wird im Wege der Verleihung von Öffentlichkeitsrechten erteilt. Auf die Erteilung der Anerkennung gibt es *keinen Anspruch* aus Art.7 IV GG. Die Erteilung der Anerkennung steht vielmehr im Ermessen der Verwaltung. Staatlich anerkannte Ersatzschulen sind verpflichtet, bei der Aufnahme, bei der Versetzung, beim Schulwechsel von Schülern sowie bei der Abhaltung von Prüfungen und der Erteilung von Abschlusszeugnissen die allgemeinen für öffentliche Schulen geltenden Bestimmungen anzuwenden. Es wird insoweit im Gegensatz zu Art.7 IV GG Gleichartigkeit und nicht nur Gleichwertigkeit der Ersatzschule im Verhältnis zu öffentlichen Schulen vom BVerfG gefordert. Der

---

[310] BVerfGE 27, 195(204)
[311] BVerfGE 27, 195(207)
[312] BVerfGE 27, 195(207)
[313] BVerwGE 68, 185(186, 188); BayVGH BayVBl. 1996, 178(179); Hemmrich in v. Münch/Kunig, GG, Art.7, Rn 47
[314] BVerfGE 27, 195(209)
[315] BayVGH BayVBl. 1996, 178(179)

Leistungsstand der Schüler an anerkannten Privatschulen für den Schuljahreswechsel muss deshalb im Gegensatz zu nur genehmigten Ersatzschulen auch demjenigen der Schüler an den öffentlichen Schulen entsprechen.[316] Die anerkannte Ersatzschule nimmt selbst Aufgaben des Berechtigungswesens wahr und kann Berechtigungen mit öffentlich-rechtlicher Außenwirkung erteilen. Schüler nur genehmigter Ersatzschulen müssen hingegen ihre Berechtigungen durch Prüfungen vor einer staatlichen Prüfungskommission erlangen.[317] Das zusätzliche Erfordernis der Anerkennung zur Berechtigungserteilung durch die Privatschule ist somit nach Ansicht des Bundesverfassungsgerichts verfassungsgemäß und verstößt nicht gegen Art.7 IV GG.

b) Die Gegenmeinung des überwiegenden Schrifttums zur Verfassungsmäßigkeit der Anerkennung

Die soeben dargestellte Haltung des Bundesverfassungsgerichtes zur Anerkennung ist starker Kritik durch das Schrifttum ausgesetzt. Hans Heckel nahm schon vor der Entscheidung des BVerfG in seinem 1955 erschienenen Werk des Deutschen Privatschulrechts zu diesem Problem Stellung. Er argumentierte dabei gegen eine Gesetzgebungstätigkeit der Länder zur Regelung der Anerkennung, welche auf der Vereinbarung der Unterrichtsverwaltungen der Länder in der Bundesrepublik Deutschland über das Privatschulwesen vom 10./11.8.1951 basierte. Die Anerkennung wurde dabei entsprechend der oben dargestellten späteren Rechtsprechung des BVerfG gestaltet. Nach der Meinung von Heckel unterscheidet das Grundgesetz gerade nicht zwischen Genehmigung und Anerkennung. In Bezug auf Art.7 IV GG sei die Anerkennung nur der letzte Akt des Genehmigungsverfahrens, quasi die Vollendung des Genehmigungsverfahrens. Denn das Grundgesetz und die Privatschulgarantie würden die grundsätzliche Gleichstellung der Ersatzschule mit öffentlichen Schulen fordern. Ohne die durch die Anerkennung erlangten Rechte sei die Privatschule nur eine Schule zweiten Ranges und als solche auf Dauer nur beschränkt existenz- und leistungsfähig. Die Versagung der Anerkennung führe zu einer Schlechterstellung der Privatschulen und damit zu einem Widerspruch gegen den Sinn des Art.7 IV GG. Daraus folge, dass bei dauernder Qualitätssicherung der Ersatzschule also bei dauerhafter Erfüllung der Genehmigungsvoraussetzungen, die Ersatzschule einen Rechtsanspruch auf Erlass des VA der Anerkennung habe. Dies gelte für die Ersatzschulen des Regelfalles, jedoch nicht für Schulen, die sich noch in der Entwicklung, im Ausbau befänden also noch nicht erprobt seien und nicht für Schulen, die besondere eigene pädagogische Wege gehen wollten mit

---

[316] BVerwG NVwZ 2001, 919(921)

[317] BVerfGE 27, 195(207); siehe zur Verfassungsmäßigkeit dieser sogenannten Externen-, Fremden- oder Nichtschülerprüfungen unten C), III.)

Klassenstufen, die denjenigen der Normalschulen nicht vergleichbar seien.[318] Die Ausführungen Heckels stellen im Prinzip die Grundlage für die spätere Kritik der Literatur an der Entscheidung des Bundesverfassungsgerichts und der Gesetzgebungspraxis dar. Die Autoren führen dabei grundsätzlich aus, dass die Erteilung der Anerkennung an die Ersatzschule bereits aus dem Grundrecht des Art.7 IV GG folge, generell deshalb ein Rechtsanspruch auf die Anerkennung bestehe und dass als Voraussetzung für die Anerkennung nur die Gleichwertigkeit der Ersatzschule nicht aber die Gleichartigkeit gefordert werden könne, da ein Gleichartigkeitserfordernis gegen die Freiheit der Privatschule gem. Art.7 IV GG verstoßen würde und zudem unverhältnismäßig wäre.[319] Die Anerkennung wäre danach ohne zusätzliche Anforderungen zu erteilen, wenn die Ersatzschule die Genehmigungsvoraussetzungen erfüllt.[320] Teilweise wird die Existenzberechtigung des Rechtsinstituts der Anerkennung vollständig verneint. Die Rechtswirkungen der Anerkennung ergäben sich bereits aus der abschließenden Regelung des Art.7 IV GG und der daraus folgenden Genehmigung der Ersatzschule. Eine zusätzliche Anerkennung sei insoweit überflüssig.[321] Nur wenige Autoren gehen allerdings konkret auf die grundlegende Frage der rechtlichen Einordnung des Berechtigungswesens ein. Hierzu führen sie aus, das Berechtigungswesen sei eben nicht eine natürliche Aufgabe des Staates.[322] Rechtsvergleichend werden die USA und Großbritannien als Beispiel genannt. In diesen Ländern werde das Berechtigungswesen hauptsächlich von Privaten wahrgenommen.[323] Das Berechtigungswesen könne somit Bestandteil der Privatschulfreiheit des Art.7 IV GG sein. Art.7 IV GG gewährleiste gerade eine wirkliche und vollständige Ersatzfunktion der Ersatzschulen. Eine private Ersatzschule dürfe darum in der Durchführung von Prüfungen und der Erteilung von Zeugnissen nicht hinter öffentlichen Schulen zurückstehen. Deshalb umfasse der Ersatzschulbegriff des Grundgesetzes auch die Erfüllung von Aufgaben des Berechtigungswesens, so dass automatisch ein Rechtsanspruch auf die Aner-

---

[318] Heckel, Dt. Privatschulrecht, S.49, 245ff.; ders., DVBl. 1966, 869(870)

[319] Becker K., Aufsicht über Privatschulen, S.80, 82, 127; Peters in Bettermann/Nipperdey/Scheuner, Die Grundrechte, IV/1, S.437; Frowein, Lage der Privatschulen, S.9, 15f.; Jach, Schulvielfalt als Verfassungsgebot, S.50; Pieroth in Jarass/Pieroth, GG, Art.7, Rn 19; Link, JZ 1971, 551ff.; Müller, Recht der Fr. Schule nach dem GG, S.359ff.; ders./Kromer, NVwZ 1984, 77ff.; Richter in AK-GG, Art.7, Rn 60; Säcker, DVBl. 1971, 537(539); Stein/Roell, Hdb SchulR, S.105f.; Vogel, Recht der Schulen in fr. Trägerschaft, S.17, 119, 124f.

[320] Müller/Kromer, NVwZ 1984, 77(80); Vogel, Recht der Schulen in fr. Trägerschaft, S.123

[321] Blau, JA 1984, 463(466); Fuß, VVDStRL 23 (1966), S.199(221); Pieroth/Schlink, Staatsrecht II, Rn 682; Vogel, Recht der Schulen in fr. Trägerschaft, S.44

[322] Link, JZ 1971, 551(552f.); Steiner, DÖV 1970, 526(530)

[323] Müller, Recht der Fr. Schule nach dem GG, S.358; Säcker, DVBl. 1971, 537(539)

kennung bestehe.[324] Im Bereich der Aufgabenerfüllung des Berechtigungswesens könne zudem aufgrund der durch die Privatschulfreiheit verbürgten eigenständigen Pädagogik- und Bildungsinhalte der Ersatzschule keine Gleichartigkeit mit öffentlichen Schulen gefordert werden, weshalb das allgemein übliche Erfordernis für anerkannte Ersatzschulen, staatliche Prüfungsvorschriften anzuwenden, mit Art.7 IV GG nicht vereinbar sei.[325]
Zusammenfassend lassen sich damit folgende Thesen der Gegenmeinung zur Rechtsprechung des Bundesverfassungsgerichtes feststellen: 1. Das Berechtigungswesen ist keine reine Staatsaufgabe. Es ist ebenfalls Bestandteil der verfassungsverbürgten Privatschulfreiheit. 2. Die Wirkungen der Anerkennung folgen deshalb direkt aus Art.7 IV GG. 3. Sollte die Anerkennung nicht darum schon überhaupt überflüssig sein, gibt es einen Rechtsanspruch der Ersatzschule aus Art.7 IV GG auf die Anerkennung, wenn die Ersatzschule die Genehmigungsvoraussetzungen dauerhaft erfüllt. 4. Als Voraussetzung für die Anerkennung kann nur die Gleichwertigkeit der Ersatzschule im Rahmen der Genehmigungsvoraussetzungen aber keine Gleichartigkeit mit öffentlichen Schulen gefordert werden. 5. Auch nach der Anerkennung muss die Ersatzschule keine staatlichen Vorschriften für die Berechtigungserteilung befolgen.
Aus Art.7 IV GG folgt damit nach Ansicht des Schrifttums die volle Gleichstellung der privaten Ersatzschulen mit öffentlichen Schulen. Deshalb besteht ein Rechtsanspruch auf die Anerkennung und die damit verbundenen Hoheitsrechte, ohne dass weitere Voraussetzungen erfüllt werden müssen. Die entgegengesetzte Position des BVerfG wird deshalb als verfassungswidrig angesehen.

c) Die Anerkennung der Ersatzschule im Schulrecht der einzelnen Bundesländer

Die Gesetzgebung der Länder zur Anerkennung soll nun im Lichte dieser beiden völlig konträren Rechtspositionen zu betrachten. Dabei sind die jeweiligen Landesschul- bzw. Landesprivatschulgesetze näher zu untersuchen.
Die Länder haben gem. Art.30, 70ff. GG die Gesetzgebungskompetenz für das Schulwesen. Sie können daher auch die Anerkennung der Ersatzschule regeln.[326] Bereits 1951 wurde zwischen den damaligen Bundesländern der Bundesrepublik Deutschland eine Vereinbarung über das Privatschulwesen geschlossen. Sie erfolgte durch Beschluss der Kultusministerkonferenz vom 10./11.8.1951 als „Vereinbarung der Unterrichtsverwaltungen der Länder in der

---

[324] Müller, Recht der Fr. Schule nach dem GG, S.171f., 281, 360; ders./Kromer, NVwZ 1984, 77(79ff.); Ossenbühl, VVDStRL 29 (1971), S.137(188); Vogel, Recht der Schulen in fr. Trägerschaft, S.44
[325] Müller, Recht der Fr. Schule nach dem GG, S.362; ders./Kromer, NVwZ 1984, 77(81); Vogel, Recht der Schulen in fr. Trägerschaft, S.123
[326] BVerfGE 27, 195(203); Plümer, Rechtsnatur der Privatschulverhältnisse, S.158

Bundesrepublik Deutschland über das Privatschulwesen".[327] § 5 I der Vereinbarung besagt: Einer Privatschule, die die Gewähr dafür bietet, dass sie *dauernd die an gleichartige oder verwandte öffentliche Schulen gestellten Anforderungen erfüllt, kann* die Eigenschaft einer anerkannten Ersatzschule verliehen werden. Gemäß § 5 II der Vereinbarung erhält die Privatschule durch die Anerkennung Befugnisse öffentlicher Schulen, insbesondere das Recht, nach den allgemein für öffentliche Schulen geltenden Vorschriften Prüfungen abzuhalten und Zeugnisse zu erteilen. Die Schulverwaltung bestimmt die Zusammensetzung der Prüfungsausschüsse.

Die Vereinbarung steht damit schon ganz auf jener Linie, die das Bundesverfassungsgericht 1969 bestätigte. Für die Anerkennung wird grundsätzlich generelle Gleichartigkeit der Ersatzschulen gefordert. Denn nach dem Wortlaut sind grundsätzlich die an gleichartige öffentliche Schulen gestellten Anforderungen zu erfüllen. D.h., die Ersatzschule muss die gleichen Anforderungen erfüllen, wie öffentliche Schulen. An gleichartige öffentliche Schulen gestellte Anforderungen können aber nur erfüllt werden, wenn die Ersatzschule so handelt, in ihr so unterrichtet und sie so ausgestaltet wird, wie dies an den entsprechenden öffentlichen Schulen der Fall ist. Dies bedeutet, nach dem Wortlaut der Vereinbarung kann eine extensive Gleichartigkeit der Ersatzschulen verlangt werden. Der Wortlaut ist zudem unbestimmt und gibt Gelegenheit für eine weitgehende Anpassung der Privatschule an öffentliche Schulen.[328] Der Raum für eigene, vom staatlichen Schulwesen abweichende pädagogische Konzepte der Privatschulen, wird damit natürlich stark verringert. Auf die Anerkennung besteht aber auch bei Gleichartigkeit kein Anspruch der Ersatzschule. Die Anerkennung „kann" verliehen werden, lautet der Wortlaut der Vereinbarung. Es besteht ein Ermessen der Verwaltung hinsichtlich der Erteilung der Anerkennung. Als Folge der Anerkennung erhält die Ersatzschule laut der Ländervereinbarung die Befugnisse öffentlicher Schulen. Dabei werden konkret die Zeugniserteilung und das Recht, Prüfungen abzuhalten, benannt. Es handelt sich also um Aufgaben des Berechtigungswesens. Diese Aufgaben dürfen jedoch nur nach den allgemein für öffentliche Schulen geltenden Vorschriften wahrgenommen werden. Das Gleichartigkeitserfordernis der anerkannten Ersatzschule wird damit nochmals ausdrücklich für das Berechtigungswesen festgestellt. Nicht ausdrücklich erwähnt werden jedoch die Aufnahme und die Versetzung von Schülern.

Die Regelung der Anerkennung in den Landesschulgesetzen ist jedoch wesentlich vielschichtiger, als die Ländervereinbarung vermuten lässt. Als ausschlaggebender Grund ist dafür einerseits zu nennen, dass die KMK-Beschlüsse nur

---

[327] KMK-BeschlS. Nr.484; abgedruckt bei Heckel, Dt. Privatschulrecht, S.85ff.; BEFT, 40.1, S.11ff.

[328] so auch Vogel, Recht der Schulen in freier Trägerschaft, S.118f.

unverbindliche Abstimmungen zwischen den Ländern darstellen.[329] Sie haben keine unmittelbare rechtliche Wirkung und sind keine Rechtsnormen im formellen Sinne.[330] Sie dienen lediglich der Koordination der Verwaltungspraxis der Bundesländer, können jedoch nicht dem Landesgesetzgeber vorgreifen. Es bleibt den Länderparlamenten vorbehalten, Landesrecht zu schaffen, welches von einer KMK-Vereinbarung abweicht.[331] Dieses kann dabei auch über die Gewährleistungen des Grundgesetzes hinausgehen und gem. Art.142 GG weitergehenden Schutz durch Landesgrundrechte gewährleisten.
Als weiterer Grund für die von der KMK-Vereinbarung abweichenden Länderregelungen ist andererseits auch das hohe Alter dieser Vereinbarung anzuführen, die auf den damaligen bildungspolitischen Zielvorstellungen beruhte. Hier dürften inzwischen erhebliche Änderungen in den Anschauungen der Gesellschaft, Politik und Schulverwaltung eingetreten sein. Orientierten sich die Länder zunächst an der Vereinbarung der KMK-Konferenz aus dem Jahre 1951, so setzten sich später im Rahmen des bildungspolitischen Wandels, neue Konzepte durch. Ständig werden im deutschen Schulrecht Verbesserungen zur Gestaltung der Schullandschaft erwogen, um den Anforderungen der modernen und zunehmend globalen Gesellschaft gerecht zu werden. Ein Alternativmodell für die Anerkennung der Ersatzschule entstand aufgrund der Beratungen des 51. Deutschen Juristentages schon im Jahre 1976. Es folgte daraufhin ein Entwurf der Schulrechtskommission des Juristentages für ein Schulgesetz im Jahre 1980.[332] Nach § 107 DJT-SchulGE kann demnach einer Ersatzschule die Befugnis verliehen werden, nach den allgemein für Schulen in öffentlicher Trägerschaft geltenden Vorschriften Zeugnisse zu erteilen, Prüfungen abzuhalten und Abschlüsse zu erteilen, *wenn die Schule die Gewähr dafür bietet, dass sie dauernd die Genehmigungsvoraussetzungen erfüllt.* Voraussetzung für die Anerkennung der Ersatzschule ist nach diesem Schulgesetzentwurf nur noch die dauernde Erfüllung der Genehmigungsvoraussetzungen. Es handelt sich dabei um Voraussetzungen, welche die Ersatzschulen sowieso für die Erteilung der Genehmigung erfüllen müssen. Zusätzliche Anforderungen sieht § 107 DJT-SchulGE für die Anerkennung hingegen nicht vor. Es wird damit keine Anpassung der Ersatzschulen an öffentliche Schulen in größerem Ausmaß im Sinne einer generellen

---

[329] Fuß, VVDStRL 23 (1966), S.230; Heckel, Dt. Privatschulrecht, S.74; Müller, Recht der Fr. Schule nach dem GG, S.22

[330] Anders, Schulgesetzgebung der neuen Bundesländer, S.111; Fuß, VVDStRL 23 (1966), S.199(238); Heckel, Dt. Privatschulrecht, S.74; Müller, Recht der Fr. Schule nach dem GG, S.22; Plümer, Rechtsnatur der Privatschulverhältnisse, S.135

[331] BVerfGE 45, 400(421); Glotz/Faber in Benda/Maihofer/Vogel, HdbVerfR, § 28, Rn 53; Evers, VVDStRL 23 (1966), S.147(168f.); Heckel, Dt. Privatschulrecht, S.74

[332] DJT-SchulGE abgedruckt in: Schule im Rechtsstaat, Bd. I, S.60ff. und in RdJB 1981, 224ff.

Gleichartigkeit durch diesen Entwurf verlangt.[333] Die pädagogisch inhaltliche Gestaltungsfreiheit der Ersatzschulen bleibt bestehen. Dieser Ansatz entspricht den Forderungen der oben dargestellten Gegenmeinung zur Rechtsprechung des BVerfG.
Lediglich im Bereich des Berechtigungswesens wird auch gem. § 107 DJT-SchulGE nach der Erteilung der Anerkennung die Einhaltung der Vorschriften für öffentliche Schulen durch die Ersatzschulen konkret festgelegt und zwar für Prüfungen, Zeugnisse und Abschlüsse. Es wird insoweit doch Gleichartigkeit mit öffentlichen Schulen verlangt. Über diesen Bereich hinaus kann aber keine Gleichartigkeit von den Ersatzschulen gefordert werden. Die Anerkennung erfolgt entsprechend der Rechtsprechung des BVerfG und der KMK-Vereinbarung jedoch auch nur nach pflichtgemäßem Ermessen der Verwaltung. Es besteht kein Rechtsanspruch auf die Anerkennung.[334]
§ 107 DJT-SchulGE weist somit zwar wesentlich erleichtere Voraussetzungen für die Anerkennung auf, die den Ersatzschulen eine größere Freiheit bei der Gestaltung der Privatschule lassen. Das Erfordernis der Gleichartigkeit blieb aber im Bereich der Aufgabenerfüllung für das Berechtigungswesen bestehen. Ein Rechtsanspruch auf die Anerkennung soll auch nach diesem Vorschlag für ein Schulgesetz nicht bestehen. Dieser Entwurf der Schulrechtskommission wurde in den folgenden Jahren augenscheinlich Grundlage für einige Bundesländer bei der Neugestaltung oder Neuschaffung von Privatschulgesetzen und insbesondere bei der Festlegung der Voraussetzungen der Anerkennung.
Das die Anerkennung der Ersatzschulen regelnde Landesrecht soll jetzt näher dargestellt werden. Das Recht der Länder folgt verschiedenen Regelungsmodellen im Hinblick auf die rechtliche Ausgestaltung der Anerkennung. Die Darstellung des Landesrechts erfolgt deshalb hier nach Regelungsmodellen geordnet.

aa) Die Regelung der Anerkennung in den Bundesländern entsprechend der KMK-Vereinbarung vom 10./11.8.1951

In Bremen und Schleswig-Holstein kann einer Ersatzschule, die die Gewähr dafür bietet, dass sie dauernd die an gleichartige oder verwandte öffentliche Schulen gestellten Anforderungen erfüllt, von der zuständigen Schulbehörde die Eigenschaft einer anerkannten Ersatzschule verliehen werden.[335] Diese Voraussetzungen entsprechen wortwörtlich der Regelung der Ländervereinbarung aus dem Jahr 1951. Es wird somit von der Ersatzschule, wie sich aus der Formulierung „die an gleichartige öffentliche Schulen gestellten Anforderungen erfül-

---

[333] so die Begründung zu § 107 DJT-SchulGE in Schule im Rechtsstaat, Bd. I, S.396; Vogel, RdJB 1981, 214(217)
[334] Schule im Rechtsstaat, Bd. I, S.396
[335] § 12 I BremPrivSchG; § 123 I SchulG Schl-H

len" ergibt, die generelle Gleichartigkeit mit öffentlichen Schulen als Voraussetzung für die Anerkennung verlangt.
In Mecklenburg-Vorpommern kann gem. § 122 I SchulG M-V einer genehmigten Ersatzschule, die die Gewähr dafür bietet, dass sie dauernd die zur Erreichung der Lern- und Erziehungsziele gestellten Anforderungen an nach diesem Gesetz vorgesehenen Bildungsgängen erfüllt, auf Antrag die Eigenschaft einer anerkannten Ersatzschule verliehen werden. Die dauernde Erfüllung von Anforderungen an nach diesem Gesetz vorgesehenen Bildungsgängen bedeutet die Einhaltung der Anforderungen, die das SchulG M-V an öffentliche Schulen stellt. Damit wird in Mecklenburg-Vorpommern ebenfalls eine weitestgehende Gleichartigkeit der privaten Ersatzschule mit öffentlichen Schulen verlangt. Die Ersatzschule muss dabei gem. § 131 Nr.1 SchulG M-V i.V.m. § 3 S.1 PSchVO M-V die gestellten Anforderungen grundsätzlich drei Jahre erfüllt haben, bevor angenommen werden kann, dass die Schule diese Anforderungen auf Dauer erfüllt.
In den drei genannten Ländern ist damit als Voraussetzung für die Anerkennung eine weitgehende Anpassung der Ersatzschulen an die entsprechenden öffentlichen Schulen notwendig. Die Privatschulfreiheit wird sehr weit eingeschränkt. Zudem hat die Ersatzschule nach den aufgeführten Regelungen keinen Rechtsanspruch auf die Anerkennung. Denn der Wortlaut heißt „kann verliehen werden". Die zuständige Schulbehörde entscheidet nach pflichtgemäßem Ermessen.[336]
Mit der Anerkennung erhält die Ersatzschule das Recht, nach den für Schulen in öffentlicher Trägerschaft geltenden Vorschriften Prüfungen abzuhalten und Zeugnisse zu erteilen.[337] Die anerkannten Ersatzschulen sind verpflichtet, bei der Aufnahme und der Versetzung von Schülern die für öffentliche Schulen geltenden Bestimmungen zu beachten.[338] In Bremen wird die Beachtung der für öffentliche Schulen geltenden Aufnahme- und Versetzungsbestimmungen den anerkannten Ersatzschulen jedoch nicht vorgeschrieben. Für Schulen mit besonderer pädagogischer Prägung kann das Kultusministerium in Mecklenburg-Vorpommern gem. § 122 II/2 SchulG M-V Ausnahmen vorsehen. In Schleswig-Holstein kann die anerkannte Ersatzschule von den zu beachtenden Vorschriften des Berechtigungswesen gem. § 123 III/2 SchulG Schl-H abweichen, wenn sie dafür die Zustimmung der Schulaufsichtsbehörde erhält. Die Anerkennung kann auch gem. § 123 II/2 SchulG Schl-H auf die Abschlussprüfung beschränkt werden. In Mecklenburg-Vorpommern muss gem. § 122 III/2 M-V bei der Durchführung von Prüfungen der Eigenart der Ersatzschule Rechnung getragen werden.

---

[336] so wohl auch Pfautsch/Lorentzen, Grundriß SchulR Schl-H, Rn 72
[337] § 12 II BremPrivSchG (Die Zeugniserteilung wird in Bremen nicht ausdrücklich erwähnt.); § 122 III/1 SchulG M-V; § 123 II/1, III/1 SchulG Schl-H
[338] § 122 II/1 SchulG M-V; § 123 III/1 SchulG Schl-H

Die Anerkennung ist zu widerrufen, wenn die Voraussetzungen der Anerkennung nicht mehr vorliegen oder die als Folge der Anerkennung einzuhaltenden Bestimmungen nicht beachtet werden.[339]
Die Bundesländer Bremen, Mecklenburg-Vorpommern und Schleswig-Holstein folgen somit in Bezug auf die rechtliche Ausgestaltung der Anerkennung dem Regelungsmodell der Vereinbarung der Kultusministerkonferenz. Voraussetzung für die Anerkennung ist danach die weitestgehende Anpassung der Ersatzschulen an öffentliche Schulen. Die Ersatzschulen müssen nämlich die an gleichartige oder verwandte öffentliche Schulen gestellten Anforderungen erfüllen. D.h., bereits als Voraussetzung für die Anerkennung wird die Gleichartigkeit der Ersatzschulen mit den entsprechenden öffentlichen Schulen verlangt. Nach der Anerkennung darf die Ersatzschule Aufgaben des Berechtigungswesens wahrnehmen. Für diesen Bereich wird als besondere Folge der Anerkennung nochmals ausdrücklich die Einhaltung der für öffentliche Schulen geltenden Vorschriften und damit die Gleichartigkeit vorgeschrieben. Ein Rechtsanspruch der Ersatzschulen auf die Erteilung der Anerkennung besteht hingegen nicht. Die Regelung der Anerkennung nach diesem Modell entspricht der Rechtsprechung des Bundesverfassungsgerichts.

bb) Die Regelung der Anerkennung in den Bundesländern in Anlehnung an die KMK-Vereinbarung aber mit Gewährung eines Rechtsanspruchs der Ersatzschule auf die Anerkennung

In Bayern und Sachsen verleiht die zuständige Behörde einer Ersatzschule, welche die Gewähr dafür bietet, dass sie dauernd die an gleichartige oder verwandte öffentliche Schulen gestellten Anforderungen erfüllt, auf Antrag die Eigenschaft einer staatlich anerkannten Ersatzschule.[340] In Baden-Württemberg verleiht die zuständige Behörde gem. § 10 I PSchG B-W einer Ersatzschule, welche die Gewähr dafür bietet, dass sie dauernd die aufgrund des Gesetzes an öffentliche Schulen gestellten Anforderungen erfüllt, die Eigenschaft einer anerkannten Ersatzschule. In Niedersachsen ist gem. § 148 I/1 SchG Nds einer Ersatzschule, die die Gewähr dafür bietet, dass sie dauernd die an gleichartige oder gleichwertige öffentliche Schulen gestellten Anforderungen erfüllt, auf Antrag die Eigenschaft einer anerkannten Ersatzschule zu verleihen. Diese Voraussetzungen der Anerkennung orientieren sich ebenfalls an der KMK-Vereinbarung aus dem Jahr 1951. Die generelle Gleichartigkeit mit den entsprechenden öffentlichen Schulen ist demnach bereits Voraussetzung der Anerkennung der Ersatzschule. Es wird somit eine weitestgehende Anpassung der Ersatzschulen an die öffentlichen Schulen verlangt.

---

339 § 12 III BremPrivSchG; § 122 IV SchulG M-V; § 123 IV SchulG Schl-H
340 Art.100 I/1 BayEUG; § 148 I/1 SchG Nds; § 8 I SächsFrTrSchulG

Die Feststellung der dauernden Erfüllung der an öffentliche Schulen gestellten Anforderungen soll dabei in Baden-Württemberg erst nach einer mehrjährigen Probezeit und nur bei ausreichender Zusammenarbeit mit der Schulaufsicht getroffen werden.[341] Die an öffentliche Schulen gestellten Anforderungen werden gem. Ziff.12 I VVPSchG B-W nur erfüllt, wenn dem Unterricht ein von der Schulaufsichtsbehörde genehmigter Lehrplan zugrunde liegt, das Lehrziel der entsprechenden öffentlichen Schule erreicht wird und der Übertritt eines Schülers von der Ersatzschule an die entsprechende öffentliche Schule und umgekehrt ohne besondere Schwierigkeiten möglich ist. Außerdem muss der Leiter der Schule die für seine Aufgabe erforderliche wissenschaftliche und pädagogische Eignung besitzen und die Lehrer i.d.R. die Anstellungsfähigkeit für das ihrer Tätigkeit entsprechende Lehramt an öffentlichen Schulen aufweisen, worauf in einem den besonderen Gegebenheiten der betreffenden Privatschule angemessenen Umfang verzichtet werden kann. Von einer gem. § 10 I PSchG B-W dauernden Erfüllungen der Anforderungen kann gem. Ziff.12 II VVPSchG B-W grundsätzlich nur dann ausgegangen werden, wenn die Ersatzschule die gestellten Anforderungen drei Jahre lang erfüllt hat. Diese Voraussetzungen bedeuten eine starke Anpassung an öffentliche Schulen im Sinne einer Gleichartigkeit.

In Bayern wird ebenfalls eine enge Bindung an die öffentlichen Schulen gefordert. So müssen die Stundentafeln und Lehrpläne der entsprechenden öffentlichen Schulen in der Regel ohne Einschränkung angewendet werden; andernfalls sei keine Gewähr geboten, dass die Ersatzschule dauernd die an entsprechende öffentliche Schulen gestellten Anforderungen erfülle.[342] Es wird somit Homogenität der Ersatzschule mit öffentlichen Schulen verlangt.[343] Die Schule muss schon längere Zeit bestanden haben und voll ausgebaute Jahrgangsstufen aufweisen, um schulaufsichtlich beurteilen zu können, ob alle Anerkennungsvoraussetzungen vorliegen.[344] Das Vorhandensein kombinierter Jahrgangsstufen steht der Anerkennung nicht entgegen, wenn die Schule dennoch im konkreten Fall die Gewähr dafür bietet, dass sie in ihren pädagogischen Leistungen und mit ihrem Unterrichtserfolg dauernd die an gleichartige oder verwandte öffentliche Schulen gestellten Anforderungen erfüllt.[345] Eine Ausnahme vom Erfordernis des vollständigen Schulausbaus macht Art.100 I/2 BayEUG für Förderschulen, wenn sie mit Rücksicht auf die aus dem sonderpädagogischen Förderbedarf herrührenden Ziele nicht voll ausgebaut sind.

---

[341] Elser/Kramer, Grundriß des SchulR in B-W, S.29

[342] Falckenberg, Grundriß des SchulR in Bayern, S.136

[343] Gallwas, BayVBl. 1970, 119(120); allerdings noch zu Art.20 BayEUG a.F. der damals die Anerkennung regelte, in seinen Voraussetzungen aber nicht von Art.100 BayEUG n.F. abweicht

[344] Falckenberg, Grundriß des SchulR in Bayern, S.136

[345] BayVGH BayVBl. 1996, 178

In Niedersachsen beziehen sich die Anforderungen des Entsprechens an eine gleichartige öffentliche Schule auf Schulformen, die im öffentlichen Schulwesen existieren, weshalb gleichwertige öffentliche Schulen nur zum Vergleich heranzuziehen sind, wenn es im öffentlichen Schulwesen eine solche Schule momentan nicht gibt.[346] Von einer dauernden Gewähr hinsichtlich der Erfüllung der Anforderungen wird in der Regel nach einer Zeit von drei Jahren ausgegangen, wenn in dieser Zeit die Voraussetzungen erfüllt waren.[347]
In den Bundesländern dieser Regelungsgruppe besteht auf die Anerkennung bei Erfüllung der Voraussetzungen im Gegensatz zur Regelung der KMK-Vereinbarung ein Rechtsanspruch.[348] Dies ergibt sich aus dem Wortlaut der Regelungen, der in Baden-Württemberg[349] und Sachsen[350] „verleiht", in Bayern[351] „wird verliehen" und in Niedersachsen[352] „ist zu verleihen" lautet.
Als Folge der Anerkennung sind die Ersatzschulen verpflichtet, bei der Aufnahme und Versetzung von Schülern die für öffentliche Schulen geltenden Bestimmungen zu beachten.[353]
Für die Aufnahme und Versetzung von Schülern wird in Sachsen jedoch keine Anwendung öffentlich-rechtlicher Vorschriften verlangt. Als weitere Folge der Anerkennung müssen die Ersatzschulen nach den für öffentliche Schulen geltenden Vorschriften Prüfungen abhalten und Zeugnisse erteilen.[354] In Niedersachsen kann auf Antrag gem. § 148 II/4 SchG Nds dieses Recht auf die Abschluss- oder Reifeprüfung beschränkt werden. Die Ersatzschulen können somit nach der Anerkennung Aufgaben des Berechtigungswesens wahrnehmen.
Die Anerkennung ist in Niedersachsen gem. § 148 III SchG Nds zurückzunehmen, wenn die Voraussetzungen nicht gegeben waren oder später weggefallen sind und dem Mangel trotz Aufforderung der Schulaufsichtsbehörde innerhalb einer bestimmten Frist nicht abgeholfen worden ist, oder wenn die Schule wie-

---

[346] Galas/Habermalz/Schmidt, Niedersächsisches SchulG, § 148, Anm.1
[347] Woltering/Bräth, Niedersächsisches SchulG, § 148, Rn 3
[348] Heckel/Avenarius, Schulrechtskunde, S.217; Loschelder, HdbStKirchR II, § 55, S.532; Vogel, Recht der Schulen in fr. Trägerschaft, S.117
[349] so wohl auch Elser/Kramer, Grundriß des SchulR in B-W, S.29; anders Holfelder/Bosse, SchulG für B-W, S.37
[350] VG Dresden, Urteil vom 28.3.2001, AktZ.: 5 K 2726/98, abgedruckt in BEFT, 62.11a, S.1(5); (Die Regelung Sachsens entspricht derjenigen Baden-Württembergs. Denn Hilfestellung bei der Schaffung der sächsischen Schulgesetze leisteten vor allem baden-württembergische Schuljuristen; so Friedrich/Anders, RdJB 1992, 251(253, dort Fn 2))
[351] BayVGH BayVBl. 1996, 178; Falckenberg, Grundriß des SchulR in Bayern, S.136
[352] Galas/Habermalz/Schmidt, Niedersächsisches SchulG, § 148, Anm.1
[353] § 23 S.1 Nr.1, 6 PSchG B-W i.V.m. Ziff.12 I Nr.1 d) VVPSchG B-W; Art.100 II/1 BayEUG (In Bayern sind auch beim Schulwechsel eines Schülers die für öffentliche Schulen geltenden Regelungen anzuwenden.); § 148 II/1 SchG Nds
[354] § 10 II/1 PSchG B-W i.V.m. Ziff.12 IV VVPSchG B-W; Art.100 II/1, 2 BayEUG; § 148 II/1, 3 SchG Nds; § 8 II/1 SächsFrTrSchulG

derholt gegen die Verpflichtungen aus § 148 II/1 SchG Nds verstößt. In den anderen Bundesländern der hier besprochenen Regelungsgruppe richtet sich der Widerruf bzw. die Rücknahme der Anerkennung nach den allgemeinen verwaltungsrechtlichen Regelungen.
Die Regelung der Anerkennung im Schulrecht der Länder Baden-Württemberg, Bayern, Niedersachsen und Sachsen orientiert sich damit stark an der KMK-Vereinbarung und der Rechtsprechung des BVerfG. Voraussetzung der Anerkennung ist bereits die Gleichartigkeit der Ersatzschule mit öffentlichen Schulen. Als Folge der Anerkennung dürfen die Ersatzschulen Aufgaben des Berechtigungswesens wahrnehmen. Für diesen Bereich wird die Einhaltung der für öffentliche Schulen geltenden öffentlich-rechtlichen Vorschriften ausdrücklich nochmals festgelegt. Ein gewichtiger Unterschied ist jedoch der Anspruch der Ersatzschulen auf die Anerkennung bei Erfüllung des Gleichartigkeitserfordernisses. Die weit gefasste Voraussetzung der Gleichartigkeit stellt jedoch eine hohe Hürde für die Anerkennung dar und verlangt eine weitgehende Anpassung der Ersatzschulen an öffentliche Schulen.
Als besondere Form der anerkannten Ersatzschule kann dieser in Bayern gem. Art.101 I BayEUG sogar der Charakter einer öffentlichen Schule verliehen werden. Eine derartige Schule ist gem. Art.101 II BayEUG verpflichtet, die für entsprechende öffentliche Schulen erlassene Schulordnung anzuwenden. Das führt zur Folge der absoluten Gleichartigkeit der Ersatzschule, da sämtliche staatlichen Schulregelungen anzuwenden sind.[355] Die gesamten Rechtsbeziehungen zwischen Schüler und Schule richten sich dann in allen Angelegenheiten der Schulordnung nach öffentlichem Recht.[356]

cc) Die Regelung der Anerkennung in den Bundesländern entsprechend des Entwurfs der Schulrechtskommission gem. § 107 DJT-SchulGE

In Berlin, Brandenburg, Hessen und Thüringen kann einer Ersatzschule, die die Gewähr dafür bietet, dass sie dauernd die Genehmigungsvoraussetzungen erfüllt, die Eigenschaft einer anerkannten Ersatzschule verliehen werden.[357] In Berlin wird zusätzlich von der Ersatzschule gem. § 7 I/1 PrivSchulG Bln verlangt, dass sie in ihren Leistungen den öffentlichen Schulen mindestens gleichwertig ist. Der Begriff Gleichwertigkeit ist hierfür gem. Art.7 IV GG im Sinne eines Nichtzurückstehens auszulegen.
Voraussetzung der Anerkennung ist nach diesem Regelungsmodell somit die dauerhafte Erfüllung der Genehmigungsvoraussetzungen. Es werden keine höheren Anforderungen für die Anerkennung gestellt, als sie für die Genehmigung

---

355 Vogel, Recht der Schulen in fr. Trägerschaft, S.127
356 Falckenberg, Grundriß des SchulR in Bayern, S.137
357 § 7 I/1 PrivSchulG Bln; § 123 I/1 BbgSchulG; § 173 I/1 HSchG; § 9 I/1 ThürSchfTG

der Ersatzschule ohnehin notwendig sind. Vor der Erteilung der Anerkennung an die Ersatzschule kann damit auch keine Gleichartigkeit der Ersatzschule im Verhältnis zu den entsprechenden öffentlichen Schulen verlangt werden.
Jedoch hat die Ersatzschule keinen Rechtsanspruch auf die Anerkennung, wie der Wortlaut der Regelungen „kann verliehen werden" verdeutlicht. Die zuständige Behörde entscheidet nach pflichtgemäßem Ermessen über die Anerkennung.[358]
Über die Anerkennung darf in Berlin gem. § 7 I/2 PrivSchulG Bln und in Brandenburg gem. § 123 I/2 BbgSchulG frühestens entschieden werden, wenn der erste Schülerjahrgang die letzte Klassenstufe der Schule erreicht hat, in Brandenburg jedoch frühestens im zweiten Jahr nach der Eröffnung der Schule. Bei Schulen, die mehrere Schulstufen umfassen, kann die Anerkennung gem. § 123 I/3 BbgSchulG zunächst allein für eine Schulstufe erteilt werden.
Die Einzelheiten der Gestaltung des Antrags für die Anerkennung regelt in Brandenburg § 123 IV BbgSchulG i.V.m. § 5 I der Verordnung über die Genehmigung und Anerkennung von Ersatzschulen (ESGAV). Die Anerkennung erfolgt gem. § 5 II BbgESGAV durch Bescheid. Die Einrichtung weiterer Bildungsgänge innerhalb der anerkannten Schulform bedarf gem. § 5 III BbgESGAV keiner erneuten Anerkennung, wenn zwischenzeitlich keine schwerwiegenden Beanstandungen aufgetreten sind.
Als Folge der Anerkennung erhält die Ersatzschule das Recht, nach den für öffentliche Schulen geltenden Vorschriften Prüfungen abzuhalten und Zeugnisse zu erteilen, die die gleichen Berechtigungen verleihen wie die der staatlichen Schulen.[359] Die Ersatzschule ist verpflichtet, bei der Aufnahme und der Versetzung von Schülern die für staatliche Schulen geltenden Regelungen anzuwenden.[360] In Hessen sind gem. § 173 II/2 HSchG nur bei der Aufnahme von Schülern die für öffentliche Schulen gegebenen Anordnungen zu beachten. In Thüringen sind gem. § 9 II/3 ThürSchfTG auch beim Schulwechsel von Schülern die für staatliche Schulen geltenden Regelungen anzuwenden.
In Berlin ist es gem. § 7 II/1 2.HS PrivSchulG Bln und in Brandenburg gem. § 123 II/2 2. HS BbgSchulG möglich, dass der Privatschulträger mit Zustimmung der zuständigen Schulaufsichtsbehörde andere Regelungen für die Aufgabenerfüllung im Berechtigungswesen bestimmt. Dann entscheidet gem. § 7 II/3 PrivSchulG Bln bzw. gem. § 123 II/3 BbgSchulG die zuständige Schulaufsichtsbehörde, welcher Bildungsstand, insbesondere welcher Abschluss, im Vergleich zum öffentlichen Schulwesen am Ende einzelner Klassenstufen erreicht ist.

---

[358] für Hessen siehe Hess VGH NVwZ 1984, 123; Entscheidung erfolgte allerdings noch zu § 11 I HPrivSchG a.F., der 1992 durch § 173 I HSchG n.F. ersetzt worden ist
[359] § 7 II/1, 2 PrivSchulG Bln; § 123 II/1, 2 BbgSchulG; § 173 II/1 HSchG; § 9 II/1 ThürSchfTG
[360] § 7 II/1 PrivSchulG Bln; § 123 II/1 BbgSchulG; § 9 II/3 ThürSchfTG

Die Ersatzschule darf damit auch nach diesem Regelungsmodell als Folge der Anerkennung Aufgaben des Berechtigungswesens wahrnehmen. Nur in den durch die Schulgesetze der hier genannten Länder bestimmten Regelungsbereichen des Berechtigungswesens wird hingegen eine Gleichartigkeit der Ersatzschule mit den entsprechenden öffentlichen Schulen verlangt. In allen anderen Bereichen sind die Ersatzschulen frei in der Gestaltung der Schule und des Unterrichts.
Die Anerkennung ist zu entziehen bzw. zu widerrufen, wenn die genannten Voraussetzungen und Verpflichtungen durch die Ersatzschule nicht erfüllt werden.[361]
Die Regelung der Anerkennung in den in dieser Gruppe aufgeführten Bundesländern stellt sich somit als eher liberal dar, da als Voraussetzung nur auf die dauernde Einhaltung der Genehmigungsvoraussetzungen abgestellt wird. Gleichartigkeit mit entsprechenden öffentlichen Schulen ist keine Voraussetzung der Anerkennung. Gleichartigkeit kann von den Ersatzschulen nur nach der Erteilung der Anerkennung in den Bereichen des Berechtigungswesens verlangt werden, soweit landesrechtlich vorgesehen bei der Aufnahme und Versetzung von Schülern, sowie bei der Durchführung von Prüfungen und der Erteilung von Zeugnissen. In allen anderen Bereichen darf die anerkannte Ersatzschule einen weitestgehend eigenverantwortlich gestalteten Unterricht im Rahmen von Art.7 IV GG betreiben. Ein Rechtsanspruch auf Anerkennung wird jedoch nicht gewährt. Die Regelungen dieses Modells orientieren sich damit an § 107 DJT-SchulGE.

dd) Die Regelung der Anerkennung in den Bundesländern entsprechend § 107 DJT-SchulGE aber mit einem Rechtsanspruch auf die Erteilung der Anerkennung

In Hamburg und Sachsen-Anhalt wird einer Ersatzschule von der zuständigen Behörde auf Antrag die staatliche Anerkennung verliehen, wenn der Schulträger die Gewähr dafür bietet, dass die Genehmigungsvoraussetzungen auf Dauer erfüllt werden.[362]
In Rheinland-Pfalz verleiht der Kultusminister gem. § 18 I/1 PrivSchG Rh-P einer Ersatzschule, welche die Gewähr dafür bietet, dass sie dauernd die an entsprechende öffentliche Schulen gestellten Anforderungen erfüllt, auf Antrag die Eigenschaft einer anerkannten Ersatzschule. Die Verleihung setzt gem. § 18 I/2 PrivSchG Rh-P voraus, dass die Schule den für öffentliche Schulen verbindlichen Gliederungsgrundsätzen genügt. Die Regelung des Landes Rheinland-Pfalz entspricht damit vom Wortlaut her der Ländervereinbarung aus dem Jahre

---

[361] § 7 III PrivSchulG Bln; § 123 III BbgSchulG; § 173 III HSchG; § 9 III ThürSchfTG
[362] § 9 I HmbSfTG; § 17 I/1 SG LSA

1951 im Sinne einer generellen Gleichartigkeit der privaten Ersatzschulen als Voraussetzung für die Anerkennung, indem sie verlangt, dass dauernd die an entsprechende öffentliche Schulen gestellten Anforderungen erfüllt werden müssen. Zur Auslegung des § 18 I PrivSchG Rh-P muss aber die Landesverordnung zur Durchführung des Privatschulgesetzes herangezogen werden. Danach ist gem. §§ 39 PrivSchG Rh-P, 15 II PrivSchGDVO Rh-P von einer Ersatzschule in der Regel anzunehmen, dass sie die an entsprechende öffentliche Schulen gestellten Anforderungen erfüllt, wenn sie die Genehmigungsvoraussetzungen drei Jahre lang seit der Genehmigung ununterbrochen erfüllt hat.
Im Saarland ist einer Ersatzschule, welche die Gewähr bietet, dass sie dauernd die nach diesem Gesetz an eine Ersatzschule gestellten Anforderungen erfüllt, gem. § 18 I SaarlPrivSchG von der Schulaufsichtsbehörde die Eigenschaft einer anerkannten Ersatzschule zu verleihen. Der Wortlaut „nach diesem Gesetz gestellte Anforderungen" betrifft dabei die Anforderungen des Saarländischen Privatschulgesetzes. Dieses regelt die Voraussetzungen für die Genehmigung der Ersatzschule. Nur jene Voraussetzungen werden als Anforderungen an die Ersatzschule im SaarlPrivSchG aufgeführt. Die Genehmigungsvoraussetzungen gem. § 7 I SaarlPrivSchG müssen demnach als Voraussetzung der Anerkennung dauernd erfüllt werden. Gemäß § 3 I/1 der 1. DVO – SaarlPrivSchG erfüllt eine Ersatzschule diese Bedingung, wenn sie den Anforderungen des § 1 I der 1. DVO – SaarlPrivSchG i.V.m. § 7 I Saarl PrivSchG mindestens drei Jahre lang seit ihrer Genehmigung genügt hat. Das scheint keine weitere besondere Anforderung zu sein. § 1 I der 1. DVO – SaarlPrivSchG verlangt jedoch schon als Genehmigungsvoraussetzung grundsätzlich ein Übereinstimmen der Ersatzschule mit entsprechenden öffentlichen Schulen[363] und fordert somit eine völlige Gleichartigkeit der Ersatzschulen mit öffentlichen Schulen. Nur wenn man, wie oben vertreten worden ist, eine Verfassungswidrigkeit und somit Nichtigkeit der Regelung des § 1 I 1. DVO – SaarlPriv SchG annimmt, kann davon ausgegangen werden, dass lediglich die Genehmigungsvoraussetzungen als Voraussetzung für die Anerkennung zu erfüllen sind.
Voraussetzung der Anerkennung in den Bundesländern dieser Regelungsgruppe ist somit lediglich die dauerhafte Einhaltung der Genehmigungsvoraussetzungen. Damit wird eine weitestgehende Freiheit in der Gestaltung der Ersatzschule ermöglicht, die Art.7 IV GG hinreichend Rechnung trägt. Eine Gleichartigkeit der Ersatzschule in wesentlichen Punkten mit öffentlichen Schulen ist nun nicht mehr Bedingung für die Anerkennung. Es wird nicht die Einhaltung von Anforderungen, die an gleichartige öffentliche Schulen gestellt werden, verlangt.[364] Dies entspricht § 107 DJT-SchulGE.

---

[363] siehe oben Teil B), III.), 1.), d)
[364] so aber entgegen dem ausdrücklichen Wortlaut des § 17 I SG LSA: Wolff/Richter/Gras, SchulG LSA, § 17, Anm. 1,

Jedoch besteht auf die Erteilung der Anerkennung ein Rechtsanspruch. Dies ergibt sich aus dem Wortlaut der Regelungen, der in Hamburg „wird verliehen", in Rheinland-Pfalz „verleiht" und im Saarland und in Sachsen-Anhalt[365] „ist zu verleihen" lautet.
In gewissen Widerspruch dazu steht allerdings in Rheinland-Pfalz § 15 III PrivSchGDVO Rh-P. Er lautet: Wann eine Ersatzschule dauernd die Anforderungen erfüllt, die an eine als öffentliche Schule grundsätzlich vorgesehene Schule zu stellen sind, bestimmt das fachlich zuständige Ministerium im Einzelfall. Vorgeschrieben wird damit eine Einzelfallprüfung im Gegensatz zur Regelvermutung der §§ 39 PrivSchG Rh-P, 15 II PrivSchG DVO Rh-P. Das Rangverhältnis der beiden Normen wird nicht ausdrücklich benannt. Jedoch wäre der Sinn einer Regelvermutung fraglich, wenn sie sogleich durch eine vorgesehene Einzelfallprüfung konterkariert werden würde. Grundsätzlich ist daher primär von der Regelvermutung des § 15 II PrivSchGDVO Rh-P auszugehen. Die zuständige Behörde muss bei der Einzelfallüberprüfung nach § 15 III PrivSchGDVO Rh-P aufgrund der Vermutungsregel des § 15 II PrivSchGDVO Rh-P entscheiden. Nur in unklaren oder Ausnahmefällen kann eine darüber hinausgehende Einzelfallprüfung gem. § 15 III PrivSchG DVO Rh-P erfolgen. Bei Vorliegen dieser Voraussetzungen besteht auch in Rheinland-Pfalz ein Rechtsanspruch auf die Anerkennung.
Nach § 3 I/2 der 1. DVO – SaarlPrivSchG kann im Saarland eine Ersatzschule, die einen Ausbildungsgang von weniger als drei Jahren aufweist, bereits zu einem früheren Zeitpunkt anerkannt werden, wenn mindestens ein Ausbildungsgang erfolgreich beendet ist oder mindestens eine Abschlussprüfung nach staatlichen Vorschriften zu einem befriedigenden Ergebnis geführt hat.
Von der dauernden Erfüllung der Genehmigungsvoraussetzungen ist in Sachsen-Anhalt gem. § 17 I/2 SG LSA ebenfalls erst nach dreijährigem ununterbrochenem Betrieb der Ersatzschule auszugehen. Das Erfordernis des dreijährigen Betriebs wird durch § 17 IV SG LSA i.V.m. § 4 ESch-VO LSA näher konkretisiert. Danach ist gem. § 4 I/1 ESch-VO LSA dann die Gewähr für die dauernde Erfüllung der Genehmigungsvoraussetzungen gegeben, wenn die Ersatzschule im wesentlichen beanstandungsfrei drei Jahre betrieben wurde und sie ihren angestrebten Ausbau der Schuljahrgänge stetig entwickelt. D.h., bei dreijähriger Einhaltung der Genehmigungsvoraussetzungen und dem Ausbau der Schule hin zu allen Jahrgangsstufen besteht der Rechtsanspruch auf die Anerkennung. Der dreijährige Betrieb erweckt dann den nicht widerlegbaren Anschein der dauerhaften Erfüllung der Genehmigungsvoraussetzungen.[366] Sind im dritten Jahr des Betriebes der Ersatzschule die Schuljahrgänge noch nicht voll ausgebaut und vorgesehene Abschlussprüfungen nicht abgenommen worden, wird die Aner-

[365] Reich, SchulG LSA, § 17, Rn 1
[366] Reich, SchulG LSA, § 17, Rn 2

kennung gem. § 4 I/2 ESch-VO LSA nur unter dem Vorbehalt des weiteren Ausbaus ausgesprochen.
Weiterhin besteht in Sachsen-Anhalt gem. § 17 II SG LSA die Möglichkeit der vorzeitigen Anerkennung. Danach kann die Anerkennung vor Ablauf der Dreijahresfrist des § 17 I SG LSA erteilt werden, wenn ein öffentliches Interesse besteht oder der Träger der Schule die Anerkennungsvoraussetzungen an einer anderen Schule im Lande Sachsen-Anhalt bereits erbracht hat. Über eine vorzeitige Anerkennung entscheidet gem. § 17 IV SG LSA i.V.m. § 4 III/1 ESch-VO LSA die Schulbehörde bei Vorliegen des öffentlichen Interesses im Rahmen ihres pflichtgemäßen Ermessens. Bei der Beurteilung des öffentlichen Interesses zieht die Schulbehörde gem. § 4 III/2 ESch-VO LSA pädagogische, regionale und finanzielle Gesichtspunkte heran. Ein öffentliches Interesse besteht gem. § 4 III/3 ESch-VO LSA insbesondere nicht, wenn der notwendige Unterrichtsbedarf durch öffentliche Schulen sichergestellt werden kann. Weitere Formalitäten der Anerkennung sind in § 5 ESch-VO LSA geregelt.
Mit der Anerkennung erhält die Ersatzschule das Recht, nach den für öffentliche Schulen geltenden Vorschriften Prüfungen abzuhalten und Zeugnisse auszustellen, die die gleichen Berechtigungen verleihen wie die öffentlicher Schulen.[367]
Die für öffentliche Schulen geltenden Bestimmungen für die Aufnahme und Versetzung von Schülern sind von den anerkannten Ersatzschulen anzuwenden.[368] Im Saarland haben die anerkannten Ersatzschulen gem. § 18 III/1 SaarlPrivSchG nur bei der Aufnahme von Schülern, die für öffentliche Schulen gegebenen Anordnungen zu beachten.
In Hamburg kann die zuständige Behörde gem. § 9 II/3 HmbSfTG die Eigenart der Ersatzschule bei der Durchführung der Prüfung berücksichtigen und Abweichungen vom Prüfungsverfahren genehmigen. Sie kann aufgrund der besonderen Eigenart der Ersatzschule gem. § 9 III/2 HmbSfTG auch Ausnahmen in Bezug auf die Anwendung der Zulassungsvoraussetzungen entsprechender staatlicher Schulen und in Bezug auf die Bestimmungen für die Übergänge zwischen den Schulstufen und Schulformen genehmigen.
In Rheinland-Pfalz müssen die anerkannten Ersatzschulen gem. § 16 PrivSchGDVO Rh-P nach der Anerkennung ihren Schulbetrieb nach den Grundsätzen der für die öffentlichen Schulen geltenden Vorschriften gestalten; Zeugnis- und Versetzungsbestimmungen sind anzuwenden, soweit das fachlich zuständige Ministerium nichts anderes bestimmt. Diese Norm ist eng auszulegen. Die Anerkennung verleiht hoheitliche Rechte im Bereich des Be-

---

[367] § 9 II/1 HmbSfTG; §§ 18 II PrivSchG Rh-P, 16 PrivSchGDVO Rh-P; § 18 II SaarlPrivSchG; § 17 III/1, 3 SG LSA
[368] § 9 III/1 HmbSfTG; §§ 18 III/1 PrivSchG Rh-P, 16 PrivSchGDVO Rh-P; § 17 III/1 SG LSA

rechtigungswesens. Nur in diesem Bereich sind daher die für öffentliche Schulen geltenden Vorschriften anzuwenden.

In Rheinland-Pfalz und im Saarland können die Schüler anerkannter Ersatzschulen gem. § 18 III/2 PrivSchG Rh-P bzw. gem. § 18 III/2 SaarlPrivSchG ohne vorherige Aufnahmeprüfung an öffentliche Schulen des gleichen Typs übertreten; die für öffentliche Schulen geltenden Bestimmungen sind entsprechend anzuwenden.

In Sachsen-Anhalt kann das Recht, Zeugnisse zu erteilen, die gem. § 17 III/3 SG LSA dieselbe Berechtigung verleihen wie die Zeugnisse der öffentlichen Schulen gem. § 17 III/4 SG LSA auf die Abschluss- und Reifeprüfung beschränkt werden. Anzumerken ist zur Rechtslage in Sachsen-Anhalt noch, dass § 17 III/1 SG LSA, der als Folge der Anerkennung die Beachtung der für öffentliche Schulen geltenden oder staatlich genehmigten Bestimmungen, insbesondere bei der Aufnahme und Versetzung von Schülern sowie bei der Abhaltung von Prüfungen vorschreibt, vom Wortlaut seines ersten Halbsatzes auch so ausgelegt werden könnte, dass alle Bestimmungen für staatliche Schulen auch für die anerkannten Ersatzschulen gelten sollen.[369] § 17 III/1 SG LSA ist jedoch eng auszulegen. Nicht alle, sondern nur die wesentlichen Normen öffentlicher Schulen aus dem Bereich des Berechtigungswesens sollen für anerkannte Ersatzschulen Anwendung finden; d.h. für die Aufnahme und Versetzung von Schülern und für die Abhaltung von Prüfungen und die Erteilung von Zeugnissen.[370]

Die Anerkennung ist zu widerrufen, wenn die Anerkennungsvoraussetzungen nicht mehr erfüllt sind.[371]

In Hamburg richtet sich die Aufhebung der Anerkennung nach den allgemeinen verwaltungsrechtlichen Vorschriften. Wird die staatliche Anerkennung zurückgenommen, bleibt gem. § 9 IV/1 HmbSfTG die Wirksamkeit der von der Ersatzschule erteilten Zeugnisse unberührt. Die staatliche Anerkennung erlischt gem. § 9 IV/2 HmbSfTG bei Erlöschen der Genehmigung.

Nach dem Modell dieser Ländergruppe zur Regelung der Anerkennung kann somit entsprechend § 107 DJT-SchulGE keine Gleichartigkeit von den Ersatzschulen vor der Erteilung der Anerkennung verlangt werden. Voraussetzung der Anerkennung ist lediglich die dauerhafte Erfüllung der Genehmigungsvoraussetzungen. Die Ersatzschule hat aber im Gegensatz zur Regelung des § 107 DJT-SchulGE einen Rechtsanspruch auf die Anerkennung.

In Rheinland-Pfalz und im Saarland wird nach dreijähriger Einhaltung der Genehmigungsvoraussetzungen davon ausgegangen, dass die Ersatzschule die Ge-

---

[369] so ausgelegt durch Vogel, Recht der Schulen in fr. Trägerschaft, S.120

[370] Reich, SchulG LSA, § 17, Rn 6; Wolff/Richter/Gras, SchulG LSA, § 17, Anm. 3

[371] §§ 21 PrivSchG Rh-P, 18 PrivSchGDVO Rh-P; § 21 SaarlPrivSchG; §§ 17 IV SG LSA, 6 ESch-VO LSA

nehmigungsvoraussetzungen dauerhaft erfüllt.[372] In Sachsen-Anhalt müssen zusätzlich gem. § 17 I/2, IV SG LSA i.V.m. § 4 I ESch-VO LSA neben der dreijährigen anhaltenden Erfüllung der Genehmigungsvoraussetzungen im dritten Jahr des Betriebes der Ersatzschule die Schuljahrgänge der genehmigten Schulform in der angestrebten Zügigkeit ausgebaut sein. Sind die Schuljahrgänge nach drei Jahren noch nicht voll ausgebaut und vorgesehene Abschlussprüfungen nicht abgenommen worden, erfolgt die Anerkennung nur unter dem Vorbehalt des weiteren Ausbaus. Vor Ablauf der Dreijahresfrist steht die Erteilung der Anerkennung im pflichtgemäßen Ermessen der zuständigen Schulbehörde. Hamburg sieht keine Mindestfrist zur Feststellung der dauerhaften Erfüllung der Genehmigungsvoraussetzungen vor.
Als Folge der Anerkennung können die Ersatzschulen Aufgaben des Berechtigungswesens wahrnehmen. Nur im Bereich des Berechtigungswesens haben die anerkannten Ersatzschulen die für öffentliche Schulen geltenden Vorschriften anzuwenden. Insoweit besteht Gleichartigkeit mit öffentlichen Schulen. In allen anderen Bereichen kann hingegen keine Gleichartigkeit verlangt werden. Die privatschulautonome Gestaltungsfreiheit gem. Art.7 IV GG bleibt so weitestgehend erhalten.[373]

ee) Die besondere Rechtslage in Nordrhein-Westfalen

Gemäß Art.8 IV/2 Verf NRW haben die genehmigten Privatschulen in Nordrhein-Westfalen die gleichen Berechtigungen wie die entsprechenden öffentlichen Schulen. Mit dieser Norm wurde landesverfassungsunmittelbar festgeschrieben, dass bereits genehmigte Ersatzschulen die gleichen Aufgaben im Berechtigungswesen wahrnehmen können wie die öffentlichen Schulen.[374] Zur Erlangung der Rechte des Berechtigungswesens bedarf es somit neben der Genehmigung der Ersatzschule keiner zusätzlichen Anerkennung. Genehmigung und Anerkennung fallen quasi in einen Akt zusammen. Eine genehmigte Ersatzschule entspricht so bereits einer anerkannten Ersatzschule.[375] Konkretisiert wird diese Aussage der Landesverfassung durch § 37 V SchOG NRW. Danach erhalten die Privatschulen mit der Genehmigung als Ersatzschule das Recht, mit gleicher Wirkung wie öffentliche Schulen Zeugnisse auszustellen und unter Vorsitz eines staatlichen Prüfungsleiters Prüfungen abzuhalten. Ersatzschulen, die versuchen wollen, wertvolle pädagogische Reformgedanken zu verwirkli-

---

[372] §§ 39 PrivSchG Rh-P, 15 II PrivSchGDVO Rh-P; §§ 7 I SaarlPrivSchG, 3 I/1 der 1. DVO – SaarlPrivSchG; § 17 I/2 SG LSA
[373] Wolff/Richter/Gras, SchulG LSA, § 17, Anm. 3
[374] Dickersbach in Geller/Kleinrahm, Verf des Landes NRW, Art.8, Anm. 5., a), bb); Jülich, Grundriß des SchulR NRW, S.150; Müller, Recht der Fr. Schule nach dem GG, S.165, 282
[375] BVerwGE 17, 41(42)

chen, können allerdings auch ohne die Folgen des § 37 V SchOG NRW als Ersatzschulen eigener Art gem. § 37 VI SchOG NRW genehmigt werden.
Als Folge der Genehmigung, die die Wirkungen einer Anerkennung bereits mit enthält, sind nach § 42 SchOG NRW i.V.m. § 4 II/1 ESchVO NRW die Voraussetzungen für die Aufnahme von Schülern in eine öffentliche Schule auch von der Ersatzschule zu beachten. Gemäß § 4 II/2 ESchVO NRW ist beim Schulwechsel eines Schülers die Ersatzschule nach § 37 V SchOG NRW der öffentlichen Schule gleichgestellt. Die Erteilung von Zeugnissen, Abschlüssen und Berechtigungen sowie die Durchführung von Prüfungen richten sich gem. § 42 SchOG NRW i.V.m. § 5 ESchVO NRW nach den Vorschriften für die öffentlichen Schulen. Daraus folgt, auch in Nordrhein-Westfalen muss das Gleichartigkeitserfordernis für den Bereich des Berechtigungswesens durch die Ersatzschulen eingehalten werden.
Die Regelung Nordrhein-Westfalens wird von Kritikern der Rechtsprechung des BVerfG als vorbildlich angesehen.[376] Denn mit Erfüllung der Genehmigungsvoraussetzungen erhält die Ersatzschule automatisch zusammen mit der Genehmigung in einem Verwaltungsakt die Anerkennung. Die Anerkennung ist mit der Genehmigung identisch. Es wird keine Gleichartigkeit der Ersatzschule mit öffentlichen Schulen als Voraussetzung für die Erteilung der Genehmigung/Anerkennung gefordert. Erst nach der Genehmigung/Anerkennung muss jedoch auch in Nordrhein-Westfalen im Bereich des Berechtigungswesens Gleichartigkeit durch die Privatschule gewährleistet werden. Eine Zurücknahme der durch die Ersatzschule erlangten Rechte im Bereich des Berechtigungswesens kann nur als Rücknahme der Genehmigung gem. § 39 SchOG NRW erfolgen.

d) Zusammenfassung hinsichtlich der verschiedenen Modelle der Länder für die Anerkennung

Aus dem soeben dargestellten Landesrecht zur Anerkennung der Ersatzschule lässt sich entnehmen, dass doch eine relativ große Normenvielfalt für die Regelung dieser Rechtsfigur in den einzelnen Bundesländern existiert. Dabei kann nicht einfach nur eine Einteilung nach solchen Landesnormen, die einen Anspruch der Ersatzschule auf die Anerkennung vorsehen, und anderen Landesregelungen vorgenommen werden, die einen derartigen Anspruch nicht vorsehen. Angebrachter ist vielmehr die hier vorgenommene Differenzierung der Lösungsmodelle der Länder für die Anerkennung in fünf Gruppen.
Es soll an dieser Stelle zunächst das Gemeinsame der Länderregelungen zur Anerkennung festgehalten werden. Zweck der Anerkennung ist die Ausstattung

---

[376] Heckel, Dt. Privatschulrecht, S.246; Müller, Recht der Fr. Schule nach dem GG, S.344f.; Vogel, Recht der Schulen in fr. Trägerschaft, S.125

der Ersatzschulen mit Aufgaben des Berechtigungswesens. Aufgrund der Anerkennung durch die zuständige Behörde können die Ersatzschulen in jedem Bundesland Aufgaben des Berechtigungswesens mit öffentlich-rechtlicher Außenwirkung wahrnehmen. Es werden dabei zumeist im Landesrecht als Aufgaben des Berechtigungswesens die Erteilung von Zeugnissen und Abschlüssen, die Abnahme von Prüfungen sowie die Aufnahme und Versetzung von Schülern ausdrücklich erwähnt. Die Ersatzschule wird damit durch die Anerkennung in diesen Bereichen öffentlichen Schulen gleichgestellt. Nach allen Landesregelungen haben die Ersatzschulen jedoch in den soeben genannten Aufgabenbereichen als Folge der Anerkennung, die für öffentliche Schulen geltenden Vorschriften zu beachten. D.h., die für staatliche Schulen geltenden Bestimmungen müssen auch durch die privaten Ersatzschulen angewendet werden. Für den Bereich des Berechtigungswesens wird insoweit in allen Bundesländern eine Gleichartigkeit der anerkannten Ersatzschule mit öffentlichen Schulen als Rechtsfolge der Anerkennung verlangt. Diese Regelung entspricht der Rechtsprechung des BVerfG und widerspricht den Forderungen des Schrifttums, das eine derartige Gleichartigkeit ablehnt. Die Gleichartigkeit, durch die Einhaltung der für öffentliche Schulen geltenden Vorschriften, betrifft die Bereiche der Prüfungen, Abschlüsse und Zeugnisse sowie die Aufnahme und Versetzung von Schülern. Die Rechtsfolge der Anerkennung ist damit in allen Bundesländern weitgehend identisch geregelt. In den Voraussetzungen differieren die jeweiligen Landesvorschriften zur Anerkennung allerdings erheblich. Diese Differenzen sollen nun noch einmal kurz mit der Einteilung in fünf Gruppen zusammengefasst werden.

Die **erste** Gruppe oder Möglichkeit für die Regelung der Anerkennung wird dadurch gekennzeichnet, dass sie die generelle Gleichartigkeit der Ersatzschule mit öffentlichen Schulen verlangt und dass sie der Ersatzschule keinen Rechtsanspruch auf die Anerkennung gibt. Der Wortlaut der entsprechenden Landesnormen lautet zumeist: Einer genehmigten Ersatzschule, die dauernd die an gleichartige oder verwandte öffentliche Schulen gestellten Anforderungen erfüllt, *kann* die Eigenschaft einer anerkannten Ersatzschule verliehen werden.

Die Anforderungen an die öffentlichen Schulen werden dabei durch das jeweilige Landesschulrecht bestimmt. Da diese Anforderungen auch von den Ersatzschulen zu erfüllen sind, bedeutet dies faktisch eine generelle Beachtung der für öffentliche Schulen geltenden Vorschriften. Die dauernde Erfüllung der an gleichartige öffentliche Schulen gestellten Anforderungen führt damit zur Identität also Gleichartigkeit im Tätigwerden der privaten Ersatzschulen bereits als Voraussetzung der Anerkennung. Denn nur wenn die Ersatzschule die für öffentliche Schulen geltenden Bestimmungen weitestgehend beachtet, erfüllt sie die für öffentliche Schulen geltenden Anforderungen.

Die Gleichartigkeit geht damit weit über den Bereich des Berechtigungswesens hinaus. Es wird zwar gefordert, den Wortlaut für die Voraussetzungen der An-

erkennung nur auf das Berechtigungswesen zu beziehen, die Praxis verlangt aber wesentlich weitere Anforderungen bis hin zur völligen Lehrplanidentität.[377] Diese Voraussetzungen der Anerkennung fordern somit von der Privatschule eine eher vollständige Anpassung an vergleichbare öffentliche Schulen, die im Hinblick auf die verfassungsrechtlich garantierte Freiheit der Unterrichtsplanung und –gestaltung bedenklich erscheint.
Hinzu kommt, dass die Ersatzschulen keinen Rechtsanspruch auf die Anerkennung haben. Die zuständige Behörde hat nach pflichtgemäßen Ermessen zu entscheiden. Diese Voraussetzungen der Anerkennung entsprechen voll und ganz der Ländervereinbarung aus dem Jahre 1951 und der Rechtsprechung des BVerfG. Die norddeutschen Bundesländer, nämlich Bremen, Mecklenburg-Vorpommern und Schleswig-Holstein haben damit ein sehr strenges und wohl auch obsoletes Lösungsmodell für die Anerkennung gewählt.
Die **zweite** Gruppe von Regelungsmodellen für die Anerkennung der Ersatzschule verlangt ebenfalls eine generelle Gleichartigkeit der Ersatzschule im Vergleich zu öffentlichen Schulen als Voraussetzung der Anerkennung, gibt aber der Ersatzschule einen Rechtsanspruch auf die Anerkennung im Sinne eines subjektiv-öffentlichen Rechts, wenn die Voraussetzungen für die Anerkennung durch die Ersatzschule erfüllt sind. Bedingung für die Anerkennung ist entsprechend der Regelungen der ersten Gruppe die dauernde Erfüllung der an gleichartige öffentliche Schulen gestellten Anforderungen. Es wird somit ebenfalls eine generelle Gleichartigkeit gefordert, die über den bloßen Bereich des Berechtigungswesens hinausgeht. Es kann damit auf das oben zu ersten Gruppe Gesagte verwiesen werden. Die Regelung der zweiten Gruppe enthält nur den Vorteil, dass bei Erfüllung der strengen Voraussetzungen ein Rechtsanspruch der Ersatzschule auf die Anerkennung besteht. Die Anerkennung in dieser Form regeln die süddeutschen Länder Baden-Württemberg und Bayern, aber auch Niedersachsen und Sachsen.
Die **dritte** Normgruppe fordert als Voraussetzung für die Anerkennung lediglich, dass die Ersatzschule dauernd die Genehmigungsvoraussetzungen erfüllt. Sie gibt der Ersatzschule allerdings keinen Rechtsanspruch auf die Anerkennung. Die Voraussetzung der dauernden Erfüllung der Genehmigungsvoraussetzungen stellt eine Abkehr vom System der generellen Gleichartigkeit der Ersatzschule dar.
Um die Anerkennung zu erhalten, muss die Ersatzschule nur dauernd die Bedingungen für die Genehmigung gem. Art.7 IV/2-4 GG einhalten. Zusätzliche Anforderungen werden nicht gestellt. Die Privatschule ist so in der Lage, weiter autonom ihren Unterrichtsaufbau und -inhalt zu bestimmen. Die Privatschul-

---

[377] so z.B. Plümer, Rechtsnatur der Privatschulverhältnisse, S.164f, 164g, der eine auf generelle Gleichartigkeit und Homogenität ausgerichtete Praxis der Schulverwaltung aber ebenfalls feststellen muss; Vogel, Recht der Schulen in fr. Trägerschaft, S.118

freiheit kann deshalb in größerem Ausmaß verwirklicht werden, als dies nach den oben aufgeführten Regelungsmodellen möglich wäre, da keine vollständige Anpassung der Ersatzschule an öffentliche Schulnormen verlangt wird. Von der dauernden Erfüllung der Genehmigungsvoraussetzungen wird in der Regel nach dreijähriger Einhaltung dieser Voraussetzungen ausgegangen. Dann besteht die Vermutung, dass die Privatschule sich im Schulalltag pädagogisch bewährt hat. Diese Anforderung wird auch der Rechtsprechung des BVerfG gerecht, welche besagt, dass zur Feststellung, ob die genehmigte Ersatzschule ihren Schülern eine Ausbildung und Erziehung vermittelt, die nicht hinter der durch öffentliche Schulen zu erlangenden zurücksteht, die Bewährung der Privatschule feststehen muss, die in der Regel erst nach einer gewissen Dauer, also noch nicht bei Genehmigung beurteilt werden kann.[378] Natürlich muss die Ersatzschule über die drei Jahre dauernde Bewährungsfrist hinaus auch für die Zukunft die Einhaltung der Genehmigungsvoraussetzungen gewährleisten.

Nur für den Bereich des Berechtigungswesens wird auch bei diesem Regelungsmodell die Einhaltung der für öffentliche Schulen geltenden Vorschriften und damit Gleichartigkeit als Folge der Anerkennung verlangt. Ein Rechtsanspruch der Ersatzschulen auf die Anerkennung besteht allerdings nicht, wie sich aus dem Wortlaut der Regelungen „kann verliehen werden" ergibt. Die zuständige Behörde hat nach pflichtgemäßen Ermessen zu entscheiden.

Für die Regelung der Anerkennung nach diesem Modell haben sich Berlin, Brandenburg, Hessen und Thüringen entschieden. Die Regelung entspricht hinsichtlich der Voraussetzungen der Anerkennung dem von der Schulrechtskommission vorgeschlagenen § 107 DJT-SchulGE aus dem Jahre 1980.

Die Regelungen der **vierten** Gruppe entsprechen denen der dritten Gruppe, jedoch mit dem Unterschied, dass bei dauernder Erfüllung der Genehmigungsvoraussetzungen ein Rechtsanspruch der Ersatzschule auf die Anerkennung besteht.

Diese Regelung gewährleistet dadurch eine weitgehende Verwirklichung der Privatschulfreiheit und wird somit der Kritik des Schrifttums zur Gestaltung der Anerkennung im Wesentlichen gerecht.

Nach in der Regel dreijähriger pädagogischer Bewährung unter Einhaltung der Genehmigungsvoraussetzungen ist die Anerkennung zu erteilen. Eine Rechtfertigung dieser Frist erfolgt mit der Begründung, dass bei neu gegründeten Schulen nicht abgesehen werden kann, ob sie gerade auf Dauer Bestand haben werden und einen für die Erteilung von Berechtigungen erforderlichen Qualitätsstandard aufweisen. Der Qualitätsstandard wird an der dauernden Einhaltung der Genehmigungsvoraussetzungen festgemacht. Eine Benachteiligung privater Ersatzschulen gegenüber öffentlichen Schulen ist nach diesem Lösungsmodell mit dem Rechtsanspruch auf die Anerkennung bei Erfüllung der Voraussetzun-

---

[378] BVerfGE 27, 195(204)

gen zu verneinen. Zu beachten bleibt jedoch, dass (nur) für den Bereich des Berechtigungswesens trotzdem Gleichartigkeit durch Einhaltung der für öffentliche Schulen geltenden Vorschriften als Folge der Anerkennung verlangt wird. Die Anerkennung nach diesem Regelungsmodell wurde nun in Hamburg[379], in Rheinland-Pfalz, im Saarland[380] und in Sachsen-Anhalt[381] eingeführt. In Sachsen-Anhalt besteht außerdem grundsätzlich die Möglichkeit, dass die Anerkennung der Ersatzschule nach pflichtgemäßem Ermessen der zuständigen Behörde auch schon vor Ablauf der dreijährigen Bewährungsfrist verliehen werden kann.
Die **fünfte** Möglichkeit zur Regelung der Anerkennung wird ausschließlich von Nordrhein-Westfalen verwendet. Danach erhält die Ersatzschule bereits mit der Genehmigung die Aufgaben des Berechtigungswesens verliehen. Eine gesonderte spätere Anerkennung entfällt. Genehmigung und Anerkennung werden in einem Akt zusammen erteilt, der nach dem SchOG NRW nur als Genehmigung bezeichnet wird. Voraussetzung für die Wahrnehmung der Aufgaben des Berechtigungswesens ist somit wie bei der dritten und vierten Gruppe lediglich die Erfüllung der Genehmigungsvoraussetzungen. Jedoch hat die Ersatzschule einen Rechtsanspruch auf die Anerkennung, der zeitgleich bereits mit Erteilung der Genehmigung zu erfüllen ist. Eine dreijährige Bewährungsfrist braucht nicht abgewartet werden. Damit wird die Privatschulfreiheit optimal gewährleistet. Jedoch verlangt auch Nordrhein-Westfalen, dass für den Bereich des Berechtigungswesens die für öffentliche Schulen geltenden Vorschriften nach der Anerkennung beachtet werden müssen. Es gilt insoweit das Gleichartigkeitserfordernis für die Ersatzschule. Die Gestaltung der Anerkennung, die mit der Genehmigung in einem Akt verschmilzt weicht von der KMK-Vereinbarung des Jahres 1951 und der Rechtsprechung des BVerfG am weitesten ab. Sie wird von den Vertretern der Gegenposition als verfassungskonformste Ausgestaltung der Privatschulfreiheit im Hinblick auf die Wahrnehmung von Aufgaben des Berechtigungswesens angesehen.

---

[379] Das neue Hamburger Gesetz über Schulen in freier Trägerschaft (HmbGVBl. 2001, S.386) gilt seit dem 1.1.2002 und ersetzt das Hamburger Privatschulgesetz vom 12.12.1977, welches die Anerkennung entsprechend der hier erläuterten ersten Gruppe regelte.

[380] Wenn man von der Verfassungswidrigkeit der Regelung des § 1 I der 1. DVO – SaarlPrivSchG ausgeht, da ansonsten für die Anerkennung die Gleichartigkeit der Ersatzschule Voraussetzung wäre.

[381] Hierzu ist allerdings anmerken, dass in Sachsen-Anhalt für die Anerkennung neben der dauernden Erfüllung der Genehmigungsvoraussetzungen zusätzlich gem. § 17 IV SG LSA i.V.m. § 4 I/1 ESch-VO LSA die Ersatzschule ihren angestrebten Ausbau der Schuljahrgänge stetig entwickeln muss. Sind im dritten Jahr des Betriebes die Schuljahrgänge der genehmigten Schulform in der angestrebten Zügigkeit nicht voll ausgebaut und vorgesehene Abschlussprüfungen nicht abgenommen worden, erfolgt gem. § 4 I/2 ESch-VO LSA die Anerkennung nur unter dem Vorbehalt des weiteren Ausbaus.

Es ist damit festzuhalten, dass die Voraussetzungen für die Anerkennung in der 1. Gruppe am strengsten geregelt sind und dann bis zur 5. Gruppe hin für die Ersatzschule immer einfacher werden. Knapp die Hälfte der Länder folgt noch dem alten Modell der 1. und 2. Gruppe, welches die Erfüllung der an gleichartige öffentliche Schulen gestellten Anforderungen als Voraussetzung für die Anerkennung verlangt. Das neuere Modell der 3. und 4. Gruppe, das nur auf die dauerhafte Erfüllung der Genehmigungsvoraussetzungen abstellt, ist jedoch insbesondere bei neueren Regelungen im Vordringen begriffen. Interessant ist es auch, festzustellen, dass sich die neuen Bundesländer verschiedenen Lösungsmodellen angeschlossen haben. Ursache hierfür war wohl vor allem die Einfluss der Schuljuristen aus den alten Bundesländern, die bei der Neugestaltung des Schulwesens Hilfestellung leisteten und natürlich ihre jeweiligen Ansichten zur Anerkennung auch in den Schulgesetzentwürfen der neuen Bundesländer vertraten. Aufgrund des Föderalismus der Bundesrepublik Deutschland besteht somit ein pluralistisch organisiertes Bildungswesen. Ausdruck dessen ist die vielfältige Gestaltung der Anerkennung in den Bundesländern. Es wird sich zeigen, welches Modell der Anerkennung sich im bildungspolitischen Wettbewerb der Länder durchzusetzen vermag.

2.) Eigene Stellungnahme zur Verfassungsmäßigkeit der Anerkennung

Die Meinungen zur Verfassungsmäßigkeit, zu den Voraussetzungen und zur Ausgestaltung der Anerkennung stellen sich recht vielschichtig dar. Um für die Frage der Verfassungsmäßigkeit der Anerkennung im Verhältnis zu Art.7 IV GG zu einem klaren Ergebnis gelangen zu können, müssen die sich dabei ergebenden Problembereiche einzeln aufgeführt werden. Zuerst ist deshalb die Frage zu klären, ob das Berechtigungswesen überhaupt eine staatliche hoheitliche Aufgabe darstellt. Würde diese Frage verneint, könnte relativ unproblematisch davon ausgegangen werden, dass auch die Privatschulen Aufgaben zur Berechtigungserteilung aufgrund des Art.7 IV GG ohne weiteres wahrnehmen dürfen. Nimmt man jedoch an, das Berechtigungswesen sei eine originär staatliche Aufgabe, ist zu hinterfragen, wie die staatliche Aufgabe ausgestaltet werden muss, inwieweit das Grundrecht der Privatschulfreiheit Einfluss auf die Verleihung dieser staatlichen Aufgabe ausüben kann und wie die staatliche Aufgabe die Anerkennung der Ersatzschule deshalb im Hinblick auf die Privatschulfreiheit zu gestalten wäre. Diese Punkte sollen nun in der dargelegten Reihenfolge besprochen werden.

a) Das Berechtigungswesen als Staatsaufgabe

Als Grundlage aller weiteren Fragestellungen muss also geprüft werden, ob des Berechtigungswesen eine staatliche Aufgabe darstellt oder nicht. Zur Lösung dieser Frage, ist zunächst der Wortlaut der betreffenden Normen zu untersuchen. Hierbei ist mit der ranghöchsten Norm, der Verfassung zu beginnen. Das Schulwesen ist in Art.7 GG geregelt. Für die Privatschulen garantiert Art.7 IV, V GG deren Freiheit. Der Wortlaut des Art.7 IV, V GG sagt aber nichts ausdrücklich zum Problem der Anerkennung der Privatschulen bzw. der Erteilung von Berechtigungen aus.[382] Die Behauptung, nach dem Wortlaut müsse der Begriff der Ersatzschule eine umfassende Ersatzfunktion der Privatschulen im Verhältnis zu öffentlichen Schulen bedeuten und deshalb auch die Erteilung von Berechtigungen mit umfassen, ist nicht zwingend. Von den Vertretern dieser Ansicht wird damit stillschweigend vorausgesetzt, dass das Berechtigungswesen gerade keine staatliche hoheitliche Aufgabe sei und deshalb automatisch den Privatschulen zukommen müsse. Diese Auslegung ergibt sich aber aus dem bloßen Wortlaut des Art.7 IV GG nicht, sondern könnte nur im Zusammenhang mit weiteren Auslegungsmethoden erschlossen werden. Art.7 IV, V GG bleibt damit, lediglich vom Wortlaut her betrachtet, unergiebig für die Frage der Einordnung des Berechtigungswesens. Andere Bundesverfassungsbestimmungen nehmen zu diesem Problem ebenfalls nicht Stellung. In einem nächsten Schritt muss deshalb das Landesverfassungsrecht untersucht werden. Hier wird man dann auch fündig. Art.17 III der Landesverfassung Baden-Württembergs besagt, dass Prüfungen, durch die eine öffentlich anerkannte Berechtigung erworben werden soll, vor den hierfür zuständigen staatlichen oder staatlich ermächtigten Stellen abgelegt werden müssen. Art.103 III der Sächsischen Verfassung enthält eine identische Bestimmung.[383] Diese Regelungen stellen klar, dass Berechtigungen nur durch staatliche oder staatlich ermächtigte Stellen erteilt werden können. Sie legen damit schon nach dem Wortlaut die Staatlichkeit der Erteilung der Berechtigungen fest. Wenn aber Berechtigungen nur von staatlichen Stellen erteilt werden können, so impliziert dies den staatlichen hoheitlichen Charakter der Berechtigungserlangung und des Berechtigungswesens. Eine andere Regelung enthält Art.8 IV/2 der Verfassung des Landes Nordrhein-Westfalen. Danach haben die genehmigten Privatschulen in Nordrhein-Westfalen die gleichen Berechtigungen wie die entsprechenden öffentlichen Schulen. Mit dieser Norm wurde landesverfassungsunmittelbar festgeschrieben, dass bereits genehmigte Ersatzschulen die gleichen Aufgaben im Berechti-

---

[382] So auch Frowein, Lage der Privatschulen, S.5; Link, JZ 1971, 551

[383] Baden-Württemberg war das Partnerland Sachsens bei der Neugestaltung des Landes(schul)rechts nach der Wiedervereinigung und hat dabei wohl auch diese sächsische Verfassungsbestimmung inspiriert.

gungswesen wahrnehmen können wie die öffentlichen Schulen.[384] Für die Frage der Einordnung des Berechtigungswesens als Staatsaufgabe stellt sich hierbei nun das Problem, ob diese Regelung der Landesverfassung Nordrhein-Westfalens deklaratorisch oder konstitutiv zu verstehen ist. Dazu besagt der Wortlaut der Regelung jedoch nichts. Im Verhältnis zu den Verfassungsregelungen und Gesetzesbestimmungen der anderen Bundesländer ist aber festzustellen, dass diese die Berechtigungen ihren Ersatzschulen nicht automatisch mit der Genehmigung zukommen lassen. Interlokal gesehen, muss deshalb wohl eher von einem konstitutiven Charakter der Regelung ausgegangen werden. Dies würde wiederum für einen grundsätzlich staatlichen Charakter des Berechtigungswesens sprechen. Die oben dargestellten gesetzlichen Regelungen aller anderen Bundesländer zur Frage der Übertragung von Aufgaben des Berechtigungswesens sehen in diesem Sinne nach ihrem Wortlaut auch eine besondere Übertragung dieser hoheitlichen Aufgabe im Wege der Anerkennung vor. Das Landesrecht deutet daher auf einen staatlichen Charakter des Berechtigungswesens hin. Bei der Wortlautauslegung der unterbundesverfassungsrechtlichen Normen muss aber berücksichtigt werden, dass der Wortlaut allein kein ausschlaggebendes Kriterium darstellen kann. Sollte sich aus Art.7 IV GG zur Frage der Staatlichkeit des Berechtigungswesens ein vom Landesrecht abweichendes Ergebnis herleiten lassen, so wären die abweichenden Landesbestimmungen entweder verfassungskonform auszulegen oder unwirksam.

Art.7 IV GG muss deshalb auch im Lichte anderer Auslegungsmethoden betrachtet werden. Zunächst ist dabei mit der historischen Auslegung zu beginnen. Mit dem Entstehen des modernen Staates in Deutschland wurde auch das Schulwesen als staatliche Aufgabe betrachtet.[385] Das Berechtigungswesen war dabei seit dem Beginn des Aufbaus eines modernen Schulwesens im 18. Jahrhundert in Deutschland traditionell immer eine staatliche Aufgabe. Mit den durch die Berechtigungen geschaffenen einheitlichen Voraussetzungen wurde ein einheitlicher vergleichsfähiger Maßstab für die Leistungsfähigkeit der Schüler getroffen. Ein bestimmter Bildungsgrad, der durch Abschlüsse nachzuweisen war, wurde somit Voraussetzung für das Beschreiten bestimmter Laufbahnen bzw. für die Ausbildung in weiterführenden Einrichtungen.[386] Die Privatschulen spielten dabei nur eine stark untergeordnete Rolle. Erst mit der Schaffung der Weimarer Reichsverfassung wurde ihre Stellung wesentlich verbessert. Erstmals erfolgte nun gem. Art.147 I, IV WRV eine Differenzierung zwischen Ersatz- und Ergänzungsschulen. Art.147 I WRV gewährleistete einen Anspruch der Ersatzschulen auf die Genehmigung und garantierte diese institutionell. Zu

---

[384] Dickersbach in Geller/Kleinrahm, Verf des Landes NRW, Art.8, Anm. 5., a), bb); Jülich, Grundriß des SchulR NRW, S.150; Müller, Recht der Fr. Schule nach dem GG, S.165, 282

[385] siehe dazu oben Teil C, I.)

[386] BVerfGE 27, 195(202); Plümer, DVBl. 1971, 540; ders., Rechtsnatur der Privatschulverhältnisse, S.150f.

Fragen des Berechtigungswesens nahm Art.147 WRV, dem vom Wortlaut her Art.7 IV GG fast entspricht, jedoch nicht ausdrücklich Stellung. Oben wurde aber bereits dargestellt, dass sich zusätzlich zur Genehmigung der Ersatzschule in der Weimarer Republik, die privilegierte Ersatzschule entwickelte.[387] Diesen Schulen wurde als besonderes Vorrecht aufgrund verwaltungsrechtlicher Privilegierung zusätzlich zur Genehmigung zugestanden, Prüfungen abzunehmen und Zeugnisse zu erteilen, d.h. Aufgaben des Berechtigungswesens wahrzunehmen. Die Berechtigungen konnten also nur nach zusätzlicher staatlicher Privilegierung der Ersatzschulen von diesen erteilt werden. Die Aufgabenwahrnehmung im Bereich des Berechtigungswesens musste somit den Privatschulen erst staatlich besonders übertragen werden. Das Berechtigungswesen war damit grundsätzlich auch in der Weimarer Republik eine staatliche Aufgabe. Historisch betrachtet, ist das Berechtigungswesen in Deutschland daher als eine staatliche Aufgabe einzuordnen. Die historische Argumentation gibt zwar einen Hinweis für die mögliche Einordnung des Berechtigungswesens, reicht allein aber nicht aus, um dessen staatlichen Charakter festzustellen. Zudem muss berücksichtigt werden, dass mit der Schaffung des Grundgesetzes, die Verfassungslage sich nochmals änderte, da nun mit Art.7 IV GG erstmals das Recht zur Errichtung von Privatschulen grundrechtlich garantiert wird. Art.7 GG geht insoweit über Art.147 WRV hinaus. Dies könnte u.U. auch Auswirkungen auf die Einordnung des Berechtigungswesens haben.
Hierzu wird rechtsvergleichend angeführt, dass auch in anderen Demokratien, insbesondere in den USA und in Großbritannien das Berechtigungswesen keine staatliche Aufgabe sei und ohne weiteres dort auch von Privatschulen wahrgenommen werden könnte.[388] Dies könne und müsse im Hinblick auf Art.7 IV GG auch in Deutschland gelten. Hierzu ist anzumerken, dass insbesondere in den Ländern des anglo-amerikanischen Rechtskreises häufig andere Lösungsmodelle für Rechtsprobleme gewählt werden als z.B. in Kontinentaleuropa. Bedingt wird dies häufig durch die am case law orientierte Struktur des common law. Für das Berechtigungswesen im angloamerikanischen Rechtskreis gilt, und dies ist insbesondere für Schul- und Hochschulabschlüsse festzustellen, dass der gute Ruf und das Renommee der Schule eine weitaus größere Bedeutung besitzen als in Deutschland. Das konkrete Ergebnis eines Abschlusses wird als eher zweitrangig angesehen, wenn man diesen Abschluss auf einer renommierten Schule gemacht hat. Denn dieser Abschluss wird im Grunde höher eingeschätzt als ein ordentlicher Abschluss an einer unbekannten Schule mit geringem

---
[387] siehe dazu oben Teil C, I.), 2.)
[388] Müller, Recht der Fr. Schule nach dem GG, S.358; Säcker, DVBl. 1971, 537(539)

Ruf.[389] In Deutschland hingegen sollen Berechtigungen eine Komparabilität der Abschlüsse gewährleisten. Sie sollen gerade auch vom Ergebnis her Bundesländer übergreifend den konkreten Abschluss hinsichtlich der Anforderungen vergleichbar machen. Dem vergleichbaren persönlichen Ergebnis kommt eine wesentlich größere Bedeutung zu. Es ist Grundlage für die spätere Berufsperspektive im Bundesgebiet. Von diesem Gedanken geht auch Art.33 II GG aus, wenn er vom gleichen Zugang zu einem öffentlichen Amte nach Befähigung und fachlicher Leistung spricht. Aufgrund des Erfordernisses der Komparabilität werden durch die Kultusministerkonferenz fortlaufend Anstrengungen unternommen, ein annähernd gleichwertiges Ausbildungsniveau in Deutschland und damit auch die Vergleichbarkeit der Abschlüsse zu gewährleisten. Die Gewährleistung einer Gleichwertigkeit der Abschlüsse in Deutschland spricht natürlich zunächst eher für die Einordnung des Berechtigungswesens als Staatsaufgabe. Der angloamerikanische Rechtskreis kann hierfür weniger Vorgaben geben.

Interessant ist es aber zu betrachten, wie im deutschen Rechtskreis das Problem der Berechtigungen gelöst wird. Zum deutschen Rechtskreis zählen dabei neben Deutschland, Österreich und die Schweiz.[390] In *Österreich* wird das Recht der Privatschulen und die Wahrnehmung von Aufgaben des Berechtigungswesens durch Privatschulen bundesrechtlich im Bundesgesetz über das Privatschulwesen (Privatschulgesetz)[391] vom 25.7.1962 geregelt. Die Anerkennung wird dabei als Verleihung des Öffentlichkeitsrechts an Privatschulen bezeichnet.[392] Eine Unterscheidung erfolgt zwischen der bloßen Errichtung der Privatschulen bzw. deren Betrieb und der Verleihung des Öffentlichkeitsrechts an diese. Die freie Errichtung der Privatschulen wird gem. § 3 PrivatschulG gewährleistet.[393] Für die Errichtung der Privatschule werden lediglich Anforderungen gem. §§ 4, 5, 6

---

389 Allerdings gibt es nun auch in England und in den USA Bemühungen nationale bzw. bundesweit kontrollierte einheitliche Standards im Hinblick auf das Curriculum und die Examinierung zu setzen. Vereinheitlichungen erfolgten in England durch den Education Reform Act von 1988 und in den USA durch den „Goals 2000"-Educate America Act aus dem Jahr 1994. Dadurch soll eine nationale Standardisierung und zentrale Kontrolle der Ausbildung erreicht und vor allem der Leistungsstand der Schüler im Hinblick auf die Anforderungen einer modernen globalisierten Gesellschaft gestärkt werden. Insoweit existieren auch im angloamerikanischen Rechtskreis neuerdings stärkere Tendenzen zur Zentralisierung bzw. staatlichen Regulierung im Ausbildungs- und Prüfungswesen. Dazu: Boyd, RdJB 1999, 214ff.

390 Zweigert/Kötz, Einführung in die Rechtsvergleichung, S.130ff.

391 BGBl. Österreich Nr.244/1962 zuletzt geändert BGBl. I Österreich Nr.75/2001

392 Heckel, Dt. Privatschulrecht, S.213, 243; Vierlinger in Jach/Jenkner, Autonomie der staatl. Schule, S.126

393 unter Bezugnahme auf Art.17 II des Staatsgrundgesetzes vom 21.12.1867, RGBl. Nr.142 und bei gesetzlich anerkannten Kirchen und Religionsgemeinschaften auf § 4 des Gesetzes vom 25.5.1868, RGBl. Nr.48

PrivatschulG an den Schulträger, den Schulleiter, Lehrer, Schulräume und Lehrmittel gestellt. Die Errichtung ist gem. § 7 PrivatschulG mindestens drei Monate vor Eröffnung anzuzeigen.
Die Verleihung des Öffentlichkeitsrechts erfolgt unter zusätzlichen Voraussetzungen. Ohne Öffentlichkeitsrecht kann die Privatschule keine Aufgaben des Berechtigungswesens wahrnehmen. Schüler an Privatschulen ohne Öffentlichkeitsrecht müssen deshalb ihre Prüfungen vor einer staatlichen Kommission ablegen.[394] Das Öffentlichkeitsrecht ist gem. § 14 I PrivatschulG einer Privatschule, die gem. § 11 PrivatschulG eine gesetzlich geregelte Schulartbezeichnung führt, zu verleihen, wenn der Schulträger, der Leiter und die Lehrer Gewähr für einen ordnungsgemäßen und den Aufgaben des österreichischen Schulwesens gerecht werdenden Unterricht bieten und der Unterrichtserfolg jenem an gleichartigen öffentlichen Schulen entspricht. Der Terminus der gesetzlich geregelten Schulartbezeichnung bedeutet, dass die Schule einer öffentlichen Schulart entspricht. Hierfür ist gem. § 11 PrivatschulG eine Bewilligung der zuständigen Schulbehörde notwendig. Diese wird nur erteilt, wenn die Organisation der Privatschule einschließlich des Lehrplanes und der Ausstattung im Wesentlichen mit gleichartigen öffentlichen Schulen übereinstimmt und nur schulbehördlich zugelassene Schulbücher verwendet werden. Die Verleihung des Öffentlichkeitsrechts an Privatschulen verlangt damit von diesen eine sehr weitgehende Gleichartigkeit mit öffentlichen Schulen.
§ 14 II PrivatschulG enthält für Privatschulen, die keiner öffentlichen Schulart entsprechen, entsprechende Voraussetzungen und fordert zusätzlich die Bewährung der Privatschule hinsichtlich der Unterrichtserfolge. Die Rechtsfolgen der Verleihung des Öffentlichkeitsrechts bestimmt § 13 PrivatschulG. Die Privatschule erhält gem. § 13 I PrivatschulG das Recht, Zeugnisse über den Erfolg des Schulbesuches auszustellen, die mit der Beweiskraft öffentlicher Urkunden und mit den gleichen Rechtswirkungen ausgestattet sind wie Zeugnisse gleichartiger öffentlicher Schulen. An der Schule können gem. § 13 II a) PrivatschulG die für die betreffende Schulart vorgesehenen Prüfungen abgehalten werden. Gemäß § 13 II c) des Gesetzes finden auf die Privatschule die für die entsprechenden öffentlichen Schulen geltenden Vorschriften Anwendung, soweit gesetzlich nichts anderes bestimmt ist.
Voraussetzung der Verleihung des Öffentlichkeitsrechts sind damit neben allgemeinen Zuverlässigkeitsanforderungen Lehrplanidentität, die Entsprechung des Unterrichtserfolges und die Verwendung schulbehördlich zugelassener Schulbücher. Nach der Verleihung des Öffentlichkeitsrechts sind zusätzlich die für öffentliche Schulen geltenden Vorschriften einzuhalten, wobei keine Beschränkung auf Fragen des Berechtigungswesens erfolgt. Somit besteht eine weitgehende Gleichartigkeit der Privatschulen mit öffentlichen Schulen nach

[394] Vierlinger in Jach/Jenkner, Autonomie der staatl. Schule, S.126

Erlangung des Öffentlichkeitsrechts. Nur dann kann die Privatschule aber Prüfungen durchführen und Zeugnisse erteilen, die öffentlich-rechtliche Außenwirkung aufweisen.
Das österreichische Recht unterscheidet damit zwischen der lediglich anzeigepflichtigen Errichtung von Privatschulen und der zusätzlichen Verleihung des Öffentlichkeitsrechts, welches die Wahrnehmung von Aufgaben des Berechtigungswesens durch die Privatschulen ermöglicht. Die Aufgaben des Berechtigungswesens müssen den Privatschulen zusätzlich durch den Staat verliehen werden. Dabei wird von diesen eine weitgehende Anpassung an öffentliche Schulen verlangt. Die Verleihung des Öffentlichkeitsrechts ähnelt damit der Anerkennung im deutschen Privatschulrecht, wobei jedoch in Österreich eine extensive Gleichartigkeit der Privatschulen bis hin zur Lehrplanidentität verlangt wird.
Die Verleihung des Öffentlichkeitsrechts, das nicht ohne weiteres in Österreich den Privatschulen zustehen soll, deutet aber darauf hin, dass das Berechtigungswesen in Österreich als staatliche Aufgabe angesehen wird. Dafür spricht auch, dass bei fehlender Verleihung die Schüler der Privatschulen ihre Prüfung von einer staatlichen Kommission ablegen müssen, da die Privatschule dann keine Aufgaben des Berechtigungswesens wahrnehmen darf. Das österreichische Modell der Verleihung des Öffentlichkeitsrechts ähnelt somit der Gestaltung der Anerkennung in Deutschland. In Österreich wird die Gleichartigkeit der Privatschulen mit öffentlichen Schulen jedoch in einem weitaus höheren Maße verlangt.
In der *Schweiz* erfolgt die Ausgestaltung des Privatschulrechts durch die einzelnen Kantone. Die Regelungen der 26 Kantone sind ziemlich verschieden und weisen bei weitem nicht die Vereinheitlichung des Privatschulrechts der deutschen Länder auf. Hier sollen deshalb nur die Grundzüge des schweizerischen Privatschulrechts im Verhältnis zu Fragen des Berechtigungswesens dargestellt werden. Die Privatschulfreiheit wird im Recht der Kantone gewährleistet zum Teil auf kantonaler Verfassungsebene ansonsten durch Gesetze oder Verordnungen.[395] Die Privatschulfreiheit erfasst dabei das Recht zur Gründung, zur Einrichtung, Unterhaltung und zum freien Betrieb der Schule sowie das Recht der Lehrer, an solchen Schulen zu unterrichten, das Recht der freien Lehrer- und Schülerwahl durch die Schule, die freie innere Gestaltung und äußere Organisation der Schule und das Recht der Eltern, ihre Kinder auf eine Privatschule zu schicken.[396] Die Privatschulen unterliegen grundsätzlich einer Bewilligungspflicht nach Kantonsrecht.[397] Mit der Bewilligung wird festgestellt, dass der Eröffnung der Privatschule keine öffentlich-rechtlichen insbesondere poli-

[395] Mascello, Elternrecht u. Privatschulfreiheit, S.148ff.; Plotke, Schweiz. Schulrecht, S.465
[396] Mascello, Elternrecht u. Privatschulfreiheit, S.127; Plotke, Schweiz. Schulrecht, S.289, 393, 463f.
[397] Mascello, Elternrecht u. Privatschulfreiheit, S.151; Plotke, Schweiz. Schulrecht, S.57, 465

zeirechtlichen Hindernisse entgegenstehen. Es handelt sich um ein präventives Verbot mit Erlaubnisvorbehalt. Bei Vorliegen der Voraussetzungen steht dem Antragsteller ein Rechtsanspruch auf die Erteilung der Bewilligung zu.[398] Die Bewilligung ähnelt damit der Genehmigung der Ersatzschulen im deutschen Recht. Zusätzlich zur Bewilligung gibt es in der Schweiz aber auch die Anerkennung der Privatschule. Die Anerkennung bedeutet dabei mehr als die bloße Bewilligung.[399] In anerkannten Privatschulen wird ein Unterricht angeboten, der allgemein als Erfüllung der Schulpflicht akzeptiert wird oder der mit gewissen vom Kanton oder Bund anerkannten Berechtigungen abschließt, wie z.B. Diplomen, Zeugnissen oder Patenten.[400] Entsprechende in der Schulausbildung erworbene Berechtigungen sind auch in der Schweiz Zugangsvoraussetzung für viele Berufe.[401] Bei Privatschulen, die schulpflichtige Kinder unterrichten, fallen Bewilligung und Anerkennung i.d.R. zusammen.[402] An Privatschulen die außerhalb einer Schulpflicht anerkannte Abschlussprüfungen durchführen und Zeugnisse erteilen wollen, werden zumeist detailliertere Anforderungen gestellt.[403] Die Voraussetzungen der Anerkennung für alle Schularten sind im Kantonsrecht generell sehr uneinheitlich geregelt. In manchen Kantonen gibt es gar keine ausdrücklichen Bestimmungen zur Anerkennung andere regeln diese sehr streng. Ein Beispiel für letzteres ist Art.10 I des Schulgesetzes des Kantons Appenzell Ausserrhoden vom 26.4.1981. Nach Art.10 I/2 dieses Gesetzes wird die Anerkennung erteilt, wenn die Schule alle Anforderungen erfüllt, die an die öffentlichen Schulen gestellt werden. Daher ist Voraussetzung für die Anerkennung eine weitgehende Gleichartigkeit der Privatschule mit öffentlichen Schulen. In der Schweiz erfolgt damit ebenfalls grundsätzlich eine Unterscheidung zwischen der bloßen Errichtung von Privatschulen, diese bedürfen dann der Bewilligung, und der Wahrnehmung von Aufgaben des Prüfungs- und Zeugniswesens. Dann bedarf die Privatschule zusätzlich der Anerkennung durch den Kanton, wobei Bewilligung und Anerkennung auch in einen Akt zusammenfallen können. Das Erfordernis der Anerkennung zur Aufgabenwahrnehmung im Bereich des Berechtigungswesens bedeutet, dass in der Schweiz diese Aufgabe zusätzlich den Privatschulen verliehen werden muss. Sie steht ihnen nicht ohne weiteres zu. Dies deutet auf einen staatlichen Charakter des Berechtigungswesens in der Schweiz hin.

Festzuhalten bleibt insoweit, dass in Österreich und der Schweiz eine zusätzliche Anerkennung der Privatschulen durch verwaltungsrechtlichen Akt erfolgen muss, damit diese Aufgaben des Berechtigungswesens wahrnehmen können.

[398] Mascello, Elternrecht u. Privatschulfreiheit, S.152; Plotke, Schweiz. Schulrecht, S.57, 466
[399] Mascello, Elternrecht u. Privatschulfreiheit, S.152; Plotke, Schweiz. Schulrecht, S.466
[400] Mascello, Elternrecht u. Privatschulfreiheit, S.152; Plotke, Schweiz. Schulrecht, S.466
[401] Plotke, Schweiz. Schulrecht, S.170
[402] Mascello, Elternrecht u. Privatschulfreiheit, S.152; Plotke, Schweiz. Schulrecht, S.466
[403] Plotke, Schweiz. Schulrecht, S.468

Dies ähnelt grundsätzlich den Regelungen, wie sie in den deutschen Bundesländern zur Anerkennung vorhanden sind. Die rechtsvergleichende Betrachtung hat zwar keine unmittelbare Auswirkung auf die Auslegung des Grundgesetzes, sie spricht aber dafür, dass im deutschen Rechtskreis das Berechtigungswesen als eine staatliche Aufgabe angesehen wird.
Vom Wortlaut der Landesregelungen her, historisch und rechtsvergleichend im deutschen Rechtskreis betrachtet, ist das Berechtigungswesen damit in der Bundesrepublik Deutschland als Staatsaufgabe einzuordnen.
Weiterhin müssen aber noch der Bedeutungszusammenhang der Regelungen zur Anerkennung und der Telos dieser Normen berücksichtigt werden.
Die Länder haben gem. Art.70ff. GG die Gesetzgebungskompetenz für das Schul-, Berufsschul- und Bildungswesen, dem Bund steht gem. Art.74 I Nr.11 GG[404] die konkurrierende Gesetzgebungskompetenz für die betriebliche Berufsausbildung und gem. Art.75 I Nr.1a GG die Rahmengesetzgebungskompetenz für das Hochschulwesen zu. In den Regelungsbereich der Kompetenzen Schul- und Bildungswesens fällt dabei nicht nur die Ausbildung, sondern auch die Regelung von Voraussetzungen und der Durchführung der Prüfungen sowie von Abschlüssen.[405] Der Bund und die Länder können damit im Bereich ihrer Gesetzgebungszuständigkeiten die Fragen des Berechtigungswesens regeln. Dies gilt ebenfalls für den Bereich des Privatschulrechts, indem eine umfangreiche Ausgestaltung der Anerkennung durch die Landesgesetzgeber sowie eine umfassende Regelungsdichte durch Prüfungs- und Versetzungsverordnungen besteht. Systematisch gesehen, erfolgte somit eine umfangreiche Regelung des Berechtigungswesens aufgrund der dem Gesetzgeber zugewiesenen Gesetzgebungskompetenz. Die Feststellung der staatlichen Gesetzgebungskompetenz für das Berechtigungswesen heißt aber noch nicht, dass es sich dabei um eine rein staatliche Aufgabe handelt. Dafür muss der Telos der Normen zum Berechtigungswesen betrachtet werden.
Mit Berechtigungen sollen Ausbildungsnachweise erlangt werden. Diese haben überragende Bedeutung für die weitere berufliche Entwicklung des Prüflings bzw. Absolventen der Schule. Insbesondere Schulzeugnisse bestimmen die zukünftige berufliche Laufbahn des einzelnen Schülers und verleihen ihm, wie z.B. das Abiturzeugnis, bestimmte Berechtigungen, die anderen Schulabgängern versagt sind. Die Erteilung von Zeugnissen eröffnet damit den Weg zur weiteren persönlichen beruflichen Perspektive. Sie wird zur Zuteilung von Lebenschancen und quasi zur Eröffnung von Lebensschicksalen.[406] Die Erteilung von Berechtigungen wirkt somit weit über den engeren Raum der Schule hin-

[404] BVerfGE 26, 246(255); BVerwGE 69, 162(165); BVerwG DÖV 1974, 753
[405] so auch BVerfGE 26, 246(255)
[406] Ossenbühl, Rechtl. Grundfragen der Erteilung von Schulzeugnissen, S.21

aus.[407] Denn die Berechtigungen eröffnen dem Schüler die Möglichkeit, weiterführende Bildungseinrichtungen, Hochschulen bzw. fortbildende Schulen zu besuchen oder andere berufliche Laufbahnen zu ergreifen, für die eine bestimmte Vorbildung und Qualifikation gefordert wird.[408] Diese Vorbildung und Qualifikation kann nur durch die Erlangung der Berechtigung aufgrund einer Prüfung nachgewiesen werden. Die Berechtigungen sind damit Voraussetzungen für die Berufswahl und Berufsausübung in den meisten Berufsbereichen. Sie sind subjektive Zulassungsvoraussetzungen i.S.v. Art.12 I/2 GG.[409] Durch sie soll verhindert werden, dass bestimmte Berufsgruppen mit ungenügend vorgebildeten oder unfähigen Bewerbern besetzt werden.[410] Auch wenn das Versetzungs-, Abschluss- oder Prüfungszeugnis keinen absoluten Aufschluss über den Bildungs-, Reife- und Intelligenzgrad des Prüflings gibt, so darf doch vermutet werden, dass jemand, der diesen Nachweis erbringt, für den Besuch weiterer Ausbildungsstufen oder für die Erfüllung bestimmter Berufsanforderungen geeignet ist.[411] Das Berechtigungswesen wirkt damit über den Bereich der Schule und damit auch der Privatschule, wie sie Art.7 IV GG garantiert, hinaus. Es regelt nicht einfach nur die Erteilung von Abschlüssen an Schulen, sondern ist Vorkehrung gegen die Fehlbesetzung von Berufs- und Studienplätzen mit intellektuell ungeeigneten Bewerbern, indem es geeigneten Bewerbern im Wege der Abschlusserteilung Zugangsberechtigungen verschafft. Dies ist das Ziel der Berechtigungen. Dabei muss für den jeweiligen Abschluss ein einheitlicher Leistungsstandard festgelegt sein. Ansonsten wären die Vergleichbarkeit der Abschlüsse und die Feststellung der Eignung für den Zugang zu weiterführenden Bildungseinrichtungen oder zu bestimmten beruflichen Laufbahnen nicht mehr gegeben. Beim Berechtigungserwerb muss aber generell Chancengleichheit bestehen.[412] Ohne einheitliche Leistungs- bzw. Voraussetzungsstandards wäre ein Berechtigungswesen nicht sinnvoll. Deshalb ist es gerade die Aufgabe des Staates, d.h. insbesondere der Bundesländer, einen derartigen vergleichbaren Leistungsstandard für Abschlüsse sicherzustellen. Sie verfügen über die nötige Verwaltungskraft ohne ausschließlich durch monetäre Interessen geleitet zu sein, um ein einigermaßen gleichwertiges Niveau der Berechtigungen in Deutschland sicherzustellen. Eine Überlassung der Berechtigungsaufgaben an Private ohne zusätzliche Bedingungen könnte dabei eine Vergleichbarkeit der

[407] BVerfGE 27, 195(206); Evers, VVDStRL 23 (1966), S.147(191); Ossenbühl, Rechtl. Grundfragen der Erteilung von Schulzeugnissen, S.20ff.; Plümer, DVBl. 1971, 540f.
[408] so schon BVerwGE 1, 260f.
[409] Evers VVDStRL 23 (1966), S.147(162); ders., JuS 1967, 257(259); so wohl auch BVerfGE 27, 195(206)
[410] Becker K., Aufsicht über Privatschulen, S.124; Plümer, Rechtsnatur der Privatschulverhältnisse, S.163
[411] Heckel/Avenarius, Schulrechtskunde, S.78
[412] so auch OVG Münster, Beschluss v. 17.2.2000, AktZ.: 19A3459/99

Abschlüsse wenn nicht unmöglich machen, so doch aber wesentlich erschweren, da gemeinsame Standards für Prüfungen, nicht vorgegeben wären. Wo Zeugnisse aber nach ihrer Berechtigungsfunktion oder ihrer gesellschaftlichen Funktion, die sich etwa bei Einstellungsentscheidungen für eine bestimmte berufliche Laufbahn zeigt, Auswahlbedeutung gewinnen, kann sich ein Zeugnis nur an objektivierten und typisierten Standardbeurteilungen orientieren.[413] Die Gleichheit der Startchancen bei dem Erwerb von Abschlüssen muss dabei durch den Staat gewährleistet werden.[414] Dies geschieht, indem einheitliche vom Staat festgelegte Voraussetzungen für den Berechtigungserwerb bestimmt werden.[415] Eine Abstimmung der Länderregelungen erfolgt durch die Kultusministerkonferenz der Länder. Das Erfordernis der einheitlichen Voraussetzungen für den Berechtigungserwerb wirkt dabei in das Privatschulwesen hinein. Auch in diesem Bereich müssen gleiche Anforderungen für die Abschlüsse bestehen, da ansonsten eine Vergleichbarkeit der dort erlangten Berechtigungen mit Schülern anderer privater und öffentlicher Schulen nicht mehr gegeben wäre. Verhindert werden muss ebenfalls, dass Schüler, die den Anforderungen der öffentlichen Schulen nicht gerecht werden, zu privaten Schulen überwechseln, um dort unter erleichterten Voraussetzungen ihren Schulabschluss zu schaffen. Andersherum sollen natürlich auch zu strenge Anforderungen privater Schulen für Prüfungen vermieden werden. Dies bedeutet keine Nivellierung des Bildungs- und Ausbildungsniveaus für die Schüler. Begabte Schüler sollen nach ihren besonderen Fähigkeiten höhere Schulen, wie z.B. Gymnasien oder Spezialschulen mit inhaltlichen Schwerpunkten besuchen können, minderbegabte Schüler hingegen eine ihren Fähigkeiten angepasste Schulausbildung erhalten. Doch auch in einem differenzierenden Schulsystem müssen die gewährten Abschlüsse Ausdruck der jeweiligen Leistungsfähigkeit der Schüler sein und untereinander eine Vergleichbarkeit der Ergebnisse gewährleisten. Dies muss durch den Staat sichergestellt werden.

Dabei ist zu überlegen, wie dieses Ziel durch den Staat sichergestellt werden kann. Es stellt sich die Frage, ob nicht vielleicht eine bloße Aufsicht des Staates ausreicht, vergleichbare Abschlüsse und Ausbildungsstandards zu gewährleisten, oder ob wirklich standardisierte staatliche Normen zwingend auch von den Privatschulen anzuwenden sind, wenn sie Aufgaben des Berechtigungswesens wahrnehmen möchten. Im Wege der Aufsicht lässt sich das Handeln öffentlicher Schulen und der Privatschulen überwachen. Art.7 I GG sieht eine derartige Aufsicht gerade vor und ermöglicht eine staatliche Aufsicht auch gegenüber

---

[413] Ossenbühl, Rechtl. Grundfragen der Erteilung von Schulzeugnissen, S.30

[414] Fuß, VVDStRL 23 (1966), S.199(220f.); Plümer, Rechtsnatur der Privatschulverhältnisse, S.164h

[415] so für Prüfungen nach Art.103 III Sächs Verf, Baumann-Haaske in Kunzmann/Haas/Baumann-Haaske, Verf des Freistaates Sachsen, Art.103, Rn 5

den Privatschulen.[416] Vorstellbar wäre insofern ein Modell der bloßen Aufsicht über das Tätigwerden der Ersatzschulen im Bereich des Berechtigungswesens. Jede Ersatzschule könnte demnach ohne weiteres Prüfungen selbst durchführen und hierfür ihre eigenen Prüfungsanforderungen aufstellen. Sie würde dabei durch die Schulaufsichtsbehörden lediglich überwacht.
Der Staat würde sich damit auf eine „Beobachterrolle mit Korrekturfunktionen" zurückziehen.[417] Als Voraussetzung dafür muss aber die ordnungsgemäße Erfüllung öffentlicher Aufgaben durch Privatinitiative gesichert und gewährleistet sein.[418]
Ziel des Berechtigungswesens ist es, ein vergleichbares Ausbildungsniveau, vergleichbare Leistungsanforderungen für Abschlüsse und somit Chancengleichheit bei dem Erwerb von Berechtigungen sicherzustellen. Es bedarf dazu gerade bestimmter gemeinsamer, verbindlicher, objektivierter und typisierter Prüfungsstandards. Es muss einen Maßstab dafür geben, wie Berechtigungen zu erlangen sind, damit eine Vergleichbarkeit und somit auch Chancengleichheit für den Erwerb von Schulabschlüssen gewährleistet ist. Das setzt die Anwendung einheitlicher Standards für die Erteilung von Berechtigungen durch öffentliche und private Schulen voraus.
Eine bloße staatliche Aufsicht über privatautonome Prüfungsregelungen der Privatschulen kann derartige gemeinsame vergleichbare Prüfungsstandards nur eingeschränkt gewährleisten. Denn ohne gesetzlich vorgesehene zwingende Mindestvoraussetzungen kann durch die bloße Aufsicht über Privatschulen die Einhaltung vergleichbarer Maßstäbe zwischen den Privatschulen untereinander und im Verhältnis zu den öffentlichen Schulen bei der Erteilung von Berechtigungen nur schwer erreicht werden. Ohne zwingende gesetzliche Standards stünde der Vorbehalt des Gesetzes einem Harmonisierungsverlangen der Aufsichtsbehörden entgegen. Die Vielzahl privatautonomer Regelungen würde die Vergleichbarkeit des Ergebnisses der Prüfungen wesentlich erschweren. Im Wege der Aufsicht könnte außerdem häufig auch nur repressiv vorgegangen werden, wenn sich im nachhinein herausgestellt hat, dass die Prüfungsordnung einer Privatschule den Anforderungen an den Erwerb einer Berechtigung nicht gerecht wird oder etwa viel zu strenge Anforderungen gestellt worden sind. Das Ziel des Berechtigungswesens, Chancengleichheit bei dem Erwerb von Berechtigungen zu garantieren, könnte so nur mangelhaft erreicht werden.
Geeigneter zur Erreichung vergleichbarer Bildungs- und Prüfungsmaßstäbe ist deshalb die Festsetzung gesetzlicher Standards, die zwischen den Ländern abgestimmt sind und die auch die Privatschulen anzuwenden haben, wenn sie Aufgaben des Berechtigungswesens wahrnehmen möchten. Durch derartige

[416] BayVerfGH BayVBl. 1983, 430(432); Schlaf, Aufsicht über Privatschulen, S.6
[417] so Ossenbühl, VVDStRL 29 (1971), S.137(149)
[418] Ossenbühl, VVDStRL 29 (1971), S.137(149)

Standards wird zwingend die landesweit einheitliche Anwendung identischer Maßstäbe zum Berechtigungserwerb vorgeschrieben. Eine bloße Aufsicht ohne zwingende Regelungen zum Berechtigungserwerb würde den Privatschulen zwar mehr Freiraum in der Gestaltung der Schule gewähren, jedoch das Ziel des Berechtigungswesens, die Vergleichbarkeit der Abschlüsse und somit die Chancengleichheit bei dem Erwerb des Abschlusses zu gewährleisten, nur eingeschränkt erreichen. Dieses Ziel ist jedoch unabdingbar, um anhand leistungsgerechter Beurteilungen eine Besetzung von Berufs- und Studienplätzen mit intellektuell geeigneten Bewerbern zu ermöglichen. Die gesetzlich zwingende Festlegung von Prüfungsstandards auch gegenüber den Privatschulen, wenn sie Aufgaben des Berechtigungswesen wahrnehmen möchten, ist deshalb dem Modell einer bloßen Aufsicht über die Tätigkeit der Privatschulen auf dem Gebiet des Berechtigungswesens vorzuziehen.
Da die Länder in weiten Bereichen des Bildungswesens die Gesetzgebungskompetenz besitzen, sind sie dafür zuständig, den Leistungsstandard und die Vergleichbarkeit der Abschlüsse durch gesetzliche Regelungen zu sichern. *Das Berechtigungswesen ist deshalb nach Ziel und Zweck der Normen zum Berechtigungserwerb eine staatliche hoheitliche Aufgabe.* Dies wird durch die Auslegung der Landesnormen nach dem Wortlaut, die historische und rechtsvergleichende Auslegung ebenfalls bestätigt.
Wenn es sich aber bei der Aufgabe des Berechtigungswesens um eine staatliche Aufgabe handelt, dann folgt daraus, dass sie nicht ohne weiteres von Privaten wahrgenommen werden kann. Dies gilt auch für die Privatschulen. Art.7 IV GG gibt hierfür keine anderweitigen Vorgaben. Die Freiheit der Errichtung von Privatschulen und die freie Unterrichtserteilung kann auch bei hoheitlichem Charakter des Berechtigungswesens gewährleistet werden. Die Schule kann intern Prüfungen abnehmen und Zeugnisse erteilen. Der Schutzbereich des Grundrechts der Privatschulfreiheit umfasst aber nicht die staatliche Aufgabe der Erteilung von Berechtigungen mit Außenwirkung. Denn zwischen dem Bereich (Privat-)Schule und den Wirkungen des Berechtigungswesens muss, wie oben gerade dargestellt worden ist, getrennt werden. Diese sind nicht identisch. Darum erfasst die Genehmigung der Ersatzschule vom Regelungsgehalt her die Voraussetzungen für die Ausübung des Freiheitsrechts aus Art.7 IV GG. Die Anerkennung hingegen betrifft die Übertragung von hoheitlichen staatlichen Aufgaben des Berechtigungswesens an die Ersatzschule. Die hoheitliche Aufgabe Berechtigungswesen muss den Privatschulen zusätzlich zur Genehmigung im Wege der Anerkennung übertragen werden. Insoweit ist dem Bundesverfassungsgericht zuzustimmen.[419]
Automatisch ohne zusätzlichen Übertragungsakt stehen die Berechtigungen aufgrund deren staatlichen Charakters den Privatschulen grundsätzlich nicht zu.

---

[419] siehe BVerfGE 27, 195(203f.)

Die Privatschulfreiheit wird dadurch aber nicht entwertet, denn der Staat muss vorsehen, dass auch die Schüler der privaten Ersatzschulen die Möglichkeit zum Erwerb eines allgemein anerkannten Abschlusses haben.[420] Ansonsten wäre in der Tat die Privatschulfreiheit von wenig Wert. In allen Bundesländern der Bundesrepublik Deutschland ist jedoch, wie oben beschrieben, vorgesehen, dass die Ersatzschulen selbst Aufgaben des Berechtigungswesens wahrnehmen können, nachdem sie staatlich anerkannt worden sind, oder dass die Schüler bei fehlender Anerkennung der Ersatzschule ihre Prüfungen vor staatlichen Prüfungskommissionen im Wege der Externen- bzw. Nichtschülerprüfung ablegen können. Somit folgt aus Art.7 IV GG ein Recht darauf, dass die Schüler der privaten Ersatzschulen anerkannte Berechtigungen erlangen können. Es folgt aus Art.7 IV GG jedoch grundsätzlich kein Recht der Privatschulen, ohne weitere Anforderungen allein als Folge des Rechts zur Gründung und zum Betrieb von Privatschulen die Aufgabe des Berechtigungswesens selbst wahrnehmen zu dürfen. Hierfür ist zusätzlich die Anerkennung der privaten Ersatzschulen und somit die Übertragung der staatlichen Aufgabe des Berechtigungswesens notwendig.
Auf die Voraussetzungen und die Rechtsfolgen der Anerkennung wird nun im Anschluss einzugehen sein.

b) Der Anspruch der Ersatzschule auf die Anerkennung

Somit steht zwar fest, dass das Berechtigungswesen als staatliche Aufgabe zu qualifizieren ist, die an die Privatschulen zusätzlich übertragen werden muss, damit diese Berechtigungen mit öffentlich-rechtlicher Außenwirkung erteilen können. Dies sagt aber noch nichts darüber aus, wie diese Übertragung des Hoheitsrechts zu gestalten ist. Die Länder folgen, wie oben dargestellt, verschiedenen Lösungsmodellen. Das Bundesverfassungsgericht stellt fest, dass ein Anspruch der Ersatzschule auf die Anerkennung nicht besteht.[421] An dieser Stelle soll nun geprüft werden, inwieweit Art.7 IV GG Einfluss auf die Verleihung der Staatsaufgabe Berechtigungswesen nehmen kann und wie unter dessen Einfluss die Anerkennung zu gestalten ist. Art.7 IV GG gewährleistet keinen Anspruch darauf, dass die Abschlüsse einer lediglich genehmigten Ersatzschule ohne weiteres anerkannt werden. Art.7 IV GG gibt jedoch als Freiheitsrecht der privaten Ersatzschule das Recht, einen eigenverantwortlichen Unterricht zu gestalten und schulpflichtige Schüler dabei zu unterrichten.[422] Sinn und Zweck der Schulpflicht muss es aber sein, einen bestimmten Abschluss zu erreichen. Die Schule, natürlich insbesondere für schulpflichtige Schüler, erfolgt nicht „just for

---

[420] BVerfGE 27, 195(206f.); Braun, Kommentar zur Verf des Landes Baden-Württemberg, Art.17, Rn 13
[421] BVerfGE 27, 195(203ff.)
[422] dazu oben Teil B), I.), 2.), c)

fun", sondern soll gerade auf den Erwerb eines Abschlusses durch die Schüler hinwirken. Es soll Bildung vermittelt werden, die ein erfolgreiches Bestehen der Abschlussprüfung ermöglicht. D.h., die Unterrichtserteilung und die Erlangung eines Abschlusses sind doch in gewisser Weise miteinander verwoben. Dem wird entgegengehalten, Hauptaufgabe der Schule sei das Erziehen und Unterrichten der ihr anvertrauten Kinder. Das Feststellen der Berechtigungen begleite diese Hauptpflicht nur als Nebenaufgabe.[423] Dazu ist aber zu erwidern, dass gerade die mit der Abschlussprüfung erlangten Berechtigungen, die Qualifikation und das erlangte Wissen eines Schülers mit Außenwirkung bestimmen. Sie konkretisieren den Leistungsstand, den der Schüler einer bestimmten Schulstufe erreicht haben muss, in einem Abschluss, der wiederum Berufschancen an den Schüler vergibt. Das Wissen für den Abschluss vermittelt die Schule. Der Abschluss, denn das ist das Feststellen der Berechtigung, kann dabei nicht nur Nebenaufgabe sein. Denn das gesamte Schulwesen, der gesamte Unterricht ist letztendlich auf das Erreichen des Abschlusses ausgerichtet. Eine wesentliche Aufgabe der Schule ist es gerade, zu den Berechtigungen hinzuführen.[424] Dem steht nicht entgegen, dass das Berechtigungswesen als staatliche Aufgabe einzuordnen ist, um einen gleichen Leistungsstandard und die Chancengleichheit sicherzustellen. Zwischen Unterrichtserteilung und Abschlusserteilung besteht damit ein größerer Zusammenhang als gemeinhin von den Verfechtern der strikten Trennung zwischen Schule und Berechtigungen angenommen wird. Der Bereich Schule und Berechtigungswesen sind zwar nicht identisch, wie soeben oben festgestellt worden ist, die Schule entfaltet jedoch große Auswirkungen auf den Berechtigungserwerb. Deshalb wirkt sich hier nun auch das Freiheitsrecht des Art.7 IV GG aus. Es gibt zwar, wie oben festgestellt wurde, keinen Anspruch auf die Berechtigungserteilung aus eigenem Recht. Es gewährleistet jedoch nicht nur einen frei gestalteten Unterricht, sondern verbietet in Verbindung mit Art.3 I GG eine Schlechterstellung der Privatschulen als Institution. Diese Gewährleistung bedeutet die Absage an ein staatliches Schulmonopol und ist zugleich eine Wertentscheidung, die eine Benachteiligung gleichwertiger Ersatzschulen gegenüber den entsprechenden staatlichen Schulen allein wegen ihrer andersartigen Erziehungsformen und –inhalte verbietet.[425]

Das Berechtigungswesen stellt sich zwar als eine Staatsaufgabe dar. Es besteht jedoch kein Grund, einer privaten Ersatzschule die Aufgabenerfüllung im Berechtigungswesen vorzuenthalten, wenn sie die gleichen Voraussetzungen erfüllen kann wie die öffentlichen Schulen, d.h., wenn sie die Gleichwertigkeit und Vergleichbarkeit der Abschlüsse gewährleistet. Das ist das Hauptanliegen der Staatsaufgabe Berechtigungswesen und darauf sind auch die Voraussetzungen

---

[423] Plümer, Rechtsnatur der Privatschulverhältnisse, S.156
[424] so auch das BVerfG in BVerfGE 27, 195(206)
[425] so auch das BVerfG in BVerfGE 27, 195(201); 75, 40(62); 90, 107(114)

der Anerkennung ausgerichtet. Daraus folgt, *erfüllt die Ersatzschule die gesetzlichen Voraussetzungen für die Anerkennung, so hat sie einen Rechtsanspruch auf die Anerkennung.*[426] Zur Verwirklichung der Privatschulfreiheit und zur Verhinderung einer Schlechterstellung der privaten Ersatzschulen muss es gerade auch zählen, diesen Schulen Aufgaben des Berechtigungswesens zukommen zu lassen, wenn sie dafür die gesetzlichen Voraussetzungen erfüllen. Das BVerfG verneint dies und führt dazu aus, zwar mögen die nicht anerkannten Ersatzschulen – das BVerfG verneint gerade den Anspruch auf die Anerkennung – gegenüber den öffentlichen Schulen benachteiligt sein. Hiergegen seien die nicht anerkannten Ersatzschulen jedoch verfassungsrechtlich nicht geschützt, denn das in Art.7 IV GG gewährleistete Recht gebe den Ersatzschulen im freien Wettbewerb keinen Schutz auf Bestand.[427] Hiergegen ist einzuwenden, ein freier Wettbewerb der Schulformen kann gerade nur bestehen, wenn gleiche Startvoraussetzungen gegeben sind.[428] Wettbewerb kann nicht wirksam werden, solange Machtverhältnisse zwischen den Wettbewerbern ungleich verteilt sind. Denn bei der Auswahl einer Schule schauen die Schüler bzw. die Eltern auch darauf, ob und wie der Abschluss an der Schule erworben werden kann. Die Art und Weise der Berechtigungsverleihung ist ein gewichtiges Auswahlkriterium für den Besuch einer bestimmten Schule. Damit ist als Ergebnis festzuhalten, die Ersatzschule hat einen Anspruch auf die Anerkennung, wenn sie die gesetzlichen Voraussetzungen erfüllt. Diese Voraussetzungen der Anerkennung sollen nun näher erörtert werden.

Auch die Voraussetzungen der Anerkennung werden durch den Schutzgehalt des Art.7 IV GG beeinflusst. Aus Art.7 IV GG folgt zwar kein eigenständiges Recht der Privatschulen, ohne weiteres Aufgaben des Berechtigungswesens wahrnehmen zu können. Die staatliche Aufgabe des Berechtigungswesens muss den Privatschulen dafür erst durch den Staat übertragen werden. Für die Anforderungen der Übertragung dieser Staatsaufgabe ist jedoch der Regelungsgehalt des Art.7 IV GG zu beachten.

Art.7 IV GG gewährleistet die freie inhaltliche Erteilung und Gestaltung des Unterrichts durch die Ersatzschule.[429] Die Ersatzschule muss für den Betrieb nur die Genehmigungsvoraussetzungen erfüllen, die auf ein Nichtzurückstehen der Privatschulen hinter öffentlichen Schulen, d.h. auf die Gleichwertigkeit der Ersatzschulen mit öffentlichen Schulen abstellen.[430] Diese Freiheit der privaten Ersatzschule darf durch die Anerkennung nicht völlig aufgehoben werden. Eine

---

426 so auch Niehues, Schul- u. PrüfungsR Bd.1, Rn 278f.; Robbers in v. Mangoldt/Klein/Starck, GG, Art.7, Rn 201

427 BVerfGE 27, 195(208)

428 so auch Lemper, Privatschulfreiheit, S.103

429 BVerfGE 27, 195(200f.); 75, 40(62); 88, 40(46); Müller, Recht der Fr. Schule nach dem GG, S.225; Plümer, Rechtsnatur der Privatschulverhältnisse, S.10

430 siehe oben Teil B), I.), 3.)

derartige Gefahr sieht auch das BVerfG, indem es feststellt: Die Länder dürften das Institut der Anerkennung und die mit ihm verbundenen wirtschaftlichen Vorteile nicht dazu benutzen, die Ersatzschulen zur Anpassung an die öffentlichen Schulen in einem der Sache nicht gebotenem Umfang zu veranlassen oder unter Verletzung des Gleichheitsgebotes einzelne Privatschulen gegenüber anderen Schulen zu benachteiligen. Es wäre mit Art.7 IV/1 GG nicht zu vereinbaren, wenn die Ersatzschulen ohne sachlichen Grund zur Aufgabe ihrer Selbstbestimmung veranlasst würden.[431] Die Verleihung der staatlichen Anerkennung darf nur von solchen Anforderungen abhängig gemacht werden, die zur Erreichung des Gesetzeszwecks der Sicherstellung der Vergleichbarkeit der Zeugnisse geeignet, erforderlich und unter Berücksichtigung des Grundrechts der Privatschulfreiheit verhältnismäßig sind, also den der Sache nach gebotenen Umfang nicht übersteigen.[432]

Folgt man nun dem Regelungsmodell der KMK-Vereinbarung aus dem Jahre 1951, dass die Einhaltung der für entsprechende öffentliche Schulen geltenden Anforderungen als Voraussetzung für die Anerkennung verlangt, muss die private Ersatzschule einen in weiten Bereichen den öffentlichen Schulen annähernd identischen Schulbetrieb durchführen. D.h., die Privatschule muss einen gleichartigen Schulbetrieb im Verhältnis zu den öffentlichen Schulen aufweisen. Dafür wird auch eine Lehrplanidentität gefordert.[433] Mit der Ausgestaltung der Anforderungen der Anerkennung im Sinne einer derartigen Gleichartigkeit bleibt aber vom Regelungsgehalt der Privatschulfreiheit kaum etwas übrig. Denn das grundlegende, aus Art.7 IV GG folgende Prinzip eines eigenverantwortlich gestalteten Unterrichts wird durch das weitgehende Gleichartigkeitserfordernis beseitigt. Den fundamentalen Wesensgehalt der Privatschulfreiheit macht gerade nicht nur das freie Errichten einer Privatschule, sondern vor allem auch ein eigenverantwortlich geprägter und gestalteter Unterricht aus, wobei Freiheit insbesondere hinsichtlich der Erziehungsziele, der Lehrmethode, des Lehrstoffs und der Lehrinhalte gegeben sein muss.[434] Diese Freiheit existiert aber nicht mehr, wenn die Gleichartigkeit der Ersatzschulen im Verhältnis zu öffentlichen Schulen als Voraussetzung für die Anerkennung gefordert wird. Das Gleichartigkeitserfordernis als Voraussetzung der Anerkennung verstößt deshalb gegen das Grundrecht des Art.7 IV GG. Es ist somit als verfassungswidrig abzulehnen.

Als Voraussetzung für die Anerkennung der Ersatzschule reicht vielmehr eine dauerhafte Bewährung der Ersatzschule aus. Ob eine Ersatzschule Berechtigungen verleihen darf, soll auch nach Ansicht des BVerfG entscheidend davon abhängen, dass die jeweilige Ersatzschule auf Dauer eine hinreichende Qualität

---

[431] BVerfGE 27, 195(209)
[432] BayVGH BayVBl. 1996, 178(179)
[433] Falckenberg, Grundriß des SchulR in Bayern, S.136
[434] BVerfGE 27, 195(200f.); 34, 165(197); 74, 40(62); 88, 40(66)

der Schulausbildung gewährleistet und sie sich daher bewährt hat.[435] Das kann bei der Erteilung der Genehmigung noch nicht hinreichend beurteilt werden. Erfüllt die Ersatzschule jedoch die Genehmigungsvoraussetzungen dauerhaft über mehrere Jahre hinweg, so vermittelt sie in dieser Zeit eine Bildung und gewährleistet einen Unterricht, der gegenüber der Bildungsvermittlung und dem Unterrichtsniveau der öffentlichen Schulen nicht zurücksteht und somit gleichwertig ist. Einer privaten Ersatzschule, die in der Lage ist, dauerhaft einen im Verhältnis zu den öffentlichen Schulen gleichwertigen Unterricht zu gewährleisten, kann aber dann auch ohne Bedenken die Aufgabe des Berechtigungswesens übertragen werden, wenn sie dies beantragt. Denn mit der dauerhaften Einhaltung der Genehmigungsvoraussetzungen hat die Ersatzschule sich hinreichend bewährt. Voraussetzung für die Anerkennung ist damit die dauerhafte Erfüllung der Genehmigungsvoraussetzungen. Dies entspricht dem Regelungsvorschlag des § 107 DJT-SchulGE, der mittlerweile in vielen Bundesländern umgesetzt worden ist.[436] Häufig wird dabei nach drei Jahren seit der Genehmigung die dauerhafte Einhaltung der Genehmigungsvoraussetzungen angenommen, wenn in dieser Zeit keine Beanstandungen aufgetreten sind. Natürlich muss die Ersatzschule auch für die Zukunft die Genehmigungsvoraussetzungen dauerhaft einhalten. *Voraussetzung der Anerkennung ist also keine Gleichartigkeit, sondern die dauernde Einhaltung der Genehmigungsvoraussetzungen durch die Ersatzschule.*

Hiergegen könnte man einwenden, die Gleichartigkeit der Anforderungen für den Berechtigungserwerb sei doch gerade der Sinn des Berechtigungswesens und deshalb müsse gerade für die Anerkennung auch Gleichartigkeit als Voraussetzung gefordert werden. Dies ist so pauschal aber nicht richtig. Es ist zu differenzieren zwischen den Voraussetzungen und den Rechtsfolgen der Anerkennung. Vor der Verleihung der Anerkennung an die Ersatzschule kann diese noch keine Aufgaben des Berechtigungswesens wahrnehmen. Es ist deshalb im Hinblick auf das Freiheitsrecht des Art.7 IV GG nicht notwendig, bereits schon vor der Anerkennung von der Ersatzschule eine Gleichartigkeit im Verhältnis zu den öffentlichen Schulen zu verlangen. Als milderes Mittel für die Feststellung der Eignung der Ersatzschule zur Wahrnehmung von Aufgaben des Berechtigungswesens ist die dauernde Einhaltung der Genehmigungsvoraussetzungen anzusehen, die im Wege der Rechtsaufsicht von den Schulaufsichtsbehörden überwacht werden kann. Denn bereits dann steht die Ersatzschule in der von ihr vermittelten Bildung nicht hinter den öffentlichen Schulen zurück.

Rechtsfolge der Anerkennung ist die Wahrnehmung der staatlichen Aufgaben des Berechtigungswesens durch die private Ersatzschule. Ziel des Berechtigungswesens ist es, aufgrund typisierter und objektivierter sowie vereinheitlich-

---

[435] BVerfGE 27, 195(204)

[436] siehe oben Teil C), II.), 1.), c) und d)

ter Anforderungen die Vergleichbarkeit von Abschlüssen sicherzustellen und somit auch Chancengleichheit auf dem Gebiet des Berechtigungswesens zu gewährleisten. Dies stellt einen sachlichen Grund für die Einschränkung der freien Gestaltung der Privatschule dar. Eine Einschränkung der Privatschulfreiheit darf aber nur in denjenigen Bereichen des Berechtigungswesens unter Beachtung des Verhältnismäßigkeitsprinzips erfolgen, die einen einheitlichen Standard für den Berechtigungserwerb festlegen, der unerlässlich ist, um eine Vergleichbarkeit der Berechtigungen landes- und bundesweit sicherzustellen.[437] Dies ist vor allem der Bereich der Prüfungs- und Zeugnisregelungen, sowie außerdem noch Aufnahme- und Versetzungsbestimmungen. In diesen Bereichen, vor allen Dingen bei den Zeugnis- und Prüfungsregelungen, ist eine Anpassung der Privatschulen im Sinne einer Gleichartigkeit erforderlich, um einen vergleichbaren Berechtigungserwerb der Schüler und damit Chancengleichheit sicherzustellen. Gleichartigkeit bedeutet dabei die Einhaltung derselben Normen, die auch für die öffentlichen Schulen in den genannten vier Bereichen gelten.[438] So wird ein einheitlicher Prüfungsmaßstab gewährleistet, der zudem durch die Umsetzung der Vereinbarungen der Kultusministerkonferenz auch länderübergreifend relativ stark vereinheitlicht ist. Die Gleichartigkeit bei den Prüfungs-, Zeugnis-, Versetzungs- und Aufnahmebestimmungen ist somit geeignet und erforderlich, um die Vergleichbarkeit von Schulabschlüssen sicherzustellen. Insoweit darf die Privatschulfreiheit eingeschränkt werden.
Eine darüber hinaus gehende Gleichartigkeit, wie sie nach den Regelungen zur Anerkennung mehrerer Bundesländer möglich wäre, ist hingegen nicht notwendig. Eine Vergleichbarkeit der Prüfungen kann schon durch Gleichartigkeit in den aufgeführten vier Bereichen erreicht werden. Weitergehende Gleichartigkeitserfordernisse sind als unverhältnismäßiger Eingriff in die Privatschulfreiheit gem. Art.7 IV GG nicht zu rechtfertigen. Die Gleichartigkeitsanforderungen müssen als Einschränkungen der Privatschulfreiheit und Ausnahmebestimmungen eng ausgelegt werden. Eine völlige Lehrplanidentität des Lehrplans der anerkannten Ersatzschulen mit demjenigen entsprechender öffentlicher Schulen kann demnach nicht verlangt werden. Zwar sind die Prüfungs- und Versetzungsregelungen anzuwenden, die für öffentliche Schulen gelten. Daraus folgt u.a., dass bestimmte Hauptfächer auf jeden Fall unterrichtet werden müssen. Dies gilt insbesondere in der Qualifikationsphase zum Erwerb des Abiturs. Wie dieser Unterricht zu gestalten und zu gliedern ist, kann aufgrund der Privatschulfreiheit nicht durch Lehrplanidentität detailgetreu vorgeschrieben werden. Denn ohne Selbstbestimmungsrecht im schulischen Wirkungsbereich bleibt das

---

[437] ähnlich für die Beschränkung von Art.5 I/2 GG für Bildungsrundfunk durch Art.7 I GG zur Sicherung der Vergleichbarkeit von Bildungsveranstaltungen und der durch sie vermittelten Prüfungen und Abschlüsse: BVerfGE 83, 238(340f.)
[438] siehe dazu dann noch unten genauer Teil D), IV.), 1.), a)

Recht zur Errichtung von privaten Ersatzschulen inhaltslos.[439] Der Privatschule ist Freiheit in der Gestaltung ihres Unterrichts zu belassen. Das vermittelte Bildungsniveau darf nur nicht hinter demjenigen öffentlicher Schulen zurückstehen. Das Erfordernis vollständiger Lehrplanidentität verstößt gegen Art.7 IV GG und ist deshalb als verfassungswidrig anzusehen.[440]
Die Gleichartigkeit der Ersatzschule in den genannten Bereichen der Berechtigungserteilung stellt die Rechtsfolge der Anerkennung dar. Mit Erteilung der Anerkennung muss die private Ersatzschule für die Aufnahme, Versetzung sowie für Prüfungen und Zeugnisse von Schülern, die für öffentliche Schulen geltenden Vorschriften beachten. Insofern ist das Gleichartigkeitserfordernis auf die für die Vergleichbarkeit von Berechtigungen erforderlichen Bereiche begrenzt.
Voraussetzung für die Anerkennung ist damit nur die dauerhafte Erfüllung der Genehmigungsvoraussetzungen i.S.v. Art.7 IV GG durch die Ersatzschule. Rechtsfolge der Anerkennung ist die Einhaltung der für öffentliche Schulen geltenden Vorschriften für Aufnahme und Versetzung, für Prüfungen und Zeugnisse von Schülern der Ersatzschule. Nur in diesen Bereichen besteht eine Gleichartigkeit der anerkannten Ersatzschule mit öffentlichen Schulen. Die Ersatzschule kann dann aufgrund der Anerkennung Aufgaben des Berechtigungswesens mit Außenwirkung wahrnehmen.

c) Das Recht der privaten Ersatzschulen auf Teilhabe an der öffentlich-rechtlichen Einrichtung des Berechtigungswesens

Die Frage der Verfassungsmäßigkeit der Anerkennung lässt sich also folgendermaßen beantworten: Das Berechtigungswesen ist eine staatliche hoheitliche Aufgabe, welche den Privatschulen als Privatrechtssubjekten nicht automatisch zusteht. Aus Art.7 IV GG lässt sich ein unmittelbarer Zugriff auf die staatliche Aufgabe des Berechtigungswesens nicht herleiten. Die Aufgabenwahrnehmung im Bereich des Berechtigungswesens muss den Privatschulen somit gesondert übertragen werden im Wege der Anerkennung. Dabei ist allerdings das Grundrecht der Privatschulfreiheit gem. Art.7 IV GG zu beachten. Es verbietet eine Schlechterstellung der privaten Ersatzschulen im Verhältnis zu den öffentlichen Schulen. Daraus folgt für die Ersatzschulen, wenn sie die Voraussetzungen der Anerkennung erfüllen, ist ihnen die Anerkennung zu erteilen. Es besteht dann

---

[439] BVerfGE 75, 40(63)
[440] Im Einklang mit der hier vertretenen Ansicht hat das VG Dresden eine Nebenbestimmung zur Anerkennung für rechtswidrig erachtet, die von der anerkannten Ersatzschule verlangte, dass die dem Unterricht zugrundliegenden Lehrpläne und Stundentafeln nur mit Erlaubnis der zuständigen Behörde verändert werden dürfen. Das VG sah darin eine unverhältnismäßige Einschränkung der Privatschulfreiheit gem. Art.7 IV GG. VG Dresden, Urteil vom 28.3.2001, AktZ.: 5 K 2726/98, abgedruckt in BEFT, 62.11a, S.1(8ff.)

ein Rechtsanspruch auf die Anerkennung. Die anerkannte Ersatzschule nimmt nach der Anerkennung als Beliehener[441] die staatlichen Aufgaben des Berechtigungswesens wahr. D.h., mit der Annahme eines Rechtsanspruches auf die Erteilung der Anerkennung müsste ebenfalls von einem subjektiven Recht auf Beleihung mit der staatlichen Aufgabe des Berechtigungswesens ausgegangen werden. Es wird aber grundsätzlich angenommen, dass kein Rechtsanspruch eines Privatrechtssubjektes auf eine Beleihung mit staatlichen Aufgaben besteht.[442] Für die rechtliche Ausgestaltung der Beleihungen ist jedoch der Regelungsgehalt der Grundrechte zu beachten.
Häufig sind dabei die Grundrechte des Art.12 I GG und des Art.3 I GG betroffen.[443] Art.7 IV GG erlangt hingegen im Bereich des Privatschulwesens Bedeutung. Um eine Benachteiligung privater Ersatzschulen als Institution gegenüber den öffentlichen Schulen zu verhindern, sind den privaten Ersatzschulen, wie soeben dargestellt wurde, gem. Art.7 IV GG die staatlichen Aufgaben des Berechtigungswesens zu übertragen. Die Ersatzschulen haben einen Rechtsanspruch auf die Erteilung der Anerkennung, wenn sie die Voraussetzungen hierfür erfüllen. Insoweit haben die Ersatzschulen auch ein subjektives Recht auf die Beleihung mit den hoheitlichen Aufgaben des Berechtigungswesens. Aus Art.7 IV GG folgt somit neben dem Leistungsanspruch auf (finanzielle) Förderung der privaten Ersatzschulen[444] auch ein Recht der Ersatzschulen auf Teilhabe an der bestehenden öffentlich-rechtlichen Einrichtung des Berechtigungswesens, wenn die Ersatzschulen die Voraussetzungen der Anerkennung erfüllen. Nur dann kann eine Benachteiligung der privaten Ersatzschulen gegenüber den öffentlichen Schulen vermieden werden.
Ein Rechtsanspruch auf die Verleihung staatlicher Aufgaben ist für Beleihungen zwar untypisch, spricht aber nicht gegen den staatlichen Charakter der im Wege der Beleihung übertragenen Aufgabe des Berechtigungswesens.[445] Die Länder legen die Anforderungen des Berechtigungserwerbs fest. Die Privatschulen haben darauf keinen Einfluss, sondern sie sind in allen Bundesländern verpflichtet, wie die öffentlichen Schulen die staatlichen Bestimmungen des Berechtigungswesens einheitlich anzuwenden, solange sie Aufgaben des Berechtigungswesens wahrnehmen möchten. Das deutet auf den staatlichen Charakter der Berechtigungen hin. Denn ohne die Einordnung des Berechtigungswesens als Staatsaufgabe könnte von den Ersatzschulen nicht die zwingende Einhaltung und Anwendung der sie bindenden staatlichen Normen zum Berech-

[441] dazu näher unten Teil D), III.), 2.)
[442] Burgi, FS f. Maurer, S.581(589); Ossenbühl, VVDStRL 29 (1971), S.137(185ff.)
[443] BVerfGE 64, 72(82f.); 73, 301(316ff.); BVerwG DVBl. 2000, 1624; Burgi, FS f. Maurer, S.581(589)
[444] BVerfGE 75, 40(62ff.); 90, 107(115ff.)
[445] a.A.: Ossenbühl, VVDStRL 29 (1971), S.137(186); Ossenbühl geht davon aus, dass eine Aufgabe deren Übertragung Privaten überlassen werden muss, nicht staatlich sein kann.

tigungserwerb verlangt werden. Die Privatschulen wären vielmehr frei in der Gestaltung der Prüfungen, was allerdings die Vergleichbarkeit der Berechtigungen und die Chancengleichheit bei dem Erwerb eines Abschlusses in Frage stellen würde.
Voraussetzung der Anerkennung ist die dauernde Erfüllung der Genehmigungsvoraussetzungen. Mit Erfüllung dieser Voraussetzungen hat die Ersatzschule sich bewährt. Gleichartigkeit kann, solange die Ersatzschule keine Aufgaben des Berechtigungswesens erfüllt, als Voraussetzung der Anerkennung nicht verlangt werden. Ein derartiges Gleichartigkeitserfordernis würde zu einer Verletzung des Art.7 IV GG führen. Erst nach der Anerkennung ist die Ersatzschule verpflichtet, zur Aufgabenerfüllung im Bereich des Berechtigungswesens für die Aufnahme, Versetzung, Prüfung und das Zeugnis von Schülern die für öffentliche Schulen geltenden Vorschriften anzuwenden, soweit dies durch Landesrecht vorgeschrieben wird. In diesen Bereichen ist eine Gleichartigkeit unerlässlich, um die Vergleichbarkeit der Abschlüsse und damit die Chancengleichheit der Schüler zu gewährleisten. Ein darüber hinausgehendes Gleichartigkeitserfordernis ist hingegen unverhältnismäßig. Eine generelle Gleichschaltung der Privatschulen muss vermieden werden, deshalb sind die Regelungsbereiche der Gleichartigkeit als Ausnahmebestimmungen und Einschränkungen der Privatschulfreiheit eng auszulegen.
Unter diesen aufgeführten Kriterien ist das Rechtsinstitut der Anerkennung verfassungskonform.
Eine Regelung der Anerkennung in dieser oder ähnlicher Art und Weise findet sich momentan in Hamburg, in Rheinland-Pfalz, im Saarland und in Sachsen-Anhalt. Berlin, Brandenburg, Hessen und Thüringen regeln die Voraussetzungen der Anerkennung nach den eben aufgeführten Voraussetzungen. Sie geben der Ersatzschule aber keinen Rechtsanspruch auf die Anerkennung. Nordrhein-Westfalen geht über die geforderten Voraussetzungen hinaus, indem es den Ersatzschulen landesverfassungsunmittelbar Berechtigungen zusammen mit der Genehmigung in einem Akt einräumt.[446]

III.) Die Abiturprüfung für Schüler nicht anerkannter Ersatzschulen

Erfüllt eine Ersatzschule die oben aufgeführten Voraussetzungen, wird sie auf Antrag durch die zuständige Schulbehörde anerkannt und kann nunmehr ihren Schülern Berechtigungen mit öffentlich-rechtlicher Außenwirkung erteilen.
Ohne diese Anerkennung dürfen die Ersatzschulen jedoch keine Aufgaben des Berechtigungswesens wahrnehmen. Die Gründe für eine fehlende Anerkennung

---

[446] siehe oben Teil C), II), 1.), c) und d)

können dabei vielfältiger Natur sein. Sie reichen von der noch nicht mit Sicherheit feststellbaren dauerhaften Erfüllung der Genehmigungsvoraussetzungen als Voraussetzung für die Anerkennung, z.B. infolge der soeben erfolgten Neugründung der Privatschule, bis hin zur angestrebten eigenständigen Verfolgung von Bildungs- und Erziehungsidealen durch die Privatschule im Wege selbständiger pädagogischer Konzepte. Die Verfolgung eigenständiger besonderer pädagogischer Konzepte wird durch die Gleichartigkeitsanforderungen der Anerkennung limitiert, denn für den Bereich des Berechtigungswesens müssen die anerkannten Ersatzschulen ja nun öffentlich-rechtliche Vorschriften anwenden. Diese Begrenzung der inhaltlichen Gestaltungsfreiheit tritt erst recht ein, wenn die Anerkennungsvoraussetzungen extensiv ausgelegt werden, wie das in der Schulverwaltungspraxis nicht unüblich ist. Viele Ersatzschulen sehen deshalb davon ab, einen Antrag auf Anerkennung zu stellen.
Um die Privatschulfreiheit nicht zu entwerten, müssen die Schüler nicht anerkannter Ersatzschulen aber ebenfalls in der Lage sein, Berechtigungen zu erlangen. Art.7 IV GG verbietet es, den Schülern von Privatschulen den Weg zu den Berechtigungen total zu versperren.[447] Auch die Schüler nicht anerkannter Ersatzschulen müssen deshalb die Möglichkeit haben, nach außen hin wirksame Prüfungen ablegen und Abschlüsse erwerben zu können. Diese Möglichkeit wird gegeben, indem die Schüler nicht anerkannter Ersatzschulen ihre Abschlussprüfungen vor staatlichen Prüfungskommissionen ablegen. Die Berechtigungserteilung erfolgt somit durch den Staat im Wege der Wahrnehmung der hoheitlichen Aufgaben des Berechtigungswesens. Die genehmigten Ersatzschulen selbst haben mit den Prüfungen und der Abschlusszeugniserteilung grundsätzlich nichts zu tun. Der Grund für eine derartige Prüfung der Schüler nicht anerkannter Ersatzschulen ist der staatliche hoheitliche Charakter des Berechtigungswesens. Die Privatschulen dürfen die hoheitlichen Aufgaben des Berechtigungswesens nicht ohne weiteres, d.h. ohne eine Anerkennung wahrnehmen. Daraus folgt, ist die Ersatzschule nicht anerkannt, muss eben der Staat selbst die Überprüfung vornehmen, ob die zu prüfenden Schüler den Leistungsstand für den Berechtigungserwerb aufweisen. Dies geschieht durch die Ablegung der Abschlussprüfung vor einer staatlichen Prüfungskommission grundsätzlich ohne Beteiligung der genehmigten Ersatzschule. Das Verfahren und die Anforderungen für die Prüfung sind dabei in den so genannten Externen-, Fremden- oder Nichtschülerprüfungsverordnungen der Länder geregelt. Auf diese Prüfungsvorschriften und ihre Unterschiede zu den Prüfungsregelungen für Schüler öffentlicher Schulen und anerkannter Ersatzschulen soll im folgenden Abschnitt eingegangen werden.

---

[447] BVerfGE 27, 195(206f.); Braun, Kommentar zur Verf des Landes Baden-Württemberg, Art.17, Rn 13

Dabei stellt sich insbesondere die Frage, ob nicht durch die besondere Ausgestaltung der Nichtschülerprüfungen eine Benachteiligung der Schüler lediglich genehmigter Ersatzschulen im Verhältnis zu Schülern anerkannter Ersatzschulen oder öffentlicher Schulen gegeben ist, so dass eine Verletzung von Art.7 IV, 3 I GG anzunehmen wäre. Diese kaum beachtete Frage wird kontrovers behandelt.

1.) Die Rechtsposition des Bundesverfassungsgerichts

Das Bundesverfassungsgericht ist der Ansicht, dass eine Externenprüfung vor einer staatlichen Prüfungskommission keine verfassungswidrige Zurückdrängung der Schüler nur genehmigter Ersatzschulen sei.[448] Denn damit werde nicht die Gleichwertigkeit der Ersatzschulen bei der Schulausbildung in Frage gestellt, sondern eine von der Sache her gebotene und verfassungsrechtlich zulässige Kontrolle des Berechtigungswesens ausgeübt, die sich auf private und öffentliche Schulen gleichermaßen erstrecke. Es sei keine Verneinung der Gleichwertigkeit der Ausbildung, sondern *erforderlich, um feststellen zu können, ob ein entsprechender Leistungsstandard im Einzelfall in der genehmigten Privatschule erreicht werde, der für die Erteilung der Berechtigung ausreiche.*[449] Bei anerkannten Ersatzschulen sei dies entbehrlich, da jene sich den öffentlichen Schulen angepasst und sich einer verstärkten Schulaufsicht unterworfen hätten und so die Gewähr für einen dauernden gleichmäßigen Leistungsstand zum Erwerb der Berechtigung bieten würden.[450] Es sei so zwar möglich, dass nicht anerkannte Ersatzschulen gegenüber anerkannten Privatschulen benachteiligt würden. Davor bestehe jedoch kein verfassungsrechtlicher Schutz, da Art.7 IV GG keinen Schutz der Ersatzschule im freien Wettbewerb auf Bestand gewährleiste.[451]
Als Begründung für die andersartige Behandlung der Schüler genehmigter Ersatzschulen hinsichtlich des Berechtigungserwerbs wird also der staatliche hoheitliche Charakter des Berechtigungswesens angeführt. Bei nur genehmigten Ersatzschulen könne nicht überprüft werden, welchen Leistungsstand die Schüler aufweisen. Berechtigungen dürfen aber nur Schülern erteilt werden, die einen entsprechenden Leistungsstand nachweisen. Dies ist aufgrund der hoheitlichen Aufgabe des Berechtigungswesens durch den Staat in der Externen- bzw. Nichtschülerprüfung festzustellen. Der private Schulträger könne diese Aufgabe nicht erfüllen.

---

[448] BVerfGE 27, 195(207)
[449] BVerfGE 27, 195(207f.)
[450] BVerfGE 27, 195(208)
[451] BVerfGE 27, 195(208)

2.) Die Benachteiligung der Schüler genehmigter Ersatzschulen durch die Nichtschülerprüfungsordnungen nach Ansicht der Gegenmeinung

Gegen die Ansicht des Bundesverfassungsgerichts werden verschiedene Einwände vorgebracht. Der Einwand, das Berechtigungswesen sei keine staatliche Aufgabe und die Aufgabenwahrnehmung in diesem Bereich stehe automatisch jeder genehmigten Ersatzschule aus Art.7 IV GG zu, wurde oben bereits widerlegt.[452] Weiterhin wird aber geltend gemacht, die Regelungen der Nichtschüler- bzw. Externenprüfungsordnungen würden die Schüler genehmigter Ersatzschulen unangemessen benachteiligen. Zu dieser Frage hat insbesondere Hauenschild Stellung genommen.[453] Er betrachtet dabei die Situation der Schüler genehmigter Ersatzschulen für den Erwerb des Abiturs im Verhältnis zu Schülern öffentlicher Schulen bzw. anerkannter Ersatzschulen. Für Schüler anerkannter Ersatzschulen gelten die gleichen Regelungen wie für Schüler öffentlicher Schulen. Hauenschild geht dabei von dem Grundsatz des hoheitlichen Charakters des Berechtigungswesens aus.[454] Er stellt aber trotzdem eine Benachteiligung der Schüler nicht anerkannter Ersatzschulen fest. Diese Benachteiligung beruht seiner Ansicht nach auf mehreren Gründen. Ein Grund sei die Zusammensetzung der Prüfungskommissionen. Diese bestehen i.d.R. nur aus Beamten bzw. Lehrern staatlicher Schulen. Lehrer genehmigter Ersatzschulen könnten hingegen grundsätzlich nicht Mitglied der Fachprüfungsausschüsse sein.[455] Deshalb könne der Werdegang des Schülers und der tatsächlich im Unterricht behandelte Stoff nicht in gleichem Umfang berücksichtigt werden, wie an staatlichen Schulen.[456] Des Weiteren werde bei der Auswahl des Prüfungsstoffes keine Rücksicht auf den Unterricht in der Privatschule und die behandelten Stoffgebiete genommen.[457] Der gesamte Stoffplan könne aber nicht umfassend behandelt werden, sondern jeder Lehrer setze in seinem Unterricht auch im Rahmen der Lehrpläne gerade Schwerpunkte, die von der staatlichen Prüfungskommission aber nicht entsprechend bei der Prüfung berücksichtigt würden.[458] Schließlich müssen die Schüler der genehmigten Ersatzschulen für das Abitur vier schriftliche und zusätzlich vier mündliche Prüfungen ablegen im Gegensatz zu den insgesamt vier Prüfungen der Schüler staatlicher Schulen bzw. anerkannter Ersatzschulen. Insofern bestehe eine besonders belastende Prüfungsstofffülle, welche die Schüler genehmigter Ersatzschulen besonders benachteilige und auch verhindere, dass sich die Schüler genehmigter Ersatzschulen so

452 Siehe oben Teil C), II.), 2.)
453 Hauenschild, RdJB 1990, 307ff.
454 ders., RdJB 1990, 307(310)
455 ders., RdJB 1990, 307(308)
456 ders., RdJB 1990, 307(312); Becker K., Aufsicht über Privatschulen, S.127
457 Hauenschild, RdJB 1990, 307(309)
458 ders., RdJB 1990, 307(313)

intensiv auf eine Prüfung vorbereiten können wie die Schüler der staatlichen oder anerkannten Schulen.[459] Außerdem erfolge die Prüfung nicht in der Ersatzschule sondern in der staatlichen Schule, wodurch der Privatschüler zusätzlichen Belastungen ausgesetzt sei, die Schüler von öffentlichen Schulen so nicht kennen. Zudem laufe der normale Unterricht an den Prüfungsorten weiter, so dass eine besondere Rücksichtnahme aufgrund der Prüfungssituation nicht gelänge.[460]

Aus diesen Gründen wird geschlussfolgert, dass die Abiturprüfung für die Schüler nur genehmigter Ersatzschulen sich erheblich schwerer darstelle als für die Schüler staatlicher Schulen oder anerkannter Ersatzschulen. Die Schüler nur genehmigter Ersatzschulen würden dadurch offensichtlich in erheblichem Maße benachteiligt, der schulische Pluralismus ungerechtfertigt beeinträchtigt, so dass eine Verletzung von Art.7 IV, 3 I GG gegeben sei.[461]

3.) Die Rechtslage nach den KMK-Vereinbarungen und dem Landesrecht

Um diese Frage der Verfassungsmäßigkeit der Nichtschülerprüfungen beantworten zu können, müssen die jeweiligen Vereinbarungen der Kultusministerkonferenz der Länder und die entsprechenden Landesregelungen betrachtet werden. Anhand dieser Betrachtung kann festgestellt werden, ob eine Ungleichbehandlung tatsächlich vorliegt und ob diese u.U. gerechtfertigt ist. Dabei beschränkt sich die folgende Untersuchung auf die jeweiligen Regelungen der Nichtschülerprüfung für das Abitur. Untersucht werden die oben genannten Kritikpunkte, aus denen die Ungleichbehandlung geschlussfolgert wird. Auf die ähnlichen Regelungen für den Erwerb des Haupt- und Realschulabschlusses durch Nichtschüler soll hingegen nicht eingegangen werden.

a) Die Vereinbarungen der Kultusministerkonferenz zur Abiturprüfung für Nichtschüler und zur Abiturprüfung für Schüler staatlicher Schulen bzw. anerkannter Ersatzschulen

Grundlage für die Regelungen der Länder zum Erwerb des Abiturs durch Nichtschüler ist die *Vereinbarung der Kultusministerkonferenz über die Abiturprüfung für Nichtschülerinnen und Nichtschüler entsprechend der Gestaltung der gymnasialen Oberstufe in der Sekundarstufe II.*[462]

Nach § 1 I/1 dieser KMK-Vereinbarung kann zur Abiturprüfung für Nichtschüler zugelassen werden, wer nicht Schüler einer gymnasialen Oberstufe einer öffentlichen oder einer nach Landesrecht gleichgestellten privaten Schule, d.h.

---

459 ders., RdJB 1990, 307(309, 313f.)
460 ders., RdJB 1990, 307(309, 314)
461 ders., RdJB 1990, 307(310f.); Stein/Roell, Hdb SchulR, S.105
462 Beschluss der Kultusministerkonferenz vom 13.09.1974 i.d.F. vom 16.06.2000

einer anerkannten Ersatzschule, eines Abendgymnasiums oder eines Kollegs ist. Das betrifft insbesondere die Schüler genehmigter Ersatzschulen. Wer die Abiturprüfung an den in § 1 I/1 genannten Schulen zweimal nicht bestanden hat, darf gem. § 1 I/2 nicht zur Prüfung zugelassen werden. Nach der Feststellung der Nichterfüllung der Voraussetzungen für den Erwerb der Berechtigung soll damit eine Umgehung der öffentlichen Prüfungsvorschriften durch ein Ausweichen des Schülers auf genehmigte Ersatzschulen verhindert werden.
Die Durchführung der gesamten Nichtschülerprüfung obliegt gem. § 2 I/1 einer Prüfungskommission, deren Vorsitzender von der Schulaufsichtsbehörde zu bestellen ist. Er muss gem. § 2 I/2, 3 beide Staatsprüfungen für das Lehramt abgelegt haben und eine entsprechende Lehrbefähigung für die gymnasiale Oberstufe besitzen sowie grundsätzlich Schulaufsichtsbeamter oder Schulleiter sein. Der Vorsitzende der Prüfungskommission kann daher nicht von der Privatschule gestellt werden. Die anderen Mitglieder der Prüfungskommission sind die Vorsitzenden der Fachausschüsse. Die Prüfungen in den einzelnen Fächern erfolgen jeweils durch die Fachausschüsse. Die Fachausschussmitglieder werden gem. § 2 II/1 durch die Schulaufsichtsbehörde oder durch den Vorsitzenden der Prüfungskommission bestellt. Die Vorsitzenden der Fachausschüsse müssen, die anderen Mitglieder sollen gem. § 2 II/2 die beiden Staatsprüfungen für ein Lehramt abgelegt haben oder über eine entsprechende Lehrbefähigung verfügen und die Lehrbefähigung für die gymnasiale Oberstufe und für das betreffende Fach besitzen; über Ausnahmen bei den weiteren Mitgliedern entscheidet die Schulaufsichtsbehörde.
Daraus folgt, dass nach der KMK-Vereinbarung über die Abiturprüfung für Nichtschüler die Zusammensetzung der Prüfungskommission und der Fachausschüsse allein durch die staatlichen Schulbehörden bestimmt wird. Die genehmigte Ersatzschule kann demnach auf die Zusammensetzung keinen Einfluss nehmen. Es wird nach dem Wortlaut der KMK-Vereinbarung aber nicht ausgeschlossen, dass die Lehrkräfte der Ersatzschule Mitglieder der Fachausschüsse werden können. Sie müssen dazu aber die beiden Staatsprüfungen für ein Lehramt abgelegt haben oder über eine entsprechende Lehrbefähigung verfügen *und* die Lehrbefähigung für die (staatliche) gymnasiale Oberstufe und für das betreffende Fach besitzen. Ausnahmen sind nach § 2 II/2 letzter Halbsatz aber möglich. Die Ausnahmeberücksichtigung von Lehrkräften, welche die genannten Anforderungen nicht erfüllen, hat verfassungskonform im Sinne einer gleichwertigen wissenschaftlichen Ausbildung gem. Art.7 IV/3 GG zu erfolgen. Ein Anspruch der Ersatzschule für die Berücksichtigung ihrer Lehrkräfte in den Fachausschüssen besteht dennoch nicht. Die Fachausschüsse können, müssen somit aber nicht als Mitglieder auch Lehrkräfte derjenigen Ersatzschulen haben, deren Schüler geprüft werden. Diese Entscheidung obliegt den staatlichen Schulbehörden.

Prüfungsgegenstand sind gem. § 3 Fächer, die im Grunde denen der öffentlichen Schulen oder anerkannten Ersatzschulen entsprechen. Eine schriftliche Prüfung wird jedoch gem. § 5 I in vier Fächern durchgeführt. Zwei davon sind Leistungskursfächer, in denen vertiefte und erweiterte Kenntnisse nachgewiesen werden müssen. Zusätzlich kann in den schriftlich geprüften Fächern auch eine mündliche Prüfung durchgeführt werden. Das Gesamtergebnis im jeweiligen Prüfungsfach ist in diesem Fall zu gleichen Teilen gem. § 5 III aus den genannten Prüfungsabschnitten zu bilden. Die mündliche Prüfung erfolgt gem. § 6 I ebenfalls in vier Fächern, die nicht Gegenstand der schriftlichen Prüfung sind. Die Bestimmung der Abiturnote erfolgt wie an den öffentlichen Schulen nach einem Punktesystem mit der Höchstpunktzahl von 840 Punkten, siehe §§ 5 IV, V, 6 III, IV der KMK-Vereinbarung. Die zwei schriftlichen Leistungskursfächer gehen dabei mit einer Wertigkeit von rund 43 % der Gesamtnote, die zwei weiteren schriftlichen Prüfungsfächer und die vier mündlichen Prüfungsfächer mit jeweils rund 28,5 % der Gesamtnote in das Ergebnis ein. Die Aufgabenstellung, Korrektur und Bewertung der Prüfungen erfolgt gem. §§ 5 II, 6 II entsprechend dem Procedere bei Prüfungen in öffentlichen Schulen. §§ 5 II, 6 II verweisen insofern auf die Vereinbarung der Kultusministerkonferenz über die Abiturprüfung der gymnasialen Oberstufe in der Sekundarstufe II vom 07.07.1972 i.d.F. vom 16.06.2000.[463] Danach wird die Aufgabenstellung für die schriftliche Prüfung durch die Schulaufsichtsbehörde zentral gestellt oder genehmigt.

Die Schüler genehmigter Ersatzschulen müssen demnach insgesamt acht Prüfungen zum Erwerb des Abiturs ablegen. Die Aufgaben für die schriftliche Prüfung werden von der Schulaufsichtsbehörde gestellt. Die Ersatzschule kann gem. § 5 II KMK-Vereinbarung über die Abiturprüfung für Nichtschüler i.V.m. § 5 II KMK-Vereinbarung über die Abiturprüfung der gymnasialen Oberstufe zwar Vorschläge für Aufgaben machen, die Schulaufsichtsbehörde kann aber auch andere Aufgaben stellen. Über den Ort der Prüfung gibt die KMK-Vereinbarung über die Abiturprüfung für Nichtschüler keine Auskunft.

Eine besondere Regelung existiert für Waldorfschulen. Nach der *Vereinbarung der Kultusministerkonferenz über die Durchführung der Abiturprüfung für Schüler an Waldorfschulen*[464] erfordern Aufbau, Lehrplan und Versetzungsregeln der Waldorfschulen besondere Bestimmungen, um aufgrund der sich aus der Pädagogik der Waldorfschulen ergebenden Besonderheiten die Zeugnisse der Allgemeinen Hochschulreife in den Ländern gleichwertig und vergleichbar zu halten. Dies hat für die hier relevanten Fragen des Berechtigungserwerbs folgende Auswirkungen: Nach Nr.1 dieser KMK-Vereinbarung kann die Abiturprüfung in den Gebäuden der Waldorfschulen abgehalten werden. Nach Nr.3

[463] Beschluss der Kultusministerkonferenz vom 13.12.1973 i.d.F. vom 16.06.2000
[464] Beschluss der Kultusministerkonferenz vom 21.02.1980 i.d.F. vom 14.12.2001

der Vereinbarung können Lehrkräfte der Waldorfschulen als Mitglieder, jedoch nicht als Vorsitzende der Prüfungsfachausschüsse berufen werden, wenn sie die bereits aufgeführten Voraussetzungen des § 2 II der KMK-Vereinbarung über die Abiturprüfung für Nichtschüler erfüllen. Nach Nr.4 der Vereinbarung können Stoffangaben der Waldorfschulen für die Aufgaben in der schriftlichen und der mündlichen Prüfung berücksichtigt werden. Gemäß Nr.5.1 kann schließlich in zwei der ausschließlich mündlich zu prüfenden Fächer an die Stelle der mündlichen Prüfungen eine Anrechnung der Leistungen des 2.Halbjahres der Jahrgangsstufe 13 treten, wenn die Leistungen durch geeignete Maßnahmen der Schulaufsichtsbehörde überprüft worden sind. Die Leistungsergebnisse der beiden Fächer treten an die Stelle der zwei vorgesehenen mündlichen Prüfungsfächer. Die Schüler der Waldorfschulen müssen dann nur noch sechs Prüfungen, d.h. vier schriftliche und zwei mündliche Prüfungen erbringen. Zusätzlich besteht gem. Nr. 5.5 die Möglichkeit, dass durch den Schüler zusätzlich eine schriftlich dokumentierte besondere Lernleistung, z.B. eine Jahres- oder Seminararbeit, in die Abiturprüfung eingebracht wird, die in einem Kolloquium zu erläutern ist und in die Abiturnote mit einfließt.
Die KMK-Vereinbarung über die Durchführung der Abiturprüfung für Schüler an Waldorfschulen enthält damit einige Vereinfachungen. Die stärkere Beteiligung der Waldorfschule als genehmigter Ersatzschule an der Prüfung wird explizit festgeschrieben. Den größten Unterschied stellen aber die Möglichkeit der Einbringung von zwei Halbjahresleistungen, die Reduzierung der Prüfungsfächer auf sechs, die Beteiligung der Lehrkräfte der Waldorfschulen und die Berücksichtigung von Stoffangaben der Privatschule dar.
Bei der Betrachtung dieser KMK-Vereinbarungen lässt sich somit feststellen, dass die genehmigte Ersatzschule i.d.R. keinen Einfluss auf die Zusammensetzung der Prüfungsgremien, den Prüfungsort und die Erstellung der Prüfungsaufgaben hat. Die Schüler genehmigter Ersatzschulen werden für den Erwerb des Abiturs in acht Prüfungsfächern geprüft. Gewisse Erleichterungen gibt es hingegen für die Schüler der Waldorfschulen.
Im Vergleich dazu ist der Erwerb des Abiturs für Schüler öffentlicher Schulen und für die Schüler anerkannter Ersatzschulen, die anerkannten Ersatzschulen müssen die für öffentliche Schulen geltenden Bestimmungen im Bereich des Abschlussprüfungen anwenden, anders geregelt. Dies soll hier nur kurz dargestellt werden. Auch für diese Schulen bestehen als Grundlage der jeweiligen landesrechtlichen Regelungen Vereinbarungen der Kultusministerkonferenz. Dies sind die bereits erwähnte *Vereinbarung über die Abiturprüfung der gymnasialen Oberstufe in der Sekundarstufe II* und *die Vereinbarung zur Gestaltung der gymnasialen Oberstufe in der Sekundarstufe II.*[465]

---

[465] Beschluss der Kultusministerkonferenz vom 07.07.1972 i.d.F. vom 16.06.2000

In der gymnasialen Oberstufe durchlaufen die Schüler gem. Nr.7.1 der KMK-Vereinbarung zur Gestaltung der gymnasialen Oberstufe vor der Abiturprüfung eine zweijährige Qualifikationsphase. Diese Qualifikationsphase findet nach einem Kurssystem statt, wobei die Jahrgangsklassen durch ein System von Grund- und Leistungskursen abgelöst werden. Die Bewertung der Schülerleistungen in diesem Kurssystem erfolgt nach dem Punktsystem gem. Nr.9.2 der KMK-Vereinbarung zur Gestaltung der gymnasialen Oberstufe. Die Gesamtnote des Abiturs wird dabei gem. Nr.9.3.11 der KMK-Vereinbarung zur Gestaltung der gymnasialen Oberstufe aus den erbrachten Leistungen des Schülers während der Qualifikationsphase in 22 Grundkursen und in 6 Leistungskursen und den in der Abiturprüfung erbrachten Leistungen bestimmt. Es sind maximal 840 Punkte erreichbar. Davon entfallen auf die Grundkurse der Qualifikationsphase maximal 330 Punkte und auf die Leistungskurse höchstens 210 Punkte. Die Abiturprüfung trägt zum Ergebnis einschließlich der Kurse des Abschlusshalbjahres in diesen Fächern höchstens 300 Punkte bei. Die Prüfung selbst besteht gem. Nr.8.2.1 der KMK-Vereinbarung zur Gestaltung der gymnasialen Oberstufe mindestens aus vier höchstens aus fünf Komponenten. Sie umfasst gem. Nr.8.2.1, 8.3., 8.4. und Nr.9.3.8 dieser KMK-Vereinbarung zwei schriftliche Prüfungen in den Leistungskursfächern, eine schriftliche Prüfung in einem weiterem Fach und eine mündliche Prüfung in einem nicht schriftlich geprüften Fach. Als fünfte Komponente ist entweder eine schriftliche oder eine mündliche Prüfung in einem weiteren Fach oder eine besondere Lernleistung zulässig. In den schriftlich geprüften Fächern können gem. Nr. 8.3.2 der KMK-Vereinbarung zur Gestaltung der gymnasialen Oberstufe auch mündliche Prüfungen stattfinden. In diesen Fächern wird dann das Endergebnis gem. § 7 I/2 der KMK-Vereinbarung über die Abiturprüfung der gymnasialen Oberstufe im Verhältnis 2:1 gebildet. In allen Teilkomponenten zur Ermittlung der Abiturnote müssen zudem nach Nr.9.3.12 bestimmte Mindestpunktzahlen erreicht werden.

Anhand dieser kurzen Ausführungen lässt sich bereits erkennen, dass der Erwerb der Hochschulreife an den öffentlichen Schulen und den anerkannten Ersatzschulen gänzlich anders aufgebaut ist als der Erwerb der Hochschulreife für Schüler genehmigter Ersatzschulen. Das Kurssystem hat für die Ermittlung der Endnote eine große Bedeutung, indem die dort erworbenen Punkte fast zwei Drittel der Endnote ausmachen. Die Schüler stehen dadurch während der Qualifikationsphase unter einem ständigen Leistungsdruck. Die Abiturprüfung selbst besteht dann grundsätzlich nur noch aus drei schriftlichen und einer mündlichen Prüfung. Im Gegensatz dazu müssen die Schüler genehmigter Ersatzschulen jeweils vier schriftliche und vier mündliche Prüfungen ablegen. Eine Qualifikationsphase besteht für sie hingegen nicht. Der Unterschied ist damit ohne weiteres feststellbar. Die Abiturprüfung an öffentlichen Schulen und anerkannten Ersatzschulen wird durch eine Prüfungskommission durchgeführt, der als Mitglied gem. § 3 I der KMK-Vereinbarung über die Abiturprüfung der gymnasialen Oberstufe auch der Schulleiter oder dessen Vertreter angehören. Der Schulleiter kann dabei gem. § 3 II dieser KMK-Vereinbarung auch Vorsitzender der Prüfungskommission sein. Die Prüfungen selbst erfolgen durch die Fachausschüsse. Die Mitglieder dieser Fachausschüsse sollen gem. § 3 III/2 dieser KMK-Vereinbarung in dem jeweiligen Fach ihre Lehramtsprüfung abgelegt oder unterrichtet haben. Die Fachausschüsse bestehen dabei i.d.R. aus Lehrkräften der Schule, deren Schüler geprüft werden. Die Lehrkräfte der öffentlichen Schulen bzw. der anerkannten Ersatzschulen sind damit in den Prüfungsgremien vertreten. Dies ist bei den genehmigten Ersatzschulen nicht zwingend der Fall. Über den Ort der Prüfung enthalten die KMK-Vereinbarungen keine Angaben. Die Aufgaben der schriftlichen Prüfung werden gem. § 5 I der KMK-Vereinbarung über die Abiturprüfung der gymnasialen Oberstufe zentral gestellt oder genehmigt. Die Schulen können gem. § 5 II dieser KMK-Vereinbarung Aufgaben vorschlagen. Diese müssen aber nicht berücksichtigt werden. Insofern haben öffentliche Schulen zumindest ein Vorschlagsrecht. Dieses steht genehmigten Ersatzschulen grundsätzlich nicht zu.

Hauptunterschied beim Berechtigungserwerb von Schülern öffentlicher Schulen bzw. anerkannter Ersatzschulen und Schülern lediglich genehmigter Ersatzschulen im Hinblick auf das Abitur ist damit die unterschiedliche Gestaltung der Prüfung mit einerseits Kurssystem sowie vier Prüfungen und andererseits acht Prüfungen ohne Kurssystem. Hinzu kommt, dass die Lehrkräfte öffentlicher Schulen in den Prüfungsgremien vertreten sind und dass sie so auch zweifellos ihre Erfahrung mit dem jeweiligen Schüler einbringen können, insbesondere bei der mündlichen Prüfung, während bei genehmigten Ersatzschulen die Lehrkräfte nicht zwingend in den Prüfungsgremien vertreten sein müssen. Die Schüler öffentlicher Schulen bzw. anerkannter Ersatzschulen und die Schüler genehmigter Ersatzschulen werden nach den KMK-Vereinbarungen somit beim Erwerb des Abiturs unterschiedlich behandelt.

Bevor aber untersucht werden kann, ob derartige Unterschiede im Hinblick auf Art.7 IV, 3 I GG zu rechtfertigen sind, ist zuvor noch auf die jeweiligen Landesregelungen einzugehen, die den Inhalt der KMK-Vereinbarungen ja erst in gültiges Recht „umwandeln". Erst die Landesgesetze normieren die Prüfungsbestimmungen mit Rechtswirkung nach außen. Die KMK-Vereinbarungen selbst sind nur unverbindliche Abstimmungen zwischen den Ländern.[466] Sie haben keine unmittelbare rechtliche Wirkung und sind keine Rechtsnormen im formellen Sinne.[467] Sie dienen lediglich der Koordination der Verwaltungspra-

---

[466] Fuß, VVDStRL 23 (1966), S.230; Heckel, Dt. Privatschulrecht, S.74; Müller, Recht der Fr. Schule nach dem GG, S.22

[467] Anders, Schulgesetzgebung der neuen Bundesländer, S.111; Fuß, VVDStRL 23 (1966), S.238; Heckel, Dt. Privatschulrecht, S.74; Müller, Recht der Fr. Schule nach dem GG, S.22; Plümer, Rechtsnatur der Privatschulverhältnisse, S.135

xis der Bundesländer, können jedoch nicht dem Landesgesetzgeber vorgreifen. Es bleibt den Ländergesetzgebern vorbehalten, Landesrecht zu schaffen, welches von einer KMK-Vereinbarung abweicht.

b) Die Landesregelungen zur Abiturprüfung für Nichtschüler und zur Abiturprüfung für Schüler staatlicher Schulen bzw. für Schüler anerkannter Ersatzschulen

Auch wenn die genannten KMK-Vereinbarungen die gemeinsame geistige Basis für die jeweiligen Landesregelungen darstellen, müssen aufgrund der fehlenden Bindungswirkung der KMK-Vereinbarungen die Regelungen der Länder zur Nichtschülerprüfung im Verhältnis zu den Normen für die Abiturprüfung an öffentlichen Schulen betrachtet werden. Soweit dabei die Landesregelungen den KMK-Vereinbarungen entsprechen, soll hier auf das oben bereits Gesagte verwiesen werden. Lediglich Abweichungen werden etwas näher betrachtet. Zunächst sollen nun die Regeln des Berechtigungserwerbs an öffentlichen Schulen und anerkannten Ersatzschulen im Rahmen der oben bereits genannten Problembereiche beschrieben werden.

aa) Das Abitur für Schüler öffentlicher Schulen und anerkannter Ersatzschulen

In allen Bundesländern erfolgt der Erwerb des Abiturs an öffentlichen Schulen bzw. an anerkannten Ersatzschulen nach dem oben bereits beschriebenen Kurssystem, wobei die Gesamtqualifikation, der Erwerb der Hochschulreife aus den gewerteten Kursen der Kursstufe und dem Ergebnis der Abiturprüfung errechnet wird. Dies regeln in den einzelnen Bundesländern die §§ 14f., 26 der Abiturverordnung Gymnasien der Normalform (NGVO) Baden-Württemberg[468], §§ 74f. der Schulordnung für die Gymnasien in Bayern (GSO)[469], §§ 17, 33 der Verordnung über die gymnasiale Oberstufe (VO-GO) Berlin[470], §§ 51-53 der Gymnasiale Oberstufen-Verordnung (GOSTV) Brandenburg[471], §§ 8, 18 II der Verordnung über die Abiturprüfung im Lande Bremen[472], §§ 17, 37 der Ausbildungs- und Prüfungsordnung der gymnasialen Oberstufe (APOgyO) Hamburg[473], §§ 26, 42f. der Verordnung über die Bildungsgänge und die Abiturprüfung in der gymnasialen Oberstufe und dem beruflichen Gymnasium (VOGO/BG) Hessen[474], §§ 35, 36 II-IV der Arbeits- und Prüfungsverordnung

[468] GBl. Baden-Württemberg 2001, S.518
[469] GVBl. Bayern 1983, S.681, zuletzt geändert GVBl. Bayern 2002, S.415
[470] GVBl. Berlin 1984, S.723, zuletzt geändert GVBl. Berlin 2000, S.434
[471] GVBl. Brandenburg II 1997, S.658, zuletzt geändert GVBl. Brandenburg II 1999, S.255
[472] GVBl. Bremen 2001, S.47
[473] GVBl. Hamburg 1990, S.93, 127, zuletzt geändert GVBl. Hamburg 1997, S.325
[474] ABl. Hessen 1998, S.734, zuletzt geändert ABl. Hessen 2002, S.270

gymnasiale Oberstufe (APVO-GO) Mecklenburg-Vorpommern[475], § 15 der Verordnung über die Abschlüsse in der gymnasialen Oberstufe, im Fachgymnasium, im Abendgymnasium und im Kolleg (AVO-GOFAK) Niedersachsen[476], §§ 28, 29 der Verordnung über den Bildungsgang und die Abiturprüfung in der gymnasialen Oberstufe (APO-GOSt) Nordrhein-Westfalen[477], §§ 8-11 der Abiturprüfungsverordnung Rheinland-Pfalz[478], §§ 2, 29 der Abiturprüfungsverordnung (APO) Saarland[479], §§ 22-26a, 43 der Oberstufen- und Abiturprüfungsverordnung (OAVO) Sachsen[480], §§ 37-40 der Verordnung über die gymnasiale Oberstufe (GOS-VO) Sachsen-Anhalt[481], § 13 der Oberstufenverordnung Schleswig-Holstein[482] und § 13 der Landesverordnung über die Abiturprüfung für die gymnasiale Oberstufe (APVO) Schleswig-Holstein[483] sowie §§ 88-91 der Thüringer Schulordnung.[484] Für die Abiturprüfung selbst werden in den meisten Bundesländern nur in vier Prüfungsfächern Prüfungen durchgeführt. Davon erfolgen in drei Fächern die Prüfungen schriftlich und u.U. im selben Fach zusätzlich mündlich, eine weitere Prüfung in einem vierten Fach erfolgt hingegen ausschließlich mündlich.[485] In einigen Bundesländern sind hingegen fünf Prüfungen vorgesehen.[486]

Die Prüfungsaufgaben der schriftlichen Prüfungen werden in manchen Bundesländern landeseinheitlich zentral[487], in anderen wiederum durch die eigenen

---

475 GVOBl. Mecklenburg-Vorpommern 1999, S.361, zuletzt geändert Mitt.bl. BM M-V 2001, S.312

476 GVBl. Niedersachsen 1997, S.149, zuletzt geändert GVBl. Niedersachsen 2001, S.335

477 GV Nordrhein-Westfalen 1998, S.594, zuletzt geändert GV Nordrhein-Westfalen 2001, S.66; In Nordrhein-Westfalen erhält die Ersatzschule bereits mit der Genehmigung gem. § 37 V SchOG NRW das Recht, Berechtigungen zu erteilen. Die genehmigte Ersatzschule hat damit bereits die Rechtsposition einer anerkannten Ersatzschule erlangt.

478 GVBl. Rheinland-Pfalz 1999, S.175

479 Amtsbl. Saarland 1995, S.1165, zuletzt geändert Amtsbl. Saarland 2000, S.2034

480 GVBl. Sachsen 1996, S.26, zuletzt geändert GVBl. Sachsen 2002, S.179

481 GVBl. Sachsen-Anhalt 2003, S.61

482 NBl. Schleswig-Holstein 1999, S.8

483 NBl. Schleswig-Holstein 2000, S.20

484 GVBl. Thüringen 1994, S.185, zuletzt geändert GVBl. Thüringen 2001, S.260

485 siehe § 69-71 BayGSO; § 20 VO-GO Bln; § 34 GOSTV Brb; 9 II BremAbiturprVO; § 24 HmbAPOgyO; § 19 APVO-GO M-V; § 2 AVO-GOFAK Nds; §§ 12, 21 II APO-GOSt NRW; § 12 AbiturprVO Rh-P; §§ 12, 18 SaarlAPO; § 27 Sächs OAVO; §§ 5, 8 VO Abiturpr gym Oberstufe Schl-H; § 92 ThürSchulO

486 § 16 NGVO B-W; §§ 25, 24 II HessVOGO/BG; § 20 GOS-VO LSA

487 so § 21 II NGVO B-W; § 70 II BayGSO; § 26 I APVO-GO M-V; § 14 SaarlAPO; § 35 I SächsOAVO; § 21 I GOS-VO LSA; § 97 I ThürSchulO

Lehrkräfte der Schule gestellt.[488] Im letzteren Fall müssen die Aufgaben dann aber durch die jeweils zuständigen Schulaufsichtsbehörden genehmigt werden, wobei diese auch Änderungen vornehmen oder neue Vorschläge anfordern können. Die Aufgaben der mündlichen Prüfung werden i.d.R. durch den Fachlehrer bzw. Prüfer im Einvernehmen mit dem Fachausschuss oder durch den prüfenden Fachausschuss selbst erarbeitet und gestellt.[489] In Baden-Württemberg wählt der Leiter des Fachausschusses gem. § 23 III NGVO B-W aus vier durch den Schüler im Einvernehmen mit der Fachlehrkraft vorgelegten Themenkomplexen eines dieser Themen als Prüfungsthema aus. In Bayern ist die im vierten Prüfungsfach ausschließlich mündliche Prüfung gem. § 71 VI BayGSO als Colloquiumsprüfung durchzuführen. Dabei benennt der Prüfungsausschuss längere Zeit vor der Prüfung Themenbereiche aus den Ausbildungsabschnitten der Qualifikationsphase. Spätestens 14 Tage vor dem Prüfungstermin muss der zu prüfende Schüler sich für einen der angebotenen Themenbereiche entscheiden. Aus diesem Themenbereich hat der zuständige Fachausschuss dann die Themen für Kurzreferate festzulegen. Zusätzlich zum Kurzreferat muss in der Prüfung ein Gespräch zu Problemstellungen aus zwei anderen Ausbildungsabschnitten erfolgen. In Hamburg soll sich die mündliche Prüfung auf zwei Gebiete des Prüfungsfaches aus dem Unterricht der Qualifikationsphase erstrecken. Der Prüfling kann dabei gem. § 31 I Hmb APOgyO dem Referenten des Prüfungsausschusses ein Prüfungsgebiet schriftlich angeben.

Der Prüfungskommission und den Fachausschüssen gehören regelmäßig der Schulleiter und die Fachlehrkräfte der Schule an, deren Schüler geprüft werden.[490] Daneben können aber auch Beamte der Schulverwaltung Mitglied der Prüfungskommission bzw. der Fachprüfungsausschüsse sein. In Bremen ermöglicht ausdrücklich § 21 BremAbiturprVO zur Sicherung eines gleichwertigen

---

[488] so § 27 VO-GO Bln; § 44 GOSTV Brb; § 10 BremAbiturprVO; § 28 II HmbAPOgyO; § 35 HessVOGO/BG; § 9 AVO-GOFAK Nds i.V.m. Nr.8 der Ergänzenden Bestimmungen zur Verordnung über die Abschlüsse in der gymnasialen Oberstufe, im Fachgymnasium, im Abendgymnasium und im Kolleg (SVBl. Nds 1997, S.208, zuletzt geändert SVBl. Nds 2001, S.344); § 33 APO-GOSt NRW; § 17 AbiturprVO Rh-P; § 5 IV VO Abiturpr gym Oberstufe Schl-H (Berlin, Brandenburg, Hamburg, Hessen und Niedersachsen und Nordrhein-Westfalen führen nun ebenfalls das Zentralabitur ein.)

[489] so § 71 BayGSO; § 32 VO-GO Bln; § 48 GOSTV Brb; § 13 BremAbiturprVO; § 40 III HessVOGO/BG; 32 APVO-GO M-V; § 10 AVO-GOFAK Nds i.V.m. Nr.9.3 der Ergänzenden Bestimmungen zur Verordnung über die Abschlüsse in der gymnasialen Oberstufe, im Fachgymnasium, im Abendgymnasium und im Kolleg; § 37 IV APO-GOSt NRW; § 22 Abiturpr VO Rh-P; § 25 SaarlAPO; § 39 II SächsOAVO; § 21 III GOS-VO LSA; § 10 II APVO Schl-H; § 101 ThürSchulO

[490] siehe § 18 NGVO B-W; §§ 66f. BayGSO; §§ 21f. VO-GO Bln; §§ 34 I/2, 37-39 GOSTV Brb; §§ 2f. BremAbiturprVO; § 27 HmbAPOgyO; §§ 29f. HessVOGO/BG; §§ 21f. APVO-GO M-V; §§ 5f. AVO-GOFAK Nds; §§ 25f. APO-GOSt NRW; § 4 AbiturprVO Rh-P; §§ 6f. SaarlAPO; §§ 30f. SächsOAVO; §§ 23f. GOS-VO LSA; §§ 1, 9 APVO Schl-H; § 85 ThürSchulO

Prüfungsstandards, dass auch Lehrkräfte anderer Schulen in Fachausschüsse berufen werden können. In Hessen können die Schüler hingegen gem. § 29 II Hess VOGO/BG sogar die Prüfer unter den Lehrern auswählen, die sie in der Kursstufe unterrichtet haben. Ort der Abiturprüfung ist regelmäßig die staatliche Schule bzw. die anerkannte Ersatzschule.[491]

bb) Das Abitur für Schüler genehmigter Ersatzschulen

Im Gegensatz dazu erfolgt der Berechtigungserwerb der allgemeinen Hochschulreife für Schüler genehmigter Ersatzschulen allein durch die Abiturprüfung vor einer staatlichen Prüfungskommission i.d.R. an öffentlichen Gymnasien[492]. Eine Qualifikationsphase mit einem Kursstufensystem, aus welchem Leistungen in die Gesamtqualifikation eingebracht werden müssen, ist nicht vorgesehen. Die Schüler genehmigter Ersatzschulen legen die Prüfung als so genannte Nichtschüler, Externe oder Schulfremde ab.[493] Diese Bezeichnung ist irreführend, da die Prüflinge als Schüler eine nach Art.7 IV GG genehmigte Ersatzschule besuchen an der auch die allgemeine Schulpflicht erfüllt werden kann. In Bayern werden deshalb die Prüflinge gem. § 80 I BayGSO als andere Bewerber bezeichnet. In Bremen erfolgt die Bezeichnung gem. § 1 der BremVO über die Abiturprüfung für Schüler nicht anerkannter Ersatzschulen und für Nichtschüler korrekt als Schüler nicht anerkannter Ersatzschulen.
Die Abiturprüfung umfasst vier Fächer in denen schriftlich und u.U. mündlich geprüft werden kann sowie vier weitere Fächer, die ausschließlich mündlich

---

[491] so ausdrücklich: § 17 I NGVO B-W; § 34 I/1 GOSTV Brb; § 21 I APO-GOSt NRW; § 3 II SaarlAPO

[492] so §§ 33, 37 NGVO B-W; § 80 I/1 BayGSO; § 4 I NschPV Brb (GVBl. Brandenburg II 1997, S.762); §§ 2, 3 BremVO über die Abiturprüfung für Schüler anerkannter Ersatzschulen und für Nichtschüler (GVBl. Bremen 1992, S.23, zuletzt geändert GVBl. Bremen 1993, S.45); § 4 HmbExternenprüfungsordnung ExPO (GVBl. Hamburg 2000, S.323); § 2 VO zum Ablegen des Abiturs für Nichtschüler an den allgemeinbildenden Schulen M-V (GVOBl. M-V 1999, S.436); § 6 Nds VO über die Qualifikationsphase und die Abiturprüfung an Freien Waldorfschulen sowie über die Abiturprüfung für Nichtschüler AVO-WANI (GVBl. Nds 1998, S.599, ber. S.634); § 3 II PO-NSchA NRW (GV NRW 2000, S.140); § 2 Abiturprüfungsordnung für Nichtschüler (GVBl. Rh-P 1997, S.144); § 48 II SächsOAVO; § 109 ThürSchulO

[493] siehe § 32 NGVO B-W; PrüfVO – Nichtschülerabitur Bln (GVBl. Berlin 1984, S.1160, zuletzt geändert GVBl. Berlin 1990, S.2203); §§ 1 I, 2 I NschPV Brb; § 1 HmbExPO; § 1 HessVO Abiturprüfung Nichtschüler (ABl. HessKM 1998, S.150); § 1 VO Abitur Nichtschüler M-V; § 1 II Nr.2 AVO-WANI Nds; § 1 PO-NSchA NRW; § 1 AbiturprO Nichtschüler Rh-P; § 34 SaarlAPO; § 47 I SächsOAVO; § 2 I NSchAP-VO LSA (GVBl. 1999, S.58); § 4 der Landesverordnung über die Abiturprüfung an Abendgymnasien, für Nichtschüler und an Waldorfschulen APVO-ANW Schl-H (NBl. Schl-H 1991, S.6, ber. S.236); § 108 ThürSchulO

geprüft werden, also insgesamt acht Fächer.[494] Zwei schriftliche geprüfte Fächer sind dabei i.d.R. Leistungskursfächer und gehen mit höherer Wertigkeit in das Ergebnis ein. Es kann insoweit auf die Ausführungen zur KMK-Vereinbarung verwiesen werden.
In Bayern erfolgt die Prüfung gem. § 82 I/2 BayGSO in vier Fächern schriftlich und u.U. mündlich sowie in zwei weiteren Fächern nach Wahl des Bewerbes schriftlich oder mündlich. Gemäß § 85 II BayGSO geht aber in zwei weiteren Fächern das in der letzten Jahrgangsstufe erzielte Ergebnis des Schülers anstatt zweier zusätzlicher mündlicher Prüfungen in die Abiturnote ein. Das Ergebnis wird gem. § 85 II/2 BayGSO unter Aufsicht der öffentlichen Schule ermittelt. Im letzten Schulhalbjahr stellt die prüfende öffentliche Schule gem. § 85 II/3 Bay GSO selbst die schriftlichen Aufgaben.
Für Nordrhein-Westfalen ist hier anzumerken, dass dort die genehmigten Ersatzschulen bereits mit der Genehmigung gem. § 37 V SchOG NRW Aufgaben des Berechtigungswesens wahrnehmen können. D.h., die Ersatzschulen erlangen bereits mit der Genehmigung die Rechtsposition einer anerkannten Ersatzschule. Die genehmigten Ersatzschulen in NRW können somit Berechtigungen nach den für öffentliche Schulen geltenden Bestimmungen erteilen. Daraus folgt, die Schüler genehmigter Ersatzschulen erlangen ihr Abitur nach den für öffentliche Schulen geltenden Bestimmungen, nach der oben bereits beschriebenen APO-GOSt NRW. Die Verordnung für die Nichtschülerprüfung (PO-NSchA NRW) findet nur auf Schüler derjenigen Ersatzschulen Anwendung, die gem. § 37 VI SchOG NRW als Ersatzschulen eigener Art genehmigt worden sind.[495] Für diese treten gem. § 37 VI SchOG NRW die Rechtsfolgen des § 37 V SchOG NRW nicht.
Die Prüfungsaufgaben der Nichtschülerprüfung werden grundsätzlich durch die jeweils zuständigen staatlichen Schulbehörden gestellt. Die genehmigte Ersatzschule hat auf die Aufgabenstellung regelmäßig keinen inhaltlichen Einfluss.[496]

---

494 so § 34 NGVO B-W; § 3 I PrüfVO – Nichtschülerabitur Bln; §§ 22, 23 NschPV Brb; § 4 BremVO Abiturprüfung Schüler nicht anerkannter Ersatzschulen u. Nichtschüler; § 25 HmbExPO; § 4 HessVO Abiturprüfung Nichtschüler; § 3 VO Abitur Nichtschüler M-V; §§ 4, 9, 11 AVO-WANI Nds; §§ 3 III, 10 PO-NSchA NRW; § 5 AbiturprO Nichtschüler Rh-P; § 36 II SaarlAPO; § 49 SächsOAVO; §§ 7f. NSchAP-VO LSA; § 7 III APVO-ANW Schl-H; § 111 ThürSchulO

495 Hierbei muss noch beachtet werden, dass für Schüler von Waldorfschulen eine besondere Prüfungsverordnung anzuwenden ist.

496 §§ 38 I, 21 II, 23 III NGVO B-W; §§ 12 I, 15 VI PrüfVO – Nichtschülerabitur Bln; §§ 10 II, 11 HmbExPO; §§ 8, 13 V HessVO Abiturprüfung Nichtschüler; § 3 V VO Abitur Nichtschüler M-V i.V.m. § 26 I APVO-GO M-V; §§ 9 I/1, 11 AVO-WANI Nds; §§ 12 III/3, 14 PO-NSchA NRW; §§ 8 I, 12 AbiturprO Nichtschüler Rh-P; §§ 48 II/2, 35 I SächsOAVO; § 6 II NSchAP-VO LSA i.V.m. § 21 I VO gym Oberstufe LSA; §§ 7 V, 8 II, III APVO-ANW Schl-H i.V.m. § 10 APVO Schl-H; § 113 ThürSchulO

In Bayern hingegen sollen gem. § 85 I/2 Nr.3 BayGSO Stoffangaben der Ersatzschule nach Möglichkeit für die Aufgaben der Abiturprüfung berücksichtigt werden. Lehrer der Ersatzschule sollen bei der Auswahl der zentral gestellten Prüfungsaufgaben mitwirken. Auch in Brandenburg sind die Lehrkräfte genehmigter Ersatzschulen gem. § 9 II/2 NschPV Brb in der Regel an der Erarbeitung der Prüfungsaufgaben zu beteiligen. Inhalte des Unterrichts der genehmigten Ersatzschulen sollen gem. § 9 II/3 NschPV Brb berücksichtigt werden. In Bremen können die Lehrkräfte der Ersatzschule gem. §§ 11 II, 14 VI BremVO über die Abiturprüfung für Schüler nicht anerkannter Ersatzschulen und für Nichtschüler ebenfalls an der Aufgabenstellung beteiligt werden.
Die Mitglieder der Prüfungskommission werden durch die jeweils zuständige Schulbehörde berufen. In den Prüfungsgremien, der Prüfungskommission und den Fachprüfungsausschüssen, sind als Mitglieder keine Lehrkräfte der genehmigten Ersatzschulen tätig.[497] Zumeist werden in den entsprechenden Landesregelungen jedoch lediglich die Qualifikationsanforderungen für die Mitglieder der Prüfungsgremien festgeschrieben. Wobei der Prüfer als Voraussetzung i.d.R. ein abgeschlossenes Hochschulstudium bzw. beide Staatsprüfungen für ein Lehramt abgelegt haben muss und die Lehrbefähigung für die gymnasiale Oberstufe besitzen muss.[498] Lehrkräfte der Ersatzschulen, die eine andere Ausbildung vorweisen, welche jedoch gem. Art.7 IV/3 GG nicht hinter derjenigen öffentlicher Schulen zurücksteht, wären danach von einer Tätigkeit im Prüfungsausschuss ausgeschlossen. Deshalb sehen manche Bundesländer ausdrücklich vor, dass generell auch die Lehrkräfte der genehmigten Ersatzschulen als Mitglied zumindest der Fachprüfungsausschüsse mitwirken können.[499] Auch hierbei wird zum Teil gefordert, dass die Lehrkraft der Ersatzschule die Lehrbefähigung für die gymnasiale Oberstufe an öffentlichen Schulen besitzen muss; eine anderweitige Ausbildung soll hingegen nur ausnahmsweise berücksichtigt werden können.[500]
Über den Ort der Prüfung enthalten die meisten Landesregelungen keine ausdrücklichen Bestimmungen. Da die Nichtschülerprüfung aber i.d.R. durch bzw. an öffentlichen Gymnasien durchgeführt wird, ist der Ort der Prüfung dann auch regelmäßig die öffentliche Schule[501] und nicht die genehmigte Ersatzschu-

---

[497] so §§ 38 I Nr.2, 18 NGVO B-W; §§ 48 II, 30f. SächsOAVO; §§ 3 I, V, 5, 6 II NSchAP-VO LSA i.V.m. § 24 VO gym Oberstufe LSA; §§ 110, 109 I, 85 ThürSchulO

[498] so §§ 7f. PrüfVO – Nichtschülerabitur Bln; § 3 I, II HessVO Abiturprüfung Nichtschüler; § 2 VO Abitur Nichtschüler M-V; §§ 6f. AVO-WANI Nds; §§ 6f. PO-NSchA NRW; § 3 AbiturprO Nichtschüler Rh-P; § 6 APVO-ANW Schl-H

[499] so § 85 I/2 Nr.4 BayGSO; § 6 III NschPV Brb; § 6 IV/2 BremVO Abiturprüfung Schüler nicht anerkannter Ersatzschulen u. Nichtschüler

[500] so § 8 III HmbExPO

[501] siehe § 3 II PO-NSchA NRW; § 2 AbiturprO Nichtschüler Rh-P; § 109 I ThürSchulO

le. Einzelne Landesregelungen sehen aber vor, dass auch in den Räumlichkeiten der genehmigten Ersatzschule die Prüfung erfolgen kann.[502]
Ergänzend sollen nun noch kurz im Hinblick auf die angesprochenen Punkte die speziellen Landesregelungen für Freie Waldorfschulen betrachtet werden. Für diese wird aufgrund ihrer besonderen pädagogischen Zielsetzung und Betreuung eine Sonderregelung in manchen Ländern für erforderlich gehalten.
Für freie Waldorfschulen ist zum Teil abweichend von den soeben oben aufgeführten Bestimmungen vorgesehen, dass das Abitur in der 13. Jahrgangsstufe durch eine schriftliche und u.U. mündliche Prüfung in vier Fächern und eine ausschließlich mündliche Prüfung in zwei weiteren Fächern erworben wird. Die ansonsten für Schüler genehmigter Ersatzschulen geforderten weiteren zwei mündlichen Prüfungen können auf Antrag durch die Leistungen des Schülers in der Jahrgangsstufe 13 der Waldorfschule bzw. durch die Leistungen im letzten Halbjahr dieser Jahrgangsstufe ersetzt werden, wenn die Schulaufsichtsbehörde zu dem Schluss gelangt ist, dass das Leistungsniveau den an öffentlichen Gymnasien gestellten Anforderungen entspricht. Ein Teil der Abiturnote wird also durch Leistungen im letzten Schuljahr mitbestimmt.[503]
Die Lehrkräfte der Waldorfschulen können zumeist als Mitglieder der Prüfungsgremien berufen werden.[504] Das Land Berlin verwendet anstelle des Begriffs der Waldorfschulen, die nach der Pädagogik Rudolf Steiners arbeiten, den Begriff Rudolf-Steiner-Schulen in § 27 PrüfVO-Nichtschülerabitur. Die Lehrkräfte der Waldorfschulen dürfen aber nicht den Vorsitz in der Prüfungskommission bzw. in den Fachprüfungsausschüssen übernehmen.
Die Lehrkräfte der Waldorfschulen werden außerdem zum Teil an der Stellung der Prüfungsaufgaben beteiligt, indem sie Aufgabenvorschläge machen kön-

---

[502] so § 38 I Nr.3 NGVO B-W; § 85 I/2 Nr.2 BayGSO; § 4 II NschPV Brb; § 3 II/2 BremVO Abiturprüfung Schüler nicht anerkannter Ersatzschulen u. Nichtschüler; §§ 4 II, 3 I HmbEx-PO

[503] so § 4 VO Abiturprüfung für Schüler an Freien Waldorfschulen B-W (GVBl. B-W 2002, S.162); § 27 VI NschPV Brb; § 4 III AVO-WANI Nds; § 3 II PO-Waldorf NRW (GV NRW 2000, S.145); § 6 II Nr.2 S.2 Abiturprüfungsordnung f. Freie Waldorfschulen Rh-P (GVBl. Rh-P 1988, S.55, zuletzt geändert GVBl. Rh-P 1999, S.325, 349); §§ 2, 4, 24 Prüfungsordnung über die Abiturprüfung an Freien Waldorfschulen Saarland (Amtsbl. Saarland 1986, S.353, zuletzt geändert Amtsbl. 2002, S.1497); § 4 V/2 SächsVO Abiturprüfung für Schüler staatlich genehmigter Waldorfschulen (GVBl. Sachsen 1995, S.368, zuletzt geändert GVBl. Sachsen 1997, S.561); § 13 III APVO-ANW Schl-H

[504] § 27 III PrüfVO – Nichtschülerabitur Bln; § 27 III NschPV Brb; §§ 6f. AVO-WANI Nds; §§ 8f. PO-Waldorf NRW; § 3 Abiturprüfungsordnung f. Freie Waldorfschulen Rh-P; §§ 9, 10 Prüfungsordnung über die Abiturprüfung an Freien Waldorfschulen Saarland; § 6 III SächsVO Abiturprüfung für Schüler staatlich genehmigter Waldorfschulen; §§ 6f. VO über das Abitur an Freien Waldorfschulen LSA (GVBl. LSA 1999, S.52); § 12 APVO-ANW Schl-H

nen.[505] Die Prüfung selbst findet in den Räumlichkeiten der Waldorfschule statt.[506]

c) Die Ungleichbehandlung von Schülern öffentlicher Schulen und genehmigter Ersatzschulen durch die Regelungen zur Abiturprüfung

Mit diesen Ausführungen wurde die materielle Rechtslage hinsichtlich des Erwerbs des Abiturs durch Schüler von öffentlichen Schulen bzw. anerkannten Ersatzschulen und durch Schüler von genehmigten Ersatzschulen im Hinblick auf die von Hauenschild kritisierten Punkte dargelegt. Hauenschild stellte eine Ungleichbehandlung der Schüler genehmigter Ersatzschulen im Verhältnis zu den Schülern öffentlicher Schulen beim Erwerb des Abiturs fest, die zu einer Benachteiligung der Schüler genehmigter Ersatzschulen führen soll. Diese Aussage kann jedoch nicht einfach bundesweit pauschal getroffen werden, denn eine Ungleichbehandlung ist gem. Art.3 I GG nur relevant, wenn sie durch denselben Träger öffentlicher Gewalt in dessen Zuständigkeitsbereich erfolgt ist.[507] Die Regelungen zur Abiturprüfung werden von den Landesgesetzgebern erlassen. Deshalb sind nur die jeweiligen Regelungen eines Landes anhand der oben aufgeführten Normen zu vergleichen.
Hierbei ist jedoch zusammenfassend festzustellen, dass in allen Bundesländern die Abiturprüfung an öffentlichen Schulen bzw. anerkannten Ersatzschulen durch die Einbringung der Ergebnisse der Kursstufe und durch eine Prüfung in vier Fächern erfolgt, in Baden-Württemberg, Hessen und Sachsen-Anhalt sind es fünf. Hingegen müssen die Schüler genehmigter Ersatzschulen eine Prüfung in acht Fächern ableisten, ohne dass Ergebnisse vorhergehender Schulhalbjahre eingebracht werden können. Damit entsteht punktuell während der Prüfungszeit eine höhere Belastung für die Schüler genehmigter Ersatzschulen bzw. die Zeit zur Vorbereitung für das einzelne Prüfungsfach wird geringer. Nur in Bayern besteht für Schüler genehmigter Ersatzschulen die Möglichkeit zwei mündliche Prüfungen durch die Einbringung von Halbjahresergebnissen zu ersetzen. Verschiedene andere Länder sehen dies nur für Freie Waldorfschulen vor. Aber

---

505 so § 6 Nr.1, 2 VO Abiturprüfung für Schüler an Freien Waldorfschulen B-W; § 27 VI PrüfVO – Nichtschülerabitur Bln; § 27 IV NschPV Brb; §§ 2 II, 15 IV, 17 I PO-Waldorf NRW; § 9 Abiturprüfungsordnung f. Freie Waldorfschulen Rh-P; § 14 Prüfungsordnung über die Abiturprüfung an Freien Waldorfschulen Saarland

506 so § 3 VO Abiturprüfung für Schüler an Freien Waldorfschulen B-W; § 5 I Nr.1 AVO-WANI Nds; § 3 I PO-Waldorf NRW; § 2 I Abiturprüfungsordnung f. Freie Waldorfschulen Rh-P; § 3 I Prüfungsordnung über die Abiturprüfung an Freien Waldorfschulen Saarland; § 3 SächsVO Abiturprüfung für Schüler staatlich genehmigter Waldorfschulen; § 8 I VO über das Abitur an Freien Waldorfschulen LSA

507 BVerfGE 21, 54(68); 76, 1(73); 79, 127(158); BVerwGE 70, 127(132); Pieroth/Schlink, Staatsrecht II, Rn 431

auch bei dieser Regelung besteht eine Ungleichbehandlung der Schüler beim Prüfungsablauf bzw. bei der Bildung der Gesamtnote.
Die Lehrkräfte öffentlicher Schulen bzw. der anerkannten Ersatzschulen sind regelmäßig in den Prüfungsgremien zur Abnahme der Abiturprüfung vertreten. Das Lehrpersonal genehmigter Ersatzschulen ist hingegen in den meisten Ländern nicht in den Prüfungsausschüssen zugelassen. Nur in Bayern, Brandenburg, Bremen und Hamburg dürfen die Lehrkräfte der genehmigten Ersatzschulen auch Mitglied der Prüfungsausschüsse sein. In mehreren Ländern gilt dies nur für Lehrkräfte der Waldorfschulen. Es liegt auf der Hand, dass es insbesondere in der mündlichen Prüfung ein Vorteil sein kann, wenn ein Lehrer, der den Charakter und die Leistungsfähigkeit des Prüflings kennt, als Prüfer tätig ist. In den Ländern, die Lehrkräfte genehmigter Ersatzschulen nicht als Mitglied der Prüfungsgremien zulassen, besteht damit eine weitere Ungleichbehandlung.
Hinsichtlich der Prüfungsaufgaben haben die genehmigten Ersatzschulen keinen Einfluss auf die Aufgabenstellung. Lediglich in Bayern, Brandenburg und Bremen können genehmigte Ersatzschulen an der Aufgabenerstellung mitwirken. In anderen Ländern ist dies zum Teil nur den Waldorfschulen ermöglicht wurden. Für öffentliche Schulen gilt hingegen, dass die Lehrkräfte regelmäßig an der Erstellung der Prüfungsaufgaben mitbeteiligt sind. Hierbei ist festzustellen, dass es natürlich vorteilhaft ist, wenn die Prüfungsaufgaben von Lehrern gestellt werden, die exakt wissen, was im Unterricht aus der Fülle des Lehrplans konkret intensiver behandelt worden ist und was nicht. Insoweit liegt eine Ungleichbehandlung vor, wenn die Lehrkräfte öffentlicher Schulen auf die Stellung der Prüfungsaufgaben Einfluss nehmen können, die Lehrkräfte genehmigter Ersatzschulen hingegen nicht. Erfolgt die Stellung der Prüfungsaufgaben, zumindest der schriftlichen, hingegen zentral, wie das in einigen Bundesländern der Fall ist, hat auch die öffentliche Schule kaum einen Einfluss auf die Aufgabenerstellung. In diesem Fall ist eine Ungleichbehandlung zu verneinen.
Schließlich finden die Prüfungen für Schüler genehmigter Ersatzschulen nicht in den Räumlichkeiten der Ersatzschule sondern zumeist in einem öffentlichen Gymnasium also in einer ungewohnten Umgebung statt. Während die Prüfungen der öffentlichen Schulen regelmäßig in den eigenen Räumlichkeiten erfolgen. Auch insoweit besteht eine Ungleichbehandlung der Schüler. In Baden-Württemberg, Bayern, Brandenburg, Bremen und Hamburg kann hinge-gen die Prüfung auch in den Räumen der genehmigten Ersatzschulen erfolgen. In anderen Ländern besteht diese Möglichkeit nur für Waldorfschulen.
Als Ergebnis ist damit eine Ungleichbehandlung der Schüler öffentlicher Schulen und genehmigter Ersatzschulen bei dem Aufbau der Prüfung bzw. der Anzahl der Prüfungsfächer in allen Bundesländern sowie bei der Stellung der Prüfungsaufgaben, der Beteiligung eigener Lehrer und dem Ort der Prüfung in den meisten Bundesländern festzustellen.

4.) Die mangelnde Rechtfertigung der Ungleichbehandlung

Diese Ungleichbehandlung führt jedoch nicht zu einer Verletzung des Art.3 I GG, wenn sie durch sachliche Gründe gerechtfertigt werden kann. Ungleich behandelt werden die Schüler öffentlicher Schulen und die Schüler genehmigter Ersatzschulen durch die Regelungen zum Erwerb des Abiturs. Daraus folgt, dass gerade Personengruppen ungleich behandelt werden. Zudem kann die anderweitige Regelung der Prüfungsanforderungen für die Schüler genehmigter Ersatzschulen sich negativ auf die Attraktivität der Ersatzschule auswirken, da die Schüler in dem Wissen mehr Prüfungen ablegen zu müssen, u.U. auf andere Schultypen ausweichen mögen. Insofern ist durch die ungleichen Regelungen auch der Schutzbereich des Art.7 IV GG betroffen. Denn die Freiheit des Betreibens von Privatschulen ist gefährdet, wenn die Schüler aufgrund andersartiger Prüfungsregelungen benachteiligt werden bzw. wegen dieser Regelungen fernbleiben.
Wenn Personengruppen ungleich behandelt werden oder infolge der Ungleichbehandlung in den Schutzbereich eines Grundrechts eingegriffen wird, ist im Rahmen der Rechtfertigung der Ungleichbehandlung gem. Art.3 I GG eine strenge Prüfung vorzunehmen.[508] Eine alleinige Willkürprüfung reicht nicht aus. Die Ungleichbehandlung wird dann gerechtfertigt, wenn Unterschiede zwischen den Vergleichsgruppen von solcher Art und solchem Gewicht bestehen, dass sie die Ungleichbehandlung rechtfertigen.[509] Dies ist im Wege einer Verhältnismäßigkeitsprüfung festzustellen.[510] Ungleichbehandlung und rechtfertigender Grund müssen in einem angemessenen Verhältnis zueinander stehen.[511]

a) Die erschwerte Vergleichbarkeit der Abschlüsse nach den vorhandenen Regelungen

Die Schüler genehmigter Ersatzschulen werden im Verhältnis zu den Schülern öffentlicher Schulen und anerkannter Ersatzschulen durch die Regelungen zur Abiturprüfung ungleich behandelt. Als Rechtfertigung hierfür wird der besondere Charakter des Berechtigungswesens angeführt. Es handelt sich bei der Aufgabenwahrnehmung in diesem Bereich um eine staatliche und hoheitliche Aufgabe.[512] Die genehmigten Ersatzschulen können als Private die staatlichen Aufgaben des Berechtigungswesens nicht wahrnehmen, solange sie nicht im Wege der Anerkennung bereit sind, die öffentlich-rechtlichen Vorschriften für

---

[508] BVerfGE 75, 348(357); 78, 232(247f.); 88, 87(96f.); 89, 69(89); 89, 365(375); 91, 346(362f.)
[509] BVerfGE 75, 348(357); 78, 232(247); 82, 126(146); 89, 69(89); 100, 195(205)
[510] Jarass in Jarass/Pieroth, GG, Art.3, Rn 27
[511] BVerfGE 82, 126(146); 99, 165(178); 102, 68(87)
[512] siehe oben Teil C), II.), 2.), a)

die Prüfungen, etc. einzuhalten. Durch die Einhaltung dieser Vorschriften würden sie sich inhaltlich stärker binden müssen. So aber haben sie das Recht, ihren Unterricht frei im Rahmen von Art.7 IV GG zu gestalten, ohne dabei weiteren Bindungen zu unterliegen.
Da aber auch die Schüler genehmigter Ersatzschulen ein Recht auf den Berechtigungserwerb haben, die genehmigten Ersatzschulen die Prüfung jedoch nicht selbst abhalten dürfen aufgrund des staatlichen Charakters des Berechtigungswesens, wird die Prüfung durch eine staatliche Prüfungskommission durchgeführt. Für diese Prüfung gelten nun besondere Prüfungsvorschriften. Diese besonderen Regelungen der Prüfung sind nach Ansicht des BVerfG erforderlich, um feststellen zu können, ob ein entsprechender Leistungsstandard im Einzelfall in der genehmigten Privatschule erreicht wird, der für die Erteilung der Berechtigung ausreicht. Bei anerkannten Ersatzschulen sei dies hingegen entbehrlich, da jene sich den öffentlichen Schulen angepasst und sich einer verstärkten Schulaufsicht unterworfen hätten und so die Gewähr für einen dauernden gleichmäßigen Leistungsstand zum Erwerb der Berechtigung bieten würden.[513]
Die besonderen Prüfungsregelungen für Schüler genehmigter Ersatzschulen existieren also, um einen gleichen Leistungsstandard beim Erwerb des Abiturs sicherzustellen. Sinn ist es, die Gleichwertigkeit der Ausbildung und des Kenntnisstandes des Prüflings der Privatschule mit denen der Absolventen staatlicher Schulen festzustellen und zu bescheinigen.[514] Der Unterricht der Privatschule kann außer der Überprüfung der Genehmigungsvoraussetzungen nicht näher im Wege der Aufsicht kontrolliert werden. Der konkrete Leistungsstand der Schüler ist somit unklar. Die Durchführung einer Kursstufe in den letzten zwei Schuljahren darf den genehmigten Ersatzschulen zudem nicht vorgeschrieben werden, weil dies die Freiheit der Unterrichtsgestaltung gem. Art.7 IV GG verletzen würde. Da die allgemeinen Prüfungsregeln für Schüler genehmigter Ersatzschulen somit nicht anwendbar sind, ist die Anwendung besonderer Prüfungsvorschriften für die Schüler genehmigter Ersatzschulen gerechtfertigt, um diesen den Berechtigungserwerb zu ermöglichen. Dies soll mit dem Ziel geschehen, einen *gleichen Leistungsstandard, die Chancengleichheit beim Erwerb der Hochschulreife und die Vergleichbarkeit der Abschlüsse zu gewährleisten*. Für diese Ziele müssen die besonderen Prüfungsvorschriften geeignet sein.
Die besonderen Prüfungsvorschriften müssen demnach inhaltlich so ausgestaltet sein, dass die Vergleichbarkeit der Ergebnisse und die Chancengleichheit bei der Prüfung gegeben sind.

---

[513] BVerfGE 27, 195(207f.)
[514] OVG Hamburg, Urteil vom 7.12.1987, AktZ.: Bf IV(VII) 27/85, abgedruckt in BEFT, 66.6, S.1(6)

Das ist bei den meisten derzeitigen Regelungen nicht der Fall. Denn die Schüler öffentlicher Schulen durchlaufen für den Erwerb der Hochschulreife eine zweijährige Kursphase deren Ergebnisse zu fast zwei Drittel der Gesamtwertigkeit in das Endergebnis eingehen. Die eigentliche Abiturprüfung umfasst nur vier Fächer und trägt nur etwas mehr als ein Drittel der Gesamtpunktzahl für das Abitur bei, wobei dabei auch schon das Ergebnis der letzten Halbjahreskurse im Prüfungsfach mit erfasst wird. Damit ist der Erwerb der Hochschulreife an öffentlichen Schulen durch kontinuierlichen Leistungsdruck und andauernde Leistungserbringung in der Kursstufe gekennzeichnet. Der eigentlichen Abiturprüfung kommt im Prinzip eine Abschlussfunktion zu, in der nochmals vertiefte Kenntnisse in einigen Fächern abverlangt werden. Sie hat aber keine alles überragende Bedeutung. Mängel im Leistungsverhalten des Schülers in der Kursstufe können in der abschließenden Prüfung nur noch bedingt ausgeglichen werden.

Im Gegensatz dazu konzentriert sich der Erwerb der Hochschulreife für Schüler genehmigter Ersatzschulen voll und ganz auf die Abiturprüfung selbst. Vorhergehende Leistungen werden nicht berücksichtigt. Die Prüfung erfolgt in acht Fächern. Die Schüler müssen also zum relativ kurzen Zeitpunkt der Prüfungsphase ihr Wissen zur Anwendung bringen. Es besteht somit ein kurzzeitiger sehr hoher Leistungsdruck in acht Fächern. Dass in acht Prüfungsfächern weniger Lern- und Vorbereitungszeit für das einzelne Prüfungsfach bleibt als bei vier Prüfungen, ist nahe liegend.

Die Abiturprüfungen für Schüler öffentlicher Schulen und genehmigter Ersatzschulen basieren damit auf zwei völlig verschiedenen Systemen, nämlich einmal auf einer kontinuierlichen Leistungsüberprüfung mit geringerer Bedeutung der Abschlussprüfung selbst und andererseits auf einer hohen Zahl von Prüfungen, ohne dass vorherige Leistungen berücksichtigt werden könnten. Diese völlig verschiedenen Prüfungssysteme fördern gerade nicht den Zweck, die Vergleichbarkeit der Ergebnisse zu gewährleisten. Ob ein gleichwertiger Leistungsstand der Schüler öffentlicher Schulen und genehmigter Ersatzschulen besteht, lässt sich aufgrund der unterschiedlichen Anforderungen zum Erwerb der Hochschulreife ebenfalls nur schwer feststellen. Die Chancengleichheit im Hinblick auf die grundsätzlich verschiedenen Anforderungen an die Schüler ist nicht gegeben. Eine derartige Ausgestaltung der Nichtschülerprüfung ist somit *nicht geeignet*, dem Anspruch einer Vergleichbarkeit des Abiturs hinsichtlich des Leistungsstands der Schüler gerecht zu werden. Ein Schülern öffentlicher Schulen vergleichbarer Leistungsstandard kann damit nur schwer nachgewiesen werden.

Notwendig wäre es insoweit, die Prüfungsregelungen für Schüler öffentlicher Schulen und für Schüler genehmigter Ersatzschulen anzunähern. Dabei kann aber nicht von den genehmigten Ersatzschulen die Einführung eines Kurssystems verlangt werden, wie dies an öffentlichen Schulen und anerkannten Ersatzschulen der Fall ist. Denn die genehmigte Ersatzschule darf ihren Unterricht im Rahmen von Art.7 IV GG frei gestalten.

b) Das zu bevorzugende Modell einer Annäherung der Prüfungsregelungen

Interessant ist es dabei, nun zu sehen, dass in Bayern für Schüler aller genehmigten Ersatzschulen und in anderen Ländern für Schüler von Waldorfschulen die Möglichkeit besteht, zwei mündliche Prüfungen durch das Einbringen von Halbjahresleistungen des letzten Schulhalbjahres zu ersetzen und dadurch die Anzahl der Prüfungsfächer auf sechs zu reduzieren. Mit diesem Mischsystem können auch vorhergehende Leistungen des Schülers für das Abiturergebnis berücksichtigt werden. Dabei reicht es aus, dass die Schulaufsichtsbehörde im Wege der Aufsicht zu dem Schluss gelangt ist, dass ein öffentlichen Schulen vergleichbarer Leistungsstand erreicht wird. Eine Niveaugleichheit des Unterrichts der Ersatzschule, ein vergleichbarer Leistungsstand, d.h. ein Nichtzurückstehen kann hierfür auch schon im Wege der Rechtsaufsicht hinsichtlich der Einhaltung der Genehmigungsvoraussetzungen durch die Schulaufsichtsbehörde überprüft werden. Denn bei Abschluss des schulischen Bildungsganges müssen die Schüler der Ersatzschulen ein öffentlichen Schulen gleichwertiges Bildungsniveau aufweisen, um das Erfordernis des Nichtzurückstehens in den Lehrzielen zu erfüllen.[515] Dieses Mischsystem hat den Vorteil, dass die alleinige Relevanz der Prüfung reduziert wird und auch vorhergehende Leistungen des Privatschülers für das Endergebnis Berücksichtigung finden können. Eine derartige Gestaltung der Abiturprüfung führt trotz noch bestehender Unterschiede eher zu einer Annäherung an das System der Abiturprüfung an öffentlichen Schulen und ermöglicht eine bessere Vergleichbarkeit der Ergebnisse. Diese Prüfungsgestaltung ist deshalb vorzuziehen und sollte für alle genehmigten Ersatzschulen angewendet werden, wobei überlegt werden kann, die Anzahl der einzubringenden Halbjahresleistungen des letzten Schulhalbjahres noch weiter zu erhöhen bzw. die Anzahl der Prüfungsfächer weiter zu reduzieren. Eine zweijährige Kursstufe kann den genehmigten Ersatzschulen hingegen nicht vorgeschrieben werden. Der Abschlussprüfung kommt deshalb trotz der Berücksichtigung der letzten Halbjahresergebnisse in mehreren Fächern auch nach einem Mischsystem immer eine größere Bedeutung zu, als dies an öffentlichen Schulen geschieht. Somit wäre zwar keine Deckungsgleichheit aber immerhin eine praktikable Annäherung der Prüfungssysteme gegeben, die eine Vergleichbarkeit der Abiturergebnisse weit mehr ermöglichen würde, als dies nach den derzeitigen Regelungen der Fall ist. Die Chancengleichheit für den Erwerb des Abiturs ließe sich so ebenfalls besser erreichen. Der freien Ausgestaltung der Privatschule bliebe dabei genügend Raum. Die Schulaufsichtsbehörde wieder-

[515] Maunz in Maunz/Dürig, GG, Art.7, Rn 75

um hat nur zu überprüfen, ob der Leistungsstand der Schüler im letzten Schulhalbjahr in den einzubringenden Fächern dem Leistungsniveau an öffentlichen Schulen entspricht. Die eigentliche Prüfung wird nach wie vor durch eine staatliche Prüfungskommission durchgeführt.
Eine derartige Ausgestaltung der Abiturprüfung für Nichtschüler wäre unter der Prämisse des hoheitlichen Charakters des Berechtigungswesens geeignet und erforderlich die Chancengleichheit und die Niveaugleichheit des Leistungsstands zum Erwerb des Abiturs sicherzustellen. Die momentane Ausgestaltung der Abiturprüfung für Schüler genehmigter Ersatzschulen in den meisten Bundesländern erfüllt diese Voraussetzungen hingegen nicht, verfehlt deshalb ihren eigentlichen Zweck und vermag deshalb die Ungleichbehandlung gem. Art.3 I GG nicht zu rechtfertigen.

c) Die Nichtberücksichtigung der Lehrkräfte der Ersatzschulen für die Prüfungsgremien

Hinzu kommt, dass die Lehrkräfte der Ersatzschulen in den Prüfungsgremien zumeist nicht vertreten sind. Als Rechtfertigungsgrund hierfür wird ebenfalls der staatliche Charakter des Berechtigungswesens und der Prüfung angeführt. Jedoch werden auch an öffentlichen Schulen die Schüler regelmäßig durch eigene ihnen vertraute Lehrkräfte geprüft. Das kann vor allem in der mündlichen Prüfung von Vorteil sein. Deshalb ist zu fordern, dass auch die Lehrkräfte der genehmigten Ersatzschulen vollwertige Mitglieder der Prüfungsgremien sein können, und zwar bereits dann, wenn sie im Sinne von Art.7 IV/3 GG in ihrer wissenschaftlichen Ausbildung nicht hinter den Lehrkräften öffentlicher Schulen zurückstehen. Dem staatlichen Charakter der Prüfung kann dadurch Rechnung getragen werden, dass die von der Schulaufsichtsbehörde gestellten Mitglieder der Prüfungsgremien im jeweiligen Ausschuss in der Mehrheit sind bzw. den Vorsitzenden der Prüfungsgremien stellen. Schon in dieser Konstellation kann trotzdem die Erfahrung des Lehrers der Privatschule mit dem abgearbeiteten Lehrstoff und mit dem Prüfling eingebracht werden. Das ist in den öffentlichen Schulen trotz des staatlichen Charakters der Prüfung regelmäßig der Fall. Ein völliger Ausschluss der Lehrkräfte genehmigter Ersatzschulen von der Mitarbeit in den Prüfungsgremien ist deshalb im Hinblick auf die Chancengleichheit und Art.3 I GG nicht gerechtfertigt. Zur Zeit sind aber nur in Bayern, Brandenburg, Bremen und Hamburg Lehrkräfte der genehmigten Ersatzschulen als Mitglieder der Prüfungsgremien zugelassen. In anderen Ländern ist das lediglich für Lehrer von Waldorfschulen möglich.

d) Die Nichtbeteiligung der Ersatzschule an der Erstellung der Prüfungsaufgaben

Was die Aufgabenstellung für die Prüfung betrifft, besteht, wie oben schon festgestellt worden ist, keine Ungleichbehandlung, wenn die Prüfungsaufgaben zentral durch die oberste Schulbehörde gestellt werden. Denn dann haben sowohl öffentliche Schulen als auch genehmigte Ersatzschulen keinen bestimmenden Einfluss auf die Erstellung der Arbeiten. Doch auch in diesem Fall muss den genehmigten Ersatzschulen wie den öffentlichen Schulen das Recht zustehen, an der Erarbeitung der Aufgaben beteiligt zu sein bzw. Vorschläge an die erstellende Behörde senden zu dürfen. Ein Grund, den Ersatzschulen ein Aufgabenvorschlagsrecht zu verweigern, ist nicht ersichtlich. Die Auswahl, Kontrolle, Änderung oder Verwerfung der Aufgabenvorschläge erfolgt letztendlich auch für die Aufgabenvorschläge öffentlicher Schulen nur durch die dafür zuständige Schulbehörde, so dass der staatliche Charakter der Prüfungserstellung gewahrt bliebe. Eine Ungleichbehandlung liegt hingegen vor, wenn die Abituraufgaben nicht zentral gestellt werden. Dies gilt insbesondere auch für die mündliche Prüfung. An öffentlichen Schulen stellen die eigenen Lehrkräfte die Aufgaben, die lediglich durch die Schulaufsichtsbehörden genehmigt werden müssen. Die Lehrkräfte genehmigter Ersatzschulen haben hingegen kein Vorschlagsrecht. Das hat zur Folge, dass an öffentlichen Schulen entsprechend des abgearbeiteten Lehrstoffes geprüft werden kann, während dies an genehmigten Ersatzschulen nicht der Fall ist. Grund für die Erstellung der Aufgaben der Abiturprüfung an genehmigten Ersatzschulen durch den Staat ist wiederum der staatliche Charakter des Berechtigungswesens. Dieser Charakter schließt es grundsätzlich aus, dass die Ersatzschule als bloßes Privatrechtssubjekt ihre Prüfungsaufgaben selbst erstellt. Insoweit ist diesem Ansatz zu folgen. Eine Verzerrung der gerade durch die Nichtschülerprüfungsordnungen angestrebten Chancengleichheit entsteht jedoch, wenn Stoffangaben der öffentlichen Schulen für die Prüfungsangaben berücksichtigt werden, die Stoffangaben der genehmigten Ersatzschulen hingegen nicht. Dies widerspricht dem Zweck der Regelungen zur Nichtschülerprüfung. Denn durch sie soll ein gleichwertiger Leistungsstandard unter gleichwertigen Anforderungen sichergestellt werden. Dies kann aber gerade nicht erreicht werden, wenn der Schüler einer öffentlichen Schule weiß, dass im Grunde nur aus dem behandelten Lehrstoff eine Aufgabe zu erwarten ist, während der Schüler einer genehmigten Ersatzschule sich umfassend vorbereiten muss. Daraus folgt, die Aufgaben der Abiturprüfung dürfen zwar durch die genehmigte Ersatzschule nicht selbst erstellt werden, aber die die Aufgaben erstellende Schulbehörde muss die Stoffangaben der Ersatzschule im Rahmen eines für die Abiturprüfung üblichen Aufgaben- und Anforderungskanons für die Gestaltung der Prüfungsaufgaben berücksichtigen. Eine andere Regelung verstößt gegen Art.3 I GG. Eine Berücksichtigung der Stoffangaben oder eine Beteiligung an der Aufgabenerstellung ist momentan aber lediglich in Bayern, Brandenburg und Bremen für alle genehmigten Ersatzschulen sowie in anderen Ländern für Waldorfschulen vorgesehen.

e) Der Ort der Prüfung

Zu dem Ort der Prüfung lässt sich abschließend noch anfügen, dass kein Grund dagegen spricht, die Räumlichkeiten der Ersatzschule für die Prüfung zu nutzen, wenn sie für die Durchführung einer Prüfung geeignet sind. Letztendlich wurden sie ja auch als Einrichtung i.S.v. Art.7 IV/3 GG als nicht hinter öffentlichen Schulen zurückstehend angesehen. Ansonsten hätte bereits die Genehmigung der Ersatzschule untersagt werden müssen. Die Überwachung der Prüfung erfolgt durch die staatliche Prüfungskommission, so dass insofern Manipulationsversuche ausgeschlossen werden können. Die zu prüfenden Schüler der Ersatzschule sind nicht einzelne Externe, die in Abendkursen die Voraussetzungen für das Ablegen der Abiturprüfung erworben haben, sondern Schüler, die in einem Klassenverband in der Ersatzschule ihre Schulpflicht erfüllt und in einem schulischen Unterricht sich auch auf die Abiturprüfung vorbereitet haben, so dass es auch als pädagogisch und ökonomisch sinnvoll anzusehen ist, die Prüfung an der Ersatzschule selbst durchzuführen. Bei geeigneten Räumlichkeiten besteht somit kein Rechtfertigungsgrund gem. Art.3 I GG, die Prüfung nicht in den Räumlichkeiten der genehmigten Ersatzschule durchführen zu lassen. Momentan ist aber nur in Baden-Württemberg, in Bayern, Brandenburg, Bremen und Hamburg vorgesehen, dass die Abiturprüfung in den Räumlichkeiten der Ersatzschule stattfinden kann. Andere Länder lassen dies nur für Waldorfschulen zu.

f) Zusammenfassung

Zusammenfassend lässt sich damit feststellen, dass die Ungleichbehandlung der Schüler genehmigter Ersatzschulen im Verhältnis zu Schülern öffentlicher Schulen sich durch die Landesregelungen zur Abiturprüfung nicht rechtfertigen lässt. Der völlig unterschiedliche Aufbau der Prüfung, die unterschiedliche Beteiligung bei der Erstellung der Prüfungsaufgaben und der Berücksichtigung von Stoffangaben sowie die fehlende Mitwirkung von Lehrkräften der Ersatzschulen in den Prüfungsgremien stehen dem angestrebten Ziel der besonderen Prüfungsordnungen, einen einheitlichen Leistungsstandard in der Prüfung auch im Verhältnis zu öffentlichen Schulen sicherzustellen, entgegen. Die meisten Regelungen sind daher nicht geeignet, die Chancengleichheit und die Vergleichbarkeit der in der Prüfung erzielten Ergebnisse im Verhältnis zu öffentlichen Schulen zu garantieren. Diese Landesregelungen verstoßen daher gegen Art.3 I GG. Dabei kann keinesfalls von einem nicht notwendigen Schutz der

genehmigten Ersatzschulen im freien Wettbewerb die Rede sein.[516] Gerade die Ausgestaltung der Abschlussprüfung ist ein maßgebliches Entscheidungskriterium für die Auswahl der zu besuchenden Schule. Die Attraktivität der genehmigten Ersatzschulen wird durch die Prüfungsregelungen eher geschmälert. Bleiben aber aufgrund der ungünstigeren Prüfungsregelungen Schüler der Ersatzschule fern, ist trotz des staatlichen Charakters des Berechtigungswesens eine Verletzung von Art.7 IV GG anzunehmen.
Lediglich in Bayern für alle genehmigten Ersatzschulen und in mehreren Bundesländern für Freie Waldorfschulen sehen die jeweiligen Landesregelungen eine Reduzierung der Prüfungsfächer, eine Anrechnung der letzten Halbjahresleistungen in zwei Fächern, eine Beteiligung der Lehrkräfte bei der Erstellung der Prüfungsaufgaben bzw. die Berücksichtigung von Stoffangaben und eine Beteiligung der Lehrkräfte in den Prüfungsgremien sowie die Prüfung in den Räumlichkeiten der Ersatzschule selbst vor. Regelungen dieser Art sind besser geeignet bestehende Unterschiede der Prüfungen zu rechtfertigen, die aufgrund des staatlichen Charakters des Prüfungswesens bedingt sind. Denn sie lassen eher Rückschlüsse auf den Leistungsstand der Schüler im Verhältnis zu den öffentlichen Schulen und damit auf die Vergleichbarkeit der Ergebnisse zu. Die bayerische Regelung stellt so einen vernünftigen Kompromiss zwischen der Vergleichbarkeit der Abschlüsse und der Wahrung der Staatlichkeit des Berechtigungswesens dar. Sie ist als verfassungskonform anzusehen.
Anzumerken ist an dieser Stelle noch, dass die Sonderregelungen für Freie Waldorfschulen aufgrund des Aufbaus, Lehrplans und der Versetzungsregeln dieser Schulen erforderlich sein sollen, um die sich aus der Pädagogik der Waldorfschulen ergebenden Besonderheiten zu berücksichtigen, damit die Zeugnisse der Allgemeinen Hochschulreife in den Ländern gleichwertig und vergleichbar gehalten werden können.[517] Doch auch die anderen genehmigten Ersatzschulen streben besondere pädagogische Ziele an und versuchen diese selbständig nach eigenen Vorstellungen zu verwirklichen. Dies spricht dafür, nicht nur den Waldorfschulen besondere Vorteile zu gewähren, sondern im Bereich der oben erwähnten besonderen Prüfungsregelungen diese auch für andere genehmigte Ersatzschulen zur Anwendung kommen zu lassen. In Bayern ist dies bereits geschehen.

---

[516] so das BVerfG in BVerfGE 27, 195(208)
[517] so der Beschluss der Kultusministerkonferenz vom 21.02.1980 i.d.F. vom 14.12.2001

IV.) Annex: Die Anerkennung der privaten Ergänzungsschule

Die privaten Ergänzungsschulen bedürfen gem. Art.7 IV GG keiner Genehmigung. Sie wollen das Bildungsangebot der öffentlichen Schulen nicht ersetzen, sondern durch zusätzliche Bildungsleistungen erweitern bzw. ergänzen und stehen daher außerhalb des allgemeinen Schulsystems. Vergleichbare öffentliche Schulen existieren nicht und sind auch nicht vorgesehen. Seit den siebziger Jahren wird jedoch auch für Ergänzungsschulen die Möglichkeit der Anerkennung in den meisten jeweiligen Landesgesetzen mit Ausnahme von Bayern, Bremen, Nordrhein-Westfalen und Schleswig-Holstein vorgesehen.[518] Die Anerkennung erfolgt in allen Landesregelungen nach dem pflichtgemäßen Ermessen der zuständigen Schulaufsichtsbehörden. Voraussetzung für die Anerkennung ist dabei regelmäßig ein besonderes pädagogisches oder öffentliches Interesse an der von der Ergänzungsschule durchgeführten Ausbildung und die Unterrichtserteilung nach einem von der Schulaufsichtsbehörde erteilten Lehrplan.[519] Zum Teil wird als Voraussetzung der Anerkennung verlangt, dass die Lehrkräfte der Ergänzungsschule eine entsprechende fachliche und pädagogische Eignung aufweisen.[520] In Hamburg können gem. § 12 I/1 HmbSfTG nur eingetragene Ergänzungsschulen anerkannt werden. Die Anerkennung wird danach verliehen, wenn die Ausbildung aufgrund der Zulassungsvoraussetzungen, der Unterrichtsinhalte, der Stundentafel und des Abschlussverfahrens gleichwertig mit einer staatlichen Ausbildung ist. In Thüringen müssen gem. § 13 I ThürSchfTG die Lehrkräfte der Ergänzungsschulen für die Anerkennung die gleichen Anforderungen wie Lehrkräfte genehmigter Ersatzschulen erfüllen. In Hamburg und Mecklenburg-Vorpommern kann der Antrag auf Anerkennung frühestens drei Jahre nach Errichtung der Ergänzungsschule bzw. nach Eintragung der Ergänzungsschule in das Ergänzungsschulenverzeichnis gestellt werden. Dies regeln § 12 I/2 HmbSfTG und §§ 131 Nr.2 SchulG M-V, 5 S.1 PSchVO M-V.
Als Rechtsfolge der Anerkennung dürfen die Ergänzungsschulen nach genehmigten Prüfungsvorschriften Prüfungen abhalten. Sie können somit nach außen hin wirksame Berechtigungen erteilen.[521] Die Prüfung selbst erfolgt unter Aufsicht der zuständigen Schulaufsichtsbehörde, die nach verschiedenen Landesre-

---

[518] Vogel, RdJB 1974, 34(35f.)

[519] siehe § 15 I PSchG B-W; § 9a S.1 PrivSchulG Bln; § 126 I BbgSchulG; § 176 I, II/2 HSchG; § 125 I SchulG M-V; § 161 SchulG Nds; § 19 I PrivSchG Rh-P; § 19 I SaarlPrivSchG; § 12 I SächsFrTrSchulG; § 18d I/1SG LSA; § 13 I ThürSchfTG

[520] so § 176 I HSchG; § 125 I SchulG M-V

[521] so § 15 II PSchG B-W; § 9a S.2-4 PrivSchulG Bln; § 126 II BbgSchulG; § 12 II HmbSfTG; § 176 II/1 HSchG; § 125 II SchulG M-V; § 161 I SchulG Nds; § 19 II PrivSchG Rh-P; § 19 II SaarlPrivSchG; § 12 II SächsFrTrSchulG; § 18d I/2 SG LSA; § 13 II ThürSchfTG

gelungen auch die Zusammensetzung der Prüfungsausschüsse bestimmen kann. In Hamburg bezieht sich die Anerkennung einer allgemein bildenden Ergänzungsschule gem. § 12 II/2 HmbSfTG nicht auf die erteilten Abschlüsse; die zuständige Behörde kann Ausnahmen zulassen. In Sachsen-Anhalt kann gem. § 18d II SG LSA sogar genehmigt werden, dass der Besuch einer anerkannten Ergänzungsschule von der Erfüllung der Schulpflicht befreit.

Auch die anerkannte Ersatzschule kann somit allein aufgrund ihres Grundrechts aus Art.7 IV/1 GG keine Berechtigungen mit öffentlich-rechtlicher Außenwirkung erteilen. Sie muss dafür ebenfalls anerkannt werden. Erst mit der Erteilung der Anerkennung können die Ergänzungsschulen Aufgaben des Berechtigungswesens als Beliehener wahrnehmen.

Ergänzungsschulen haben keine öffentlichen Entsprechungen. Sie verfolgen eigenständige Bildungsziele in besonderen Bildungsbereichen. Aufgrund dieser Besonderheiten muss die zuständige Schulbehörde prüfen und feststellen, ob der durch Ergänzungsschule angebotene Bildungsgang geeignet ist, zu einem Abschluss mit öffentlich-rechtlicher Außenwirkung zu führen und ob für einen derartigen Abschluss ein öffentliches Bedürfnis besteht. Dies kann nur für den jeweiligen Einzelfall entschieden werden. Die Erteilung der Anerkennung muss deshalb im pflichtgemäßen Ermessen der zuständigen Schulbehörde stehen. Ein Rechtsanspruch der privaten Ergänzungsschulen auf die Anerkennung besteht nicht. In Hamburg hat die eingetragene Ergänzungsschule bei Erfüllung der oben dargelegten Voraussetzungen gem. § 12 I Hmb SfTG hingegen einen Rechtsanspruch auf die Anerkennung, wie sich aus dem Wortlaut der Regelung „wird verliehen“ ergibt.

D) Die Rechtsbeziehungen der Ersatzschule im Privatschulverhältnis

Gegenstand der bisherigen Darstellung war die Genehmigung und Anerkennung der privaten Ersatzschule. Dabei konnte schon festgestellt werden, dass nur die anerkannte Ersatzschule Berechtigungen mit öffentlich-rechtlicher Außenwirkung an ihre Schüler verleihen darf. Die Schüler nur genehmigter Ersatzschulen müssen hingegen ihre Prüfungen vor einer staatlichen Prüfungskommission ablegen. Im nun folgenden Abschnitt sollen weitere Unterschiede des Privatschulverhältnisses der nur genehmigten Ersatzschule und der anerkannten Ersatzschule dargelegt werden. Hierfür ist es zunächst notwendig, zu eruieren, wie das Privatschulverhältnis der genehmigten Ersatzschule überhaupt ausgestaltet ist. Dabei soll auf das Verhältnis der genehmigten Ersatzschule zum Staat, insbesondere im Hinblick auf die Aufsichtsbefugnisse der Schulbehörden, und auf das Rechtsverhältnis der genehmigten Ersatzschule zu ihren Schülern bzw. deren Eltern vertieft eingegangen werden. Im Anschluss daran erfolgt eine das Gemeinsame und die Unterschiede im Verhältnis zur nur genehmigten Ersatzschule herausstellende Untersuchung dieser Rechtsverhältnisse für die anerkannte Ersatzschule.
Nicht näher betrachtet werden soll das Verhältnis der Ersatzschulen zu ihren Lehrkräften. Diese sind i.d.R. aufgrund eines zivilrechtlichen Arbeitsvertrages beim Schulträger angestellt und diesem daraus zur Erbringung ihrer Unterrichtsleistung verpflichtet. Der Schulträger hat dabei die Anforderungen des Art.7 IV/3, 4 GG für das Unterrichtspersonal zu beachten. Andernfalls setzt er sich Aufsichtsmaßnahmen der Schulaufsichtsbehörden aus.

I.) Das Rechtsverhältnis der genehmigten Ersatzschulen zum Staat

Die Voraussetzungen der Genehmigung gem. Art.7 IV GG wurden bereits oben ausführlich dargestellt.[522] Die Verwaltungskompetenz für das Schul- und Privatschulrecht liegt gem. Art.30 GG bei den Ländern.[523]

1.) Der Rechtscharakter der Genehmigung der Ersatzschule

Die Genehmigung der Ersatzschule regelt die Zulassung einer Privatschule, die als Ersatz für vorhandene öffentliche oder grundsätzlich vorgesehene öffentliche Schulen dienen kann. Die Genehmigung erfolgt dabei durch die entspre-

---

[522] Siehe oben Teil B), I.), 3.)
[523] Müller, Recht der Fr. Schule nach dem GG, S.29

chende Landesbehörde einseitig mit unmittelbarer Rechtswirkung nach außen, aufgrund der Anwendung öffentlich-rechtlicher Normen der entsprechenden Landesschul- bzw. Landesprivatschulgesetze. Die Genehmigung ist deshalb als *Verwaltungsakt* zu qualifizieren. Bei Vorliegen der Voraussetzungen besteht ein Rechtsanspruch der Ersatzschule auf die Genehmigung.[524] Die Genehmigung weist somit den Charakter eines präventiven Verbots mit Erlaubnisvorbehalt auf, welches grundrechtlich verankert ist. Die Versagung der Genehmigung erfolgt ebenfalls durch Verwaltungsakt.[525]
Bei Ablehnung oder Unterlassung der Genehmigung durch die Genehmigungsbehörde ist der Verwaltungsrechtsweg gem. § 40 I VwGO eröffnet.[526] Der Schulträger kann Widerspruch gem. §§ 68ff. VwGO bei der Ausgangsbehörde einlegen und nach erfolglosem Ablauf des Widerspruchsverfahrens Verpflichtungsklage auf Erteilung der Genehmigung vor dem zuständigen Verwaltungsgericht erheben.[527] In Hamburg bedarf es gem. § 6 VIII HmbSfTG vor der Erhebung einer verwaltungsgerichtlichen Klage gegen die Ablehnung der Genehmigung keiner Nachprüfung in einem Vorverfahren.
Nach Rechtswegerschöpfung i.S.v. § 90 II BVerfGG ist gem. Art.93 I Nr.4a GG i.V.m. §§ 13 Nr.8a, 90ff. BVerfGG der Rechtsweg zum Bundesverfassungsgericht im Wege der Verfassungsbeschwerde eröffnet. Der Schulträger als Beschwerdeführer kann dabei behaupten durch die Versagung oder Unterlassung der Genehmigung in seinem Grundrecht aus Art.7 IV GG verletzt zu sein.
Durch die Genehmigung wird der Schulträger verpflichtet, die ständige Erfüllung der Genehmigungsvoraussetzungen zu gewährleisten.[528] Ansonsten setzt er sich Aufsichtsmaßnahmen der Schulaufsichtsbehörden aus. Die Genehmigung darf nicht aufgehoben werden, solange der Schulträger bzw. die Ersatzschule die Genehmigungsvoraussetzungen erfüllen. Bei Widerruf oder Rücknahme der Genehmigung kann der Schulträger im Wege des Widerspruchs und der Anfechtungsklage gegen den Aufhebungsverwaltungsakt vorgehen. Widerspruch und Anfechtungsklage haben dabei gem. § 80 I VwGO grundsätzlich aufschiebende Wirkung.

---

[524] siehe oben Fn 82
[525] Heckel/Avenarius, Schulrechtskunde, S.630f.
[526] Peters in Bettermann/Nipperdey/Scheuner, Die Grundrechte, IV/1, S.434
[527] Heckel/Avenarius, Schulrechtskunde, S.637
[528] Vogel, Recht der Schulen in fr. Trägerschaft, S.108

2.) Die Aufsicht über die genehmigte Ersatzschule

a) Aufsicht als Rechtsaufsicht

Das gesamte Schulwesen steht gem. Art.7 I GG unter der Aufsicht des Staates. Eine völlige Unabhängigkeit vom Staat gibt es auch für die Privatschulen nicht.[529] Damit unterliegen auch die Privatschulen der Schulaufsicht gem. Art.7 I GG.[530] Fraglich bleibt dabei, wie die Schulaufsicht über die Privatschulen zu gestalten ist.

Für die Art und Reichweite der Aufsicht muss wiederum Art.7 IV GG maßgebend sein. Art.7 I GG darf bei Privatschulen nicht isoliert betrachtet, sondern im Zusammenhang mit Art.7 IV GG gesehen werden. Art.7 IV GG ist aber als Freiheitsrecht in erster Linie ein Abwehrrecht gegen staatliche Eingriffe. Es soll die freie Errichtung und den freien, vor allem inhaltlich freien Betrieb der Privatschulen ermöglichen. Die zuständigen Schulaufsichtsbehörden dürfen infolge dessen nicht die Befugnis haben, entsprechend ihrer Befugnisse bei staatlichen Schulen die Einzelheiten des Schulbetriebs durch Organisation, Planung, Leitung und fachaufsichtliche Weisungen zu reglementieren. Dies würde zu einer Eingrenzung des Rechts der Privatschulfreiheit in einem Umfang führen, der von einem eigenverantwortlich geprägten und gestalteten Unterricht wenig übrig ließe und so der Funktion des Art.7 IV GG nicht gerecht käme. Aufgrund dieser Erwägung ist die staatliche Schulaufsicht im Vergleich zu staatlichen Schulen nur in einem begrenzteren Umfang zuzulassen. Aus Art.7 I GG folgt nämlich nicht, dass die Schulaufsichtsbehörde ihre Zweckmäßigkeitserwägungen an die Stelle derjenigen der Privatschulen setzen darf.[531] Dies ergibt sich gerade aus der Qualität der Privatschulfreiheit als Freiheitsgrundrecht, da grundrechtliche Freiheiten niemals in Weisungsabhängigkeit gegenüber staatlichen Behörden wahrgenommen werden.[532] Es existiert somit im Schutzbereich des Art.7 IV GG kein umfassendes staatliches Bestimmungsrecht. Die Eigenrechte der nichtstaatlichen Schulträger, d.h. die verfassungsmäßig verbürgte Freiheit gem. Art.7 IV GG, sind zu beachten.[533] Die Schulaufsicht darf nicht als Mittel dazu dienen, das Privatschulwesen in Abhängigkeit zum öffentlichen

---

[529] BVerfGE 27, 195(201); Becker K., Aufsicht über Privatschulen, S.101

[530] BayVerfGH BayVBl. 1983, 430(432); Schlaf, Aufsicht über Privatschulen, S.6

[531] Becker U., BayVBl. 1996, 609(614)

[532] Frowein, Lage der Privatschulen, S.20

[533] siehe auch Art.111 II BayEUG und § 58 III SächsSchulG; Danach wird der Umfang der Schulaufsicht über Privatschulen nach Art.7 GG und den entsprechenden Landesgesetzen bestimmt. Der Regelungsgehalt des Art.7 IV GG muss dabei berücksichtigt werden. So Holfelder/Bosse/Benda/Runck, Sächs SchulG, § 58, Anm 8.

Schulwesen zu bringen.[534] Sie ist kein inhaltliches Bestimmen.[535] Die staatliche Schulaufsicht über genehmigte Ersatzschulen muss daher eng als Überprüfung des Vorliegens der Voraussetzungen und der Anforderungen des Art.7 IV GG angesehen werden, d.h. als Kontrolle der Einhaltung der Genehmigungsvoraussetzungen, welche damit den Rahmen für die dem Staat zuzuerkennende Schulaufsicht bilden.[536] Es ist die Aufgabe der staatlichen Schulaufsicht zu kontrollieren, dass die Privatschule sämtliche Genehmigungsvoraussetzungen auch noch nach der Erteilung der Genehmigung dauernd erfüllt. Die Aufsichtsbehörde überprüft somit die dauerhafte Einhaltung der rechtlichen Voraussetzungen des Art.7 IV/2-4 GG.

Die Aufsicht über die genehmigten Ersatzschulen ist daher als eine reine *Rechtsaufsicht*[537] zu bezeichnen, wobei nicht verkannt werden soll, dass die genehmigte Ersatzschule kein Teil der Staatsverwaltung ist und insofern die verwaltungsrechtlichen Termini nicht identisch übernommen werden können. Trotz der Unanwendbarkeit der verwaltungsorganisationsrechtlichen Terminologie betrifft die Aufsicht in der Sache aber nur die Überprüfung der rechtlichen Voraussetzungen der Genehmigung, was die Verwendung des Begriffs Rechtsaufsicht rechtfertigt.[538] Nur im Rahmen dieser Rechtsaufsicht kann die Schulaufsichtsbehörde tätig werden. Es darf keine Überprüfung der Zweckmäßigkeit von Maßnahmen der Privatschule erfolgen. Eine Dienstaufsicht über das Lehrpersonal der Ersatzschulen ist ebenfalls unzulässig.

Nach anderer Ansicht ist die Aufsicht der staatlichen Schulaufsichtsbehörden nicht auf die Rechtsaufsicht beschränkt, da der Aufsichtsmaßstab der Gleichwertigkeit auf den Leistungsstand der öffentlichen Schulen verweise, den die

---

[534] Hemmrich in v. Münch/Kunig, GG, Art.7, Rn 10

[535] Jarass in Jarass/Pieroth, GG, Art.7, Rn 21

[536] BVerwGE 12, 349(351); 17, 236f.; BVerwG DÖV 1970, 566; Gröschner in Dreier, GG, Art.7, Rn 91; Frowein, Lage der Privatschulen, S.20; Jülich, Grundriß des SchulR NRW, S.153; Pieroth in Jarass/Pieroth, GG, Art.7, Rn 21; Lemper, Privatschulfreiheit, S.105; Niebes/Becher/Pollmann, SchulG und SchulO in Sachsen, SächsSchulG, § 58, Rn 7; Oppermann, HdbStR VI, § 135, Rn 21; Vogel, Recht der Schulen in fr. Trägerschaft, S.40; so auch ausdrücklich Privatschulaufsicht als Kontrolle der Genehmigungsvoraussetzungen: § 130 IV BbgSchulG, § 2 II/2 HmbSfTG; § 167 III HSchG, § 119 III/2 SchulG M-V und §§ 3 II/1 ThürSchfTG, 3 III/1 ThürSchAG

[537] Becker U., BayVBl. 1996, 609(614); Gröschner in Dreier, GG, Art.7, Rn 47, 91; Frowein, Lage der Privatschulen, S.20; Fuß, VVDStRL 23 (1966), S.199(220, 245); Holfelder/Bosse/Benda/Runck, Sächs SchulG, § 58, Anm. 8; Lemper, Privatschulfreiheit, S.105; Loschelder, HdbStKirchR II, § 55, S.528; Mascello, Elternrecht u. Privatschulfreiheit, S.257; Müller, Recht der Fr. Schule nach dem GG, S.192f.; Oppermann, HdbStR VI, § 135, Rn 21; Niehues, Schul- u. PrüfungsR Bd.1, Rn 276; Plümer, Rechtsnatur der Privatschulverhältnisse, S.95; Reich, SchulG LSA, § 14, Rn 2; Hemmrich in v. Münch/Kunig, GG, Art.7, Rn 12

[538] In Schleswig-Holstein verwendet § 120 VI/1 SchulG Schl-H ausdrücklich den Begriff Rechtsaufsicht.

Verwaltung weitgehend selbst festlegen könne.[539] Diese Meinung verkennt aber, dass der Leistungsstand der genehmigten Ersatzschulen nicht bloß durch die Verwaltung festgelegt wird, sondern Art.7 IV/3 GG die Grenze im Sinne eines Nichtzurückstehens der Ersatzschulen vorgibt. Inhaltlich sind die Privatschulen frei in der Gestaltung des Unterrichts. Diese grundrechtlich garantierte Freiheit darf nicht im Wege der Aufsicht unterwandert werden. Deshalb ist die Aufsicht im Sinne einer Rechtsaufsicht auf die Überprüfung der Einhaltung der Genehmigungsvoraussetzungen zu beschränken. Eine grundsätzliche Abkehr von den Begriffen der Rechts- und Fachaufsicht ist dafür nicht notwendig.[540]
Als Folge der Rechtsaufsicht unterliegen die rein privatrechtlichen vertraglichen Beziehungen zwischen Ersatzschule und Schülern bzw. Eltern und auch zu den Lehrern grundsätzlich nicht der Aufsicht durch die Schulaufsichtsbehörden.[541] Jedoch können u.U. Differenzen und Vorkommnisse in diesen Bereichen die Gleichwertigkeit bzw. die wirtschaftlich und rechtlich gesicherte Stellung der Lehrkräfte in Frage stellen. So folgt z.B. aus dem rein zivilrechtlichen Schulvertrag zwischen Privatschulträger und Schüler die Pflicht, fachlich und pädagogisch qualifiziertes Lehrpersonal einzusetzen. Mittelbar wirken hierbei die Anforderungen des Art.7 IV/3 GG in das private Schulvertragsverhältnis hinein. Denn wenn der Schulträger ungeeignetes Lehrpersonal beschäftigt, das hinter demjenigen öffentlicher Schulen zurücksteht, setzt er sich Aufsichtsmaßnahmen der Schulaufsichtsbehörden aus. Es besteht dann ein Anlass für Maßnahmen der Aufsichtsbehörden zur Einhaltung der Genehmigungsvoraussetzungen gem. Art.7 IV GG.[542] Die Schulaufsichtsbehörden überprüfen lediglich die Einhaltung der Genehmigungsvoraussetzungen, d.h. das Nichtzurückstehen, die Gleichwertigkeit der Ersatzschule im Verhältnis zu den öffentlichen Schulen. Das Nichtzurückstehen und die Gleichwertigkeit sind unbestimmte Rechtsbegriffe, deren Auslegung durch die Verwaltung verwaltungsgerichtlicher Kontrolle unterliegt.[543]

b) Die Aufsichtsbefugnisse im Einzelnen

Die Aufsichtsbefugnisse der Landesschulbehörden sind in den jeweiligen Landesschul- und Landesprivatschulgesetzen geregelt. Die Schulaufsicht fällt in die Kompetenz der Länder gem. Art.30 GG.[544] Aus Art.7 I GG ergibt sich zwar, dass das gesamte Schulwesen der Aufsicht des Staates unterstellt ist, daraus

[539] Evers, VVDStRL 23 (1966), S.147(198)
[540] so aber Robbers in v. Mangoldt/Klein/Starck, GG, Art.7, Rn 207
[541] Schlaf, Aufsicht über Privatschulen, S.40
[542] so schon Heckel, Dt. Privatschulrecht, S.319
[543] Becker U., BayVBl. 1996, 609(616)
[544] Becker K., Aufsicht über Privatschulen, S.172; Hemmrich in v. Münch/Kunig, GG, Art.7, Rn 12; Vogel, Recht der Schulen in fr. Trägerschaft, S.38

folgt aber nicht, dass die Schulverwaltung ohne gesetzliche Grundlage zur Beaufsichtigung des Schulwesens befugt wäre.[545] Der Vorbehalt des Gesetzes gem. Art.20 III GG muss auch bei der Privatschulaufsicht beachtet werden.[546] Nur so kann Rechtssicherheit gewährleistet werden. Gesetzliche Grundlagen für das Tätigwerden der Schulaufsichtsbehörden sind notwendig. Die Aufsichtsbefugnisse werden in den Landesgesetzen in verschiedener Weise geregelt. Die Regelungen der Länder stellen sich dabei ziemlich uneinheitlich dar. Generell werden Informationspflichten der Ersatzschulen gefordert. Die Schulträger der Ersatzschulen müssen danach den Aufsichtsbehörden Einblick in den Betrieb der Schule gestatten sowie Berichte, Auskünfte und Nachweise über die Tätigkeit der Schule gewähren.[547] Ausdrückliche Regelungen finden sich dazu aber nur in einigen Landesgesetzen.[548] Diese Auskunftspflichten sind eng auszulegen und dürfen nur dazu dienen, die dauerhafte Einhaltung der Genehmigungsvoraussetzungen sicherzustellen. Sie dürfen keinesfalls den Schulbetrieb der Ersatzschule aufgrund überbordender Informationspflichten unnötig beeinträchtigen. Wünschenswert wäre in allen Ländern eine ausdrückliche Regelung, um den Anforderungen des Gesetzesvorbehalts gerecht zu werden. Während des Genehmigungsverfahrens wird allgemein von einer Auskunftspflicht der Ersatzschule ausgegangen, da ansonsten die Tätigkeit der Genehmigungsbehörde zur Überprüfung des Vorliegens der Genehmigungsvoraussetzungen erschwert würde.[549] Veränderungen in den für die Genehmigung relevanten Bereichen hat der Schulträger der Ersatzschule der zuständigen Behörde mitzuteilen, da diese dann selbst i.d.R. der Genehmigung bedürfen.[550] Einige Landesgesetze sehen auch Unterrichtsbesuche, die Besichtigung von Unterrichtseinrichtungen, von Grundstücken und Räumen i.d.R. während der üblichen Geschäftszeiten der Schule vor.[551] Derartige Aufsichtsmaßnahmen weisen eine stärkere Eingriffsintensität auf. Für sie ist auch wegen des Bezuges zu Art.13 GG eine ausdrückliche gesetzliche Regelung als Voraussetzung der Maßnahme zu fordern. Eine Besichtigung des Schulgebäudes kann aber auch durch die Bauaufsichtsbehör-

---

[545] BVerwGE 47, 194(198)

[546] Müller, Recht der Fr. Schule nach dem GG, S.196; Schlaf, Aufsicht über Privatschulen, S.20

[547] so für Sachsen-Anhalt Wolff/Richter/Gras, SchulG LSA, § 14, Anm. 1.2

[548] so § 23 S.1 Nr.1 PSchG B-W i.V.m. Ziff.1 VVPSchG B-W; Art.113 I/1 BayEUG; § 16 III BremPrivSchG; § 2 III Hmb SfTG; § 167 IV HSchG; §§ 119 III/3, 131 Nr.1 SchulG M-V, 2 PSchVO M-V; § 167 I/2 SchG Nds; §§ 42 SchOG NRW, 9 III ESchVO NRW; §§ 39 PrivSchG Rh-P, 4 PrivSchGDVO Rh-P; §§ 3 I ThürSchfTG, 3 I, III ThürSchAG

[549] Schlaf, Aufsicht über Privatschulen, S.21

[550] so Art.99 I/1 BayEUG; § 8 I HmbSfTG; § 120 V SchulG M-V; § 146 SchG Nds; §§ 17 IV SG LSA, 3 III ESch-VO LSA

[551] so § 23 S.1 Nr.1 PSchG B-W i.V.m. Ziff.1 VVPSchG B-W; Art.113 I/1 BayEUG; § 16 III BremPrivSchG; § 2 III Hmb SfTG; § 167 IV HSchG; § 119 III/3 SchulG M-V; §§ 3 I ThürSchfTG, 3 I, III ThürSchAG

den im Rahmen der Landesbauordnungen zur bauordnungsrechtlichen Gefahrenabwehr erfolgen.
Die Schulaufsichtsbehörden können nach der Informationsbeschaffung, Beanstandungen an rechtlich fehlerhaften Maßnahmen der Ersatzschule vornehmen.[552] D.h., es erfolgt die Aufforderung an die Ersatzschule rechtswidrige Maßnahmen aufzuheben bzw. rechtmäßige Maßnahmen durchzuführen. Die Beanstandungen müssen dabei in Form eines schriftlichen Bescheids erfolgen.[553] Der schulaufsichtliche Beanstandungsvorgang ist im Verhältnis zur Privatschule ein Verwaltungsakt.[554] Eine eigene Befugnis der Schulaufsichtsbehörde, streitige Maßnahmen der Privatschulen aufzuheben und selbst zu entscheiden, steht dieser nicht zu. Die Schulaufsichtsbehörden haben kein Recht zum Selbsteintritt oder zur Selbstvornahme.[555] Dies ist die Folge der durch das Grundgesetz garantierten Privatschulfreiheit, welche eine eigenverantwortliche Gestaltung der Privatschule gestattet. Bei Nichteinhaltung der Genehmigungsvoraussetzungen des Art.7 IV GG besteht aber die Möglichkeit, die Genehmigung aufzuheben. Der Widerruf bzw. die Rücknahme der Genehmigung sind dabei zum Teil spezialgesetzlich in den Landesschul- bzw. Privatschulgesetzen geregelt. Nach diesen Regeln ist die Genehmigung aufzuheben, wenn deren Voraussetzungen nicht mehr vorliegen, die Privatschule gegen die verfassungsmäßige Ordnung verstoßen hat oder der Schulträger bzw. Schulleiter nicht die erforderliche persönliche Zuverlässigkeit besitzt.[556] Bis auf Berlin sehen die Bestimmungen dabei kein Ermessen der Schulaufsichtsbehörden vor. In Schleswig-Holstein kann die Genehmigung gem. § 58 V/2 SchulG Schl-H auch widerrufen werden, wenn der Schulträger Anordnungen der Schulaufsichtsbehörde wiederholt nicht befolgt oder festgestellte Mängel auch nach einer Mahnung nicht abstellt. Insoweit entscheidet die zuständige Behörde ebenfalls nach pflichtgemäßem Ermessen. In den Bundesländern ohne spezialgesetzliche Regelung erfolgt die Aufhebung der Genehmigung nach den allgemeinen Landesbestimmungen zu Aufhebung von Verwaltungsakten, welche i.d.R. §§ 48, 49 VwVfG entsprechen. Vor Aufhebung der Genehmigung ist dem Schulträger als milderes Mittel jedoch grundsätzlich eine angemessene Frist zur Beseitigung

---

[552] Becker K., Aufsicht über Privatschulen, S.160; Müller, Recht der Fr. Schule nach dem GG, S.334

[553] Wolff/Richter/Gras, SchulG LSA, § 14, Anm. 1.2; ausdrücklich auch §§ 42 SchOG NRW, 9 III/4 ESchVO NRW

[554] Müller, Recht der Fr. Schule nach dem GG, S.216

[555] Frowein, Lage der Privatschulen, S.23; Müller, Recht der Fr. Schule nach dem GG, S.216, 334; Robbers in v. Mangoldt/ Klein/Starck, GG, Art.7, Rn 206

[556] so § 6 PrivSchulG Bln; § 122 II BbgSchulG; § 11 BremPrivSchG; § 172 II HSchG; § 121 I SchulG M-V; § 147 I SchG Nds; § 39 SchOG NRW; §§ 10 I PrivSchG Rh-P, 10 II PrivSchG DVO Rh-P; § 10 I SaarlPrivSchG; §§ 16 V, 17 IV SG LSA, 6 ESch-VO LSA; § 58 V/1 SchulG Schl-H; § 6 I ThürSchfTG

der beanstandeten Mängel zu setzen.[557] Erst nach deren Ablauf darf die Aufhebung der Genehmigung erfolgen. Dies folgt aus dem Verhältnismäßigkeitsprinzip.[558] Eine Fristsetzung ist lediglich entbehrlich, wenn deren Einräumung mit an Sicherheit grenzender Wahrscheinlichkeit nutzlos ist.[559] Außerdem wird sie als unnötig angesehen, wenn die Privatschule gegen die verfassungsmäßige Ordnung verstößt.[560] Bayern sieht als weitere Aufsichtsmaßnahme gem. Art.93 I/1 BayEUG den Erlass von Mindestlehrplänen durch das zuständige Ministerium vor. Eine derartige Befugnis kann nur äußerst restriktiv gehandhabt werden. Art.7 IV GG garantiert Freiheit in den Lehrplänen. Die Ersatzschule darf nur in ihren Erziehungs- und Lehrzielen nicht hinter öffentlichen Schulen zurückstehen. Dies kann auch mit von öffentlichen Schulen sich unterscheidenden Lehrplänen erreicht werden. Als weiteres Aufsichtsmittel kann die Tätigkeit von Schulleitern, Lehrpersonal und Erziehern untersagt werden, wenn sie ein Verhalten zeigen, dass an öffentlichen Schulen eine Beendigung des Beschäftigungsverhältnisses rechtfertigen würde oder Tatsachen vorliegen, die sie für die Ausübung einer solchen Tätigkeit ungeeignet erscheinen lassen.[561]

Soweit bei der Aufsicht Fragen des allgemeinen Polizeirechts, des Bauordnungsrechts oder anderer Gefahrenabwehrmaterien betroffen sind, handelt es sich nicht um den Normbereich der Privatschulfreiheit.[562] Die Ersatzschule unterliegt dann den allgemeinen gesetzlichen Beschränkungen, denen jedermann im Rahmen der Gesetze unterworfen ist.[563]

Bei der Durchführung aller Aufsichtsmaßnahmen haben die Aufsichtsbehörden das Verhältnismäßigkeitsprinzip zu beachten. Inhaber der Genehmigung ist der Träger der Ersatzschule. Daraus folgt, dass sich auch die Aufsicht hinsichtlich der Einhaltung der Genehmigungsvoraussetzungen gegen den Schulträger richtet. Adressat der Aufsichtsmaßnahmen kann damit grundsätzlich nur der Schul-

---

[557] Becker K., Aufsicht über Privatschulen, S.166; ausdrücklich: § 6 PrivSchulG Bln; § 122 II BbgSchulG; § 11 IV Brem PrivSchG; § 7 I, II HmbSfTG; § 121 I SchulG M-V; § 147 I SchG Nds; § 39 II SchOG NRW; §§ 10 II PrivSchG Rh-P, 10 III PrivSchG DVO Rh-P; § 10 II SaarlPrivSchG; §§ 17 IV SG LSA, 6 I/2 ESchVO LSA

[558] Müller, Recht der Fr. Schule nach dem GG, S.211

[559] In Rheinland-Pfalz ist die Fristsetzung gem. § 10 III PrivSchGDVO Rh-P nicht erforderlich, wenn eine Beseitigung des Mangels nicht oder nicht in angemessener Zeit möglich ist.

[560] so ausdrücklich: § 39 II SchOG NRW; §§ 16 IV, 17 IV SG LSA, 6 II ESchVO LSA

[561] so ausdrücklich: § 8 PSchG B-W; Art.95 BayEUG; § 167 II/3 SchG Nds; § 41 IV SchOG NRW; § 7 SächsFrTrSchG; § 7 ThürSchfTG

[562] Müller, Recht der Fr. Schule nach dem GG, S.193

[563] Müller, Recht der Fr. Schule nach dem GG, S.193; Schlaf, Aufsicht über Privatschulen, S.17f.

träger sein.[564] Nur in Ausnahmefällen, wie z.B. bei besonderen Gefahren, kann sich die Aufsichtsbehörde an den Schulleiter bzw. an die Lehrer wenden.[565]
Die Ersatzschule hat das Recht, schulpflichtige Schüler aufzunehmen. Sie muss insoweit die Erfüllung der Schulpflicht durch die Schüler gewährleisten und dafür die für die Schulpflicht geltenden Bestimmungen einhalten. Die Beachtung dieser Normen kann durch die zuständigen Landesbehörden ebenfalls überprüft werden.
Die Anordnungen der Schulaufsichtsbehörden sind Verwaltungsakte. Gegen sie kann im Wege des Widerspruchs und der Anfechtungsklage vorgegangen werden.[566]
Zusammenfassend lässt sich damit sagen, die Aufsicht über die genehmigte Ersatzschule ist Rechtsaufsicht, mit der die Einhaltung der verfassungsrechtlich festgelegten Voraussetzungen der Genehmigung überprüft werden soll. Aufgrund der verfassungsrechtlich garantierten Privatschulfreiheit ist ein inhaltliches Bestimmen der Aufsichtsbehörden nicht möglich. Diese dürfen keine Zweckmäßigkeitserwägungen anstelle der Ersatzschule anstellen und haben kein Recht zum Selbsteintritt.
Angemerkt werden soll hier noch, dass bei Ergänzungsschulen sich die Staatsaufsicht auf die Einhaltung der allgemeinen Rechtsordnung beschränkt.[567]

---

[564] Frowein, Lage der Privatschulen, S.23; Gröschner in Dreier, GG, Art.7, Rn 91; Jülich, Grundriß des SchulR in NRW, S.154; Müller, Recht der Fr. Schule nach dem GG, S.216; Schlaf, Aufsicht über Privatschulen, S.46f.; Vogel, Recht der Schulen in fr. Trägerschaft, S.40, 83; so auch ausdrücklich: §§ 3 I ThürSchfTG, 3 III/2 ThürSchAG; §§ 42 SchOG NRW, 9 III/2 ESchVO NRW bei Aufsichtsmaßnahmen, die nicht das Berechtigungswesen betreffen; Art.113 II BayEUG der aber auch Anordnungen an den Leiter der Unterrichtseinrichtung zulässt

[565] so auch §§ 42 SchOG NRW, 9 III/3 ESchVO NRW bei dringenden Fällen der Schulaufsicht

[566] Plümer, Rechtsnatur der Privatschulverhältnisse, S.123

[567] Gröschner in Dreier, GG, Art.7, Rn 91; Jarass in Jarass/Pieroth, GG, Art.7, Rn 21; Robbers in v. Mangoldt/Klein/Starck, GG, Art.7, Rn 209

II.) Das Rechtsverhältnis zwischen der genehmigten Ersatzschule und ihren Schülern bzw. deren Eltern

Die Rechtsbeziehungen der nur genehmigten Ersatzschule zu ihren Schülern und deren Eltern richten sich ausschließlich nach dem Privatrecht.[568] Das gilt auch für Ersatzschulen in kirchlicher Trägerschaft.[569] Die Privatschulen üben die Erziehungs- und Unterrichtstätigkeit als eigene Aufgabe aus und nehmen dabei keine hoheitlichen Aufgaben wahr.[570] Die nur genehmigten Ersatzschulen erfüllen gerade keine hoheitlichen Aufgaben des Berechtigungswesens. Sie handeln deshalb ausschließlich im Rahmen des Zivilrechts. Das Verhältnis der Schule zum Schüler ist somit rein zivilrechtlich zu betrachten. Zwar unterliegt das Handeln der Ersatzschule den Genehmigungsvoraussetzungen also öffentlich-rechtlichen Bindungen. Diese wirken aber nicht unmittelbar im Vertragsverhältnis zwischen Schule und Schüler, sondern binden unmittelbar nur die Ersatzschule selbst im Verhältnis zum Staat.
Zwischen der Schule und ihren Schülern besteht damit ein rein privatrechtliches Verhältnis. Die Ersatzschule ist nicht Träger von Staatsgewalt. Daraus folgt auch, dass die Grundrechte im Verhältnis Ersatzschule – Schüler keine Anwendung finden.[571] Es gibt grundsätzlich keine unmittelbare Drittwirkung der Grundrechte zwischen privaten Rechtssubjekten.[572] Die Grundrechte wirken jedoch mittelbar als objektive Wertordnung auf die Auslegung der Privatrechtsnormen ein[573] und strahlen so auf das bürgerlich-rechtlich gestaltete Privatschulverhältnis aus.

---

568 BVerwGE 45, 117ff.; BGH DÖV 1961, 787 = DVBl. 1962, 70; BayVGH BayVBl. 1973, 215; Richter in AK-GG, Art.7, Rn 63; Peters in Bettermann/Nipperdey/Scheuner, Die Grundrechte, IV/1, S.431; Elser/Kramer, Grundriß des SchulR in B-W, S.27; Jülich, Grundriß SchulR NRW, S.150; Mascello, Elternrecht u. Privatschulfreiheit, S.254; Plümer, Rechtsnatur der Privatschulverhältnisse, S.130; Vogel, Recht der Schulen in fr. Trägerschaft, S.186; Wolff/Bachof/Stober, VWR II, § 101, Rn 90; und auch schon Lande´ in v. Brauchitsch, VerwG f. Preußen, VI/1, S.26

569 Loschelder, HdbStKirchR II, § 55, S.535; Vogel, Recht der Schulen in fr. Trägerschaft, S.186

570 BVerwGE 45, 117(119); Becker K., Aufsicht über Privatschulen, S.123; Vogel, Recht der Schulen in fr. Trägerschaft, S.187

571 Schlie, Elterliches Erziehungsrecht u. staatliche Schulaufsicht, S.125

572 Jarass in Jarass/Pieroth, GG, Art.1, Rn 35; Pieroth/Schlink, Staatsrecht II, Rn 173, 175; Murswiek in Sachs, GG, Art.1, Rn 104; Starck in v. Mangoldt/Klein/Starck, GG, Art.1, Rn 216

573 BVerfGE 7, 198(205f.); 25, 256(263); 42, 143(148); 73, 261(269); 89, 214(229f.); 90, 27(33ff.)

1.) Der Vertragstypus des Schulvertrages

Während mit der Aufnahme eines Schülers in eine staatliche Schule ein öffentlich-rechtliches Schulverhältnis begründet wird, ist das Verhältnis zwischen dem Schulträger einer genehmigten Ersatzschule und dessen Schülern rein privatrechtlich ausgestaltet. Dies wurde soeben festgestellt. Die Rechtsnatur dieses Privatrechtsverhältnisses soll nun näher untersucht werden.
Das privatrechtliche Schulverhältnis wird durch einen schuldrechtlichen Vertrag begründet. In diesem Vertrag sind die Rechte und Pflichten der Vertragsparteien des Schulverhältnisses geregelt. Es handelt sich dabei um den sogenannten Schulvertrag oder Beschulungsvertrag. Der Schulvertrag ist wie das gesamte Schulverhältnis ebenfalls rein privatrechtlicher Natur.[574] Er stellt eine Unterform des Unterrichtsvertrages für die private Ersatzschule dar. Der Unterrichtsvertrag erfasst jede Form von direktem Unterricht, so z.B. Fahrschul-, Musikschul- und Tanzunterricht. Der Unterrichtsvertrag ist das Vertragsverhältnis zwischen Unterrichtsveranstalter und Unterrichtsteilnehmer, welches im Einzelnen die Rechtsbeziehungen zwischen diesen Vertragsparteien regelt.[575] Mit der Unterrichtung wird eine Dienstleistung erbracht.[576] Diese Tätigkeit ist Gegenstand der Verpflichtung des Schulträgers. Der Schulträger leistet mit der Erbringung des Unterrichts durch die Ersatzschule Dienste. Der Unterrichtsvertrag und somit auch der Schulvertrag sind deshalb rechtlich als ein *Dienstvertrag gem. § 611 BGB* einzuordnen.[577]
Hier stellt sich die Frage, wieso der Schulvertrag nicht als Werkvertrag gem. § 631 BGB zu bestimmen ist. Merkmal des Werkvertrages ist im Gegensatz zum Dienstvertrag gem. § 631 II BGB die Herbeiführung eines bestimmten Erfolges.[578] Für diesen Erfolg muss der Werkunternehmer dem Besteller gem. § 634 BGB rechtlich einstehen. Werkvertragsrecht könnte auf den Schulvertrag also Anwendung finden, wenn der Schulträger und Unterrichtsveranstalter gerade

---

[574] Gilles/Heinbuch/Gounalakis, Hdb UnterrichtsR, Rn 3; Heckel, Einführung in das Erziehungs- und SchulR, S.132; ders. Dt. Privatschulrecht, S.53; Maunz in Maunz/Dürig, GG, Art.7, Rn 90; Stein/Roell, Hdb SchulR, S.108; so auch schon Lande´ in v. Brauchitsch, VerwG f. Preußen, VI/1, S.175
[575] Gilles/Heinbuch/Gounalakis, Hdb UnterrichtsR, Rn 6
[576] Wienands, Der private Unterrichtsvertrag, S.2
[577] BGH DÖV 1961, 787(788); VGH B-W NJW 1971, 2089(2090); KG, Urteil vom 9.2.1960, AktZ.: 7 U 994.59, abgedruckt in BEFT, 65.1, S.19; Anders/Gehle in BGB-RGRK, § 611, Rn 752; Evers, JuS 1967, 257(260); Gilles/Heinbuch/ Gounalakis, Hdb UnterrichtsR, Rn 245f.; Heckel, Dt. Privatschulrecht, S.305; ders., DÖV 1961, 788(789); Heckel/ Avenarius, Schulrechtskunde, S.206; Jülich, Grundriß SchulR NRW, S.151; Loschelder, Hdb StKirchR II, § 55, S.535; Vogel, Recht der Schulen in fr. Trägerschaft, S.211; Woltering/Bräth, Nds SchG, § 148, Rn 11, 16
[578] BGHZ 54, 106(107); Palandt/Putzo, Einf v § 631, Rn 1; Palandt/Sprau, Ergbd. GModSchuldR, Einf v § 631, Rn 1; MK/Soergel, § 631, Rn 12; Larenz, SchuldR II/1, § 52 I, S.309

für den Erfolg oder Nichterfolg des Unterrichts einstehen möchte. Der Schulträger müsste damit praktisch die Gewähr für das Gelingen des Unterrichts, für das Eintreten des Unterrichtserfolges übernehmen.[579] Der Schulträger will aber gerade nicht die Gewähr dafür übernehmen, dass jeder Schüler das Lernziel, den erwünschten Abschluss erreicht. Denn das hängt wesentlich davon ab, wie aufmerksam der einzelne Schüler im Unterricht mitwirkt, wie sehr er außerhalb des Unterrichts nacharbeitet bzw. wie er lernt, aber auch davon, wie leistungsfähig der Schüler überhaupt ist. Der Schulträger will insoweit keine Verpflichtung übernehmen, einen schulischen Erfolg herbeizuführen. Zweck des Schulvertrages ist damit nicht die Herbeiführung eines bestimmten Erfolges, etwa das Bestehen der Abschlussprüfung, sondern die Unterrichtung und Betreuung des Schülers für die Dauer des Vertrages, also eine Tätigkeit und Dienstleistung i.S.v. § 611 BGB.[580] Schulunterrichterteilung und schulische Betreuung sollen zwar zu den Abschlussprüfungen hinführen, können und sollen aber nicht deren erfolgreichen Abschluss garantieren. Schulische Ausbildung und Unterrichtsdurchführung sind somit eine Dienstleistung gem. § 611 BGB.

Der Schulvertrag ist als Dienstvertrag ein gegenseitig verpflichtender Vertrag. In diesem Vertragsverhältnis sollen über längere Zeit gegenseitige Leistungen erbracht und ausgetauscht werden. Der Schulvertrag ist deshalb ein *Dauerschuldverhältnis*.

Wenn neben der Unterrichtserteilung noch weitere Leistungen im Rahmen eines einheitlichen Vertragsverhältnisses vereinbart werden, die als mit dem Schulvertrag zusammengehörend anzusehen sind, kann ein gemischter Schulvertrag vorliegen. Ein Beispiel für einen gemischten Schulvertrag aus Dienst- und Kaufvertragselementen stellt der Kauf von Lehrmaterial für den Unterricht vom Schulträger dar, wenn dieses Lehrmaterial nicht schon im Rahmen des Schulvertrages zu liefern ist.[581] Ohnehin im Rahmen eines Unterrichtsvertrages zu liefernde Gegenstände wie z.B. Unterrichtsmaterial und geringwertige Arbeitshilfen sollen hingegen keinen gemischten Vertrag begründen.[582] Doch auch in diesem Fall sind dienstvertragliche und kaufvertragliche Elemente zu einem einheitlichen Vertragsverhältnis verbunden. Ein gemischter Schulvertrag liegt vor. Bei der rechtlichen Behandlung eines gemischten Vertrages ist zunächst für jede Leistung das Recht des entsprechenden Vertragstyps heranzuziehen.[583] Wenn dabei die anzuwendenden Vorschriften der einzelnen Vertragstypen bei der Rechtsanwendung miteinander kollidieren, ist das Recht des Vertragstyps

---

579 Wienands, Der private Unterrichtsvertrag, S.3

580 Anders/Gehle in RGRK-BGB, § 611, Rn 752; Gilles/Heinbuch/Gounalakis, Hdb UnterrichtsR, Rn 246; Vogel, Recht der Schulen in fr. Trägerschaft, S.211

581 Gilles/Heinbuch/Gounalakis, Hdb UnterrichtsR, Rn 205; Gounalakis/Gounalakis, RdJB 1997, 229(230)

582 Gilles/Heinbuch/Gounalakis, Hdb UnterrichtsR, Rn 204f.

583 OLG Hamburg VersR 1977, 567

heranzuziehen, der den rechtlichen oder wirtschaftlichen Schwerpunkt des Vertragsverhältnisses bildet.[584] Beim gemischten Schulvertrag sind dies grundsätzlich die dienstvertraglichen Elemente. Die Unwirksamkeit des den Schwerpunkt bildenden Unterrichtsbestandteils hat auch die Unwirksamkeit der anderen Vertragsbestandteile zur Folge, da diese ohne die Unterrichtserteilung keinen Sinn mehr machen.[585]

Ein auch von der Bedeutung her wichtiger Sonderfall des gemischten Schulvertrages ist der Internatsschulvertrag. Internatsschulen sind Schulen, deren Organisation sowie Unterrichts- und Erziehungsarbeit darauf beruht, dass die Schüler ganz in einem Bestandteil der Schule bildenden Heim wohnen und nur die Schulferien bzw. bestimmte Wochenenden zu Hause verbringen.[586] Hier entstehen für den Schulträger neben der Unterrichtung und Erziehung in der Schule weitere Pflichten. Dies sind insbesondere die Betreuung und Überwachung des Schülers auch außerhalb des Unterrichts, die Übernahme der elterlichen Sorge bei Minderjährigen, die sinnvolle Freizeitgestaltung, Unterkunft und Verpflegung.[587] Der Internatsschulvertrag weist damit auch Mietvertragselemente gem. § 535 BGB hinsichtlich der Unterkunft und Werk- bzw. Kaufvertragsbestandteile gem. §§ 631, 651 S.1, 433 BGB hinsichtlich der Verpflegung auf. Jedoch bilden die für die Schulausbildung und erzieherische Betreuung des Schülers erforderlichen Dienstleistungen den Schwerpunkt der Vertragspflichten des Schulträgers, woraus es sich rechtfertigt, den Vertrag grundsätzlich dem Dienstvertragsrecht zu unterstellen.[588]

Für den Schulvertrag fraglich ist die Anwendung des Fernunterrichtsschutzgesetzes[589]. Nach § 1 I FernUSG findet das Fernunterrichtsschutzgesetz Anwendung auf Fernunterricht, bei welchem Lernender und Lehrender überwiegend räumlich getrennt sind. Schule im herkömmlichen Sinne setzt aber ein räumliches Beisammensein von Lehrenden und Lernenden voraus.[590] Dies ist auch bei der privaten Ersatzschule der Fall. Das FernUSG kann daher nicht auf das Vertragsverhältnis zwischen Privatschulträger und Schülern angewendet werden.

Hinzuweisen bleibt hier noch auf § 651l BGB. Dieser regelt Gastschulaufenthalte im Ausland im Rahmen eines Reisevertrages. Für den Unterricht der genehmigten Ersatzschulen in Deutschland hat er deshalb keine Bedeutung.

---

[584] BGH NJW 1981, 341(342); NJW 1989, 1673(1674); NJW 1995, 324(326); Palandt/Heinrichs, Einf v § 305, Rn 24ff.

[585] Wienands, Der private Unterrichtsvertrag, S.93

[586] Gilles/Heinbuch/Gounalakis, Hdb UnterrichtsR, Rn 200

[587] BGH NJW 1985, 2585(2586); Gilles/Heinbuch/Gounalakis, Hdb UnterrichtsR, Rn 200; Wienands, Der private Unterrichtsvertrag, S.86

[588] BGH NJW 1984, 2091(2092); NJW 1984, 2093; OLG Karlsruhe NJW-RR 1987, 118; OLG Celle NJW-RR 1995, 1465; MK/Voelskow, Vor § 535, Rn 25

[589] BGBl. I 2000, S.1670, zuletzt geändert durch BGBl. I 2001, S.3138

[590] Heckel/Avenarius, Schulrechtskunde, S.5

2.) Der Vertragsabschluss beim Schulvertrag

Der Vertragsabschluss zum Schulvertrag ist der Abschluss eines privatrechtlichen Vertrages. Der Vertrag kommt daher nach allgemeinen zivilrechtlichen Regeln zustande, d.h. durch zwei einander entsprechende, grundsätzlich empfangsbedürftige Willenserklärungen der Vertragsparteien, Antrag und Annahme gem. §§ 145ff. BGB. Unter Umständen behält sich der Schulträger bei den Vertragsverhandlungen eine Annahmefrist für die Annahme des Angebots des Schülers auf Abschluss des Schulvertrages vor. Die Privatschule hat das Recht der freien Schülerwahl. Dem Schulträger ist deshalb eine Frist zuzubilligen, in der er überprüfen darf, ob der zukünftige Schüler den Anforderungen der privaten Ersatzschule gerecht wird. Für den Schüler ist die Wahl der Schule jedoch eine wichtige Entscheidung im Hinblick auf den weiteren Bildungsweg. Dieser muss deshalb Klarheit darüber haben, ob ein Schulvertrag mit dem Schulträger zustande gekommen ist oder nicht. Die Annahmefrist des Schulträgers sollte darum entsprechend § 242 BGB nicht unangemessen lang gestaltet werden. Erfolgt die Vereinbarung einer Annahmefrist durch AGB des Schulträgers, so bestimmt § 308 Nr.1 BGB[591] ausdrücklich, dass Klauseln mit unangemessen langen oder unbestimmten Annahmefristen des Verwenders für die Annahme eines Angebots unwirksam sind. Die Länge der Frist bestimmt sich nach dem Inhalt und der wirtschaftlichen Bedeutung des Vertrages unter Berücksichtigung der Interessen beider Vertragsteile und der Verkehrsanschauung.[592] Aufgrund der Bedeutung der Annahme für die weitere Schulausbildung des Schülers bzw. für die Wahl anderer Alternativen durch den Schüler darf die Frist nicht zu lang sein und sollte zwei Wochen nicht übersteigen.

Als Rechtsfolge der Unwirksamkeit einer AGB-Klausel nach § 308 Nr.1 BGB gelten dann gem. § 306 II BGB die allgemeinen gesetzlichen Vorschriften des BGB zur Annahme gem. §§ 146ff. BGB.

Ein voll geschäftsfähiger Schüler kann den Schulvertrag mit dem Schulträger selbst abschließen. Schüler unter 7 Jahren sind hingegen gem. § 104 Nr.1 BGB geschäftsunfähig, Schüler unter 18 Jahren gem. §§ 2, 106 BGB beschränkt geschäftsfähig. Sie werden beim Abschluss des Schulvertrages durch die Eltern vertreten.[593] Dies ist Folge und Ausdruck des Elternrechts gem. Art.6 II GG und der daraus resultierenden Personensorge gem. §§ 1626, 1629 BGB.

Schließt der Minderjährige den Vertrag selbst ab, bedarf er gem. § 107 BGB der vorherigen Einwilligung oder gem. § 108 BGB der nachträglichen Genehmigung durch die Eltern. Der Schulvertrag ist nicht gem. § 107 BGB lediglich rechtlich vorteilhaft, da er als gegenseitig verpflichtender Vertrag Pflichten für

---

591 entspricht im wesentlichen § 10 Nr.1 AGBG a.F.; siehe BT-Drucks. 14/6040, S.154; BT-Drucks. 14/7052, S.18; Palandt/ Heinrichs, Ergbd. GModSchuldR, § 308, Rn 1

592 Palandt/Heinrichs, Ergbd. GModSchuldR, § 308, Rn 4

593 Stein/Roell, Hdb SchulR, S.108

den anderen Vertragspartner mit sich bringt, insbesondere die Zahlung des Schulgeldes. Wird der beschränkt geschäftsfähige Schüler, der den Vertrag selbst abgeschlossen hat, hingegen voll geschäftsfähig, so ist gem. § 108 III BGB seine Genehmigung maßgebend.
Hinsichtlich des Abschlusses des Schulvertrages besteht für die privaten Ersatzschulen kein Kontrahierungszwang. Es gibt keinen Anspruch des Schülers auf den Abschluss des Schulvertrages. Die Privatschule hat das Recht, ihre Schüler frei auszuwählen.[594] Unterrichtsverträge können grundsätzlich formfrei abgeschlossen werden. Es kann aber auch die gewillkürte Form im Sinne von § 127 BGB vereinbart werden. Wird eine besondere Form durch AGB vorgeschrieben ist § 309 Nr.13 BGB zu beachten.[595]
Üblicherweise wird der Schulvertrag als Formularvertrag abgeschlossen, der vorformulierte Vertragsbedingungen, AGB des Schulträgers enthält.[596] Die AGB müssen dabei gem. § 305 BGB[597] Vertragsbestandteil geworden sein. Individualabreden haben gem. § 305b BGB Vorrang vor AGB. Zweifel bei der Auslegung gehen gem. § 305c II BGB zu Lasten des Verwenders. Werden die AGB Vertragsbestandteil gelten für die Inhaltskontrolle die §§ 307-309 BGB. Verstößt eine Klausel gegen Klauselverbote, bleibt der Schulvertrag gem. § 306 I BGB im Übrigen wirksam. An die Stelle der unwirksamen oder nicht Vertragsbestandteil gewordenen Klausel treten gem. § 306 II BGB die gesetzlichen Vorschriften.

3.) Der Schulvertrag als Vertrag zugunsten Dritter

a) Die Begründung des Vertrages zugunsten Dritter

Vertragsparteien des Schulvertrages können entweder die Eltern und der Schulträger oder der Schüler und der Schulträger sein. Folge des Vertragsschlusses zwischen dem Schulträger und dem Schüler, der durch seine Eltern vertreten wird, ist lediglich die Verpflichtung des Schülers aus dem Schulvertrag. Um auch die Eltern schuldrechtlich verpflichten zu können, ist der Abschluss eines weiteren Vertrages zwischen dem Schulträger und den Eltern notwendig. Bei einem voll geschäftsfähigen Schüler, der den Schulvertrag selbst geschlossen

---

[594] Heckel, Dt. Privatschulrecht, S.48, 234f.; Jülich, Grundriß SchulR NRW, S.151; Woltering/Bräth, Nds SchG, § 148, Rn 11
[595] entspricht § 11 Nr.16 AGBG a.F.; siehe BT-Drucks. 14/6040, S.160
[596] Gilles/Heinbuch/Gounalakis, Hdb UnterrichtsR, Rn 171; Heckel/Avenarius, Schulrechtskunde, S.206; Vogel, Recht der Schulen in fr. Trägerschaft, S.212; Wienands, Der private Unterrichtsvertrag, S.6
[597] entspricht im Wesentlichen §§ 1, 2 AGBG a.F.; siehe BT-Drucks. 14/6040, S.150f.; BT-Drucks.14/7052, S.16; Palandt/ Heinrichs, Ergbd. GModSchuldR, § 305, Rn 1; Graf v. Westphalen, NJW 2002, 12(13)

hat, dessen Schulgeld aber von den Eltern gezahlt wird, ist ebenfalls ein weiterer Vertrag notwendig, um die Eltern schuldrechtlich verpflichten zu können. Andernfalls besteht gegen die Eltern kein direkter Anspruch des Schulträgers auf Zahlung des Schulgeldes. Zwar hat der Schüler gegenüber seinen Eltern einen Anspruch auf Unterhalt gem. §§ 1601ff. BGB. Dieser Unterhaltsanspruch könnte vom Schulträger, nachdem er einen Titel gegen den Schüler erlangt hat, gepfändet werden. Hierbei ist aber § 850b I Nr.2 ZPO zu beachten, der grundsätzlich nur eine bedingte Pfändbarkeit von Unterhaltsrenten vorsieht. Unterhaltsforderungen des Kindes gegen seine Eltern sind grundsätzlich nur bedingt pfändbar.[598] Die Pfändung kann dann nur unter den engen Voraussetzungen des §§ 850b II ZPO erfolgen.

Einfacher wäre es insofern, wenn die Eltern des Schülers im eigenen Namen den Schulvertrag abschließen und sich damit selbst verpflichten. Ihrem Kind wollen sie aus diesem Vertragsschluss aber auch einen eigenen Anspruch auf Beschulung gegen den Schulträger zukommen lassen. Die Eltern werden dabei in Ausübung der ihnen obliegenden Personensorge für das Kind tätig.[599] Vogel schreibt dazu: Durch den Vertrag der Erziehungsberechtigten für den Minderjährigen erhält dieser eigene Ansprüche aus dem Vertrag. Es liegt ein Vertrag mit Schutzwirkung zugunsten des Minderjährigen vor.[600] Diese Aussage ist aber begrifflich ungenau. Ein Vertrag mit Schutzwirkung für Dritte bezieht sich nur auf die Geltendmachung vertraglicher Schadensersatzansprüche eines Dritten gegen den Vertragsschuldner, nicht aber auf die Geltendmachung der Hauptleistung, da dieser Anspruch allein dem Gläubiger zusteht.[601] Wenn die Eltern den Schulvertrag im eigenen Namen abschließen, wird ihr Kind vom Schutzbereich des Vertrages erfasst, da es selbstverständlich als Schüler Leistungs- und Gläubigernähe aufweist und dies dem Schulträger ohne weiteres erkennbar ist. Soll das Kind aber auch eigene vertragliche Primäransprüche geltend machen können, muss der Vertrag zwischen den Eltern und dem Schulträger als echter Vertrag zugunsten Dritter gem. §§ 328ff. BGB qualifiziert werden.

Das Deckungsverhältnis besteht dabei zwischen den Eltern und dem Schulträger. Dies ist der Schulvertrag gem. § 611 BGB. Das Zuwendungs- oder Valutaverhältnis besteht zwischen den Eltern und ihrem Kind, dem Schüler. Die Eltern des minderjährigen Kindes sind zur elterlichen Sorge gem. §§ 1626, 1629 BGB verpflichtet. Sie haben im Wege der Personensorge, soweit sie sorgeberechtigt sind, umfassend für die Ausbildung des Kindes und für die Auswahl der Schule Sorge zu tragen.[602] Ausfluss dieser Sorgeverpflichtung ist auch gem. §§ 1601,

---

598 Palandt/Diederichsen, Einf v § 1601, Rn 64; Stein/Jonas/Brehm, ZPO, § 850b, Rn 11; Zöller/Stöber, ZPO, § 850b, Rn 3

599 Vogel, Recht der Schulen in fr. Trägerschaft, S.211

600 Vogel, Recht der Schulen in fr. Trägerschaft, S.211

601 BGHZ 49, 350(353); Palandt/Heinrichs, Einf v § 328, Rn 1; § 328, Rn 13

602 VGH B-W FamRZ 1993, 828

1603 II, 1610 II BGB die Pflicht der Eltern zum Unterhalt im Hinblick auf die Schulausbildung. Es entsteht damit ein gesetzliches Schuldverhältnis, aus welchem die Kinder die Kosten der Schulausbildung als Unterhalt von ihren Eltern verlangen können. Den minderjährigen Kindern stehen gem. § 1603 II/2 BGB volljährig unverheiratete Kinder bis zur Vollendung des 21. Lebensjahres gleich, solange sie im Haushalt der Eltern wohnen und sich in der allgemeinen Schulausbildung befinden. Das Valutaverhältnis entsteht somit aus der gesetzlichen Pflicht der Eltern zum Unterhalt bzgl. der Schulausbildung des Schülers.

b) Die Rechtsfolgen des Vertrages zugunsten Dritter

Mit Abschluss des Schulvertrages zwischen dem Schulträger und den Eltern entsteht ein eigener Anspruch des Dritten, des Schülers gem. § 328 I BGB ohne dessen Mitwirkung, allein aufgrund des Vertrages zwischen dem Versprechenden (Schulträger) und den Versprechensempfängern (Eltern).[603] Der Schüler erhält somit einen eigenen Anspruch gegen den Schulträger auf Beschulung. Dies ergibt sich aus dem Zweck des zwischen den Eltern und dem Schulträger geschlossenen Vertrages. Andererseits hat der Schulträger gegen die Eltern einen direkten Anspruch auf Zahlung des Schulgeldes. Der Dritte als Schüler wird hingegen nur berechtigt, aber nicht verpflichtet.[604] Eine Vollmacht des Schülers für die Eltern, z.B. bei voll geschäftsfähigen Schülern, ist überflüssig, weil die Eltern als Versprechensempfänger ausschließlich im eigenen Namen, nicht aber auch in dem des Dritten, des Schülers handeln.[605]
Der Schüler erlangt selbst nicht die Stellung einer Vertragspartei, sondern erwirbt nur das Forderungsrecht, welches zwar zu seinem Vermögen gehört, ihn aber nicht in die Stellung als Vertragspartei im Verhältnis zum Schulträger einrücken lässt.[606] Es entsteht aber ein quasi vertragliches Verhältnis, welches den Dritten verpflichtet, alle vertraglichen Nebenpflichten eines Gläubigers einzuhalten.[607] Nach alter Rechtslage sollte der Dritte als Begünstigter bei Leistungsstörungen nur die Rechte aus den §§ 280ff. BGB a.F. und pFV geltend machen können,[608] jedoch nicht die Rechte aus dem Synallagma gem. §§ 320ff. BGB a.F., da der Dritte nicht Vertragspartner sei und somit nicht im Synallagma des Deckungsverhältnisses stehe.[609] Die vertraglichen Leistungsstörungsansprüche

---

[603] Palandt/Heinrichs, Einf v § 328, Rn 6, § 328, Rn 5; Staudinger/Jagmann, Vorbem zu §§ 328ff, Rn 41
[604] Staudinger/Jagmann, Vorbem zu §§ 328ff, Rn 31
[605] Staudinger/Jagmann, Vorbem zu §§ 328ff, Rn 31
[606] BGHZ 54, 145(147); BGH NJW-RR 1993, 770(771); Palandt/Heinrichs, Einf v § 328, Rn 5
[607] MK/Gottwald, § 328, Rn 30, 179f.
[608] Palandt/Heinrichs, § 328, Rn 5
[609] Ballhaus in BGB-RGRK, § 328, Rn 27; Larenz, SchuldR AT, § 17 I b, S.223

sind jetzt allerdings durch das Gesetz zur Modernisierung des Schuldrechts[610] umfassend neu geregelt worden. Der Schadensersatzanspruch bei allgemeinen Leistungsstörungen richtet sich einheitlich auch im Synallagma nach den §§ 280ff. BGB. Im Mittelpunkt steht dabei der Begriff der Pflichtverletzung als einheitlicher Grundtatbestand.[611] Die §§ 323ff. BGB regeln hingegen nun ein vom Vertretenmüssen unabhängiges Rücktrittsrecht bzw. die Befreiung von der Gegenleistung in synallagmatischen Vertragsverhältnissen.[612] Neben dem Recht zum Rücktritt kann gem. §§ 325, 280ff. BGB auch kumulativ Schadensersatz gefordert werden.[613] Diese Neuregelung des Leistungsstörungsrechts im allgemeinen Schuldrecht auf der Basis des einheitlichen Grundtatbestandes der Pflichtverletzung rechtfertigt insbesondere bei Schadensersatzansprüchen eine strikte Trennung zwischen Ansprüchen im Synallagma und außerhalb des Synallagmas nicht mehr. Durch die Neuregelung sollten einheitliche Anspruchsgrundlagen geschaffen und so das komplizierte Verhältnis der Ansprüche zueinander bereinigt werden.[614] Zudem liegt die Besonderheit des Vertrages zu Gunsten Dritter darin, dass ein Schuldverhältnis im weiteren Sinne entsteht, welches nicht nur zwischen den Vertragsschließenden im Deckungsverhältnis begründet wird, sondern auch den Dritten als Gläubiger der Leistung mit umfasst.[615] Der Dritte muss deshalb umfassend Rechte geltend machen können.[616] Der Schüler als begünstigter Dritter des Vertrages zu Gunsten Dritter kann deshalb grundsätzlich alle Primär- und Sekundäransprüche gem. §§ 280ff. BGB und §§ 320ff. BGB gegen den Schulträger geltend machen.[617]

Die Eltern als Versprechensempfänger können selbst die Leistung an den Schüler gem. § 335 BGB fordern, sofern nicht ein anderer Wille der Vertragsschließenden anzunehmen ist. Ihnen steht damit ein selbständiges Forderungsrecht zu. Diese Regelung beruht auf dem Gedanken, dass der Versprechensempfänger i.d.R. auch ein eigenes Interesse daran hat, dass die Leistung an den Dritten bewirkt wird. Der Versprechensempfänger lässt die Leistung an den Dritten häufig deshalb versprechen, weil er einer Fürsorgepflicht gegenüber dem Dritten nachkommen will.[618] Die Eltern des Schülers haben aufgrund der ihnen gem. § 1626 BGB obliegenden Personensorge eine Fürsorgepflicht und ein eigenes In-

---

[610] BGBl. I 2001, S.3138; Neubekanntmachung des BGB in BGBl. I 2002, S.42

[611] siehe BT-Drucks. 14/6040, S.92f., 135f.; BT-Drucks. 14/7052, S.13, 174f.; Palandt/ Heinrichs, Ergbd. GModSchuldR, § 280, Rn 2, 4ff.

[612] siehe BT-Drucks. 14/6040, S.93; BT-Drucks. 14/7052, S.32, 175

[613] siehe BT-Drucks. 14/6040, S.187f.; BT-Drucks. 14/7052, S.33, 175

[614] siehe BT-Drucks. 14/6040, S.133, 135, 180ff.; BT-Drucks. 14/7052, S.174f.

[615] Soergel/Hadding, § 328, Rn 42

[616] so schon nach alter Rechtslage BGHZ 93, 271(277); Erman/Westermann, § 328, Rn 8; MK/Gottwald, § 335, Rn 14, 16f.; Soergel/Hadding, § 328, Rn 42

[617] zu beachten sind aber u.U. speziellere Normen der §§ 626ff. BGB; dazu unten D), II.), 5.), a), bb)

[618] Staudinger/Jagmann, § 335, Rn 2

teresse daran, dass die Leistungen aus dem Schulvertrag an ihr Kind erbracht werden. Das Kind genügt mit dem Besuch der Ersatzschule seiner Schulpflicht, welche eine besondere Bedeutsamkeit für die spätere Ausbildung des Kindes aufweist. Gerade deshalb haben die Eltern ein besonderes Interesse an der Leistungserbringung. Sie können darum gem. § 335 BGB gegenüber dem Schulträger selbst die Leistung an ihr Kind fordern. Weiterhin können die Eltern als Versprechensempfänger im Deckungsverhältnis auch die Rechte aus Leistungsstörungen gegen den Schulträger geltend machen.[619] Eltern und Schüler sind dabei aber nicht Gesamtgläubiger, da ihre Gläubigerrechte einen unterschiedlichen Inhalt haben, einmal das Recht des Versprechensempfängers auf Leistung an den Dritten, das andere mal das Recht des Dritten auf Leistung an sich selbst.[620]
Der versprechende Schulträger hingegen kann gem. § 334 BGB Einwendungen aus dem Deckungsverhältnis auch dem Schüler gegenüber geltend machen.

c) Die Zurückweisung des Rechts auf Unterrichtung durch den Schüler gem. § 333 BGB

Ein Problem für die Eltern beim Schulvertrag zugunsten Dritter könnte § 333 BGB darstellen. Danach kann der Schüler das aus dem Vertrag erworbene Recht auf Beschulung zurückweisen. Der Anspruch auf Unterrichtung gilt dann gem. § 333 BGB rückwirkend als nicht erworben.[621] Das Zurückweisungsrecht ist zeitlich nicht begrenzt.[622] Die Zurückweisung geschieht durch den Dritten im Wege einseitiger empfangsbedürftiger Willenserklärung gegenüber dem Versprechenden.[623] Daraus folgt, für beschränkt Geschäftsfähige, die die Zurückweisung selbst erklären, gelten die §§ 106ff. BGB. Ihre Erklärung bedarf somit grundsätzlich der Einwilligung durch die Eltern. Es stellt sich dabei die Frage, ob die Zurückweisung des Rechts auf Unterricht für einen nicht voll geschäftsfähigen Schüler einen rechtlichen Vorteil mit sich bringt, so dass der Schüler keine Einwilligung der Eltern gem. §§ 107, 111 BGB benötigt. Als Folge der Zurückweisung gilt das Recht des Schülers auf Unterricht als niemals erworben. Die Zurückweisung des Rechts durch den Schülers führt damit zum Verlust eines Rechts ex tunc. Der Verlust eines Rechts ist wiederum nicht lediglich rechtlich vorteilhaft und macht eine Einwilligung durch die Eltern gem. §§ 107, 111

[619] BGH NJW 1974, 502; MK/Gottwald, § 335, Rn 8ff.
[620] BGHZ 3, 385(389); Larenz, SchuldR AT, § 17 Ib, S.222f.; Staudinger/Jagmann, Vorbem zu §§ 328ff, Rn 41
[621] MK/Gottwald, § 333, Rn 7; Palandt/Heinrichs, § 333, Rn 3; Staudinger/Jagmann, § 333, Rn 11
[622] MK/Gottwald, § 333, Rn 4
[623] BGH NJW 1999, 1110(1112); Palandt/Heinrichs, § 333, Rn 2; Staudinger/Jagmann, § 333, Rn 5

BGB erforderlich.[624] Falls die Eltern die Einwilligung erteilen oder selbst als Vertreter ihres Kindes gem. §§ 1626, 1629 BGB die Zurückweisung erklären, weil z.B. ihr Kind die Privatschule nun doch nicht besuchen möchte, stellt sich die Frage nach den Rechtsfolgen der Zurückweisung gem. § 333 BGB. Das Recht des Schülers auf Unterrichtung gilt als nicht erworben. Nach alter Rechtslage wurde damit die Leistung des Schulträgers durch die Zurückweisung nachträglich unmöglich gem. § 275 BGB a.F. Der Anspruch des Schulträgers auf die Gegenleistung sollte nach § 323 I BGB a.F. entfallen.[625] Nach anderer Ansicht kam es darauf an, wer die Unmöglichkeit zu vertreten hatte, so dass als Rechtsfolge der Zurückweisung die §§ 324, 325 BGB a.F. zu Anwendung gekommen wären.[626] Die neue Rechtslage i.d.F. des Gesetzes zur Modernisierung des Schuldrechts stellt sich folgendermaßen dar: Weist der Schüler oder seine Eltern als dessen Vertreter das Recht auf Unterrichtung durch den Schulträger gem. § 333 BGB zurück und tritt der Schüler infolge dessen nicht zum Unterricht an, wird die Unterrichtserteilung durch den Schulträger gem. § 275 I BGB unmöglich. Die Leistungspflicht des Schulträgers als Schuldner des Schulvertrages wird damit ausgeschlossen. Er verliert als Folge dessen gem. § 326 I/1 BGB grundsätzlich den Anspruch auf die Gegenleistung. Sind der Schüler bzw. dessen Eltern als Gläubiger der Unterrichtsleistung aber für die Unmöglichkeit verantwortlich, so behält der Schulträger den Anspruch auf die Gegenleistung gem. § 326 II/1 BGB. § 326 II BGB entspricht im wesentlichen § 324 BGB a.F.[627] Die Eltern sind gem. § 1626 II/2 BGB verpflichtet, Fragen der elterlichen Sorge im Einvernehmen mit dem Kind zu regeln. Sie hätten sich also vor Abschluss des Schulvertrages mit ihrem Kind hinreichend verständigen müssen, ob es die Privatschule besuchen möchte.[628] Erfolgte dies nicht oder weigert sich das Kind im nach hinein die Ersatzschule zu besuchen und geben die Eltern dem nach, so haben sie das Unmöglichwerden der Erbringung der Unterrichtsleistung entsprechend § 276 I BGB zu vertreten. Sie sind dann für den Ausschluss der Leistungspflicht verantwortlich. Der Schulträger kann gem. § 326 II/1 BGB als Gegenleistung das Schulgeld verlangen. Er muss sich jedoch gem. § 326 II/2 BGB dasjenige anrechnen lassen, was er infolge des Wegfalls seiner Leistungspflicht erspart oder durch anderweitige Verwendung seiner Arbeitskraft erwerben kann. Durch diese Norm soll eine Besserstellung des Schuldners gegenüber der Situation bei ordnungsgemäßer Durchführung des

---

[624] MK/Gottwald, § 333, Rn 2; Schriever, DRiZ 1978, 305(306)

[625] LG Limburg MDR 1979, 580; LG Tübingen DRiZ 1978, 187; Ballhaus in BGB-RGRK, § 333, Rn 4; Palandt/Heinrichs, § 333, Rn 4

[626] LG Freiburg MDR 1981, 141; MK/Gottwald, § 333, Rn 8; Schriever, DRiZ 1978, 305(306); Wienands, Der private Unterrichtsvertrag, S.139f.

[627] siehe BT-Drucks. 14/6040, S.189; BT-Drucks. 14/7052, S.33; Palandt/Heinrichs, Ergbd. GModSchuldR, § 326, Rn 9

[628] so Wienands, Der private Unterrichtsvertrag, S.139

Vertrages verhindert werden.[629] Ersparte Aufwendungen des Schulträgers sind insoweit von der Schulgeldforderung abzuziehen. Der Unterricht des Schulträgers wird i.d.R. trotz des Fehlens des zurückweisenden Schülers stattfinden, so dass die Schule wenig einsparen kann. Anzurechnen ist gem. § 326 II/2 BGB ebenso der anderweitige Erwerb des Schuldners. Dies gilt auch für den Fall, in dem der zunächst nicht genutzte Schulplatz an einen anderen Schüler vergeben werden kann.[630] Dann entfällt der Anspruch des Schulträgers auf das Schulgeld des zurückweisenden Schülers. Wurden vor der Zurückweisung schon Unterrichtsleistungen erbracht, das Zurückweisungsrecht ist zeitlich nicht begrenzt, so kann gem. § 326 IV BGB das Geleistete nach den §§ 346 bis 348 BGB zurückgefordert werden. Die Rückgewähr einer Unterrichtsleistung durch den Schüler ist aber nicht möglich. Deshalb muss der Schüler gem. § 346 II/1 Nr.1 BGB dem Schulträger für erbrachten Unterricht Wertersatz leisten. Es erfolgt eine Rückabwicklung dem Werte nach.[631] Dieser Wertersatz hat sich gem. § 346 II/2 BGB in erster Linie nach der vertraglich geschuldeten Gegenleistung auszurichten,[632] d.h. nach dem vereinbarten Schulgeld. Ist hingegen der Schulträger für die Zurückweisung und damit für den Ausschluss der Leistungspflicht verantwortlich, etwa weil er sich nicht informiert hat, ob das Kind für den Schulbetrieb der Ersatzschule geeignet ist,[633] so kann gegen ihn ein Schadensersatzanspruch gem. §§ 283, 280 BGB bestehen.
Nach anderer Auffassung sollen sich die Ansprüche wegen der Zurückweisung des Rechts durch den Dritten gem. § 333 BGB nach den §§ 626, 628 BGB richten.[634] Die Regelungen der §§ 626, 628 BGB verdrängen im Dienstvertragsrecht als lex specialis grundsätzlich die allgemeinen Leistungsstörungsregeln.[635] Die §§ 626ff. BGB gehen auch der neuen Regelung des § 314 BGB als speziellere Normen vor.[636] Rechtsfolge des § 333 BGB ist jedoch die gesetzliche Fiktion, dass der Dritte die im Deckungsverhältnis vorgesehene Forderung von Anfang an nicht erworben hat.[637] Nach § 626 BGB erfolgt eine Beendigung des Schuld-

---

[629] MK/Gottwald, § 324, Rn 48 zum wortgleichen § 324 I/2 BGB a.F.
[630] so auch für Platz in Passagierflugzeug LG Frankfurt a.M. BB 1987, 2399
[631] So das neue Modell des § 346 BGB; siehe BT-Drucks. 14/6040, S.194ff.; BT-Drucks. 14/7052, S.34, 193; Medicus, SchuldR AT, Rn 543b; Palandt/Heinrichs, Ergbd. GMod-SchuldR, Einf v § 346, Rn 3
[632] siehe BT-Drucks. 14/6040, S.196; BT-Drucks. 14/7052, S.34, 193
[633] Dies gilt insbesondere bei einem Internatsschulbesuch. Siehe Wienands, Der private Unterrichtsvertrag, S.140
[634] Gilles/Heinbuch/Gounalakis, Hdb UnterrichtsR, Rn 162; Gounalakis/Klose-Mokroß, RdJB 1994, 50(60f.)
[635] für die alte Rechtslage Erman/Belling, § 626, Rn 10; Gilles/Heinbuch/Gounalakis, Hdb UnterrichtsR, Rn 284, 290; Palandt/Putzo, § 626, Rn 3; Staudinger/Preis, § 626, Rn 13
[636] siehe BT-Drucks. 14/6040, S.177; v. Hase, NJW 2002, 2279
[637] Erman/Westermann, § 333, Rn 3; Palandt/Heinrichs, § 333, Rn 3; Soergel/Hadding, § 333, Rn 9; Staudinger/Jagmann, § 333, Rn 11

verhältnisses aber nur für die Zukunft.[638] § 333 BGB sieht damit eine andere Rechtsfolge vor. Er ist für Vertragsverhältnisse zugunsten Dritter gem. §§ 328ff. BGB als Spezialregelung anzusehen. Die oben aufgeführten aus § 333 BGB sich ergebenden Rechtsfolgen der Zurückweisung nach den §§ 275, 326 BGB vermögen entstehende Rechtsfragen sachgerecht zu lösen. Ein Bedürfnis die §§ 626ff. BGB heranzuziehen, die Probleme vermeiden helfen sollen, welche sich ansonsten bei der nachträglichen Rückabwicklung von Dauerschuldverhältnissen ergeben, besteht damit nicht. Außerdem wird die fehlende Bereitschaft eines Kindes, am Unterricht teilnehmen zu wollen, nicht als wichtiger Kündigungsgrund anerkannt, so dass die Voraussetzungen für ein außerordentliches Kündigungsrecht gar nicht vorliegen würden.[639]

4.) Der Inhalt und die Pflichten des Schulvertrages

Im Schulvertrag sind die wesentlichen Vertragsbestandteile, die essentialia negotii geregelt. Insbesondere wird der Umfang der Leistungspflichten vertraglich festgestellt, z.B. die Beschulung mit oder ohne Internatsbetreuung, die Schulgeldvergütung, die Stundenzahl, die Fächerkombination, Lehr- und Lernmethoden, interne Bewertungsmaßstäbe, interne Versetzungen und Prüfungen, Ordnungsmittel, die Vertragsdauer und Kündigungsmöglichkeiten. Privatrechtlich ausgestaltet werden auch die Mitwirkungsrechte der Eltern an der Schule. Alle Rechte und Pflichten lassen sich aber nicht enumerativ regeln. Deshalb wird normalerweise Bezug auf die Satzung des Schulträgers und auf die Schulordnung genommen, die die Rechte und Pflichten der Schüler sowie Folgen von Pflichtverletzungen näher umschreibt.[640] Bei einer dynamischen Verweisung des Schulträgers in seinen AGB auf die Schulsatzung bzw. Schulordnung und generell bei Änderungsvorbehalten durch allgemeine Geschäftsbedingungen ist § 308 Nr.4 BGB[641] zu beachten. Die Änderung der inhaltlichen Bestimmungen muss danach unter Berücksichtigung der Interessen des Verwenders dem anderen Vertragsteil zumutbar sein. Das ist der Fall, wenn durch die Änderung die die Schule prägenden Erziehungs- und Unterrichtsziele, Unterrichtsinhalte und –methoden nicht berührt und dem Vertragspartner keine zusätzlichen Pflichten aufgebürdet werden.[642] Dabei sollen als berechtigte Änderungsinteressen des Verwenders nur solche Umstände angesehen werden, die bei Vertragsschluss

[638] Medicus, SchuldR AT, Rn 533, 551; Palandt/Heinrichs, Ergbd. GModSchuldR, Einf v § 346, Rn 12
[639] BGH NJW 1985, 2585ff.; Wienands, Der private Unterrichtsvertrag, S.137
[640] Heckel/Avenarius, Schulrechtskunde, S.206; Loschelder, HdbStKirchR II, § 55, S.536; Vogel, Recht der Schulen in fr. Trägerschaft, S.212
[641] entspricht § 10 Nr.4 AGBG a.F.; siehe BT-Drucks. 14/6040, S.154; BT-Drucks.14/7052, S.19
[642] Vogel, Recht der Schulen in fr. Trägerschaft, S.212

nicht vorhersehbar waren[643] und für die in ein triftiger Grund besteht.[644] Für den anderen Vertragsteil also den Schüler günstige Änderungen des Schulvertrages aufgrund Änderungsvorbehalt sind aber ohne weiteres möglich.

a) Die Hauptleistungspflichten des Schulvertrages

aa) Die Pflichten des Schulträgers

Der Schulvertrag ist ein gegenseitig verpflichtender Vertrag und richtet sich primär nach Dienstvertragsrecht. Gemäß § 611 I BGB wird derjenige, welcher Dienste zusagt, zur Leistung der versprochenen Dienste verpflichtet. Verpflichtet wird als Vertragspartei der Schulträger. Er hat Dienste zu leisten, d.h. die Durchführung der Unterrichtsveranstaltungen im Sinne des Schulvertrages zu erbringen. Der Schüler besitzt gegen den Schulträger nach Vertragsschluss einen Anspruch auf Unterrichtserteilung. Die Ersatzschule soll den Schüler im Rahmen ihres Bildungsangebotes unterrichten, erziehen und beaufsichtigen sowie auf die Prüfungen vorbereiten. Das Erziehungsrecht der Privatschule wird durch das Kindeswohl beschränkt.[645] *Der Schulträger muss somit Schulunterricht anbieten und dem Schüler die Teilnahme ermöglichen.* Dabei erteilt der Schulträger den Unterricht in der Regel nicht selbst, sondern beschäftigt pädagogische Mitarbeiter als Erfüllungsgehilfen gem. § 278 BGB zur Erbringung seiner Leistungen. Die ordnungsgemäße Auswahl und Überwachung dieses Lehrpersonals ist eine der Hauptvertragspflichten des Schulträgers, um den „Erfolg“ des Unterrichts sicherzustellen.[646] Das Lehrpersonal muss fachlich und pädagogisch qualifiziert sein.
Aus der Verpflichtung zur Unterrichtserteilung folgt ebenfalls, dass der Schulträger versuchen muss, krankheitsbedingten Unterrichtsausfall durch organisatorische Maßnahmen, sprich Vertretungen, so gering wie möglich zu halten. Weiterhin ist der Schulträger verpflichtet, geeignete Unterrichtsräume zur Verfügung zu stellen, um den Schulunterricht ordnungsgemäß durchführen zu können. Die Beaufsichtigung des Schülers zählt neben der eigentlichen Unterrichtung gleichfalls zu den Hauptleistungspflichten des Schulvertrages. Sie steht in einer untrennbaren Wechselbeziehung zu den Bildungs- und Erziehungspflichten. Der Schulträger muss im Rahmen der Beaufsichtigung den Schüler auf Ge- und Verbote hinweisen und entsprechend belehren. Dies gilt insbesondere im Rahmen eines besonders gefährdungsanfälligen Unterrichts.

---

643 Wolf in Wolf/Horn/Lindacher, AGBG, § 10 Nr.4, Rn 15
644 Palandt/Heinrichs, Ergbd. GModSchuldR, § 308, Rn 23, § 310, Rn 38
645 Schlie, Elterliches Erziehungsrecht u. staatliche Schulaufsicht, S.125
646 Gilles/Heinbuch/Gounalakis, Hdb UnterrichtsR, Rn 184; Gounalakis/Gounalakis, RdJB 1997, 229(231)

Der Schulträger einer genehmigten Ersatzschule kann zwar selbst keine Aufgaben des Berechtigungswesens durchführen, da ihm hierfür die Anerkennung fehlt. Aber auch in der lediglich genehmigten Ersatzschule *ist der Schulträger verpflichtet, als Hauptleistungspflicht des Schulvertrages, die Schüler auf die staatlich durchgeführten Prüfungen vorzubereiten und sie aufgrund des durchgeführten Unterrichts zur Ablegung der Prüfung zu befähigen.* Geschuldet wird zwar nicht der erfolgreiche Abschluss der Prüfung, die Schule verpflichtet sich nicht, diesen zu gewährleisten, da dies von der Leistungsfähigkeit und Lernbereitschaft jedes einzelnen Schülers abhängt. Die genehmigte Ersatzschule ist aber verpflichtet zu einem Abschluss durch Unterrichtserteilung hinzuführen. Denn regelmäßiges Ziel eines Schulbesuches an staatlichen wie privaten Schulen ist es, das jeweilige Schulziel zu erreichen und die Schulform erfolgreich abzuschließen.[647] Daraus folgt, auch die genehmigte Ersatzschule muss ihren Unterricht im Hinblick auf die von den Schülern durchzuführenden Externen-, bzw. Nichtschülerprüfungen ausrichten. Sie ist zwar frei in der Gestaltung ihres Unterrichts, dieser Unterricht muss aber eine hinreichende Vorbereitung auf die von staatlichen Behörden durchgeführten Prüfungen darstellen. Die Anforderungen der staatlichen Prüfungen sind in der Unterrichtsdurchführung zu vermitteln und zu erläutern.

Erfüllungsort des Schulvertrages ist gem. § 269 II BGB der Ort, an dem die Dienstleistung erbracht wird, also der Ort der Unterrichtsveranstaltung.[648]

Festzuhalten bleibt, dass die Einzelheiten des Unterrichts- und Erziehungsbetriebes regelmäßig nicht festgelegt sind, sondern sich aus der Gestaltung der Privatschule durch den Schulträger ergeben.[649] Der Schüler hat entweder als Vertragspartner des Schulträgers oder als Dritter i.S.v. § 328 I BGB einen eigenen Anspruch gegen den Schulträger auf Beschulung. Die Eltern vertreten das Kind, solange es nicht volljährig ist, bei der Geltendmachung dieses Anspruches. Sie können aber im Falle des Vertrages zugunsten Dritter gem. § 335 BGB auch einen eigenen Anspruch auf Beschulung ihres Kindes gegen den Schulträger geltend machen.

bb) Die Pflichten des Schülers bzw. der Eltern

α) Die Pflicht zur Zahlung des Schulgeldes

Der Schüler bzw. dessen Eltern sind gem. § 611 I BGB zur Zahlung des Schulgeldes verpflichtet. Es kommt natürlich auch vor, dass bei finanzkräftigen Schulträgern kein Schulgeld gezahlt werden muss. Der Entfall der Schulgeld-

---

647 OVG Hamburg, Urteil vom 7.12.1987, AktZ.: Bf IV(VII) 27/85, abgedruckt in BEFT, 66.6, S.1(10)

648 OLG Karlsruhe NJW-RR 1986, 351

649 Maunz in Maunz/Dürig, GG, Art.7, Rn 90

zahlung kann ohne weiteres vertraglich vereinbart werden. Dies erfolgt häufig zudem für Kinder sozial schwächerer Eltern, oder wenn bereits mehrere Geschwister des Schülers die Schule besuchen.
Wenn Schulgeld gezahlt werden muss, wird die Vergütung aufgrund vertraglicher Vereinbarung festgelegt.[650] Die Eltern verpflichten sich bei einem minderjährigen Kind selbst, das Schulgeld zu zahlen. Dies erfolgt entweder im Rahmen des § 328 BGB im Deckungsverhältnis oder, wenn die Eltern den Schulvertrag im Namen des Kindes als dessen Vertreter schließen, durch zusätzliche Verpflichtung zur Schulgeldzahlung. Nicht das Kind, welches ja im Regelfall gar nicht leistungsfähig ist, soll das Schulgeld erbringen. Kind und Eltern sind grundsätzlich keine Gesamtschuldner. Verpflichten sich aber die Eltern bei einem volljährigem Kind neben diesem zur Zahlung des Schulgeldes, so sind beide allerdings Gesamtschuldner gem. § 421 BGB.[651]
Die Höhe des Schulgeldes kann zwischen den Vertragsparteien grundsätzlich privatautonom bestimmt werden. Diese Vertragsfreiheit wird aber durch die für die genehmigte Ersatzschule zwingende Regelung des Art.7 IV/3 GG faktisch eingeschränkt. Eine Sonderung der Schüler nach den Besitzverhältnissen der Eltern darf nicht gefördert, das Schulgeld also nicht zu hoch bemessen werden. 1994 wurden 190,-- DM (97,15 €) monatlich vom Bundesverfassungsgericht schon als zu hoch angesehen.[652] Inzwischen dürfte dieser Betrag allerdings etwas höher anzusetzen sein. Art.7 IV/3 GG wirkt hierbei aber nicht unmittelbar im rein zivilrechtlichen Schuldverhältnis des Schulvertrages.[653] Die genehmigte Ersatzschule setzt sich vielmehr Aufsichtsmaßnahmen der Schulaufsichtsbehörden aus, wenn sie die Genehmigungsanforderungen nicht erfüllt. Diese könnten allerdings bis zur Aufhebung der Genehmigung und damit zum Ende der Ersatzschule führen. Insoweit lastet ein starker Druck auf der Ersatzschule, kein zu hohes Schulgeld für den Besuch der Schule zu verlangen.

β) Die nachträgliche Änderung der Höhe des zu zahlenden Schulgeldes

Eine nachträgliche Veränderung der Höhe des Schulgeldes ist durch Änderungsvertrag gem. § 311 I BGB[654] möglich. In den AGB des Schulträgers kann aber auch eine so genannte Preiserhöhungsklausel festgelegt sein. Die Preiserhöhung erfolgt dann durch einseitige empfangsbedürftige Willenserklärung des

[650] Theuersbacher, RdJB 1994, 497(504)
[651] Vogel, Recht der Schulen in fr. Trägerschaft, S.211
[652] BVerfGE 90, 107(119)
[653] Müller, Recht der Fr. Schule nach dem GG, S.201
[654] entspricht § 305 BGB a.F.; siehe BT-Drucks. 14/6040, S.162; BT-Drucks. 14/7052, S.25; Palandt/Heinrichs, Ergbd. GModSchuldR, § 311, Rn 1

Schulträgers. § 309 Nr.1 BGB[655] steht dem nicht entgegen, da er nach seinem Wortlaut nicht für Dauerschuldverhältnisse gilt. Eine Überprüfung des Klauselinhalts kann aber nach § 307 I, II BGB[656] erfolgen.[657] Daneben soll auch eine Überprüfung der Preisbestimmung nach § 315 III BGB möglich sein.[658] Die Preiserhöhungsklausel muss danach klar und konkret sein, was Grad und Umfang der Erhöhung betrifft.[659] Eine beliebige Erhöhung der Vergütung darf nicht erfolgen, vielmehr hat die Preiserhöhung unter Berücksichtigung der Interessen beider Vertragspartner angemessen zu sein.[660] Bloße beabsichtigte Gewinnerhöhungen können dabei nicht durch Preiserhöhungsklauseln realisiert werden, sondern nur nicht beeinflussbare und unvorhergesehene Kostensteigerungen können gegenüber dem Vertragspartner geltend gemacht werden.[661] Diese Kostensteigerungen muss der Schulträger darlegen.

γ) Die Bestimmung der Leistungszeit für die Zahlung des Schulgeldes

Gemäß § 614 S.1 BGB ist die Vergütung erst nach Leistung der Dienste zu entrichten. Da das Schulgeld regelmäßig nach Zeitabschnitten bemessen sein wird, ist es gem. § 614 S.2 BGB nach Ablauf der Zeitabschnitte zu entrichten. Der Schulträger ist damit vorleistungspflichtig. § 614 BGB kann als dispositives Recht aber vertraglich abbedungen werden.[662] Eine Abbedingung erfolgt i.d.R. in den AGB des Schulträgers. Die klauselförmige Abbedingung des § 614 BGB ist dabei an § 307 I, II BGB zu messen. Die §§ 308, 309 BGB sind nicht einschlägig. Danach dürfen gem. § 307 I/1 BGB die Bestimmungen in den AGB des Verwenders den Vertragspartner nicht unangemessen benachteiligen. Eine unangemessene Benachteiligung liegt vor, wenn der Verwender seine wirtschaftlichen und rechtlichen Interessen über Gebühr durchsetzt, ohne die Interessen seines Vertragspartners hinreichend zu berücksichtigen. Eine unangemessene Benachteiligung des Schülers bzw. seiner Eltern ist bei einer unbegrenzten oder sehr langfristigen Vorauszahlungspflicht anzunehmen. Denn das hieße, die gesamte zu zahlende Vergütung oder ein großer Teil derjenigen würde bei Vertragsschluss fällig werden, ohne das der Schulträger schon Leistun-

---

[655] entspricht § 11 Nr.1 AGBG a.F.; siehe BT-Drucks. 14/6040, S.155; siehe BT-Drucks. 14/7052, S.20

[656] entspricht im wesentlichen § 9 AGBG a.F.; siehe BT-Drucks. 14/6040, S.153; Neu ist hingegen die ausdrückliche Regelung des Transparenzgebotes gem. § 307 I/2 BGB. Dazu Graf v. Westphalen, NJW 2002, 12(16f.); Palandt/Heinrichs, Ergbd. GModSchuldR, § 307, Rn 1

[657] so Palandt/Heinrichs, Ergbd. GModSchuldR, § 309, Rn 8

[658] BGH NJW 1986, 3134(3136) im Verhältnis zu § 9 AGBG a.F.

[659] BGH NJW 1986, 3134(3135)

[660] BGH NJW 1980, 2518(2519); BGHZ 82, 21(25)

[661] BGHZ 82, 21(24f.); Gilles/Heinbuch/Gounalakis, Hdb UnterrichtsR, Rn 225

[662] MK/Schaub, § 614, Rn 2; Staudinger/Richardi, § 614, Rn 3

gen erbracht hätte. Eine derartige Regelung verstieße nicht nur gegen § 307 I BGB, sondern wäre auch gem. § 307 II Nr.1 BGB mit dem Grundgedanken des § 614 BGB nicht vereinbar, da dieser von der grundsätzlichen Vorleistungspflicht des Dienstverpflichteten ausgeht.[663] Dem Schüler und seinen Eltern kann nicht zugemutet werden, das Insolvenzrisiko des Schulträgers zu tragen. Eine Vorauszahlungsvereinbarung durch AGB für die Hälfte der gesamten geschuldeten Vergütung wurde ebenfalls als unwirksam gem. § 307 BGB angesehen.[664] Hingegen dürfte die monatliche oder quartalsweise Vorauszahlung des Schulgeldes mit § 307 BGB zu vereinbaren sein. Bei der voraussichtlich relativ langen Laufzeit des Schulvertrages für die Dauer der Schulzeit des Schülers wird insoweit immer nur ein verhältnismäßig geringer Teil der gesamten Schulgeldsumme fällig, welcher noch in einem angemessenen Verhältnis zu den zu erbringenden Unterrichtsleistungen des Schulträgers steht. Außerdem kann damit auch dem Umstand Rechnung getragen werden, dass der Schulträger zur Deckung seiner Kosten für den Schulbetrieb auch schon vor Beginn des Schulbetriebes der jeweiligen Rechnungsperiode u.U. das Schulgeld der Schüler benötigt. Deshalb besteht ein berechtigtes Interesse des Schulträgers an einer begrenzten Vorleistungspflicht der Schüler, so dass insoweit eine klauselmäßige Abweichung von § 614 BGB zuzulassen ist.
Problematisch sind so genannte Ferienklauseln in Unterrichtsverträgen. Aufgrund dieser Klauseln wird der Unterrichtsteilnehmer verpflichtet, die Vergütung auch während der Ferien in vollem Umfang weiter zu zahlen. In jener Zeit wird jedoch kein Unterricht und damit auch keine Gegenleistung erbracht. Eine derartige Klausel verstößt deshalb grundsätzlich gegen § 307 II Nr.1 BGB, denn sie verletzt das für gegenseitig verpflichtende Verträge wesentliche Prinzip der Äquivalenz von Leistung und Gegenleistung.[665] Bei Schulverträgen soll eine Ferienklausel hingegen wirksam sein. Denn Schulen leisten i.d.R. nicht nur personalintensive Dienste höherer Art, sondern bei ihnen sind die Ferien auch ein immanenter und nicht zuletzt dem Schülerinteresse dienender Bestandteil der Unterrichtserteilung.[666] Hinzu kommt, dass Schulen generell die Schulferien als intensive Vorbereitungsphase für die kommende Schulzeit bzw. für das kommende Schulhalbjahr nutzen und so die Voraussetzungen für eine qualitätsgerechte Erteilung des Unterrichts schaffen.

---

[663] Gilles/Heinbuch/Gounalakis, Hdb UnterrichtsR, Rn 213, 370; Soergel/Stein, § 9 AGBG, Rn 110; Wolf in Wolf/Horn/ Lindacher, AGBG, § 9, Rn U4
[664] OLG Celle NJW-RR 1995, 1465; Entscheidung erfolgte zu § 9 AGBG a.F.
[665] so zu § 9 AGBG: OLG Frankfurt a.M. NJW-RR 1989, 633; NJW-RR 1992, 1207f.; Graf v. Westphalen, AGB-Klauselwerke, Direktunterrichtsvertrag, Rn 40
[666] OLG Frankfurt a.M. NJW-RR 1989, 633

δ) Die Schulgeldzahlung als Teilzahlungsgeschäft

Weiterhin kann jederzeit für die Zahlung des Schulgeldes Zahlung in Raten vereinbart werden. Dabei handelt es sich um die eigenständige Vereinbarung eines Zahlungsaufschubes. Ratenzahlung ist ein Zahlungsaufschub, den der Schulträger im Rahmen seiner selbständigen beruflichen Tätigkeit als Kreditgeber dem Schüler bzw. den Eltern gewährt. Der Schulträger ist damit Unternehmer i.S.v. § 14 I BGB. Der Schüler bzw. seine Eltern sind natürliche Personen, die den Kredit nicht für ihre gewerbliche oder selbständige berufliche Tätigkeit verwenden. Sie sind somit Verbraucher i.S.v. § 13 BGB. Erfolgt die Gewährung des Zahlungsaufschubs entgeltlich mit einer Dauer von mehr als drei Monaten, sind die Regelungen der §§ 499ff. BGB[667] zu beachten. Zu unterscheiden ist dieser Sachverhalt von der oben gerade beschriebenen bloßen Bemessung und Zahlung der Dienstvergütung nach Zeitabschnitten für die fortlaufende Erbringung von Dienstleistungen. Das ist bei Dauerschuldverhältnissen allgemein üblich und begründet noch nicht die Anwendbarkeit der §§ 499ff. BGB, da sich Leistung und Gegenleistung fortlaufend gegenüberstehen und so in der Wahl einer abschnittsweisen Erbringung der Vergütung noch kein Zahlungsaufschub i.S.v. § 499 I BGB erblickt werden kann.[668] Ein Zahlungsaufschub gem. § 499 I BGB liegt jedoch vor, wenn für die abschnittsweise Vergütung nunmehr Ratenzahlung mit Zinsen vereinbart wird, z.B. weil ansonsten die Leistungsfähigkeit des Schülers oder seiner Eltern überfordert wäre. Der entgeltliche Zahlungsaufschub muss als Voraussetzung für die Anwendbarkeit der §§ 499ff. BGB aber gem. §§ 499 III/1, 491 II Nr.1 BGB einen Betrag von 200,-- € übersteigen[669] und gem. § 499 I BGB mehr als drei Monate gewährt werden.[670] Der Zeitraum ist von der gesetzlichen Fälligkeit des Schulgeldes an zu rechnen bis zum vereinbarten Fälligkeitstermin.[671] Für den Zeitraum kommt es auf die Gesamtdauer des Aufschubes an, mehrere kurz hintereinander geschaltete Zahlungsaufschübe hindern die Anwendbarkeit der §§ 499ff. BGB nicht.[672] Erfolgt ein Zahlungsaufschub, hat der Schulvertrag die Erbringung von Dienstleistungen gegen Teilzahlungen zum Gegenstand. Es liegt ein Teilzahlungsgeschäft

[667] §§ 499ff. BGB entsprechen den Regelungen des VerbrKrG a.F. für entgeltliche Zahlungsaufschübe; siehe BT-Drucks. 14/6040, S.256ff.; BT-Drucks. 14/7052, S.60ff., 202f.
[668] noch zu § 1 II VerbrKrG a.F.: BGH WM 1996, 148(149); Erman/Rebmann, § 1 VerbrKrG, Rn 26; Fischer, MDR 1994, 1063f.; Graf v. Westphalen/Emmerich/Kessler, VerbrKrG, § 1, Rn 117f.; Vortmann, VerbrKrG, § 1, Rn 68
[669] entspricht § 3 I Nr.1 VerbrKrG a.F.; dort vierhundert DM
[670] entspricht § 3 I Nr.3 VerbrKrG a.F.
[671] Palandt/Putzo, Ergbd. GModSchuldR, § 499, Rn 4
[672] so zu § 3 I Nr.3 VerbrKrG a.F. Staudinger/Kessal-Wulf, § 3 VerbrKrG, Rn 13

gem. § 499 II BGB vor.[673] Die Anforderungen und Rechtsfolgen des Zahlungsaufschubs bestimmen sich dann nach den §§ 501-504 BGB. Der Zahlungsaufschub hat danach gem. §§ 501 S.1, 492 I/1-4, II BGB in Schriftform zu erfolgen. Dem Schüler bzw. den Eltern ist gem. §§ 501 S.1, 492 III BGB eine Abschrift der Vertragserklärungen zur Verfügung zu stellen. Die Vertragserklärung muss die Inhaltsangaben gem. §§ 501 S.2, 502 I BGB enthalten.[674] Wird die Schriftform nicht eingehalten oder fehlen die Angaben gem. § 502 I BGB, so ist das Teilzahlungsgeschäft gem. § 502 III/1 BGB nichtig. Es wird aber gem. § 502 III/2 BGB ungeachtet des Mangels gültig, wenn der Schulträger dem Schüler gegenüber die Leistung trotzdem erbringt. Dann sind, als besondere Rechtsfolge dieser Gültigkeit, besondere Inhaltsbestimmungen für das Teilzahlungsgeschäft nach § 502 III/3-6 BGB zu beachten.
Nach Vereinbarung eines Teilzahlungsgeschäftes können der Schüler bzw. dessen Eltern gem. §§ 501 S.1, 495 I, 355 I BGB den Vertrag ohne Begründung widerrufen, wenn sie innerhalb von zwei Wochen den Widerruf gegenüber dem Schulträger in Textform erklären und rechtzeitig absenden. Die Frist beginnt in dem Zeitpunkt, zu dem der Schulträger eine ordnungsgemäße Belehrung mitteilt, die den Anforderungen des § 355 II BGB gerecht wird.[675] Bei der Nichtbeachtung der Anforderungen des § 355 II BGB kann der Widerruf gem. § 355 III/1 BGB bis zu sechs Monate nach Vertragsschluss erfolgen. Der Vertrag ist solange schwebend wirksam und wird erst durch den Widerruf unwirksam bzw. in ein Rückabwicklungsverhältnis umgewandelt.[676]
Das Teilzahlungsgeschäft dient der Finanzierung des Schulvertrages. Der Schulträger finanziert durch die Gewährung des Zahlungsaufschubes an den Schüler bzw. dessen Eltern selbst die Schulgeldzahlung. Das Teilzahlungsgeschäft bildet daher mit dem Schulvertrag eine wirtschaftliche Einheit gem. § 358 III BGB. Das Teilzahlungsgeschäft und der Schulvertrag sind verbundene Verträge i.S.v. §§ 501 S.1, 358 BGB. Der Schüler kann als Folge dessen, Einwendungen aus dem Schulvertrag gem. §§ 501 S.1, 359 BGB auch gegenüber dem Teilzahlungsgeschäft geltend machen. Widerruft der Schüler das Teilzah-

---

673 Auch das Teilzahlungsgeschäft setzt als besondere Form des Zahlungsaufschubes das Vorliegen der Voraussetzungen des § 499 I, III BGB voraus. Die Definition des Teilzahlungsgeschäftes erfolgt entsprechend des § 4 I/4 Nr.2 VerbrKrG a.F.; siehe BT-Drucks. 14/6040, S.257

674 entspricht dem bisherigen § 4 I/4 Nr.2 und § 4 I/5 VerbrKrG a.F.; siehe BT-Drucks. 14/6040, S.257

675 § 355 I BGB entspricht § 361a I/1-2 BGB a.F. und § 355 II BGB entspricht § 361a I/3-6 BGB a.F.; siehe BT-Drucks. 14/6040, S.198; BT-Drucks. 14/7052, S.194; Palandt/Heinrichs, Ergbd. GModSchuldR, § 355, Rn 1

676 Palandt/Heinrichs, Ergbd. GModSchuldR, § 355, Rn 4f.; siehe noch zu § 361a BGB a.F.: BT-Drucks. 14/2658, S.47; Bülow/Artz, NJW 2000, 2049(2052); Lorenz, JuS 2000, 833(835); Palandt/Heinrichs, § 361a, Rn 2

lungsgeschäft, so gilt dies gem. § 358 II BGB[677] auch als Widerruf des Schulvertrages. Darauf ist bei der Belehrung über das Widerrufsrecht gem. § 358 V BGB hinzuweisen. Die Rechtsfolgen des Widerrufs bestimmen sich dann gem. §§ 358 IV/1, 357 I, 346ff. BGB.

ε) Die Verjährung des Anspruchs auf Schulgeldzahlung

Schließlich ist für die Hauptleistungspflicht des Schülers bzw. der Eltern zur Schulgeldzahlung noch die Verjährung der Forderung des Schulträgers zu klären. Der Schulgeldanspruch des Schulträgers verjährt gem. § 195 BGB in drei Jahren. Die Verjährung beginnt gemäß § 199 I BGB mit dem Schluss des Jahres in dem der Anspruch entstanden ist und der Schulträger von den den Anspruch begründenden Umständen und der Person des Schuldners Kenntnis erlangt oder ohne grobe Fahrlässigkeit erlangen müsste. Die Verjährungshöchstfrist beträgt gem. § 199 IV BGB zehn Jahre.[678] Nach dem Eintritt der Verjährung kann der Schüler bzw. seine Eltern die Einrede der Verjährung gem. § 214 I BGB geltend machen.

cc) Exkurs in das Einkommensteuerrecht hinsichtlich der steuerlichen Abzugsfähigkeit des gezahlten Schulgeldes

An dieser Stelle soll kurz als Annex hinsichtlich der Pflicht zur Zahlung des Schulgeldes die einkommensteuerliche Abzugsfähigkeit des Schulgeldes dargelegt werden. Das von den Eltern oder vom Schüler selbst gezahlte Schulgeld kann bei der Ermittlung des zu versteuernden Einkommens berücksichtigt werden, insbesondere als Sonderausgabe oder als außergewöhnliche Belastung i.S.v. § 2 IV EStG. Eltern können seit 1991 für ihre Kinder, für die sie Freibeträge gem. § 32 EStG oder Kindergeld gem. §§ 62ff. EStG erhalten, 30 % des Schulgeldes als Sonderausgaben gem. § 10 I Nr.9 EStG absetzen. Dies gilt nach § 10 I Nr.9 EStG für Kinder, die eine gem. Art.7 IV GG genehmigte Ersatzschule oder eine nach Landesrecht erlaubte Ersatzschule sowie eine nach Landesrecht anerkannte allgemein bildende Ergänzungsschule besuchen. Der Begriff der nach Art.7 IV GG genehmigten Ersatzschule wurde oben schon umfassend dargelegt. Unklar erscheint jedoch der Terminus der „nach Landesrecht erlaubten Ersatzschule“. Es soll sich dabei um Ersatzschulen handeln, die die Voraussetzungen des Art.7 IV GG nicht erfüllen, weil eine vergleichbare Schule in dem Bundesland weder vorhanden noch vorgesehen ist, die aber als Er-

[677] entspricht vom Regelungsgehalt her § 9 II, IV VerbrKrG a.F.; siehe BT-Drucks. 14/6040, S.201

[678] Palandt/Heinrichs, Ergbd. GModSchuldR, § 199, Rn 40; zur Verjährung nach dem Gesetz zur Modernisierung des Schuldrechts generell: Mansel, NJW 2002, 89ff.

satzschulen eigener Art genehmigt werden können.[679] Hierzu ist anzumerken, dass eine Privatschule, falls eine vergleichbare öffentliche Schule in dem entsprechenden Bundesland weder vorhanden noch vorgesehen ist, nicht als Ersatzschule sondern als Ergänzungsschule einzustufen ist.[680] Teilweise werden aber Privatschulen durch Landesrecht als Ersatzschulen genehmigt, obwohl sie nicht unbedingt den Voraussetzungen des Art.7 IV GG gerecht werden. Günstigeren Voraussetzungen für die Ersatzschulgenehmigung soll Art.7 IV GG nämlich nicht entgegenstehen.[681] Die Genehmigung liegt dann im Ermessen der Genehmigungsbehörde.[682] Gerade diese Fälle erfasst die zweite Alternative des § 10 I Nr.9 EStG. Die dritte Alternative nennt die nach Landesrecht anerkannte allgemein bildende Ergänzungsschule. Eine allgemein bildende Schule wird jedoch in der Regel ersetzenden Charakter im Verhältnis zu den öffentlichen Schulen haben und somit als Ersatzschule einzustufen sein. Sie unterliegt damit dem Genehmigungsvorbehalt des Art.7 IV GG. Der Anwendungsbereich der dritten Alternative dürfte deshalb als relativ gering einzuschätzen sein. Zudem sehen nicht alle Bundesländer die Anerkennung von Ergänzungsschulen vor. Aus dem steuerlich abzugsfähigen Schulgeldbetrag ist gem. § 10 I Nr.9 EStG das Entgelt für evtl. Beherbergung, Betreuung und Verpflegung herauszurechnen. Mehrkosten für Internatsschulverträge werden somit nicht berücksichtigt. Als Sonderausgabe sind dann die Aufwendungen für Schulgeld in Höhe von 30 % abzugsfähig. Sie vermindern den Gesamtbetrag der Einkünfte gem. § 2 IV EStG. Die Berücksichtigung dieser Ausgabe folgt aus dem subjektiven Nettoprinzip, welches die Besteuerung nach der individuellen Leistungsfähigkeit des Steuersubjekts unter Ausschluss des indisponiblen Markteinkommens gebietet. Sollte der Schüler das Schulgeld selbst zahlen, kann er gem. § 10 I Nr.7 S.1 EStG bis zu 920,-- € im Kalenderjahr als Sonderausgabe geltend machen.[683] Ausnahmsweise können Schulgeldaufwendungen für Privatschulen auch als außergewöhnliche Belastungen gem. § 33 EStG berücksichtigt werden. Dies gilt jedoch gem. § 33 II/2 EStG für Schulgeld nur in der Höhe, in der es nicht schon als Sonderausgabe nach § 10 I Nr.9 EStG abgezogen werden darf. Für die Abzugsfähigkeit müssen die strengen Voraussetzungen des § 33 EStG erfüllt werden. Sie hier im Einzelnen darzulegen, würde den Rahmen dieses Exkurses sprengen. Es muss jedenfalls eine außergewöhnliche Belastung durch das Schulgeld i.S.v. § 33 EStG vorliegen. Diese soll noch nicht bei der Unterbringung eines Kindes in einer Privatschule gegeben sein, die lediglich aus sozialen, psychologischen oder pädagogischen Gründen erfolgt, selbst wenn das Kind

---

[679] Fischer in Kirchhof, EStG, § 10, Rn 36
[680] siehe oben Teil B), I.), 2.), a) und b)
[681] BVerwGE 104, 1(6); BVerwG NVwZ 1987, 680
[682] Schule im Rechtsstaat, Bd. I, S.388
[683] Fischer in Kirchhof, EStG, § 10, Rn 36; Heinicke in Schmidt, EStG, § 10, Rn 170

behindert ist oder kein Deutsch spricht.[684] Nur Schulgeldzahlungen für den medizinisch indizierten Besuch einer Privatschule durch ein behindertes Kind zum Zwecke der Heilung der Krankheit bzw. zum Erträglichmachen der Krankheit werden als außergewöhnliche Belastungen anerkannt, wenn die Unterbringung des Kindes nicht wesentlich durch schulische Zwecke veranlasst ist.[685] Zusätzliche Spenden der Eltern an die Privatschule, die nicht als Gegenleistung für die Unterrichtserteilung anzusehen sind, können im Rahmen von § 10b EStG als Sonderausgaben berücksichtigt werden, d.h. gem. § 10b I/1 EStG grundsätzlich mit maximal 5 % des Gesamtbetrags der Einkünfte des Spenders. Setzt ein Schulträger das Schulgeld aber so niedrig an, dass der normale Betrieb der Privatschule nur durch zusätzliche Zuwendungen der Eltern an einen Förderverein aufrechterhalten werden kann, so handelt es sich bei diesen Zuwendungen nicht um Spenden, sondern ebenfalls um ein Leistungsentgelt im Sinne eines Schulgeldes.[686] Nur Leistungen der Eltern, die über den Betrag hinausgehen, der erforderlich ist, um die Kosten des normalen Schulbetriebes zu decken, sind als Spenden und Sonderausgaben im Rahmen von § 10b EStG abziehbar. Zu den Kosten des normalen Schulbetriebes zählen dabei jedoch laufende Sachkosten, z.B. für Lehrmittel, Versicherungen, Instandhaltung, Zinsen, laufende Personalkosten, nutzungsbezogene Aufwendungen, z.B. für Mieten, Erbbauzins, AfA und Kosten für übliche Schulveranstaltungen.[687]

b) Die Nebenpflichten im Schulvertragsverhältnis

aa) Die vorvertraglichen Verhaltenspflichten der Schulvertragsparteien

Im privatrechtlichen Schulverhältnis zwischen dem Schulträger und dem Schüler bzw. den Eltern bestehen umfangreiche Nebenpflichten. Zu nennen sind dabei zuerst die vorvertraglichen Verhaltenspflichten. Bereits mit dem ersten Kontakt zwischen den Vertragsparteien zur Anbahnung eines Vertrages bzw. mit der Aufnahme von Vertragsverhandlungen entsteht vor Vertragsschluss ein vorvertragliches Vertrauens- bzw. Schuldverhältnis.[688] Das folgt ausdrücklich nun aus den §§ 241 II, 311 II, III BGB.[689] Durch die Aufnahme von Vertrags-

---

[684] siehe statt aller BFHE 183, 139(141)

[685] BFH 183, 139(140, 142); FG Köln EFG 1998, 318

[686] BFH NJW 2000, 1063; Heinicke in Schmidt, EStG, § 10b, Rn 15, 17

[687] BFH NJW 2000, 1063(1064)

[688] BGHZ 6, 330(333); 66, 51(54); Ballerstedt, AcP 151 (1950-51), 501(503); Gilles/Heinbuch/Gounalakis, Hdb UnterrichtsR, Rn 129; Staudinger/Löwisch, Vorbem zu §§ 275ff, Rn 52

[689] siehe dazu BT-Drucks. 14/6040, S.125f., 162f.; BT-Drucks. 14/7052, S.182, 190; Medicus, SchuldR AT, Rn 103; Palandt/Heinrichs, Einl v § 241, Rn 62; Palandt/Heinrichs, Ergbd. GModSchuldR, § 311, Rn 3ff.

verhandlungen entsteht somit ein Schuldverhältnis, dass zwar noch keine Hauptleistungspflichten festschreibt, die Parteien aber zu gegenseitiger Rücksichtnahme, Fürsorge und Loyalität verpflichtet, d.h. zu Obhuts- und Schutzpflichten.[690] Gleichzeitig entstehen für die Parteien Aufklärungs- und Hinweispflichten.[691] Insbesondere den Schulträger treffen daher schon vor Vertragsschluss umfangreiche Aufklärungspflichten. Er muss den Schüler bzw. dessen Eltern über die erzieherische Zielsetzung, die evtl. konfessionsbedingte tendenzielle Ausrichtung, über die Lehraspekte und Lehrpläne der Schule sowie den Unterrichtsaufbau und die Unterrichtsmethoden, d.h. über das pädagogische Konzept der Schule richtig informieren.
Eine Aufklärung hat auch über die Erlangung des Schulabschlusses und die Art und Weise der Abschlussprüfungen zu erfolgen.[692] Die Prüfungen und der Berechtigungserwerb sind, wie oben dargestellt, bei nur genehmigten Ersatzschulen anders gestaltet als bei anerkannten Ersatzschulen. Auf derartige Unterschiede, insbesondere auf die höhere Anzahl der Prüfungsfächer beim Besuch einer nur genehmigten Ersatzschule, ist vor Vertragsschluss durch den Schulträger hinzuweisen.
Für Internatsschulen kommt hinzu, dass die Privatschule soweit wie möglich überprüfen muss, ob der Schüler internatstauglich ist und die Trennung von seiner gewohnten Umgebung verkraften kann. Hierzu soll die Privatschule ein persönliches Gespräch mit dem Schüler führen, um von seiner Persönlichkeitsstruktur einen Einblick zu erhalten.[693] Den Eltern obliegt gegenüber dem Schulträger eine Aufklärungspflicht hinsichtlich besonderer Verhaltenseigentümlichkeiten des Schülers, die eine besondere pädagogische Betreuung u.U. notwendig machen oder den Besuch der (Internats-)Schule sogar ausschließen.

bb) Die Rechtsfolgen der Verletzung vorvertraglicher Verhaltenspflichten

Entsteht einer Partei des vorvertraglichen Schuldverhältnisses durch die Verletzung von vorvertraglichen Pflichten ein Schaden und hat der Schädiger dies zu vertreten, so erlangt der Geschädigte einen Schadensersatzanspruch aus culpa in contrahendo.[694] Der Anspruch leitet sich nun aus §§ 280 I, 311 II, III, 241 II

---

690 Palandt/Heinrichs, Ergbd. GModSchuldR, § 311 Rn 4, § 241, Rn 7; Larenz, SchuldR AT, § 9 I, S.109; BT-Drucks. 14/6040, S.163
691 Dörner, NJW 1979, 241(242); Palandt/Heinrichs, Ergbd. GModSchuldR, § 241, Rn 7; Zimmer, NJW 2002, 1(7, 12)
692 In Hessen sieht § 72 V HSchG umfangreiche Informationsrechte der Eltern und Schüler vor.
693 Wienands, Der private Unterrichtsvertrag, S.19
694 Dörner, NJW 1979, 241(243)

BGB her.[695] Die Verletzung vorvertraglicher Pflichten stellt eine Pflichtverletzung gem. § 280 I/1 BGB dar. Der die vorvertraglichen Pflichten verletzende Teil muss die Pflichtverletzung gem. § 276 I BGB zu vertreten haben.[696] Das schuldhafte Verhalten seiner Hilfspersonen wird ihm dabei gem. § 278 BGB wie eigenes Verschulden zugerechnet. Gemäß § 280 I/2 BGB obliegt ihm die Darlegungs- und Beweislast, dass er die Verletzung nicht zu vertreten habe. Der Anspruch aus culpa in contrahendo ist grundsätzlich auf den Ersatz des Vertrauensschadens gerichtet.[697] Der Inhalt des Anspruch bestimmt sich gem. §§ 249ff. BGB.[698] Danach kann gem. § 249 I BGB[699] bei der Verletzung von Aufklärungspflichten der Geschädigte im Wege der Naturalrestitution neben dem Ersatz des Vertrauensschadens die Lösung vom Vertrag verlangen, wenn er bei vollständiger bzw. bei zutreffender Aufklärung den Vertrag nicht oder nicht so geschlossen hätte und ein Vermögensschaden bei ihm eingetreten ist.[700] Der Anspruch aus culpa in contrahendo wird nicht durch das Recht zur außerordentlichen Kündigung gem. § 626 BGB verdrängt.[701] Verletzt der Schulträger somit seine Schutz- und Aufklärungspflichten gegenüber dem Schüler bzw. gegenüber dessen Eltern, so können diese gem. §§ 280 I, 241 II, 311 II, III, 249ff. BGB Ersatz ihres Vertrauensschadens oder die Rückgängigmachung des Schulvertrages verlangen. Die gleichen Rechte stehen dem Schulträger zu, falls die Eltern oder der Schüler ihre Schutz- und Aufklärungspflichten verletzen.
Stellt die Verletzung einer Aufklärungspflicht zugleich eine arglistige Täuschung dar und wurde der Vertragspartner durch diese zur Abgabe einer Willenserklärung veranlasst, die zum Abschluss des Schulvertrages führte, so kann der Getäuschte den Schulvertrag gem. § 123 BGB anfechten. Das Anfechtungsrecht gem. § 123 BGB und Schadensersatzansprüche gem. § 280 I BGB aus culpa in contrahendo sind nebeneinander anwendbar.[702] Die Vertreter des aufklärungspflichtigen Vertragspartners, d.h. die Eltern als Vertreter des Schülers bzw. die Vertreter des Schulträgers, sind nicht Dritte i.S.v. § 123 II BGB.[703] Der angefochtene Vertrag ist gem. § 142 I BGB ex tunc nichtig. Das Recht zur An-

---

[695] BT-Drucks. 14/6040, S.135, 162f.; Medicus, SchuldR AT, Rn 416; Palandt/Heinrichs, Ergbd. GModSchuldR, § 311, Rn 3, 13; Zimmer, NJW 2002, 1(7)
[696] Palandt/Heinrichs, Ergbd. GModSchuldR, § 311, Rn 14
[697] BGHZ 114, 87(94)
[698] Palandt/Heinrichs, Ergbd. GModSchuldR, § 311, Rn 48
[699] Der bisherige Wortlaut des § 249 S.1 BGB wurde zu Absatz 1 durch das Zweite Gesetz zur Änderung schadensersatzrechtlicher Vorschriften. Siehe BGBl. I 2002, S.2674f.
[700] BGH NJW 1962, 1196(1198); NJW 1969, 1625(1626); NJW 1998, 302(303); Larenz, SchuldR AT, § 9 I, S.112f.; BT-Drucks. 14/6040, S.162
[701] Dörner, NJW 1979, 241(243)
[702] Palandt/Heinrichs, Ergbd. GModSchuldR, § 311, Rn 16; für die alte Rechtslage siehe: BGH NJW 1962, 1196(1198); NJW 1986, 2243(2244); NJW 1998, 302(303)
[703] BGH NJW 1962, 2195

fechtung wird durch § 626 BGB nicht berührt.[704] Der Berechtigte kann wählen, falls die Voraussetzungen der jeweiligen Rechtsinstitute vorliegen, ob er den Vertrag anfechten oder außerordentlich kündigen möchte.[705]

cc) Die vertraglichen Nebenpflichten der Schulvertragsparteien

Auch nach Abschluss des Schulvertrages bestehen zwischen den Parteien des Schulvertrages vertragliche Nebenpflichten. Es handelt sich dabei um Aufklärungs-, Obhuts-, Sicherungs- und Schutzpflichten des Schulträgers gegenüber dem Schüler gem. § 241 II BGB. Weiterhin existieren Leistungstreuepflichten und Mitwirkungspflichten. Diese verpflichten den Schulträger alles zu tun, um die Leistung vorzubereiten, herbeizuführen und zu sichern. Gleichzeitig bestehen für den Schulträger Aufklärungspflichten hinsichtlich der Veränderung von Unterrichtsbedingungen, der Unterrichtsziele bzw. Unterrichtsausrichtung. Die Festlegung neuer Stundenpläne sowie die Veränderung der Prüfungsbedingungen und –voraussetzungen sind mitzuteilen.[706] Zu informieren ist auch über eventuell entstehenden Unterrichtsausfall, so dass der Schüler sich darauf einrichten kann. Dem Schüler und seinen Eltern obliegen Schutzpflichten gem. § 241 II BGB im Hinblick auf die Rechtsgüter der Schule, wie z.B. die sorgsame Behandlung der Lehrmaterialien des Schulträgers durch den Schüler. Der Schüler sowie seine Eltern sind verpflichtet, alles zu unterlassen, was die Leistung des Schulträgers beeinträchtigen oder gefährden würde. Der Schüler muss die Schulordnung einhalten. Eine Aufklärungspflicht des Schülers ist hinsichtlich der für den Schulbetrieb wesentlichen Tatsachen anzunehmen, z.B. für eine Erkrankung des Schülers mit einer gefährlichen und ansteckenden Krankheit.

dd) Die Rechtsfolgen der Verletzung vertraglicher Nebenpflichten

Bei der Verletzung der vertraglichen Nebenpflichten entsteht ein Schadensersatzanspruch gem. § 280 I BGB wegen Pflichtverletzung.[707] Vor der Schuldrechtsreform wurden diese Ansprüche nach den Grundsätzen der positiven Forderungsverletzung erfasst. § 280 I BGB regelt nun als generelle Anspruchsgrundlage für Schadensersatz wegen Verletzung einer Pflicht aus dem Schuld-

[704] Erman/Belling, § 626, Rn 13; MK/Schwerdtner, § 626, Rn 27; Staudinger/Preis, § 626, Rn 9
[705] BAG 28.3.1974, AP Nr.3 zu § 119 BGB; Erman/Belling, § 626, Rn 13; Staudinger/Preis, § 626, Rn 9
[706] Gilles/Heinbuch/Gounalakis, Hdb UnterrichtsR, Rn 187
[707] siehe dazu unten Teil D), II.), 5.)

verhältnis auch derartige Ansprüche.[708] Soll Schadensersatz statt der Leistung verlangt werden, ist der Anspruch auf die §§ 282 bzw. 281 i.V.m. § 280 I, III BGB zu stützen. Das Recht zum Rücktritt bei Nebenpflichtverletzungen bestimmt sich gem. §§ 323, 324 BGB. Grundsätzlich wird es aber im Dauerschuldverhältnis des Schulvertrages durch das Recht zur außerordentlichen Kündigung gem. § 626 BGB verdrängt. Schließen die Eltern den Schulvertrag im eigenen Namen mit dem Schulträger (Fälle des § 328 BGB), ist das Kind hinsichtlich der Einhaltung der Schulordnung und ordnungsgemäßer Verhaltensweisen als ihr Erfüllungsgehilfe gem. § 278 BGB anzusehen, so dass die Eltern das fehlerhafte Verhalten des Schülers sich zurechnen lassen müssen.[709] Neben den Ansprüchen aus §§ 280ff. BGB kommen bei der Verletzung vertraglicher und vorvertraglicher Nebenpflichten deliktische Ansprüche gem. § 823 I oder § 823 II BGB als Anspruchsgrundlage in Betracht. Bei Verletzung ihrer Aufsichtspflicht haften die Eltern außerdem gem. § 832 I BGB. Der vertraglich zur Aufsicht verpflichtete Schulträger haftet bei Verletzung dieser Pflicht gem. § 832 II BGB.

ee) Die fehlende zivilrechtliche Pflicht des Schülers zum Schulbesuch an der Privatschule

Fraglich ist, ob eine Pflicht des Schülers aus dem Schulvertrag zum Besuch der Schule besteht, etwa im Rahmen einer Leistungstreuepflicht. Danach würde der Schüler zum Schulbesuch und zur Mitarbeit im Rahmen des Bildungsangebotes der Schule verpflichtet sein.[710] Der Schulvertrag ist als Dienstvertrag zu qualifizieren. Für diesen ergibt sich aus § 615 BGB, dass keine Verpflichtung des Dienstberechtigten besteht, die ihm angebotenen Dienste auch anzunehmen. Lehnt der Dienstberechtigte die ihm angebotenen Dienste ab, beschränkt sich der Anspruch des Dienstverpflichteten auf die Vergütung gem. § 615 S.1, 2 BGB, im Fall der Unmöglichkeit auf die Erbringung der Gegenleistung gem. §§ 326 II, 275 IV BGB. Der dienstverpflichtete Schulträger hat keinen Anspruch auf Abnahme der Dienste. Denn bei der Abnahme der Dienste handelt es sich nicht um eine Vertragspflicht, sondern um eine Obliegenheit des Dienstverpflichteten gegen sich selbst.[711] Der Schüler ist damit privatrechtlich nicht verpflichtet, die Privatschule zu besuchen. Jedoch erfüllt er mit dem Besuch einer allgemein bildenden genehmigten Ersatzschule i.d.R. seine Schulpflicht. Die

---

[708] BT-Drucks. 14/6040, S.84f., 92, 135; BT-Drucks. 14/7052, S.175; Medicus, SchuldR AT, Rn 411; Palandt/Heinrichs, Ergbd. GModSchuldR, § 280, Rn 5, 22ff.; Zimmer, NJW 2002, 1(7)

[709] BGH NJW 1984, 2093(2094); Palandt/Heinrichs, § 328, Rn 7; a.A.: MK/Gottwald, § 334, Rn 8

[710] so Stein/Roell, Hdb SchulR, S.109

[711] Gilles/Heinbuch/Gounalakis, Hdb UnterrichtsR, Rn 237

allgemeine Schulpflicht ist eine öffentlich-rechtliche Pflicht, die sich an den Schüler richtet. Er wird durch diese zum Schulbesuch verpflichtet. Verletzt er die Schulpflicht, setzt er sich Ordnungsmaßnahmen durch die zuständigen Schulbehörden aus, welche sich auch gegen die Eltern des Schülers richten können. Denn die Eltern sind als Erziehungsberechtigte verpflichtet, dafür zu sorgen, dass der schulpflichtige Schüler am Unterricht teilnimmt. Der Ersatzschule obliegt insoweit die Pflicht, die zuständigen Behörden über das Fernbleiben des Schülers zu informieren, damit diese entsprechende Maßnahmen zur Einhaltung der Schulpflicht ergreifen können. Die Sicherstellung der Erfüllung der Schulpflicht ist als hoheitliche Aufgaben den Ersatzschulen jedoch nicht übertragen worden. Diese Aufgabe wird von den zuständigen Schulbehörden wahrgenommen. Der Schüler muss demnach seiner öffentlich-rechtlich begründeten Schulpflicht nachkommen. Um diese Pflicht zu erfüllen, reicht es aber aus, wenn der Schüler seine Schulpflicht an einer anderen genehmigten Ersatzschule oder an einer öffentlichen Schule erfüllt. Wenn er es unter dieser Voraussetzung ablehnt, seine bisherige Privatschule weiterhin zu besuchen, kann er nicht hierzu verpflichtet werden. Der Schulträger hat darauf keinen privatrechtlichen Anspruch.

c) Die Vertragsdauer des Schulvertrages

Eine Befristung des Schulvertrages ist möglich. Bei längerer Ausbildungsdauer, wie i.d.R. beim Besuch allgemein bildender Schulen, werden aber üblicherweise unbefristete Schulverträge abgeschlossen.[712] Erfolgt die Regelung der Vertragsdauer durch die Einbeziehung von allgemeinen Geschäftsbedingungen des Schulträgers, ist § 309 Nr.9 BGB[713] zu beachten. Der Schul- bzw. Unterrichtsvertrag ist ein Dauerschuldverhältnis i.S.v. § 309 Nr.9 BGB in welchem regelmäßig Dienstleistungen erbracht werden.[714] Gemäß § 309 Nr.9a) BGB darf der Verwender der AGB den anderen Vertragsteil nicht länger als zwei Jahre binden. Dies gilt auch für Verträge mit unbestimmter Vertragsdauer.[715] Deshalb muss für den Vertragspartner des Schulträgers, d.h. für den Schüler bzw. die Eltern, spätestens zum Ende des zweiten Jahres der Laufzeit des Schulvertrages die Möglichkeit zur ordentlichen Kündigung bestehen.[716] Das Recht zur ordentlichen Kündigung des Schulvertrages darf insoweit nicht durch den Schulträger ausgeschlossen worden sein. Nach anderer Ansicht muss

[712] Vogel, Recht der Schulen in fr. Trägerschaft, S.213

[713] entspricht § 11 Nr.12 AGBG a.F.; siehe BT-Drucks. 14/6040, S.160

[714] OLG Frankfurt a.M. NJW-RR 1987, 438(439); Staudinger/Coester-Waltjen, AGBG, § 11 Nr.12, Rn 13

[715] Wolf in Wolf/Horn/Lindacher, AGBG, § 11 Nr.12, Rn 10

[716] BGHZ 120, 108(113); OLG Frankfurt a.M. NJW-RR 1987, 438(439); MK/Basedow, § 11 Nr.12 AGBG, Rn 13; Staudinger/Coester-Waltjen, AGBG, § 11 Nr.12, Rn 17; Wolf in Wolf/Horn/Lindacher, AGBG, § 11 Nr.12, Rn 10

ausgeschlossen worden sein. Nach anderer Ansicht muss die Laufzeit des Vertrages nach zwei Jahren zu Ende gehen, ohne dass es dazu einer Kündigung bedürfte.[717] Diese Ansicht verkennt jedoch, dass bei bestehender Kündigungsmöglichkeit für den Vertragspartner des Verwenders dessen rechtlichen und wirtschaftlichen Interessen im Hinblick auf eine Lösungsmöglichkeit vom Schulvertrag schon Rechnung getragen wird. Er ist gerade nicht länger als zwei Jahre an den Vertrag gebunden, da er das Recht zur ordentlichen Kündigung besitzt. Ein automatisches Ende des Vertrages nach zwei Jahren ist demnach unnötig. Es würde auch der Interessenlage der Parteien des Schulvertrages nicht gerecht. Die Zweijahresfrist nach § 309 Nr.9a) BGB beginnt mit dem Abschluss des Vertrages.[718] Wenn die durch AGB festgelegte Laufzeit des Vertrages mit § 309 Nr.9a) BGB vereinbar ist, hat trotzdem eine Überprüfung der Regelung anhand § 307 BGB zu erfolgen. Dies gilt auch, falls durch AGB eine Vertragsdauer vereinbart wurde, die unter zwei Jahren liegt.[719] Im Rahmen des § 307 I, II BGB hat eine Interessenabwägung im Einzelfall im Hinblick auf die jeweiligen Interessen der Vertragsparteien stattzufinden. Die vertragliche Bindung an den Schulvertrag für die Dauer eines Schuljahres unter Ausschluss eines ordentlichen Kündigungsrechts wurde dabei für Vollzeitunterricht als vereinbar mit § 307 BGB angesehen.[720] Das Schuljahresende stellt einen zeitlichen und organisatorischen Einschnitt im Schulverlauf dar. Eine Kündigung zu diesem Zeitpunkt belastet den Schüler am wenigsten und ist für den Unterrichtserteilenden am ehesten in der Kalkulation zu berücksichtigen.[721] Im Gegensatz dazu soll ein Internatsschulvertrag ohne Probezeit und ohne ordentliches Kündigungsrecht vor Abschluss des ersten Schuljahres nicht mit § 307 I BGB vereinbar sein, da ein Schüler mit dem Beginn des Internatslebens sich auf ganz neue Lebensumstände außerhalb des Elternhauses einstellen müsse, wobei deutlich werden kann, dass er die neuen Anforderungen zu bewältigen nicht in der Lage, also nicht internatsfähig ist. Der Vertragsinhalt muss dieses besondere Risiko ausreichend berücksichtigen. Der Ausschluss eines ordentlichen Kündigungsrechts vor Abschluss des ersten Schuljahres an der Internatsschule benachteiligt dann den Schüler und seine Eltern unangemessen.[722]

---

[717] Hensen in Ulmer/Brandner/Hensen, AGBG, § 11 Nr.12, Rn 9

[718] BGHZ 122, 63; Hensen in Ulmer/Brandner/Hensen, AGBG, § 11 Nr.12, Rn 9; Wolf in Wolf/Horn/Lindacher, AGBG, § 11 Nr.12, Rn 10

[719] BGHZ 120, 108(115); BGH NJW 1985, 2585(2586); LG Bielefeld NJW 1981, 1678(1679); MK/Basedow, § 11 Nr.12 AGBG, Rn 15f.; Staudinger/Coester-Waltjen, AGBG, § 11 Nr.12, Rn 18; Hensen in Ulmer/Brandner/Hensen, AGBG, § 11 Nr.12, Rn 3; Gilles/Heinbuch/Gounalakis, Hdb UnterrichtsR, Rn 350

[720] BGHZ 90, 280 (Entscheidung erfolgte noch zu § 9 AGBG a.F.)

[721] BGH NJW 1993, 326(330)

[722] BGH NJW 1985, 2585(2586f.)

Sind die AGB des Schulträgers infolge eines Verstoßes gegen die §§ 307ff. BGB nicht Vertragsbestandteil geworden, gelten gem. § 306 II BGB die gesetzlichen Bestimmungen. Für den unbefristeten Schulvertrag finden dann die Regelungen über die ordentliche Kündigung von Dienstverhältnissen gem. § 621 BGB Anwendung. Bei einem befristeten Vertrag, dessen Fristbestimmung gegen die §§ 307ff. BGB verstößt, handelt es sich trotz der Unwirksamkeit der Fristbestimmung um einen Vertrag, der nach dem Willen der Parteien auf bestimmte Dauer i.S.v. § 620 I BGB geschlossen werden sollte.[723] Die durch die Unwirksamkeit der Fristbestimmung entstandene Regelungslücke ist dann durch ergänzende Vertragsauslegung zu schließen.[724]
Bei einem befristeten Schulvertrag ist es möglich, die formularmäßig oder individuellvertraglich vereinbarte Laufzeit des Vertrages stillschweigend zu verlängern. Erfolgt die stillschweigende Verlängerung durch AGB, ist gem. § 309 Nr.9b) BGB eine stillschweigende Verlängerung des Schulvertrages um jeweils mehr als ein Jahr unwirksam.

5.) Das Recht der Leistungsstörungen im Schulvertragsverhältnis

Im Anschluss sollen nun noch kurz die Rechte der Vertragsparteien des Schulvertrages bei Leistungsstörungen dargestellt werden. Es handelt sich um die Rechte des Schülers bzw. der Eltern, falls diese ebenfalls Vertragspartei des Schulvertrages sind, bei Pflichtverletzungen des Schulträgers und umgekehrt um die Rechte des Schulträgers bei Pflichtverletzungen des Schülers oder der Eltern.

a) Die Rechte des Schülers bzw. der Eltern bei Leistungsstörungen

aa) Das allgemeine Leistungsstörungsrecht

Das Leistungsstörungsrecht wurde durch das Gesetz zur Modernisierung des Schuldrechts umfassend neu gestaltet. Unmöglichkeit, Verzug und Schlechterfüllung sind zu einem einheitlichen Haftungstatbestand zusammengefasst worden. Kernbegriff dieses Haftungstatbestandes ist die Pflichtverletzung.[725] Pflichtverletzung bedeutet einerseits die Verletzung der Pflicht, sich vor Begründung des Schuldverhältnisses über die Leistungsmöglichkeit zu informieren und andererseits jedes Verhalten, das den im Schuldverhältnis begründeten

---

[723] BGH NJW 1985, 2585(2586)
[724] BGH NJW 1985, 2585(2587)
[725] siehe BT-Drucks. 14/6040, S.133ff.; BT-Drucks. 14/7052, S.174f.; Palandt/Heinrichs, Einl v § 241, Rn 35; Palandt/ Heinrichs, Ergbd. GModSchuldR, § 280, Rn 2, 5

Handlungs- und Unterlassungspflichten widerspricht.[726] Die Pflichtverletzung umfasst dabei die Verletzung von Haupt- und Nebenpflichten.

α) Die Rechtsfolgen der Unmöglichkeit der Leistungserbringung durch den Schulträger

Sie erfasst damit auch die Fälle der Unmöglichkeit der Leistung. Wird demnach die Erbringung der Unterrichtsleistung unmöglich, ist die primäre Leistungspflicht des Schulträgers kraft Gesetzes gem. § 275 I BGB ausgeschlossen. In den Fällen der faktischen bzw. praktischen Unmöglichkeit gem. § 275 II BGB bzw. der persönlichen Unzumutbarkeit der Erbringung der Leistungspflicht gem. § 275 III BGB steht dem Schulträger ein Leistungsverweigerungsrecht im Wege einer Einrede zu.[727] In diesen Fällen des Ausschlusses der Leistungspflicht des Schulträgers können der Schüler oder die Eltern, falls sie Gläubiger des Schulvertrages sind, Schadensersatz wegen Verletzung einer Pflicht aus dem Schuldverhältnis gem. §§ 280 I, 275 IV, 249ff. BGB verlangen. Solange nicht erfolgter Unterricht jedoch nachholbar ist, liegt keine Unmöglichkeit i.S.v. § 275 I BGB vor, da die Leistung noch erbracht werden kann. Nachholbarer Unterricht weist keinen absoluten Fixschuldcharakter auf. Der Schadensersatz wegen Pflichtverletzung aufgrund der Unmöglichkeit kann gem. §§ 283, 280 I, III, 275 IV BGB statt der Leistung verlangt werden. Dann ersetzt der Schadensersatzanspruch den Anspruch auf die Primärleistung der Unterrichtserbringung.[728] Der Anspruch auf Schadensersatz statt der Leistung wird grundsätzlich aber nur insoweit geschuldet, als die Leistung ausgeblieben ist.[729] D.h., Schadensersatz kann nur für den ausgebliebenen Teil der Leistung verlangt werden. Um Schadensersatz statt der ganzen Leistung fordern zu können, muss die Pflichtverletzung des Schuldners gem. §§ 283 S.2, 281 I/3 BGB erheblich sein. Bei bereits erbrachten Teilleistungen darf der Schüler gem. §§ 283 S.2, 281 I/2 BGB kein Interesse mehr an der noch ausstehenden Teilleistung haben, damit er Schadensersatz statt der ganzen Leistung verlangen kann. Grundsätzlich besteht auch bei nicht nachholbarem Unterrichtsausfall ein Interesse des Schülers an der weiteren Erteilung von Unterricht, insbesondere wenn er zur Erfüllung seiner Schulpflicht die Privatschule besucht. Fällt jedoch Unterricht in großem

[726] Recker, NJW 2002, Heft 1, S.XII

[727] siehe BT-Drucks. 14/6040, S.129f.; BT-Drucks. 14/7052, S.183; Faust in Huber/Faust, SchuldRMod, 3.Kap., Rn 109ff.; Medicus, SchuldR AT, Rn 376; Palandt/Heinrichs, Ergbd. GModSchuldR, § 275, Rn 32; Zimmer, NJW 2002, 1(3f.)

[728] siehe BT-Drucks. 14/6040, S.137; BT-Drucks. 14/7052, S.175; Medicus, SchuldR AT, Rn 386; Palandt/Heinrichs, Ergbd. GModSchuldR, Vorb v §§ 281-284, Rn 3

[729] siehe BT-Drucks. 14/6040, S.139; Schadensersatz statt der Leistung ist dabei die neue Bezeichnung des Gesetzes für den alten Terminus Schadensersatz werden Nichterfüllung. Siehe Faust in Huber/Faust, SchuldRMod, 3.Kap., Rn 103

Umfang aus, der nicht nachgeholt werden kann, wird der Schüler regelmäßig kein Interesse mehr daran haben, diese Schule weiter zu besuchen und eher an eine andere Schule wechseln wollen. Ihm ist der Schadensersatz statt der ganzen Leistung zu gewähren. Schüler bzw. die Eltern können dann den großen Schadensersatz vom Schulträger verlangen. D.h., sie können weitere Unterrichtsleistungen ablehnen und Schadensersatz wegen Pflichtverletzung statt der ganzen Leistung geltend machen. Ihnen obliegt als Gläubiger allerdings die Darlegungs- und Beweislast hinsichtlich des fehlenden Interesses an der Leistungserbringung.[730] Der Schulträger ist jedoch berechtigt, für schon geleisteten Unterricht Wertersatz gem. §§ 281 V, 346 - 348 BGB zu fordern.
Alternativ zum Schadensersatz statt der Leistung wegen Pflichtverletzung gem. §§ 283, 280 I, III, 249ff. BGB können der Schüler bzw. die Eltern gem. § 284 BGB die Aufwendungen vom Schulträger ersetzt verlangen, die sie im Vertrauen auf die Erbringung der Unterrichtsleistung billigerweise gemacht haben, es sei denn der Aufwendungszweck wäre auch ohne die Pflichtverletzung nicht erreicht worden. Im Wege des § 284 BGB sollen Kosten erstattet werden, die auch bei vertragskonformen Verhalten entstanden wären und deshalb nicht nach §§ 249ff. BGB ersetzt werden könnten.[731]
Dem Schulträger als Schuldner obliegt gem. § 280 I/2 BGB für die genannten Ansprüche die Darlegungs- und Beweislast, dass er den Ausschluss der Leistungspflicht nicht gem. §§ 276, 278 BGB zu vertreten hat.[732] § 280 I/2 BGB enthält damit eine Beweislastumkehr zu Gunsten des Gläubigers.[733] Ist der Schulträger in der Lage darzulegen und zu beweisen, dass er den Ausschluss der Leistungspflicht nach § 275 BGB nicht zu vertreten hat, kann kein Schadensersatzanspruch gem. §§ 283, 280 BGB und kein Aufwendungsersatzanspruch gem. § 284 BGB gegen ihn geltend gemacht werden.
Erlangt der Schulträger infolge des Ausschlusses der Leistungspflicht aus dem Schulvertrag aber einen Ersatz oder Ersatzanspruch, etwa Forderungen gegen Versicherungen nach dem völligen Ausbrennen des Schulgebäudes, so haben der Schüler bzw. die Eltern gem. § 285 I BGB einen Anspruch auf Herausgabe des Ersatzes oder auf Abtretung des Ersatzanspruches. Dieser Anspruch mindert gem. § 285 II BGB den evtl. bestehenden Schadensersatzanspruch statt der Leistung gem. §§ 283, 280 I, III BGB.
War die Erbringung der Unterrichtsleistung schon bei Vertragsschluss gem. § 275 BGB unmöglich, so ist der Schulvertrag trotzdem gem. §§ 311a I, 275 IV

---

[730] Faust in Huber/Faust, SchuldRMod, 3.Kap., Rn 158

[731] Teichmann, BB 2001, 1485(1489); Däubler, NJW 2001, 3729(3731); Faust in Huber/Faust, SchuldRMod, 4.Kap., Rn 47

[732] für §§ 280, 283 BGB siehe BT-Drucks. 14/6040, S.136, 142; Medicus, SchuldR AT, Rn 385; für § 284 BGB siehe BT-Drucks. 14/6040, S.144

[733] entspricht §§ 282, 285 BGB a.F.; siehe BT-Drucks. 14/6040, S.136; Palandt/Heinrichs, Ergbd. GModSchuldR, § 280, Rn 34, 40

BGB wirksam.[734] Die anfängliche Unmöglichkeit steht der Wirksamkeit des Schulvertrages nicht entgegen.[735] Als Rechtsfolge der anfänglichen Unmöglichkeit können der Schüler bzw. die Eltern gem. §§ 311a II/1, 275 IV, 249ff. BGB Schadensersatz statt der Leistung oder Ersatz der Aufwendungen gem. § 284 BGB vom Schulträger verlangen. Der Schadensersatzanspruch geht dabei auf das positive Interesse.[736] Der Schadensersatzanspruch und der Aufwendungsersatzanspruch nach § 311a II BGB sind verschuldensabhängig.[737] Dem Schuldner, d.h. dem Schulträger, obliegt dabei gem. § 311a II/2 BGB die Darlegungs- und Beweislast, dass er das Leistungshindernis bei Vertragsschluss nicht kannte und diese Unkenntnis auch nicht zu vertreten hat. Der Grund für die Sonderregelung des § 311a BGB im Verhältnis zu den §§ 280ff. BGB besteht darin, dass vor dem Abschluss des Vertrages keine Leistungspflicht besteht, die der Schuldner verletzen könnte. Von der Verletzung einer Leistungspflicht geht § 280 BGB aber gerade aus. Deshalb besteht die dem Schuldner nach § 311a BGB vorzuwerfende Pflichtverletzung darin, dass er die Leistungspflicht übernommen hat, obwohl er weiß oder wissen müsste, dass er sie nicht erfüllen kann.[738]

Wenn die Leistungspflicht des Schulträgers gem. § 275 BGB ausgeschlossen ist, brauchen der Schüler bzw. die Eltern gem. §§ 326 I, 275 IV BGB als Gegenleistung die Schulgeldzahlung nicht mehr zu erbringen. Der Anspruch auf die Gegenleistung entfällt ipso iure. Soweit das Schulgeld schon geleistet wurde, kann es gem. §§ 326 IV, 346-348 BGB zurückgefordert werden. Verlangen der Schüler bzw. seine Eltern hingegen die Herausgabe des für die geschuldete Leistung erlangten Ersatzes oder die Herausgabe des Ersatzanspruches gem. § 285 BGB, so bleiben sie gem. § 326 III BGB zur Gegenleistung verpflichtet. Schließlich können der Schüler bzw. seine Eltern vom Schulvertrag gem. §§ 326 V, 323 BGB zurücktreten, wenn die Leistungspflicht des Schulträgers gem. § 275 BGB ausgeschlossen ist. Eine Fristsetzung nach § 323 BGB ist dabei ent-

---

734 siehe BT-Drucks. 14/6040, S.164f.; Faust in Huber/Faust, SchuldRMod, 7.Kap., Rn 1ff.; Medicus, SchuldR AT, Rn 390c; Palandt/Heinrichs, Ergbd. GModSchuldR, § 311a, Rn 2, 5; Zimmer, NJW 2002, 1(3)

735 im Gegensatz zu § 306 BGB a.F. für die anfängliche objektive Unmöglichkeit

736 siehe BT-Drucks. 14/6040, S.165; Faust in Huber/Faust, SchuldRMod, 7.Kap., Rn 10; Medicus, SchuldR AT, Rn 390c; Zimmer, NJW 2002, 1(3); im Gegensatz zu § 307 BGB a.F. für die anfängliche objektive Unmöglichkeit, der nur den Vertrauensschaden ersetzte

737 siehe BT-Drucks. 14/6040, S.165f.; Palandt/Heinrichs, Ergbd. GModSchuldR, § 311a, Rn 9; im Gegensatz zur bisherigen Garantiehaftung bei anfänglicher subjektiver Unmöglichkeit

738 siehe BT-Drucks. 14/7052, S.190; Palandt/Heinrichs, Ergbd. GModSchuldR, § 311a, Rn 6; Soweit deswegen auch Ansprüche aus c.i.c. gem. §§ 280 I, 311 II, 241 II BGB geltend gemacht werden könnten, schließt § 311a II BGB diese als lex specialis aus. So Faust in Huber/Faust, SchuldRMod, 7.Kap., Rn 17

behrlich. Das Rücktrittsrecht nach § 323 BGB hängt nicht vom Vertretenmüssen des Schuldners ab.[739]

β) Die Rechtsfolgen der Verzögerung der Leistungserbringung durch den Schulträger

Leistet der Schulträger trotz Fälligkeit nicht, entsteht ebenfalls der Schadensersatzanspruch wegen Pflichtverletzung gem. § 280 I BGB. Die Leistungsverzögerung ist eine Pflichtverletzung i.S.v. § 280 I BGB.[740] Für die Geltendmachung eines Verzögerungsschadens müssen aber gem. § 280 II BGB zusätzlich die Voraussetzungen des § 286 BGB erfüllt sein.[741] Danach kommt der Schulträger gem. § 286 I BGB in Verzug, wenn er trotz Fälligkeit, Möglichkeit der Leistung und nach der Mahnung durch den Schüler bzw. durch dessen Eltern nicht leistet, d.h. keinen Unterricht erbringt. Die Mahnung ist in den Fällen des § 286 II BGB entbehrlich. Für den Schulvertrag greift dabei insbesondere § 286 II Nr.1 BGB ein, denn für die Erbringung der Unterrichtsleistungen ist regelmäßig eine Zeit nach dem Kalender bestimmt. Der Schulträger muss den Verzug gem. §§ 276, 278 BGB zu vertreten haben. Ihm obliegt gem. § 286 IV BGB die Darlegungs- und Beweislast, dass er den Verzug nicht zu vertreten hat. Der dann zusätzlich gem. §§ 280 I, II, 286 BGB zu ersetzende Verzögerungsschaden erfasst den Schaden, der unmittelbar kausal durch den Verzug entstanden ist.[742]
Schadensersatz statt der Leistung können der Schüler bzw. die Eltern gem. §§ 281 I/1, 280 I, III BGB ersetzt verlangen. § 281 BGB erfasst auch die Fälle der Leistungsverzögerung bzw. des Verzugs.[743] Neben den Voraussetzungen des § 280 I BGB sind zusätzlich die Voraussetzungen des § 281 I BGB zu erfüllen.[744] Dem Schulträger muss danach gem. § 281 I/1 BGB eine angemessene Frist zur Erbringung der fälligen Leistung oder zur Nacherfüllung gesetzt werden.[745] Die Fristsetzung ist unter den Voraussetzungen des § 281 II BGB entbehrlich. Der Anspruch auf Schadensersatz statt der Leistung wird nur insoweit geschuldet,

---

739 Huber in Huber/Faust, SchuldRMod, 5.Kap., Rn 42; siehe aber für den Ausschluss des Rücktrittsrechts § 323 VI BGB
740 siehe BT-Drucks. 14/6040, S.135; BT-Drucks. 14/7052, S.174f.; Palandt/Heinrichs, Einl v § 241, Rn 35; Palandt/ Heinrichs, Ergbd. GModSchuldR, § 280, Rn 5; Zimmer, NJW 2002, 1(8)
741 siehe BT-Drucks. 14/6040, S.135; Faust in Huber/Faust, SchuldRMod, 3.Kap., Rn 32ff.; Palandt/Heinrichs, Ergbd. GModSchuldR, § 280, Rn 13
742 Faust in Huber/Faust, SchuldRMod, 3.Kap., Rn 84; Palandt/Heinrichs, Ergbd. GModSchuldR, § 286, Rn 43, 45
743 siehe BT-Drucks. 14/6040, S.138
744 siehe BT-Drucks. 14/6040, S.137
745 siehe zu den Voraussetzungen des § 281 I BGB im Einzelnen: Faust in Huber/Faust, SchuldRMod, 3.Kap, Rn 125ff.

als die Leistung ausgeblieben ist. Insofern wird der Leistungsanspruch in einen Schadensersatzanspruch umgewandelt.[746] Der Schüler hat ein Wahlrecht, ob er Erfüllung, also die Primärleistung oder Schadensersatz statt der Leistung verlangen möchte.[747] Um Schadensersatz statt der ganzen Leistung verlangen zu können, muss als zusätzliche Voraussetzung die Pflichtverletzung des Schulträgers gem. § 281 I/3 BGB nicht nur unerheblich sein. Dies ist im Wege einer umfassenden Interessenabwägung festzustellen. Nur dann kann als Schaden der große Schadensersatz geltend gemacht werden.[748] Der Schulträger ist jedoch in diesem Fall berechtigt, für schon geleisteten Unterricht gem. §§ 281 V, 346-348 BGB Wertersatz zu verlangen.

Hat der Schulträger nur eine Teilleistung nicht bewirkt, etwa bei teilweisem Unterrichtsausfall, so können der Schüler bzw. die Eltern Schadensersatz statt der ganzen Leistung gem. § 281 I/2 BGB nur verlangen, wenn sie an der Teilleistung kein Interesse mehr haben. Sie müssen als Gläubiger ihr mangelndes Interesse darlegen und beweisen.[749] Der Schüler wird aber grundsätzlich ein Interesse an der Erbringung der weiteren Unterrichtsleistungen haben, solange ausgefallener Unterricht in zumutbarer Weise noch nachgeholt werden kann. Er will an der allgemein bildenden Ersatzschule i.d.R. seine Schulpflicht erfüllen und sich auf die Prüfungen vorbereiten. Soweit dies bei ausgefallenem aber noch nachholbarem Unterricht möglich ist, ist ein Interesse an der weiteren Erfüllung des Vertrages zu bejahen. Der Schadensersatzanspruch wegen Pflichtverletzung aus § 280 I BGB ist dann dem Schadensersatzanspruch statt der Leistung gem. §§ 281, 280 I, III BGB vorzuziehen, da bei Geltendmachung des letzteren ansonsten gem. § 281 IV BGB der Anspruch auf die Leistung ausgeschlossen wäre. D.h., der Schüler hätte keinen Anspruch auf die Nachholung des Unterrichts. Dies soll im Normalfall vermieden werden. Anstelle des Anspruches aus §§ 281, 280 I, III BGB kann durch den Schüler bzw. die Eltern auch der Anspruch auf Aufwendungsersatz gem. § 284 BGB geltend gemacht werden.

Weiterhin können der Schüler bzw. die Eltern bei Nichtleistung des Schulträgers, insoweit sie mit dem Schulgeld nicht vorleistungspflichtig sind, gem. § 320 I/1 BGB die Einrede des nicht erfüllten Vertrages erheben und die Schulgeldzahlung verweigern. Fällt der Unterricht nur in sehr geringfügigem Umfang aus, muss § 320 II BGB beachtet werden. Beim vereinzelten Ausfall von Schulstunden, die höchstwahrscheinlich auch nachgeholt werden können, verstieße es gegen Treu und Glauben, die Gegenleistung zu verweigern. Ist der Schüler vorleistungspflichtig, so kann er wegen der Besonderheiten des Dauerschuldver-

---

[746] Palandt/Heinrichs, Ergbd. GModSchuldR, Vorb v §§ 281-284, Rn 3, § 281, Rn 3

[747] Faust in Huber/Faust, SchuldRMod, 3.Kap., Rn 154; siehe auch § 281 IV BGB

[748] Palandt/Heinrichs, Ergbd. GModSchuldR, § 281, Rn 48

[749] Faust in Huber/Faust, SchuldRMod, 3.Kap., Rn 158

hältnisses bei nicht nur unerheblichem Unterrichtsausfall die Schulgeldzahlung gem. § 320 I BGB für die nächste Leistungsperiode verweigern.
Außerdem steht dem Schüler bzw. seinen Eltern bei der Verzögerung der Erbringung der Unterrichtsleistungen gem. § 323 I BGB das Recht zum Rücktritt vom Schulvertrag zu. Als Voraussetzung hierfür muss dem Schulträger eine angemessene Frist zur Leistung oder Nacherfüllung bestimmt worden sein.[750] Die Fristsetzung ist in den Fällen des § 323 II BGB entbehrlich. Falls der Schulträger schon Unterrichtsleistungen erbracht hat, kann der Schüler gem. § 323 V/1 BGB vom ganzen Vertrag nur zurücktreten, wenn er an der restlichen Teilleistung kein Interesse mehr hat. Der Schüler wird aber grundsätzlich ein Interesse daran haben, dass die Erteilung des restlichen Unterrichts erfolgt, erst recht, wenn ausgefallener Unterricht noch nachgeholt werden kann. Die Rechtsfolgen des Rücktritts bestimmen sich nach den §§ 346ff. BGB. Das Recht zum Rücktritt kann gem. § 325 BGB neben dem Anspruch auf Schadensersatz geltend gemacht werden.

γ) Die Rechtsfolgen bei sonstigen Pflichtverletzungen des Schulträgers

Bei allen anderen sonstigen Pflichtverletzungen des Schulträgers, so z.B. bei Schlechtleistungen, können der Schüler bzw. seine Eltern ebenfalls den Schadensersatzanspruch gem. § 280 I BGB geltend machen. Schadensersatz statt der Leistung kann gem. §§ 281 I, 280 I, III BGB oder bei der Verletzung von Schutzpflichten i.S.v. § 241 II BGB gem. §§ 282, 280 I, III BGB verlangt werden. Im letzteren Fall nur, wenn die Leistung durch den Schulträger dem Schüler nicht mehr zumutbar ist.[751] Die Unzumutbarkeit muss gerade auf der Pflichtverletzung beruhen und ist vom Gläubiger, d.h. dem Schüler darzulegen und zu beweisen.[752] Schadenersatz statt der ganzen Leistung kann gem. § 281 I/3 BGB nur verlangt werden, wenn die Pflichtverletzung nicht nur unerheblich ist. Anstelle des Schadensersatzanspruches statt der Leistung können der Schüler bzw. seine Eltern gem. § 284 BGB Ersatz ihrer Aufwendungen vom Schulträger verlangen. Daneben steht ihnen nach § 325 BGB das Recht zum Rücktritt wegen nicht vertragsgemäß erbrachter Leistungen gem. § 323 I BGB zu. Das Recht zum Rücktritt ist jedoch bei nicht vertragsgemäßer Leistungserbringung durch den Schulträger nach § 323 V/2 BGB ausgeschlossen, wenn die Pflichtverletzung nur unerheblich ist. Die Erheblichkeit ist im Wege einer umfassenden Interessenabwägung festzustellen.[753] Wegen der Verletzung von Pflichten i.S.v. § 241 II BGB können der Schüler bzw. seine Eltern gem. § 324 BGB vom

---

[750] Eine Ablehnungsandrohung ist dabei nicht mehr erforderlich. Siehe BT-Drucks. 14/6040, S.184; Zimmer, NJW 2002, 1(5)
[751] zur Zumutbarkeit siehe BT-Drucks. 14/7052, S.185f.
[752] Faust in Huber/Faust, SchuldRMod, 3.Kap., Rn 172
[753] Palandt/Heinrichs, Ergbd. GModSchuldR, § 323, Rn 27, § 281, Rn 48

Vertrag zurücktreten, wenn ihnen ein Festhalten am Schulvertrag nicht mehr zuzumuten ist. Das Unzumutbarkeitserfordernis entspricht § 282 BGB. Auch für das Rücktrittsrecht nach § 324 BGB kommt es nicht auf ein Vertretenmüssen des Schuldners an.[754]

bb) Die §§ 626, 628 BGB als Spezialregelungen zum allgemeinen Leistungsstörungsrecht

α) Das Verhältnis des § 626 BGB zum allgemeinen Leistungsstörungsrecht

Die soeben aufgeführten Normen des allgemeinen Schuldrechts regeln das Leistungsstörungsrecht für den privatrechtlichen Schulvertrag. Für den Schulvertrag als Dauerschuldverhältnis mit Dienstvertragscharakter finden jedoch auch die §§ 626, 628 BGB Anwendung. § 626 BGB ist die Spezialregelung für die Beendigung von Dauerschuldverhältnissen mit Dienstvertragscharakter. Er geht dem gesetzlichen Rücktrittsrecht des allgemeinen Leistungsstörungsrechts als speziellere Norm vor.[755] § 626 BGB ist ebenfalls lex specialis im Verhältnis zur allgemeinen Regelung des § 314 BGB für die außerordentliche Kündigung von Dauerschuldverhältnissen.[756]

Voraussetzung für die außerordentliche Kündigung nach § 626 BGB ist ein wichtiger Grund, d.h. Tatsachen auf Grund derer dem Kündigenden unter Berücksichtigung aller Umstände des Einzelfalles und unter Abwägung der Interessen beider Vertragsteile die Fortsetzung des Dienstverhältnisses bis zur vereinbarten Beendigung oder bis zum Ablauf einer Kündigungsfrist nicht mehr zumutbar ist.[757] In der Regel hat der Kündigung dabei eine Abmahnung vorauszugehen, die jedoch entbehrlich ist, wenn ein Erfolg nicht zu erwarten oder das Vertrauensverhältnis so nachhaltig gestört ist, dass eine sofortige Beendigung des Vertrags gerechtfertigt erscheint.[758] Zu beachten ist die zweiwöchige Kündigungserklärungsfrist gem. § 626 II BGB. Liegen diese Voraussetzungen vor, können der Schüler bzw. die Eltern den Schulvertrag gem. § 626 BGB außeror-

[754] Huber in Huber/Faust, SchuldRMod, 5.Kap., Rn 46

[755] Huber in Huber/Faust, SchuldRMod, 5.Kap., Rn 43; Palandt/Heinrichs, Ergbd. GMod-SchuldR, § 323, Rn 4; zur alten Rechtslage im Verhältnis zu §§ 325 I/1 2.Alt., 326 I/2 2. Alt., 327 BGB a.F.: Corts in BGB-RGRK, § 626, Rn 8; Erman/ Belling, § 626, Rn 10; Palandt/Putzo, § 626, Rn 3; MK/ Schwerdtner, § 626, Rn 243; Staudinger/Preis, § 626, Rn 13; Gilles/ Heinbuch/Gounalakis, Hdb UnterrichtsR, Rn 284, 294f.; a.A.: Picker, JZ 1985, 641(650f.); Für die neue Rechtslage nach dem Gesetz zur Modernisierung des Schuldrechts hat sich daran nichts geändert. § 626 BGB selbst blieb unverändert. Das Recht zur außerordentlichen Kündigung geht nach wie vor den gesetzlichen Rücktrittsrechten vor. So ausdrücklich auch BT-Drucks. 14/6040, S.177 für das Verhältnis des § 314 BGB zu § 323 BGB.

[756] Siehe BT-Drucks. 14/6040, S.177; v. Hase, NJW 2002, 2278

[757] dazu näher unten Teil D), II.), 6.), b)

[758] BT-Drucks. 14/6040, S.177

dentlich kündigen. Der Rücktritt gem. §§ 323f., 326 V BGB ist ausgeschlossen. Möglich bleibt es aber, den Schulvertrag durch Aufhebungsvertrag oder evtl. durch ordentliche Kündigung zu beenden.[759] Wurde der Schulvertrag noch nicht vollzogen, können hingegen die allgemeinen Leistungsstörungsregeln zum gesetzlichen Rücktrittsrecht wie oben beschrieben Anwendung finden.[760]

β) Die Voraussetzungen und Rechtsfolgen der Schadensersatzregelung des § 628 II BGB

Das Recht zur außerordentlichen Kündigung schließt die Berechtigung, Schadensersatz wegen Pflichtverletzung zu verlangen, nicht aus.[761] Für Dauerschuldverhältnisse mit Dienstvertragscharakter existiert jedoch die Spezialnorm des § 628 II BGB. § 628 II BGB geht Schadensersatzansprüchen nach dem allgemeinen Leistungsstörungsrecht vor.[762] Voraussetzung für die Anwendbarkeit des § 628 II BGB ist jedoch, die Ausübung eines außerordentlichen Kündigungsrechts.[763] D.h., der Schulvertrag muss gem. § 626 BGB gekündigt worden sein. Nach alter Rechtslage vor Durchführung der Schuldrechtsreform wurde der § 628 II BGB als ein gesetzlich geregelter Fall der positiven Forderungsverletzung angesehen.[764] Die Regelung des § 628 II BGB sollte insoweit abschließend sein, als das sie auch außerhalb ihres Abwendungsbereichs den Rückgriff auf Ansprüche aus pFV verbat.[765] Nach neuer Rechtslage wären davon die Ansprüche aus § 280 I BGB betroffen. § 628 II BGB kam nach Ansicht dieser Meinung selbst dann zur Anwendung, wenn ein außerordentlicher Kündigungsgrund vorlag, der Schulvertrag aber z.B. durch einen Aufhebungsvertrag oder durch ordentliche Kündigung aufgelöst worden war.[766] Der Kündigungsberechtigte musste sich dafür den Anspruch aus § 628 II BGB vorbehalten.[767] Nach anderer Ansicht sollte er hingegen nur erkennbar machen, dass das vertragswidrige Verhalten des anderen Teils Anlass für die Beendigung des Dienstverhältnisses war.[768]

---

[759] Corts in BGB-RGRK, § 628, Rn 35, 37
[760] Palandt/Heinrichs, Ergbd. GModSchuldR, § 323, Rn 4
[761] so auch ausdrücklich § 314 IV BGB
[762] so zur alten Rechtslage im Verhältnis zu §§ 325 I/1 1.Alt., 326 I/2 1.Alt. BGB a.F.: Erman/Belling, § 628, Rn 18; Palandt/Putzo, § 626, Rn 3; Gilles/Heinbuch/Gounalakis, Hdb UnterrichtsR, Rn 284
[763] MK/Schwerdtner, § 628, Rn 12; Palandt/Putzo, § 626, Rn 1
[764] Corts in BGB-RGRK, § 628, Rn 21; Erman/Belling, § 628, Rn 16; Staudinger/Preis, § 628, Rn 34
[765] so BAG 11.2.1981, AP Nr.8 zu § 4 KSchG 1969; Corts in BGB-RGRK, § 628, Rn 22; Staudinger/Preis, § 628, Rn 5
[766] Corts in BGB-RGRK, § 628, Rn 35ff.; MK/Schwerdtner, § 628, Rn 12, 39f.;
[767] BAG 10.5.1971 AP Nr.6 zu § 628 BGB; MK/Schwerdtner, § 628, Rn 39
[768] Corts in BGB-RGRK, § 628, Rn 36

Diese Ansichten überdehnen jedoch den Anwendungsbereich des § 628 II BGB. Nur nach der Ausübung eines außerordentlichen Kündigungsrechts kommt § 628 II BGB als Anspruchsgrundlage zur Anwendung. Liegen hingegen die Voraussetzungen des § 626 BGB nicht vor, etwa bei Schlechtleistungen oder Nebenpflichtverletzungen mit geringfügigen Auswirkungen, oder erfolgte keine außerordentliche Kündigung, kann auch die Schadensersatzregelung des § 628 II BGB nicht angewendet werden. Dafür spricht der Wortlaut des § 628 BGB, sowie die systematische Stellung der Norm hinter den §§ 626, 627 BGB. So können Unklarheiten hinsichtlich der anwendbaren Schadensersatznorm vermieden werden. Andernfalls müsste regelmäßig eine Inzidentprüfung erfolgen, deren Ziel es wäre, festzustellen, ob u.U. die Voraussetzungen eines außerordentlichen Kündigungsrechts vorliegen. Dies würde dann nach der Ansicht der oben dargestellten Meinung zur Anwendung des § 628 BGB führen. Der Wille der Parteien, die den Vertrag anderweitig aufgelöst haben, bliebe dabei unberücksichtigt. § 280 I BGB als nun ebenfalls gesetzlich geregelter Fall der pFV[769] vermag Fälle, in denen nicht außerordentlich gekündigt worden ist, jedoch hinreichend zu lösen.

Die Schadensersatzregelungen des allgemeinen Leistungsstörungsrechts, insbesondere § 280 BGB als generelle Anspruchsgrundlage, werden somit durch § 628 BGB nicht verdrängt, wenn der Schulvertrag nicht durch eine außerordentliche Kündigung beendet worden ist.

Voraussetzung für einen Anspruch aus § 628 II BGB ist, dass der Schulträger durch sein vertragswidriges Verhalten die außerordentliche Kündigung des Schülers bzw. der Eltern veranlasst hat. Vertragswidriges Verhalten können dabei alle Pflichtverletzungen des Schulträgers i.S.v. § 280 BGB sein, die zur Kündigung nach § 626 BGB berechtigen. § 628 II BGB setzt Auflösungsverschulden des Schulträgers gem. §§ 276, 278 BGB voraus.[770] Dieses schuldhafte Verhalten muss das Gewicht eines wichtigen Grundes i.S.v. § 626 BGB aufweisen.[771]

Die schuldhafte Vertragsverletzung muss weiterhin für die Auflösung des Vertragsverhältnisses kausal gewesen und durch die Vertragsverletzung des anderen Teils dem Vertragspartner ein Schaden entstanden sein.[772] Der Schadensersatz bestimmt sich gem. §§ 249ff. BGB und ist auf das Erfüllungsinteresse gerichtet.[773]

---

[769] Palandt/Heinrichs, Ergbd. GModSchuldR, § 280, Rn 5

[770] Corts in BGB-RGRK, § 628, Rn 31; Palandt/Putzo, § 628, Rn 6; Staudinger/Preis, § 628, Rn 38

[771] BAG 11.2.1981, AP Nr.8 zu § 4 KSchG 1969; BAG BB 1990, 425

[772] Corts in BGB-RGRK, § 628, Rn 41; MK/Schwerdtner, § 628, Rn 42; Staudinger/Preis, § 628, Rn 43

[773] BGH NJW 1993, 1386; BAG NZA 1997, 647(649); MK/Schwerdtner, § 628, Rn 42f.; Palandt/Putzo, § 628, Rn 7f.; Staudinger/Preis, § 628, Rn 45

cc) Die Rechtsfolgen der mangelhaften Vorbereitung des Schülers auf die Externenprüfung durch den Schulträger

Der Schulträger einer genehmigten Ersatzschule kann zwar selbst keine Aufgaben des Berechtigungswesens durchführen, da ihm hierfür die Anerkennung fehlt. Ihm obliegt aber die Hauptleistungspflicht, die Schüler ordnungsgemäß auf die staatlichen Prüfungen vorzubereiten und sie mit den Prüfungsanforderungen vertraut zu machen.[774] Erfüllt die Ersatzschule diese ihr obliegende Aufgabe nicht oder nur schlecht, z.B. indem das Unterrichtsniveau dem Niveau einer hinter öffentlichen Schulen nicht zurückstehenden Schulausbildung gerade nicht gerecht wird oder Prüfungsanforderungen nicht vermittelt werden, so kann der Schüler den Schulvertrag gem. § 626 BGB außerordentlich kündigen. Die schlechte oder nicht erfolgte Vorbereitung des Schülers auf die Prüfungen durch die Privatschule ist ein wichtiger Grund i.S.v. § 626 BGB, aufgrund dessen dem Schüler die Fortsetzung des Schulvertrages nicht mehr zumutbar ist. Ein gem. § 323 BGB bestehendes Rücktrittsrecht wird durch das Recht zur außerordentlichen Kündigung gem. § 626 BGB als lex specialis verdrängt.
Der Schüler kann gem. § 628 II BGB vom Schulträger Schadensersatz für den durch die Beendigung des Schulvertrages entstandenen Schaden verlangen. Er ist so zu stellen, als ob der Schulträger den Schulvertrag ordnungsgemäß erfüllt hätte. Die Beweislast für die Voraussetzungen des außerordentlichen Kündigungsrechts und des Schadensersatzanspruches trägt allerdings der Kündigende. Nach erfolgter Kündigung hat der Schulträger das Recht, gem. § 628 I/1 BGB einen seinen bisherigen erbrachten Leistungen entsprechenden Teil des Schulgeldes zu fordern. Da er durch die mangelhafte Vorbereitung auf die Prüfung die Kündigung des Schülers schuldhaft und vertragswidrig veranlasst hat, steht ihm ein Anspruch auf die Vergütung gem. § 628 I/2 BGB nicht zu, wenn seine bisherigen Leistungen infolge der Kündigung für den Schüler kein Interesse haben. Wurde Unterricht während der Vertragsdauer des Schulvertrages ordnungsgemäß erbracht, so ist dieser für den Schüler aber von Interesse. Die Beweislast für das vertragswidrige Verhalten des Dienstverpflichteten und den Entfall des Interesses an den bisherigen Leistungen hat der Dienstberechtigte,[775] d.h. der Schüler.
Kündigt der Schüler hingegen den Schulvertrag nicht, richten sich seine Ansprüche wegen Pflichtverletzung nach dem oben beschriebenen allgemeinen Leistungsstörungsrecht. Schadensersatz kann der Schüler dann insbesondere gem. § 280 I BGB geltend machen und Ersatz des ihm durch die mangelhafte Prüfungsvorbereitung entstandenen Schadens verlangen.

---

[774] siehe oben Teil D), II.), 4.), a), aa)
[775] BGH NJW 1982, 437

b) Die Rechte des Schulträgers bei Leistungsstörungen

aa) Die Rechte des Schulträgers bei Unmöglichkeit der Leistungserbringung

Für die Rechte des Schulträgers bei Leistungsstörungen ist zunächst der Fall zu betrachten, dass die Erbringung der Unterrichtsleistung gem. § 275 BGB ausgeschlossen wird. Dann verliert der Schulträger gem. § 326 I/1 BGB den Anspruch auf das Schulgeld als Gegenleistung. Bei teilweisem Ausschluss der Leistungspflicht wird der Schulgeldanspruch gem. §§ 326 I/1 2.HS, 441 III BGB gemindert. Ist jedoch der Schüler, d.h. der Gläubiger, für die Unmöglichkeit allein oder weit überwiegend verantwortlich, so behält der Schulträger gem. § 326 II/1 1.Var. BGB[776] den Anspruch auf das Schulgeld. Verantwortlich sein bedeutet dabei das Vertretenmüssen des Gläubigers. Hierfür sind die §§ 276, 278 BGB, die ausdrücklich nur das Vertretenmüssen des Schuldners regeln, entsprechend anzuwenden.[777] Als weit überwiegend ist das Vertretenmüssen des Gläubigers anzusehen, wenn § 254 BGB im Falle eines Schadensersatzverlangens des Gläubigers den Anspruch des Gläubigers ausschließen würde.[778]

bb) Die Rechte des Schulträgers bei Nichtzahlung des Schulgeldes durch den Schüler

Hauptleistungspflicht des Schülers bzw. der Eltern ist die Zahlung des Schulgeldes. Diese Schuld kann auch nach dem Wegfall der Regelung des § 279 BGB a.F. nicht unmöglich werden, da Geldmangel den Schuldner nicht entlastet, die Geldleistung ist vielmehr immer möglich.[779] Eintreten kann jedoch eine Verzögerung der Schulgeldzahlung. Wegen einer derartigen Pflichtverletzung kann der Schulträger unter den Voraussetzungen des § 280 I BGB Schadensersatz vom Schüler bzw. von den Eltern verlangen. Um außerdem einen Verzögerungsschaden gem. § 280 II BGB bzw. Verzugszinsen gem. § 288 I BGB geltend machen zu können, müssen zusätzlich die Voraussetzungen des § 286 BGB erfüllt sein. Der Schüler bzw. die Eltern kommen danach gem. § 286 I BGB mit der Schulgeldzahlung in Verzug, wenn sie die Vergütung trotz Fälligkeit und Mahnung des Schulträgers nicht erbringen. Regelmäßig wird die Zahlung des Schulgeldes nach dem Kalender bestimmt sein, so dass es einer Mah-

[776] § 326 II BGB entspricht im wesentlichen § 324 BGB a.F.; siehe BT-Drucks. 14/6040, S.189; Zimmer, NJW 2002, 1(4)
[777] Palandt/Heinrichs, § 324, Rn 4
[778] siehe BT-Drucks. 14/6040, S.187
[779] siehe BT-Drucks. 14/6040, S.132; BT-Drucks. 14/7052, S.184; ; Medicus, SchuldR AT, Rn 352; zur alten Rechtslage: BGHZ 63, 132(139); BGH NJW 1989, 1276(1278); Palandt/Heinrichs, Einl v § 241, Rn 49, § 279, Rn 4

nung des Schulträgers gem. § 286 II Nr.1 BGB nicht bedarf. Da es sich bei der Schulgeldzahlung um eine Entgeltforderung handelt, findet § 286 III BGB Anwendung. Der Schüler bzw. seine Eltern kommen danach spätestens in Verzug, wenn sie nicht innerhalb von 30 Tagen nach Fälligkeit und Zugang einer Rechnung oder gleichwertigen Zahlungsaufstellung das Schulgeld leisten. Der Schüler und seine Eltern sind Verbraucher gem. § 13 BGB,[780] so dass dies ihnen gegenüber gem. § 286 III/1 2.HS BGB nur gilt, wenn sie auf diese Folgen in der Rechnung oder in der Zahlungsaufstellung besonders hingewiesen worden sind. Der Schüler bzw. die Eltern müssen gem. § 286 IV BGB darlegen und beweisen, dass sie den Verzug nicht zu vertreten haben.[781] Das Verschulden eines mit der Zahlung beauftragten Kreditinstitutes müssen sie sich gem. § 278 BGB wie eigenes Verschulden zurechnen lassen.

Als Rechtsfolge des Verzuges kann der Schulträger neben dem Schadensersatz wegen Pflichtverletzung nach § 280 I BGB zusätzlich gem. §§ 280 I, II, 286 BGB den Ersatz seines Verzögerungsschadens sowie Verzugszinsen gem. § 288 I BGB verlangen.

Der Schadensersatzanspruch statt der ganzen Leistung gem. §§ 281 I/1, 280 I, III BGB ist bei Ansprüchen auf Leistung von Geld unanwendbar, denn es macht keinen Sinn, den Primärleistungsanspruch auf Leistung von Geld in einen Schadensersatzanspruch auf Leistung von Geld umzuwandeln.[782] Etwaige Folgeschäden bei verzögerter Zahlung werden bereits durch §§ 280 II, 286 BGB vollständig erfasst.[783]

Neben dem Recht Schadenersatz zu verlangen, hat der Schulträger gem. §§ 323 I, 325 BGB das Recht, vom Vertrag zurückzutreten, wenn das Schulgeld nach Fälligkeit nicht erbracht wird. Dem Schüler bzw. den Eltern muss zuvor erfolglos eine angemessene Frist zur Nacherfüllung vom Schulträger gesetzt worden sein. Die Frist kann nach § 323 II BGB entbehrlich sein. Bei bereits erbrachten Teilleistungen des Schulgeldes kann der Schulträger gem. § 323 V/1 BGB nur zurücktreten, wenn er an der ausstehenden Teilleistung kein Interesse mehr hat. Erfolgt die Schulgeldzahlung in Raten und handelt es sich dabei um ein Teilzahlungsgeschäft i.S.d. §§ 499, 501 BGB[784] so kann der Rücktritt nur unter den Voraussetzungen der §§ 503 II, 498 I BGB erfolgen.

Außerdem kann der Schulträger bei nicht erfolgter Zahlung des Schulgeldes, insoweit er nicht vorleistungspflichtig ist, die Einrede des nichterfüllten Vertrages gem. § 320 BGB geltend machen.

---

[780] siehe oben Teil D), II.), 4.), a), bb), δ)

[781] Palandt/Heinrichs, Ergbd. GModSchuldR, § 286, Rn 39

[782] Palandt/Heinrichs, Ergbd. GModSchuldR, § 281, Rn 5

[783] Palandt/Heinrichs, Ergbd. GModSchuldR, § 281, Rn 5

[784] siehe oben Teil D), II.), 4.), a), bb), δ)

cc) Die Rechte des Schulträgers im Annahmeverzug des Schülers

Nimmt ein Schüler als Gläubiger eine ihm angebotene Unterrichtsleistung nicht an, so gerät er gem. § 293 BGB in Annahmeverzug. Als Voraussetzung hierfür muss der Schulträger leisten dürfen und die Unterrichtserteilung dem Schüler grundsätzlich gem. §§ 294f. BGB angeboten haben. Ist jedoch für die vom Gläubiger vorzunehmende Handlung eine Zeit nach dem Kalender bestimmt, so bedarf es gem. § 296 S.1 BGB eines Angebots nur, wenn der Gläubiger die Handlung rechtzeitig vornimmt. Als eine vom Gläubiger vorzunehmende Handlung gilt auch das Erscheinen zu vereinbarten Terminen. Eine Terminvereinbarung ist eine kalendermäßige Bestimmung i.S.v. § 296 S.1 BGB.[785] Vereinbarter Termin ist beim Schulvertrag der festgelegte Stundenplan. Erscheint der Schüler zum Unterricht nicht, bedarf es gem. § 296 S.1 BGB keines Angebots für die Herbeiführung des Annahmeverzugs. Als weitere Voraussetzung des Annahmeverzuges muss der Schulträger Leistungswille und gem. § 297 BGB Leistungsvermögen aufweisen. Annahmeverzug tritt ein, wenn der Schüler oder seine Eltern die Unterrichtserteilung gem. § 293 BGB nicht annehmen oder gem. § 298 BGB die Gegenleistung, das Schulgeld, nicht erbringen wollen. Ein Vertretenmüssen des Schülers bzw. der Eltern ist dafür nicht erforderlich. Als Rechtsfolge des Annahmeverzuges des Schülers kann der Schulträger gem. § 615 S.1 BGB die vereinbarte Vergütung verlangen, ohne zur Nachleistung des Unterrichts verpflichtet zu sein. Er muss sich aber den Betrag anrechnen lassen, den er infolge des Unterbleibens der Unterrichtsleistung erspart oder durch anderweitige Verwendung seiner Dienste erwirbt oder zu erwerben böswillig unterlässt. Da der Schulunterricht regelmäßig im Klassenverband stattfindet, auch dann, wenn einzelne Schüler fehlen, wird der Schulträger kaum etwas im Falle des Annahmeverzuges einsparen. Eine Einsparung könnte lediglich im Fall nicht benötigter Unterrichtsmaterialien erfolgen. Eine besondere Härte kann für den Schüler eintreten, wenn er aufgrund einer Krankheit in Annahmeverzug gerät. Er ist dann gem. § 615 S.1 BGB trotzdem zur Schulgeldzahlung verpflichtet, hat aber keinen Anspruch auf Nachholung des Unterrichts. § 615 BGB ist jedoch individualvertraglich abdingbar.[786] Regelmäßig kann deshalb zwischen den Schulvertragsparteien vereinbart werden, dass im Fall der krankheitsbedingten Nichtteilnahme am Unterricht dem Schüler eine besondere pädagogische Betreuung bis hin zum Nachhilfeunterricht ohne zusätzliche Vergütung zu Teil wird. Während des Annahmeverzuges des Schülers hat der Schulträger gem. § 300 I BGB nur Vorsatz und grobe Fahrlässigkeit zu vertreten.
Wird die Erbringung der Unterrichtsleistung nach § 275 BGB ausgeschlossen, hat der Schulträger dies nicht zu vertreten und befindet sich der Schüler im An-

[785] AG Bremen NJW-RR 1996, 818(819)
[786] Palandt/Putzo, § 615, Rn 5

nahmeverzug, so behält der Schulträger gem. § 326 II/1 2.Var. BGB[787] den Anspruch auf die Gegenleistung. Er muss sich evtl. Einsparungen aber gem. § 326 II/2 BGB wieder anrechnen lassen. § 326 II BGB ist ebenfalls individualvertraglich abdingbar.[788]

dd) Die Rechte des Schulträgers bei anderen Pflichtverletzungen des Schülers

Bei allen anderen Pflichtverletzungen des Schülers bzw. der Eltern kann der Schulträger den Schadensersatzanspruch wegen Pflichtverletzung gem. § 280 I BGB geltend machen. Schadensersatz statt der Leistung kann er nur unter den Voraussetzungen des §§ 281, 280 I, III BGB ersetzt verlangen, bei Verletzung von Schutzpflichten i.S.v. § 241 II BGB gem. §§ 282, 280 I, III BGB. Ein Rücktrittsrecht steht dem Schulträger unter den Voraussetzungen des § 323 BGB zu, bei Schutzpflichtverletzungen gem. § 324 BGB. Das Rücktrittsrecht kann gem. § 325 BGB neben dem Anspruch auf Schadensersatz geltend gemacht werden.

ee) Die §§ 626, 628 BGB als Spezialregelungen zum allgemeinen Leistungsstörungsrecht

Aber auch für die Ansprüche des Schulträgers bei Leistungsstörungen sind die Spezialregelungen der §§ 626, 628 BGB zu beachten. Bei der Beendigung von Dauerschuldverhältnissen mit Dienstvertragscharakter geht § 626 BGB dem gesetzlichen Rücktrittsrecht nach §§ 323f. BGB vor, es sei denn der Vertrag wurde noch nicht vollzogen. Erfolgte eine außerordentliche Kündigung sind Schadensersatzansprüche des Schulträgers auf § 628 II BGB als Anspruchsgrundlage zu stützen. So kann eine private Internatsschule, die den Internatsschulvertrag wegen grober Verstöße des Schülers gegen die Schul- und Internatsordnung fristlos gekündigt hat, von dem anderen Vertragsteil Ersatz des ihr durch die vorzeitige Aufhebung des Dienstverhältnisses entstehenden Schadens gem. § 628 II BGB verlangen.[789] Die §§ 626, 628 BGB verdrängen damit in ihrem Anwendungsbereich die Normen des allgemeinen Leistungsstörungsrechts.[790] Es kann auf das oben für Ansprüche des Schülers gegen den Schulträger Gesagte verwiesen werden.

---

787 entspricht § 324 II BGB a.F.; siehe BT-Drucks. 14/6040, S.189
788 so zur alten Rechtslage: Palandt/Heinrichs, § 324, Rn 2
789 BGH NJW 1984, 2093
790 siehe dazu oben Teil D), II.), 5.), a), bb)

6.) Die Beendigung des Schulvertrages

Nach der Darstellung der Leistungsstörungsrechte der Schulvertragsparteien, bleibt noch die Frage zu klären, wie der Schulvertrag beendet werden kann. Auf das gesetzliche Rücktrittsrecht des allgemeinen Leistungsstörungsrechts ist dabei soeben schon eingegangen worden. Das außerordentliche Kündigungsrecht des § 626 BGB verdrängt grundsätzlich dieses Rücktrittsrecht. Das außerordentliche Kündigungsrecht des § 626 BGB soll in diesem Abschnitt näher betrachtet werden. Zudem ist die Frage zu stellen, inwieweit § 627 BGB auf den Schulvertrag Anwendung finden kann.

a) Allgemeine Bestimmungen zur Beendigung des Schulvertrages

Zunächst bleibt aber festzuhalten, dass der Schulvertrag unproblematisch durch einen Auflösungsvertrag gem. § 311 I BGB[791] beendet werden kann. Dies wird regelmäßig konkludent nach dem Erreichen des Schulabschlusses der Fall sein. Falls der Schulvertrag befristet geschlossen wurde, endet er gem. § 620 I BGB mit Ablauf der Zeit, für die das Schuldverhältnis eingegangen wurde. Bei einem unbefristetem Schulvertrag endet das Vertragsverhältnis mit der ordentlichen Kündigung gem. §§ 620, 621 BGB, wobei häufig mit dem Erreichen des Bildungsziels (erreichter Abschluss) auf eine besondere Kündigung verzichtet wird.[792] Da die Kündigungsfrist des § 621 BGB sehr kurz ist, wird häufig eine längere Kündigungsfrist zwischen den Vertragsparteien vereinbart, z.B. zum Ende des Schuljahres.[793] Erfolgt die Vereinbarung der Kündigungsfrist durch AGB des Schulträgers ist § 309 Nr.9c) BGB zu beachten. Danach darf durch AGB keine längere Kündigungsfrist als drei Monate vor Ablauf der zunächst vorgesehenen oder stillschweigend verlängerten Vertragsdauer zu Lasten des Schülers bzw. der Eltern festgelegt werden. Die durch AGB bestimmte Vertragsdauer ist an § 309 Nr.9a) BGB bzw. an § 307 BGB zu messen.[794] Die Kündigung ist eine einseitige empfangsbedürftige Willenserklärung. Eine Vereinbarung in AGB des Schulträgers, durch die der kündigende Schüler zur Zahlung einer Abstandssumme oder sonstiger Gebühren bei Kündigung verpflichtet wird, verstößt gegen § 309 Nr.6 BGB,[795] da es sich dabei um eine Vertragsstrafe für den Fall handelt, dass der andere Vertragsteil sich von dem Vertrag löst.[796]

---

[791] entspricht wortwörtlich § 305 BGB a.F.; siehe BT-Drucks. 14/6040, S.161; Palandt/Heinrichs, Ergbd. GModSchuldR, § 311, Rn 1
[792] Vogel, Recht der Schulen in fr. Trägerschaft, S.213
[793] Vogel, Recht der Schulen in fr. Trägerschaft, S.213
[794] dazu oben Teil D), II.), 4.), c)
[795] entspricht wortwörtlich § 11 Nr.6 AGBG a.F.; siehe BT-Drucks. 14/6040, S.155
[796] AG Göppingen NJW 1979, 273; Wienands, Der private Unterrichtsvertrag, S.171f.

b) Die Beendigung des Schulvertrages durch außerordentliche Kündigung gem. § 626 BGB

Sowohl bei befristetem als auch bei unbefristetem Schulvertrag ist die außerordentliche Kündigung gem. § 626 BGB möglich. § 626 BGB ist für Verträge mit Dienstvertragscharakter lex specialis im Verhältnis zu § 314 BGB.[797] Das Recht zur außerordentlichen Kündigung gibt beiden Vertragsparteien die Möglichkeit, bei Vorliegen eines wichtigen Grundes sich vom Dauerschuldverhältnis zu lösen. Als Ausnahme zum Vertragstreueprinzip ist § 626 BGB grundsätzlich eng auszulegen. Das Kündigungsrecht nach § 626 BGB ist Ausdruck des Freiheitsrechts der Vertragsparteien, bei extremen Belastungen den Vertrag zu beenden. Es kann deshalb individualvertraglich nicht abbedungen werden.[798] Eine Abbedingung durch AGB verstößt gegen § 307 I, II Nr.1 BGB.[799] Die außerordentliche Kündigung kann nur aus wichtigem Grund erfolgen, d.h. wenn Tatsachen vorliegen, auf Grund derer dem Kündigenden unter Berücksichtigung aller Umstände des Einzelfalles und unter Abwägung der Interessen beider Vertragsteile die Fortsetzung des Dienstverhältnisses bis zum Ablauf der Kündigungsfrist oder bis zur vereinbarten Beendigung des Dienstverhältnisses nicht zugemutet werden kann. Das Vorliegen dieser Voraussetzung muss im Einzelfall festgestellt werden. Kündigungsgrund kann dabei insbesondere die schwerwiegende Verletzung von Vertragspflichten durch den anderen Vertragspartner sein. Auf ein Vertretenmüssen des anderen Teils kommt es dabei für die Kündigung nicht an; es ist aber bei der Interessenabwägung zu berücksichtigen.[800] Die außerordentliche Kündigung ist jedoch dann ausgeschlossen, wenn sie auf Gründen beruht, deren Eintritt nach dem Vertragsinhalt typischerweise im Rahmen des von dem Kündigenden vertraglich übernommenen Risikos liegt.[801] In der Regel hat der Kündigung eine Abmahnung vorauszugehen. Diese ist jedoch entbehrlich ist, wenn ein Erfolg nicht zu erwarten oder das Vertrauensverhältnis so nachhaltig gestört ist, dass eine sofortige Beendigung des Vertrags gerechtfertigt erscheint.[802] Zu beachten ist die zweiwöchige Kündigungserklärungsfrist gem. § 626 II BGB, die nicht nur bei Arbeitsverträgen, sondern auch bei Dienstvertragsverhältnissen einzuhalten ist.[803] Die Frist beginnt, sobald der

[797] siehe BT-Drucks. 14/6040, S.177; v. Hase, NJW 2002, 2278

[798] Palandt/Putzo, § 626, Rn 2; Staudinger/Preis, § 626, Rn 38

[799] BGH NJW 1986, 3134f.; NJW 1991, 1827(1828); Wolf in Wolf/Horn/Lindacher, AGBG, § 9, Rn U6, § 11 Nr.12, Rn 19f.; Die Entscheidung und die Kommentierung beziehen sich noch auf § 9 I, II Nr.1 AGBG a.F., der § 307 I, II Nr.1 BGB aber entspricht.; siehe BT-Drucks. 14/6040, S.153; Palandt/Heinrichs, Ergbd. GModSchuldR, § 307, Rn 1

[800] BGH NJW 1984, 2091(2092); Palandt/Putzo, § 626, Rn 41

[801] BGHZ 24, 91(95); BGH NJW 1984, 2091(2092)

[802] BT-Drucks. 14/6040, S.177

[803] BGH NZA 1999, 320; Staudinger/Preis, § 626, Rn 272

Kündigungsberechtigte eine zuverlässige und möglichst vollständige Kenntnis von den kündigungsrelevanten Tatsachen erlangt hat, die ihm die Entscheidung ermöglichen, ob die Fortsetzung des Vertragsverhältnisses zumutbar ist oder nicht.[804] Nach Ablauf der Frist ist die Kündigung aus wichtigem Grund wegen der Tatsachen, die länger als zwei Wochen bekannt sind, nicht mehr möglich. Durch die außerordentliche Kündigung wird der Schulvertrag ex nunc beendet. In folgenden Fällen ist grundsätzlich von einem außerordentlichen Kündigungsrecht des Schülers bzw. der Eltern gegenüber dem Schulträger auszugehen: wegen der Nichterteilung oder Aufhebung der Genehmigung für die Ersatzschule des Schulträgers, bei wiederholtem ersatzlosem Ausfall von Unterrichtsstunden,[805] wegen eines von den gegebenen Informationen des Schulträgers abweichenden Unterrichtsniveaus, welches das Unterrichtsziel gefährdet, bzw. bei erheblichen Mängeln der Unterrichtsveranstaltung, wie z.B. ungeeignetem Lehrpersonal oder Lehrmaterial[806] und wegen der daraus folgenden mangelhaften Vorbereitung des Schülers auf die staatliche Externenprüfung durch den Schulträger.[807] Ein Recht zur Kündigung nach § 626 BGB durch den Schüler bzw. die Eltern wurde ebenfalls angenommen wegen eines Selbstmordversuches des Schülers, der nicht im Internat einer Internatsschule bleiben wollte, da der Selbstmordversuch, das von den Eltern übernommene Vertragsrisiko übersteige,[808] sowie wegen der Nichtversetzung des Schülers, obwohl dieser in Erwartung der Verbesserung seiner schulischen Leistungen auf der Internatsschule untergebracht wurde.[809] Für den Schüler einer berufsbildenden Privatschule soll schließlich ein außerordentliches Kündigungsrecht wegen der Einberufung zur Bundeswehr bestehen.[810] Dem Schulträger ist ein außerordentliches Kündigungsrecht gem. § 626 BGB zu gewähren, aufgrund schwerer Verstöße des Schülers gegen die Schulordnung, die in solchem Ausmaß stören, dass die Schule Gefahr läuft, ihren Erziehungsauftrag gegenüber den übrigen Schülern nicht mehr sachgerecht erfüllen zu können,[811] wegen der mehrfachen Verletzung der Schulordnung durch den Schüler und der Entwendung von Teilen des Fahrrads eines Mitschülers,[812] sowie aufgrund andauernden Zahlungsverzuges des Schülers bzw. der Eltern. In diesen Fällen überwiegt das Interesse des je-

---

[804] BGH NJW 1976, 797; NJW 1996, 1403f.; BAG 6.7.1972, AP Nr.3 zu § 626 BGB Ausschlussfrist

[805] Dörner, NJW 1979, 241(244); Gilles/Heinbuch/Gounalakis, Hdb UnterrichtsR, Rn 313; Vogel, Recht der Schulen in fr. Trägerschaft, S.213

[806] Wienands, Der private Unterrichtsvertrag, S.121

[807] siehe oben Teil D), II.), 5.), a), cc)

[808] BGH NJW 1984, 2091ff.

[809] OLG Hamburg NJW 1984, 2107

[810] LG Köln BB 1971, 290

[811] BGH NJW 1984, 2093(2094); Gilles/Heinbuch/Gounalakis, Hdb UnterrichtsR, Rn 201

[812] LG Wiesbaden NJW-RR 1987, 1271

weiligen Vertragspartners an einer sofortigen Auflösung des Schulvertragsverhältnisses.
Ein außerordentliches Kündigungsrecht wurde jedoch abgelehnt, für den Schüler bzw. die Eltern im Fall eines Internatsschulvertrages wegen der Internatsuntauglichkeit des Schülers. Diese liege im Rahmen des dem Schüler vertraglich zufallenden Risikos.[813] Es müsse jedoch die Möglichkeit zur ordentlichen Kündigung in angemessener Zeit bestehen.[814] Ein Recht zur außerordentlichen Kündigung des Schülers wurde ebenfalls verneint, bei der Über- bzw. Fehleinschätzung des Unterrichtsteilnehmers hinsichtlich seiner Lernbereitschaft, seiner intellektuellen Fähigkeiten und der Anziehungskraft des Lehrstoffes.[815] Ein außerordentliches Kündigungsrecht der Privatschule besteht nicht, aufgrund der Haartracht des Schülers, d.h. im konkreten Fall bei langen Haaren, die die Hemdkante berühren und die Ohren bedecken können,[816] sowie wegen einer Liebesbeziehung einer minderjährigen Schülerin zu einem Mitschüler, wobei sich beide in der Öffentlichkeit als Liebespaar zeigen.[817]

c) Die besonderen Rechtsfolgen der außerordentlichen Kündigung des Schulvertrages gem. §§ 626, 628 BGB

Folge des außerordentlichen Kündigungsrechts nach § 626 BGB ist die Beendigung des Schuldverhältnisses für die Zukunft. Weitere Rechtsfolgen sind in § 628 BGB geregelt. Gemäß § 628 I/1 BGB kann der Dienstverpflichtete, d.h. der Schulträger, nach der Kündigung einen seinen bisherigen Leistungen entsprechenden Teil der Vergütung verlangen. Kündigt er jedoch, ohne durch vertragswidriges Verhalten des anderen Teils dazu veranlasst zu sein, oder veranlasst er durch sein vertragswidriges Verhalten die Kündigung des Schülers bzw. der Eltern, so steht ihm ein Anspruch auf die Vergütung gem. § 628 I/2 BGB insoweit nicht zu, als seine bisherigen Leistungen infolge der Kündigung für den anderen Teil kein Interesse haben. Hierbei muss festgestellt werden, ob der vom Schulträger bereits erbrachte Unterricht für den Schüler von Interesse war. Davon ist auszugehen, wenn die Unterrichtsdauer nicht nur unbedeutend war und der Unterricht keine Mängel aufwies. Dann kann der Schulträger einen seiner Unterrichtserbringung entsprechenden Teil der Schulgeldvergütung vom Schüler verlangen. Erfolgt eine Regelung der Vergütung nach Vertragsauflösung durch AGB muss § 308 Nr.7 BGB[818] beachtet werden. Danach ist eine Be-

[813] BGH NJW 1985, 2585f.
[814] BGH NJW 1985, 2585(2586f.)
[815] BGHZ 90, 280(286f.)
[816] OLG Stuttgart NJW 1971, 2075
[817] OLG Karlsruhe NJW-RR 1987, 118
[818] entspricht § 10 Nr.7 AGBG a.F.; siehe BT-Drucks. 14/6040, S.154; Palandt/Heinrichs, Ergbd. GModSchuldR, § 308, Rn 1

stimmung in AGB unwirksam, die eine unangemessen hohe Vergütung bzw. einen unangemessen hohen Ersatz von Aufwendungen für den Fall vorsieht, dass eine Vertragspartei vom Vertrag zurücktritt oder diesen kündigt. § 308 Nr.7 BGB ist dabei sowohl auf die ordentliche als auch auf die außerordentliche Kündigung anwendbar. Als Prüfungsmaßstab für die Angemessenheit der Höhe der Vergütung gilt dabei jeweils dasjenige, was ohne die Klausel geschuldet sein würde.[819] Dabei ist nicht auf den Einzelfall, sondern auf die typische Sachlage bei der Beendigung von Verträgen abzustellen.[820] Im Dienstvertragsrecht ist die maßstabgebende Norm hierfür § 628 I BGB.[821] Daraus folgt, dass der Schulträger nach der Kündigung regelmäßig nur einen Anspruch auf eine seine bisherigen Leistungen entsprechende Teilvergütung hat. Eine in AGB festgelegte pauschal höhere Vergütung verstößt demnach gegen § 308 Nr.7 BGB. Haben der Schüler oder seine Eltern die Vergütung aber bereits in voraus entrichtet, so hat der Schulträger gem. § 628 I/3 BGB das Schulgeld unter Beachtung des § 347 BGB oder, wenn die Kündigung infolge eines Umstandes erfolgte, den der Schulträger nicht zu vertreten hat, nach den Vorschriften über die Herausgabe einer ungerechtfertigten Bereicherung zurückzuerstatten. Von diesem in voraus erhaltenen Schulgeld kann der Schulträger aber nach Maßgabe des § 628 I/1, 2 BGB einen seinen bisherigen Leistungen entsprechenden Teil einbehalten bzw. gegen den Rückerstattungsanspruch aufrechnen.

Gemäß § 628 II BGB kann derjenige Vertragsteil, der zur Kündigung durch vertragswidriges Verhalten des anderen Teils veranlasst wurde, Schadensersatz für den durch die Aufhebung des Schulvertrages entstandenen Schaden verlangen. Die Voraussetzungen des § 628 II BGB wurden oben bereits dargestellt.[822] Hinzuzufügen bleibt hier noch, dass § 628 II BGB durch einzelvertragliche Abrede verändert oder ganz abbedungen werden kann.[823] Eine Abbedingung durch AGB ist hingegen nicht mit § 307 I, II BGB vereinbar, da so einseitig zu Lasten des Vertragspartners ein Schadensersatzanspruch ausgeschlossen würde.[824] Wird im Rahmen des § 628 II BGB der Schadensersatz durch AGB pauschaliert, ist § 309 Nr.5 BGB[825] zu beachten.[826] Eine Schadensersatzpauschalierung ist danach unwirksam, wenn die Pauschale den in den geregelten Fällen nach

---

819 BGH NJW 1983, 1491(1492); NJW 1991, 2763

820 BGH NJW 1983, 1491(1492); NJW 1991, 2763(2764)

821 BGHZ 87, 309(319); Erman/Hefermehl/Werner, § 10 Nr.7 AGBG, Rn 2, 8; Wolf in Wolf/Horn/Lindacher, AGBG, § 10 Nr.7, Rn 18

822 siehe Teil D), II.), 5.), a), bb), β)

823 Gessert, Schadensersatz n. Kdg., S.65; Palandt/Putzo, § 628, Rn 2; Staudinger/Preis, § 628, Rn 35

824 Gessert, Schadensersatz n. Kdg., S.66 (noch zu § 9 AGBG a.F.)

825 entspricht im wesentlichen § 11 Nr.5 AGBG a.F., der Gegenbeweis muss jetzt aber ausdrücklich gestattet sein; siehe BT-Drucks. 14/6040, S.155; Graf v. Westphalen, NJW 2002, 12(20)

826 BGH NJW 1984, 2093(2094); Entscheidung erfolgte noch zu § 11 Nr.5 AGBG a.F.

dem gewöhnlichen Lauf der Dinge zu erwartenden Schaden übersteigt oder dem anderen Vertragsteil nicht ausdrücklich der Nachweis gestattet wird, dass ein Schaden überhaupt nicht oder wesentlich niedriger als die Pauschale entstanden sei.

d) Die Unanwendbarkeit des § 627 BGB für die Kündigung des Schulvertrages

Zu klären bleibt für den Schulvertrag noch die Anwendbarkeit des § 627 BGB. Nach § 627 I BGB ist die Kündigung auch ohne die für § 626 BGB notwendigen Voraussetzungen zulässig, wenn der zur Dienstleistung Verpflichtete, ohne in einem dauernden Dienstverhältnis mit festen Bezügen zu stehen, Dienste höherer Art zu leisten hat, die aufgrund besonderen Vertrauens übertragen werden. Zum Teil wurde § 627 BGB für bestimmte Unterrichtskurse als einschlägig angesehen.[827] Die Tatbestandsmerkmale des § 627 BGB erfordern aber, dass der Dienstverpflichtete Dienste höherer Art zu leisten hat, ohne in einem dauernden Dienstverhältnis mit festen Bezügen zu stehen. Bei der Unterrichtung durch Lehrer im Rahmen des Schulbetriebs handelt es sich zwar um Dienste höherer Art.[828] Ein dauerndes Dienstverhältnis mit festen Bezügen, welches die Anwendbarkeit des § 627 BGB ausschließt, ist aber nicht nur ein auf unbestimmte Zeit eingegangenes, sondern auch ein befristetes Dienstverhältnis, sofern es nur auf bestimmte längere Zeit abgeschlossen wurde.[829] Eine wirtschaftliche und soziale Abhängigkeit des Dienstverpflichteten vom Dienstberechtigten ist hierfür nicht Voraussetzung.[830] Ein dauerndes Dienstverhältnis liegt bereits vor, wenn der Dienstvertrag für die Dauer eines Jahres geschlossen wurde, es sich um eine Verpflichtung für ständige und langfristige Aufgaben handelt und beide Vertragsteile von der Möglichkeit und Zweckmäßigkeit einer Vertragsverlängerung ausgehen.[831] Der Schulvertrag wird nun gerade dadurch gekennzeichnet, dass es sich um ein Dauerschuldverhältnis handelt, dass für mehrere Jahre geschlossen wurde und bei welchem eine regelmäßige Schulgeldzahlung erfolgt. Es liegt damit ein langfristig andauerndes Dienstverhältnis mit einer bestimmten fixen Vergütung also mit festen Bezügen vor. Auf derartige Dienstverhältnisse soll § 627 BGB nach seinem Wortlaut gerade keine

---

[827] OLG Schleswig MDR 1977, 753 für Fahrschulunterricht; LG Detmold MDR 1978, 756 für Schreibmaschinenkurs

[828] Dörner, NJW 1979, 241(245); Gilles/Heinbuch/Gounalakis, Hdb UnterrichtsR, Rn 325; Wienands, Der private Unterrichtsvertrag, S.113

[829] BGHZ 120, 108(111)

[830] BGHZ 47, 303(306); 90, 280(282); OLG Karlsruhe NJW 1981, 1676(1677)

[831] BGHZ 47, 303(307); 90, 280(282); BGH NJW 1985, 2585

Anwendung finden. Das außerordentliche Kündigungsrecht nach § 627 BGB ist deshalb auf Schulverträge nicht anwendbar.[832]
Zudem erfordert § 627 I BGB, dass die Dienste aufgrund besonderem Vertrauen zu übertragen werden pflegen. Dies setzt voraus, dass eine besondere persönliche Beziehung zwischen dem Dienstberechtigten und dem Dienstverpflichteten besteht.[833] Der Unterricht erfolgt in der Regel aber durch beliebig auswechselbares Lehrpersonal des Schulträgers. Eine besondere persönliche Beziehung zwischen Schüler und Schulträger in Form eines besonderen Vertrauensverhältnisses besteht dabei im Rahmen der Unterrichtserteilung nicht.[834] Eine Anwendung des § 627 BGB kommt somit für den Schulvertrag nicht in Betracht.
Auch das Sonderkündigungsrecht nach § 5 FernUSG findet weder unmittelbar noch entsprechend auf den Schulvertrag Anwendung, da Direktunterricht durch das FernUSG gerade nicht geregelt werden sollte.[835]
Daneben bleibt die Frage nach der Möglichkeit der Beendigung des Schulvertrages aufgrund der Regeln über die Störung der Geschäftsgrundlage gem. § 313 I, III BGB. Das außerordentliche Kündigungsrecht nach § 626 BGB stellt eine Konkretisierung des Instituts der Störung bzw. des Wegfalls der Geschäftsgrundlage dar.[836] Das Recht zur Kündigung aus wichtigem Grund geht daher den Regeln über den Wegfall oder das Fehlen der Geschäftsgrundlage vor.[837] Sollten die Voraussetzungen des § 626 BGB nicht vorliegen, ist zudem bei der Störung der Geschäftsgrundlage gem. § 313 I BGB primär eine Anpassung des Vertrages vorzunehmen. Nur wenn diese nicht möglich oder einem Vertragsteil nicht zumutbar ist, kann gem. § 313 III BGB der benachteiligte Teil den Vertrag kündigen.

7.) Der Rechtsweg bei Streitigkeiten zwischen dem Schulträger und dem Schüler

Wie in diesem Abschnitt festgestellt werden konnte, ist das Rechtsverhältnis zwischen dem Schulträger der genehmigten Ersatzschule und dessen Schülern bzw. deren Eltern rein privatrechtlich ausgestaltet. Die Rechte und Pflichten

---

832 so für zweijährigem Internatsschulvertrag OLG Karlsruhe NJW-RR 1987, 118; für Internatsschulvertrag OLG Celle NJW-RR 1995, 1465(1466); für täglichen Vollzeitsprachunterricht an Sprachschule OLG Frankfurt a.M. NJW 1981, 2760

833 OLG Celle NJW 1981, 2762; Schlosser, NJW 1980, 273(274)

834 so OLG Karlsruhe NJW 1981, 1676(1677); OLG Frankfurt a.M. NJW 1981, 2760; Erman/Hanau, § 627, Rn 4; Schlosser, NJW 1980, 273(274); Staudinger/Preis, § 627, Rn 22f.; a.A.: Dörner, NJW 1979, 241(245); Gilles/Heinbuch/Gounalakis, Hdb UnterrichtsR, Rn 331ff.; Heinbuch, MDR 1980, 980(981f.); Wienands, Der private Unterrichtsvertrag, S.114ff.

835 BGHZ 90, 280(284f.)

836 Erman/Belling, § 626, Rn 11; Staudinger/Preis, § 626, Rn 14

837 BGHZ 24, 91(95f.); BGH ZIP 1997, 257(259); Gilles/Heinbuch/Gounalakis, Hdb UnterrichtsR, Rn 414

zwischen der Privatschule und den Schülern und Eltern bestimmen sich nach dem privatrechtlichen Schulvertrag, richten sich also nach dem Zivilrecht. Maßnahmen der Schule sind damit auch ausschließlich privatrechtlich zu beurteilen.[838] Für Streitigkeiten zwischen den Vertragsparteien ist somit der Zivilrechtsweg zur ordentlichen Gerichtsbarkeit gegeben.[839] Die nur genehmigten Ersatzschulen nehmen keine Aufgaben des Berechtigungswesens wahr. Sie können daher lediglich mit interner Wirkung Prüfungen durchführen. Die internen Ergebnisse werden von Dritten i.d.R. nicht anerkannt. Auch eine die interne Prüfung betreffende Maßnahme einer staatlich nur genehmigten, nicht aber auch anerkannten Ersatzschule kann nur vor den ordentlichen Gerichten angegriffen werden, da das Rechtsverhältnis ausschließlich dem Privatrecht zuzuordnen ist.[840] Die Klage der Eltern bzw. des Schülers ist gegen den privaten Schulträger als den Vertragspartner im Rahmen des Schulvertrages zu richten.

8.) Die Rechtsverhältnisse bei der Nichtschülerprüfung, d.h. dem Erwerb der Berechtigung mit öffentlich-rechtlicher Außenwirkung durch Schüler genehmigter Ersatzschulen

Die nur genehmigten Ersatzschulen sind nicht staatlich anerkannt. Sie sind daher nicht berechtigt, staatlich anerkannte Prüfungszeugnisse zu erteilen. Die genehmigten Ersatzschulen können zwar intern Prüfungen durchführen, um den Leistungsstand ihrer Schüler zu eruieren, die Prüfungen entfalten jedoch keine Außenwirkungen. Um anerkannte Berechtigungen zu erlangen, müssen deshalb die Schüler der genehmigten Ersatzschule ihre Abschlussprüfung vor staatlichen Prüfungskommissionen ableisten. Diese erteilen die Berechtigung bei Bestehen der Prüfung. Die so genannte Nichtschüler-, Externen- oder Fremdenprüfung[841] wird durch die jeweils nach Landesrecht zuständigen staatlichen Schulbehörden abgehalten, welche damit die hoheitlichen Aufgaben im Bereich des Berechtigungswesens wahrnehmen. Die Abschlussprüfung der Schüler genehmigter Ersatzschulen mit öffentlich-rechtlicher Außenwirkung steht damit außerhalb des Privatschulverhältnisses, d.h. außerhalb der Aufgabenkompetenz des Privatschulträgers. Der Bereich des Berechtigungserwerbs wird vom Schulvertrag nicht geregelt. Der Staat, d.h. die Länder, werden in diesem Bereich hoheitlich tätig. Die Prüfung richtet sich nach den jeweiligen Prüfungsordnungen

[838] Maunz in Maunz/Dürig, GG, Art.7, Rn 90
[839] BVerwGE 45, 117(118); HessVGH, Beschl. vom 6.6.1988, AktZ.: 6 TG 3473/87, abgedruckt in BEFT, 65.7, S.7; Elser/Kramer, Grundriß des SchulR in B-W; S. 27; Heckel, Dt. Privatschulrecht, S.53, 266; Heckel/Avenarius, Schulrechtskunde, S.646; Jülich, Grundriß des SchulR NRW, S.152; Loschelder, HdbStKirchR II, § 55, S. 539; Stein/Roell, Hdb. SchulR, S.263
[840] BVerwGE 45, 117; BayVGH BayVBl. 1973, 215
[841] siehe dazu oben Teil C), III.)

der Länder. Hinsichtlich der Rechtsfragen dieser Prüfung besteht somit kein privates Rechtsverhältnis zwischen dem Schüler und dem Ersatzschulträger. Es besteht vielmehr zwischen den Prüflingen und der staatlichen Prüfungskommission eine öffentlich-rechtliche Rechtsbeziehung nichtverfassungsrechtlicher Art. Öffentlich-rechtliche Verwaltungsnormen bestimmen den Ablauf und die Anforderungen der Prüfung. Der Schulträger ist dabei grundsätzlich unbeteiligter Dritter. Die genehmigten Privatschulen können zwar ihre Schüler pädagogisch auf die Nichtschülerprüfung vorbereiten, haben aber grundsätzlich selbst mit der Prüfungsdurchführung und -auswertung nichts zu tun. Es handelt sich um eine hoheitliche staatliche Aufgabe, deren Wahrnehmung den genehmigten Ersatzschulen ohne die Anerkennung nicht obliegt. Unter Umständen hat die genehmigte Ersatzschule, soweit das Landesrecht dies vorsieht, für die Prüfungsdurchführung aber Räume bereitzustellen, eigene Lehrer als Prüfer zu benennen oder Aufgabenvorschläge für die Prüfung zu machen. Diese Teilhaberechte ändern aber nichts am hoheitlichen Charakter der Prüfung. Sie bewirken lediglich die Herstellung eine der Chancengleichheit im Verhältnis zu öffentlichen Schulen entsprechenden Prüfungssituation. Die Prüfung wird durch die staatliche Prüfungskommission durchgeführt. Die genehmigte Ersatzschule wird nicht hoheitlich tätig. Die Wahrnehmung der Teilhaberechte durch die Ersatzschule erfolgt auch im Interesse der Schüler. Man wird insofern eine vertragliche Nebenpflicht des Schulträgers zur ordnungsgemäßen Ausübung dieser Teilhaberechte annehmen können, deren Verletzung bzw. Vernachlässigung durch den Schulträger Schadensansprüche des Schülers gegen den Schulträger gem. § 280 I BGB zur Folge hat, insbesondere wenn aufgrund der Nichterfüllung der Nebenpflicht die Prüfung nicht durchgeführt werden kann bzw. verschoben werden muss und dadurch dem Schüler zusätzliche Kosten entstehen. Eine Pflichtverletzung in hohem Ausmaß, die das Gewicht eines wichtigen Grundes erreicht, kann gem. § 626 BGB auch zur Kündigung des Schulvertrages durch den Schüler führen. Die Schadensersatzansprüche des Schülers gegen den Schulträger bestimmen sich dann gem. § 628 II BGB.

Für Rechtsstreitigkeiten zwischen der staatlichen Prüfungskommission und dem Prüfling über die Rechtmäßigkeit der Prüfung und des Prüfungsergebnisses ist gem. § 40 I VwGO der Verwaltungsrechtsweg eröffnet. Zu klagen ist grundsätzlich gem. § 78 I Nr.1 VwGO gegen den Träger der Prüfungsbehörde, d.h. gegen die öffentlich-rechtliche Körperschaft, die die Prüfung durchführt. In verschiedenen Bundesländer kann gem. § 78 I Nr.2 VwGO die Behörde selbst Beklagter sein. Die Entscheidung über die Abschlussprüfung und das Abschlusszeugnis sind als Verwaltungsakt einzuordnen.[842] Falls der Schüler gegen diese

---

[842] Becker K., Aufsicht über Privatschulen, S.135; Heckel/Avenarius, Schulrechtskunde, S.646; Ossenbühl, Rechtl. Grundfragen der Erteilung von Schulzeugnissen, S.29; Wolff/Richter/Gras, SchulG LSA, § 17, Anm.3

Maßnahmen gerichtlich vorgehen möchte, muss er also zunächst erfolglos ein Widerspruchsverfahren gem. §§ 68ff. VwGO durchgeführt haben. Dann kann er je nach seinem Begehren im Wege der Anfechtungs- oder Verpflichtungsklage gegen die Entscheidung der die Prüfung durchführenden Behörde vorgehen.

III.) Das Rechtsverhältnis der anerkannten Ersatzschulen zum Staat

Die rechtliche Ausgestaltung des Schulverhältnisses der genehmigten Ersatzschule im Verhältnis zum Staat und zu ihren Schülern wurde mit den obigen Ausführungen dargelegt. Die folgenden Abschnitte dieser Arbeit sollen nun die Rechtsbeziehungen der anerkannten Ersatzschule im Schulverhältnis betreffen. Schwerpunkt der Darstellung sind die Unterschiede im Vergleich zur Regelung des Schulverhältnisses der nur genehmigten Ersatzschule. Soweit aber die rechtliche Gestaltung des Schulverhältnisses der anerkannten Ersatzschulen demjenigen der genehmigten Ersatzschulen entspricht, kann auf die obigen Ausführungen zur genehmigten Ersatzschule verwiesen werden.
Die anerkannte Ersatzschule erfüllt, wie bereits oben schon dargestellt worden ist,[843] Aufgaben des Berechtigungswesens. Sie nimmt damit eine hoheitliche Aufgabe wahr und muss im Bereich des Berechtigungswesens öffentlich-rechtliche Vorschriften einhalten. Die Rechtsverhältnisse der anerkannten Ersatzschule im Verhältnis zum Staat, d.h. zum jeweiligen Bundesland, und zu ihren Schülern sind deshalb zum Teil andersartig gestaltet, als dies bei der nur genehmigten Ersatzschule der Fall ist.
Hier soll jetzt zunächst das Verhältnis der anerkannten Ersatzschule zum Staat näher beleuchtet werden und dabei auf die Rechtsnatur der Anerkennung, die Rechtsstellung der anerkannten Ersatzschulen und auf die Aufsichtsrechte der Schulbehörden über die anerkannten Ersatzschulen eingegangen werden.

1.) Die Anerkennung der Ersatzschule als Verwaltungsakt der Schulbehörde

Die Anerkennung der genehmigten Ersatzschule erfolgt aufgrund der Landesgesetze durch Verwaltungsakt der jeweils zuständigen Behörde.[844] Die Anerkennung wird der Ersatzschule grundsätzlich erst nach der Genehmigung erteilt. Eine Ausnahme stellt Nordrhein-Westfalen dar, wo die genehmigten Ersatzschulen mit der Genehmigung ohne einen zusätzlichen Anerkennungsakt zugleich auch den Status einer anerkannten Schule erhalten.

---

843 siehe oben Teil C), II.)

844 Richter in AK-GG, Art.7, Rn 60; Heckel/Avenarius, Schulrechtskunde, S.630f.; Plümer, Rechtsnatur der Privatschulverhältnisse, S.145; VG Dresden, Urteil vom 28.3.2001, AktZ.: 5 K 2726/98, abgedruckt in BEFT, 62.11a, S.1(5)

Lehnt die Schulbehörde die Anerkennung ab, kann der Schulträger den Verwaltungsrechtsweg im Wege des Widerspruchs und der darauf folgenden Verpflichtungsklage beschreiten.[845] Hinsichtlich der Erhebung einer Verpflichtungsklage auf Erteilung der Anerkennung ist dabei zu beachten, dass in denjenigen Bundesländern, die keinen Rechtsanspruch auf die Erteilung der Anerkennung vorsehen, lediglich ein Anspruch auf ermessensfehlerfreie Entscheidung der Verwaltungsbehörde geltend gemacht werden kann. In denjenigen Bundesländern, die einen Rechtsanspruch auf die Erteilung der Anerkennung vorsehen, hat dieser den Charakter eines subjektiv öffentlichen Rechts. Bei Vorliegen der Voraussetzungen für die Anerkennung muss dann die Anerkennung der Ersatzschule erteilt werden. Wird die Anerkennung zurückgenommen oder widerrufen, kann der Schulträger durch Widerspruch und Anfechtungsklage gegen den Aufhebungsverwaltungsakt vorgehen.

2.) Die anerkannte Ersatzschule als Beliehener

Die anerkannte Ersatzschule nimmt nach der Anerkennung Aufgaben des Berechtigungswesens wahr. Sie erfüllt damit hoheitliche Aufgaben.[846] Es stellt sich deshalb die Frage, ob die anerkannte Ersatzschule als Beliehener zu qualifizieren ist. Beliehene sind Privatrechtssubjekte, die aufgrund Beleihungsakts mit der hoheitlichen Wahrnehmung bestimmter einzelner Verwaltungsaufgaben im eigenen Namen betraut sind.[847] Die anerkannten Ersatzschulen erhalten im Bereich des Berechtigungswesens die gleiche Stellung wie öffentliche Schulen. Sie üben bei der Erfüllung der ihnen übertragenen Aufgaben mittelbar staatliche Verwaltung aus und unterliegen deshalb auch einer verstärkten Organisationsbefugnis des Staates.[848] Nach einer älteren Entscheidung des Bundesverwaltungsgerichtes kommen die anerkannten Ersatzschulen infolge der Übertragung öffentlich-rechtlicher Funktionen daher der Rechtsfigur des beliehenen Unternehmers nahe.[849] Die anerkannte Ersatzschule kommt der Figur des Beliehenen aber nicht nur nahe. Sie, d.h. der Träger der Privatschule, ist ein Privatrechts-

[845] Heckel/Avenarius, Schulrechtskunde, S.637; Stein/Roell, Hdb SchulR, S.116

[846] Falckenberg, Grundriß des SchulR in Bayern, S.136; Vogel, Recht der Schulen in fr. Trägerschaft, S.186; Wolff/Bachof/ Stober, VwR II, § 101, Rn 87

[847] Burgi, FS f. Maurer, S.581(585f.); Rennert in Eyermann, VwGO, § 40, Rn 87; Heckel/Avenarius, Schulrechtskunde, S.216; Maurer, AVwR, § 21, Rn 11, § 23, Rn 56; Stelkens/Schmitz in Stelkens/Bonk/Sachs, VwVfG, § 1, Rn 231

[848] BVerfGE 27, 195(210); 37, 314(324)

[849] BVerwGE 17, 41(42); Entscheidung erfolgte zur Rechtslage in Nordrhein-Westfalen, wo die Ersatzschule zugleich mit der Genehmigung Aufgaben des Berechtigungswesens ohne eine zusätzliche Anerkennung wahrnehmen kann.

subjekt[850] und erfüllt staatliche hoheitliche Aufgaben des Berechtigungswesens bei der Aufnahme und Versetzung von Schülern, bei Prüfungen und der Erteilung von Zeugnissen für Schüler.[851] Diese Verwaltungsaufgaben nimmt die anerkannte Ersatzschule im eigenen Namen wahr. Die Ausstattung der Ersatzschule mit Öffentlichkeitsrechten beruht hierbei auf staatlicher Verleihung.[852] Die anerkannte Ersatzschule ist somit ein Privatrechtssubjekt, das nach der Anerkennung mit der Wahrnehmung bestimmter hoheitlicher Aufgaben im eigenen Namen betraut ist. Die anerkannte Ersatzschule handelt deshalb im Aufgabenbereich des Berechtigungswesens als Beliehener.[853] Die Beleihung muss durch oder aufgrund Gesetzes erfolgen, welches Art und Umfang der Beleihung regelt.[854] Sie erfolgt im Wege der Anerkennung. Die gesetzliche Grundlage der Beleihung bzw. der Anerkennung der Ersatzschule findet sich dabei in den jeweiligen Schul- und Privatschulgesetzen der Bundesländer. Dort sind die Voraussetzungen und Rechtsfolgen der Anerkennung und damit auch der Beleihung geregelt.[855]

In Nordrhein-Westfalen hingegen können die genehmigten Ersatzschulen gem. § 37 V SchOG NRW bereits mit Erteilung der Genehmigung mit gleicher Wirkung wie öffentliche Schulen Zeugnisse ausstellen und Prüfungen abhalten. Diese Aufgabenzuweisung für das Berechtigungswesen folgt aber nicht nur aus dem SchOG NRW sondern bereits direkt aus der Landesverfassung NRW. Gemäß Art.8 IV/2 Verf NRW haben die genehmigten Privatschulen die gleichen Berechtigungen wie die entsprechenden öffentlichen Schulen. Die Übertragung der staatlichen Aufgabe des Berechtigungswesens beruht daher in Nordrhein-Westfalen nicht auf einem besonderen Beleihungsakt durch die Exekutive auf-

---

[850] Eine Ausnahme bilden insofern diejenigen Religionsgemeinschaften, die als Körperschaften des öffentlichen Rechts gem. Art.140 GG i.V.m. Art.137 V WRV organisiert sind. Sie sind nicht Teil der Staatsverwaltung, können aber auch mit den hoheitlichen Aufgaben des Berechtigungswesens beliehen werden.

[851] Schule im Rechtsstaat, Bd. I, S.390f.

[852] BVerwGE 68, 185(188)

[853] so auch BayVGH BayVBl. 1973, 215; RdJB 1983, 245(246); VGH B-W NJW 1971, 2089(2091); DVBl. 1983, 592(593); NVwZ 1984, 124; OVG Münster JZ 1979, 677(678); NVwZ 1990, 678(679); NJW 1998, 1579(1580); Becker K., Aufsicht über Privatschulen, S.124f.; Burgi, FS f. Maurer, S.581(583); Heckel/Avenarius, Schulrechtskunde, S.216; Jülich, Grundriß des SchulR NRW, S.154; Müller, Recht der Fr. Schule nach dem GG, S.282, 344; Oppermann, HdbStR VI, § 135, Rn 20; Plümer, Rechtsnatur der Privatschulverhältnisse, S.189; ders., DVBl. 1971, 540(543); Reich, SchulG LSA, § 17, Rn 6, 8; Schlaf, Aufsicht über Privatschulen, S.75; Stein/Roell, Hdb SchulR, S.109; Vogel, Recht der Schulen in fr. Trägerschaft, S.186; Weber, HdbStKirchR I, § 19, S.579; Wienands, Der private Unterrichtsvertrag, S.2

[854] BVerwG NVwZ 1985, 48; NVwZ 1991, 59; OVG Münster NJW 1980, 1406; Burgi, FS f. Maurer, S.581(586, 588); Maurer, AVwR, § 23, Rn 58; Schule im Rechtsstaat, Bd. I, S.390f.

[855] siehe dazu oben Teil C), II.), 1.), c)

grund eines Landesgesetzes.[856] Die Beleihung erfolgt vielmehr direkt durch die Verfassung des Landes Nordrhein-Westfalen. Es handelt sich um eine Beleihung in der gesteigerten Form einer grundrechtlichen Garantie.[857]
Im Gegensatz zu der soeben vorgetragenen Ansicht, die Anerkennung führe zu einer Beleihung der Ersatzschulen mit hoheitlichen Aufgaben auf dem Gebiet des Berechtigungswesens, vertritt eine abweichende Meinung den Standpunkt, die Anerkennung der Ersatzschule führe nicht zur Beleihung mit hoheitlichen Rechten. Als Folge dessen wäre das Handeln der Ersatzschule auf dem Gebiet des Berechtigungswesens nicht als öffentlich-rechtlich einzuordnen, was erhebliche Auswirkungen auf die rechtliche Ausgestaltung des Privatschulverhältnisses der anerkannten Ersatzschule mit sich bringen würde. Deshalb soll sich hier noch kurz mit dieser Meinung auseinandergesetzt werden.
Als Argument gegen die Beleihung wird aufgeführt, die Tätigkeit der Privatschulen erfolge nicht in der Erfüllung staatlicher Aufgaben, ihre Handlungen bewegten sich ausschließlich auf dem Gebiet des Privatrechts. Der Umstand, dass die anerkannten Ersatzschulen vom Staat ermächtigt worden sind, die gleichen Berechtigungen wie die staatlichen Schulen zu erteilen, mache sie nicht zu Beliehenen.[858] Die Vertreter dieser Argumentation unterscheiden zwischen staatlichen Aufgaben und bloßen öffentlichen Aufgaben. Öffentliche Aufgaben sind solche, an deren Erfüllung die Öffentlichkeit maßgeblich interessiert sei.[859] Wenn der Staat hingegen eine Aufgabe selbst unmittelbar übernimmt oder sie in mittelbarer Verwaltung durch eine Körperschaft oder Anstalt des öffentlichen Rechts oder einen ausdrücklich Beliehenen nach öffentlichen Recht erfüllen lässt, liege eine staatliche Aufgabe vor.[860] Staatliche Aufgaben sind danach öffentliche Aufgaben, die gerade dem Staat obliegen.[861] Als Voraussetzung für die Beleihung muss eine staatliche Aufgabe übertragen worden sein.[862] Die bloße Ausübung öffentlicher Gewalt zu nichtstaatlichen Zwecken reiche hingegen für eine Beleihung nicht aus.[863] Private Ersatzschulen übten zwar nun nach dieser Ansicht eine öffentliche Aufgabe aus, nämlich das Schule halten im Bereich allgemein- und berufsbildender Schulen, sie würden jedoch weder unmittelbar noch mittelbar eine staatliche Tätigkeit wahrnehmen. Deshalb seien sie nicht Beliehener.[864] Die Privatschulen würden im Prüfungs- und Zeugnisbereich

---

[856] Müller, Recht der Fr. Schule nach dem GG, S.283
[857] Müller, Recht der Fr. Schule nach dem GG, S.284, 345
[858] Klein DÖV 1965, 755(756f.)
[859] Peters, FS für Nipperdey Bd.II, S.878; Weiß, DVBl. 2002, 1167(1169)
[860] Peters, FS für Nipperdey Bd.II, S.880
[861] Weiß, DVBl. 2002, 1167(1169)
[862] so Peters, FS für Nipperdey Bd.II, S.894; Steiner, JuS 1969, 69(70); ders., Öffentl. Verw. durch Private, S.46, 78
[863] Steiner, Öffentl. Verw. durch Private, S.67, 78f.
[864] Peters, FS für Nipperdey Bd.II, S.888; Säcker, DVBl. 1971, 537(539)

vielmehr nichtstaatliche Aufgaben trotz der Übertragung öffentlicher Gewalt erfüllen.[865]

Nach dieser Argumentation bleibt allerdings offen, wie denn nun die eigentliche Differenzierung zwischen öffentlicher und staatlicher Aufgabe zu erfolgen hat, schlüssige Abgrenzungskriterien werden nicht genannt. Warum die der Ersatzschule übertragenen Aufgaben des Berechtigungswesens nichtstaatlich sein sollen, wird nicht näher begründet, sondern bleibt dahingestellt. Dabei ist jedoch festzuhalten, dass ohne die Anerkennung die Schüler einer genehmigten Ersatzschule ihre Abschlussprüfung vor einer staatlichen Prüfungskommission ablegen müssen. Die Ersatzschule kann die Aufgabe der Prüfungsdurchführung nicht ohne weiteres freiwillig nach eigenem Gutdünken wahrnehmen. Sie muss dafür staatlich anerkannt werden. Dies bedeutet aber wiederum, die staatliche Aufgabe des Berechtigungswesens muss der Privatschule unter Beibehaltung ihres staatlichen Charakters übertragen werden. Indiz dafür ist auch die Anwendung der für öffentliche Schulen geltenden Vorschriften im Bereich des Berechtigungswesens durch die anerkannte Ersatzschule. So wird dann auch teilweise der Terminus staatliche Aufgabe von der die Beleihung ablehnenden Ansicht als alle öffentlichen Aufgaben, die der Staat in erkennbarer Weise an sich gezogen hat oder die ihm durch die geschichtliche Entwicklung eines bestimmten Lebensbereiches zugewachsen sind, definiert.[866] Dies ist bei der Aufgabe Berechtigungswesen aber gerade der Fall. Das Berechtigungswesen ist historisch und teleologisch als staatliche Aufgabe anzusehen.[867] Wenn diese Aufgabe auf ein Privatrechtssubjekt wie der genehmigte Ersatzschule zur selbständigen Wahrnehmung übertragen wird, dann ist dieses Privatrechtssubjekt als Beliehener einzuordnen.

Letztendlich wird gegen die Beleihung der genehmigten Ersatzschule im Wege der Anerkennung noch mit Hilfe von Art.7 IV GG argumentiert. Die Schul- und Ordnungsgewalt der Privatschulträger sei grundsätzlich eine eigenständige, privatrechtlich strukturierte Gestaltungsmacht, die als solche im Verhältnis zum Staat von der Privatschulfreiheit des Art.7 IV GG mitgeschützt sei. Es gebe keinen Anhaltspunkt dafür, dass Art.7 IV GG etwas anderes bezwecke; vor allem lasse sich daraus nicht entnehmen, dass den Privatschulen ein Teil des öffentlichen Schulwesens zur hoheitlichen Erledigung übertragen werden sollte. Allein aus dem Umstand, dass Privatschulen gleiche oder ähnliche Aufgaben wahrnehmen wie öffentliche Schulen und sich bei der Erledigung dieser Aufgaben nahezu der gleichen Vollzugsformen bedienen, könne man nicht folgern, dass hier öffentliche Aufgaben auf hoheitliche Art erfüllt werden.[868] Das Be-

---

[865] Steiner, Öffentl. Verw. durch Private, S.80, Fn 320
[866] Steiner, JuS 1969, 69(70f.)
[867] siehe oben Teil C), II.), 2.),a)
[868] Maunz in Maunz/Dürig, GG, Art.7, Rn 90; Link, JZ 1971, 551(552); Loschelder, HdbStKirchR II, § 55, S.532f.

rechtigungswesen sei notwendiger und integrierender Bestandteil der Einrichtungsgarantie des Art.7 IV GG.[869] Selbst wenn man die Veranstaltung von Prüfungen und die Erteilung von Zeugnissen als rein öffentliche Aufgabe ansehen würde, die der Privatschule nur übertragen ist, ergebe sich daraus nicht der öffentlich-rechtliche Charakter des Privatschulverhältnisses. Öffentliche Aufgaben könnten selbst von Hoheitsträgern privatrechtlich oder öffentlich-rechtlich ausgeübt werden. Diese Befugnis müsse erst recht dem beliehenen Grundrechtsträger zustehen. Deshalb sollen Noten, Zeugnisse, Versetzungsentscheidungen und Prüfungen der Privatschulen nicht zwangsläufig hoheitliche Akte sein.[870]

Hierzu ist anzumerken, dass natürlich grundsätzlich die Schul- und Ordnungsgewalt des privaten Schulträgers eine eigenständig und privatrechtlich strukturierte Ordnungsmacht umfasst, die durch Art.7 IV GG geschützt wird. Zur Frage des Berechtigungswesens nimmt Art.7 IV GG aber nicht ausdrücklich Stellung und schon gar nicht in der Weise, dass die Aufgabe des Berechtigungswesens unmittelbar und ohne weiteres aus Art.7 IV GG folge. Das Berechtigungswesen ist vielmehr, wie oben ausführlich dargestellt wurde,[871] historisch und teleologisch als staatliche Aufgabe einzuordnen. Aus Art.7 IV GG folgt nur, dass bei Erfüllung der Voraussetzungen der Anerkennung durch die Ersatzschule ein Rechtsanspruch auf die Anerkennung besteht. Durch die Erteilung der Anerkennung wird der Ersatzschule die Aufgabenwahrnehmung im Bereich des Berechtigungswesens übertragen. Die Wahrnehmung von Aufgaben im Bereich des Berechtigungswesens ist eine Ausübung von hoheitlichen staatlichen Funktionen.[872] Der Schulträger muss bei der Anwendung der für öffentliche Schulen geltenden Vorschriften als Teil der mittelbaren Staatsverwaltung die subjektiven Rechte der Schüler, d.h. insbesondere die Grundrechte der Schüler beachten. Eine Rechtswahlfreiheit des privaten Schulträgers besteht bei der Erfüllung dieser Aufgabe nicht. Die Verwaltungsaufgabe Berechtigungswesen ist als Teil der Ordnungsverwaltung anzusehen. Dem privaten Schulträger wird die Anwendung der für öffentliche Schulen geltenden Rechtssätze durch die Landesschul- und Landesprivatschulgesetze vorgeschrieben. Die aus Art.7 IV GG folgende Gestaltungsfreiheit des Privatschulverhältnisses ist insoweit durch die Staatsaufgabe des Berechtigungswesens eingeschränkt. Aufgrund der zwingenden gesetzlichen Vorschriften hinsichtlich der Anwendung öffentlich-rechtlicher Normen für Aufnahme und Versetzungen, Prüfungen und Zeugnisse von Schülern kann die Aufgabe des Berechtigungswesens nicht in den Formen des Privatrechts wahrgenommen werden. Eine Erfüllung hoheitlicher Aufgaben im Wege von Verwaltungsprivatrecht würde zudem der Charakterisierung der

---

[869] Link, JZ 1971, 551(553)
[870] Maunz in Maunz/Dürig, GG, Art.7, Rn 90f.
[871] siehe oben Teil C), II.), 2.), a)
[872] BVerfGE 27, 195(204)

Anerkennung der Ersatzschule als Beleihung ebenfalls nicht entgegenstehen. Die Anerkennung der genehmigten Ersatzschule ist somit als Beleihung einzuordnen.
Beliehen wird der Träger der Privatschule, auch wenn der Wortlaut der Landesschulgesetze häufig nur von der Ersatzschule spricht. Insofern besteht ein Gleichlauf mit der Genehmigung. Diese wird ebenfalls dem Rechtsträger der Ersatzschule erteilt.
Im Rahmen der Anerkennung erhält die Ersatzschule für den Bereich des Berechtigungswesens Befugnisse, die im staatlichen Bereich ihre Wurzel haben.[873] Die Tätigkeit des Beliehenen ist dem staatlichen Bereich zuzuordnen. Er nimmt hoheitliche Aufgaben wahr. Der Beliehene ist Teil der Staatsorganisation und der mittelbaren Staatsverwaltung.[874] Er bleibt aber statusmäßig Privatrechtssubjekt.[875] Der Schulträger ist damit dualistisch strukturiert. Denn er ist einerseits Grundrechtsträger gem. Art.7 IV GG und nimmt andererseits staatliche Aufgaben selbst unmittelbar wahr.[876] Im Bereich des Berechtigungswesens handelt er als Teil der mittelbaren Staatsverwaltung. Der Schulträger übt insoweit als Beliehener staatliche Kompetenzen aus und ist an die Grundrechte gem. Art.1 III GG gebunden.[877]
Gleichzeitig bleibt er aber Grundrechtsberechtigter insbesondere aus seinem Grundrecht aus Art.7 IV GG. Den Gewährleistungsgehalt dieses Grundrechts haben die staatlichen Aufsichtsbehörden bei ihrem Handeln gegenüber dem Schulträger zu beachten.
Öffentlich-rechtliche Befugnisse werden dem Schulträger und somit der Ersatzschule nur im Rahmen der Anerkennung, d.h. der Beleihung übertragen. Sie betreffen lediglich das Recht, Prüfungen durchzuführen, Schüler aufzunehmen, Versetzungen und Zeugnisse zu erteilen mit gleicher Wirkung wie die öffentlichen Schulen.[878] In diesen Bereichen ist das Handeln des Schulträger durch die entsprechenden Schulnormen enger gebunden, die Privatschulfreiheit somit eingeschränkt. Alle anderen Bereiche der Privatschultätigkeit werden hingegen nicht eingeschränkt. Sie unterfallen der freien Ausübung der Privatschulfreiheit i.S.v. Art.7 IV GG. Sie sind keine hoheitliche Tätigkeit und unterliegen der pri-

[873] Becker K., Aufsicht über Privatschulen, S.124
[874] BVerfGE 37, 314(324); Bachof, AöR 83 (1958), 208(231); Maurer, AVwR, § 23, Rn 56, 59; Pieroth/Schlink, Staatsrecht II, Rn 167; Steiner, JuS 1969, 69(71); ders., Öffentl. Verw. durch Private, S.61; Wolff/Bachof/Stober, VwR II, § 104, Rn 2, 10
[875] Maurer, AVwR, § 23, Rn 56; Plümer, Rechtsnatur der Privatschulverhältnisse, S.190; Schlaf, Aufsicht über Privatschulen, S.74
[876] Steiner, Öffentl. Verw. durch Private, S.59
[877] Kunig in v. Münch/Kunig, Art.1, Rn 60; Pieroth/Schlink, Staatsrecht II, Rn 167; Rüfner, HdbStR V, § 117, Rn 9
[878] Plümer, Rechtsnatur der Privatschulverhältnisse, S.190; Vogel, Recht der Schulen in fr. Trägerschaft, S.186

vatautonomen Ausgestaltung, wie sie für die genehmigten Ersatzschulen oben bereits dargestellt worden ist.

3.) Die Aufsicht über die anerkannte Ersatzschule

Die Aufsicht der Schulaufsichtsbehörden über die anerkannten Ersatzschulen unterscheidet sich von derjenigen über die nur genehmigten Ersatzschulen. Für die Aufsicht über die anerkannte Ersatzschule ist zu differenzieren zwischen dem Bereich der Tätigkeit der Ersatzschule im Rahmen der Beleihung und dem übrigen Teil des Schulverhältnisses. Grundsätzlich unterliegt die Ersatzschule nur einer Rechtsaufsicht, mit der Aufgabe zu überprüfen, ob die Genehmigungsvoraussetzungen erfüllt werden.[879] Insofern besteht kein Unterschied zwischen der anerkannten Ersatzschule und der genehmigten Ersatzschule. Soweit die Ersatzschule als Beliehener im Bereich des staatlichen Berechtigungswesens Hoheitsgewalt ausübt, unterliegt sie jedoch einer stärkeren Aufsicht.[880] Die besondere Stellung der anerkannten Ersatzschule als Teil der Staatsverwaltung *im Bereich des Berechtigungswesens* rechtfertigt dann eine engere Kontrolle durch die Schulaufsichtsbehörden über die bloße Rechtsaufsicht hinaus *im Wege der Fachaufsicht*, die bis in die Einzelheiten des Prüfungsstoffes und des Prüfungsablaufes hineinreichen kann, damit die Berechtigungen nur solchen Schülern zuerkannt werden, welche die Voraussetzungen hierfür erfüllen.[881] Die Schulaufsicht erfolgt demnach grundsätzlich im Rahmen der Rechtsaufsicht, für den Bereich der Beleihung aber auch im Rahmen der Fachaufsicht. Die Aufsichtsbehörden können im letzteren Bereich anstelle der fachlichen Entscheidungen der Ersatzschule eigene Entscheidungen setzen.[882] Damit soll sichergestellt werden, dass die Vergleichbarkeit des Berechtigungserwerbs erreicht wird. Sinn und Zweck der Berechtigungen ist es, den Schülern gleichartige Anforderungen für den Erwerb des Schulabschlusses zu gewährleisten, um gleiche Ausgangschancen für den Zugang zu weiterführenden Bildungseinrichtungen und Berufen zu ermöglichen. Die Anerkennung der Ersatzschule führt dazu, dass sie selbst die Aufgaben der Berechtigungserteilung wahrnehmen darf. Um dabei die Gleichartigkeit der Anforderungen des Berechtigungserwerbs sicherzustellen, ist eine intensivere Aufsicht notwendig. Es muss den Aufsichtsbehörden möglich sein, eigene Zweckmäßigkeitserwägungen anzustellen, um die

---

[879] siehe dazu oben Teil D), I.), 2.)

[880] Müller, Recht der Fr. Schule nach dem GG, S.228, 283; Schlaf, Aufsicht über Privatschulen, S.8f.

[881] Heckel/Avenarius, Schulrechtskunde, S.222; Jülich, Grundriß des SchulR NRW, S.154; Müller, Recht der Fr. Schule nach dem GG, S.284, 345; Niehues, Schul- und PrüfungsR Bd.1, Rn 281; Schlaf, Aufsicht über Privatschulen, S.84;
Wolff/Bachof/Stober, VwR II, § 101, Rn 91

[882] Vogel, Recht der Schulen in fr. Trägerschaft, S.39

Vergleichbarkeit der Aufnahme, der Versetzung, der Prüfung und Zeugnisse der Schüler der anerkannten Ersatzschule mit öffentlichen Schulen, d.h. die Einhaltung der anzuwendenden öffentlich-rechtlichen Vorschriften zu gewährleisten. Häufig spielen für Fragen der Berechtigungen, etwa bei der Durchführung von Prüfungen, rein tatsächliche Erwägungen eine Rolle, die rechtlich nur schwer fassbar und zu überprüfen sind. Daher ist eine intensivere Aufsicht im Wege der Fachaufsicht für den Bereich der Tätigkeit der Ersatzschule im Berechtigungswesen, d.h. für den Bereich der Beleihung geboten und gerechtfertigt. Fachaufsichtliche Maßnahmen dienen damit der Verhinderung, der Überprüfung und Korrektur fachlich unrichtiger oder rechtswidriger Aufnahme-, Versetzungs- und Abschlussprüfungsentscheidungen.[883] Aufgabe der Schulaufsicht ist es, zu gewährleisten, dass bei der Erteilung von Zeugnissen und der Abhaltung von Prüfungen die für öffentliche Schulen geltenden Prüfungs- und Versetzungsvorschriften eingehalten werden.[884] Dies bedeutet, dass die fachliche Richtigkeit und Zweckmäßigkeit der Entscheidungen der anerkannten Ersatzschule im Bereich des Berechtigungswesens überprüft werden kann.
Selbst von Vertretern der Ansicht, das Berechtigungswesen sei keine staatliche Aufgabe und die Aufgabenwahrnehmung der Privatschulen in diesem Bereich folge direkt aus Art.7 IV GG, werden erweiterte Aufsichtbefugnisse anerkannt. Wenn der Staat die Prüfungen der Ersatzschulen als gleichwertig anerkenne, müsse er Kontrollrechte ausüben können, die die Gleichwertigkeit der Prüfungen sicherstellen.[885] Einschränkend wird aber wiederum festgestellt, die Aufsicht über die anerkannten Ersatzschulen sei nur dann mit Art.7 IV GG vereinbar, wenn sie grundsätzlich die Verantwortung für Lehrplanung und Versetzungsentscheidungen dem Schulträger belasse.[886] Dies ist insoweit richtig, als nach wie vor der Schutzbereich der Privatschulfreiheit gem. Art.7 IV GG zu beachten ist. Die freie Gestaltung des Unterrichts der Privatschule wird geschützt. Versetzungsentscheidungen der anerkannten Ersatzschulen sind jedoch Teil der Wahrnehmung von staatlichen Aufgaben im Bereich des Berechtigungswesens. Die Aufsicht darüber betrifft nicht innere Schulangelegenheiten, denn der Staat ist nicht verpflichtet, die Feststellung der für die Berechtigungen erforderlichen Voraussetzungen durch die Privatschulen selbst vornehmen zu lassen.[887] Das BVerfG erklärt dazu, grundsätzlich werde der Staat in der Gestaltung der Aufsicht nicht durch Art.7 IV GG beschränkt.[888] Dem ist nur zum Teil zuzustimmen, soweit die Aufsichtsmaßnahmen sich auf direktes Tätigwerden der anerkannten Ersatzschule im Bereich des Berechtigungswesens beziehen.

[883] Müller, Recht der Fr. Schule nach dem GG, S.287
[884] Heckel/Avenarius, Schulrechtskunde, S.222
[885] so Frowein, Lage der Privatschulen, S.22; Müller/Kromer, NVwZ 1984, 77(80)
[886] Frowein, Lage der Privatschulen, S.22
[887] BVerfGE 27, 195(206)
[888] BVerfGE 27, 195(206)

Dort nimmt die Ersatzschule selbst hoheitliche Aufgaben aufgrund der Anerkennung wahr. Sie kann sich bei der Ausübung hoheitlicher Aufgaben als Teil der Staatsverwaltung nicht auf ihr Grundrecht aus Art.7 IV GG berufen. Aber auch das BVerfG erkennt, dass die Schulaufsicht das Institut der Anerkennung nicht dazu benutzen darf, die Ersatzschulen zur Anpassung an die öffentlichen Schulen in einem der Sache nicht gebotenem Umfang zu veranlassen oder unter Verletzung des Gleichheitsgebotes einzelne Privatschulen gegenüber anderen Schulen zu benachteiligen.[889] Soweit also die Aufsicht über die anerkannte Ersatzschule Prüfungen, Zeugnisse, Versetzungen und die Aufnahme von Schülern betrifft, sind fachaufsichtliche Maßnahmen zulässig. Über diesen Bereich hinaus verstoßen sie aber gegen Art.7 IV GG.[890] Fachaufsicht kann somit nur dort erfolgen, wo die Entscheidungen der Ersatzschule im Rahmen des staatlichen Berechtigungswesens nach außen hin unmittelbar rechtserhebliche Wirkung entfalten. Dieser Bereich ist eng zu verstehen. Er darf durch die Aufsichtsbehörden nicht extensiv ausgedehnt werden, indem etwa z.B. vollständige Lehrpläne vorgeschrieben werden. Die grundrechtliche Garantie der Freiheit der Privatschule gem. Art.7 IV GG muss insoweit von den Schulaufsichtsbehörden im Rahmen der Fachaufsicht beachtet werden. Denn selbst bei der Ausübung der Fachaufsicht im Bereich des Berechtigungswesens darf der Wesensgehalt des Grundrechts der Privatschulfreiheit nicht durch fachaufsichtliche Maßnahmen angetastet bzw. ausgehöhlt werden. Die Fachaufsicht soll nicht zu dem Ergebnis führen, die Freiheit der Gestaltung der Privatschule über den Bereich des Berechtigungswesens hinaus, einzuschränken. Ein derartiges Problem stellt sich z.B. hinsichtlich der Kopfnoten, die für Fleiß, Mitarbeit, Ordnung etc. von bestimmten Privatschulen erteilt werden. Sie sind für die Versetzung bzw. den Schulabschluss irrelevant und betreffen keine Fragen des Berechtigungswesens. Deshalb können derartige Noten nur im Wege der Rechtsaufsicht hinsichtlich der Einhaltung der Genehmigungsvoraussetzungen überprüft werden. Fachaufsichtliche Maßnahmen sind hingegen ausgeschlossen.[891]

Die Aufsichtsmaßnahmen im Rahmen der Fachaufsicht müssen verhältnismäßig sein.[892] Die Maßnahmen müssen also geeignet und erforderlich sein, um die Qualität und Vergleichbarkeit der Berechtigungen der anerkannten Ersatzschulen sicherzustellen. Überprüft wird die Recht- und Zweckmäßigkeit der Ausübung öffentlicher Gewalt.

Adressat aufsichtsrechtlicher Maßnahmen können im Bereich der Fachaufsicht nicht nur der Schulträger, sondern auch die Schule bzw. die Lehrer selbst

---

[889] BVerfGE 27, 195(209)

[890] so auch Müller, Recht der Fr. Schule nach dem GG, S.284, 287, 345f.; Plümer, Rechtsnatur der Privatschulverhältnisse, S.160; Schlaf, Aufsicht über Privatschulen, S.87

[891] Müller, Recht der Fr. Schule nach dem GG, S.347; Niehues, Schul- und PrüfungsR Bd.1, Rn 282

[892] Müller, Recht der Fr. Schule nach dem GG, S.284, 345

sein.[893] Die Aufsichtsbehörde kann Weisungen erteilen, Entscheidungen des Beliehenen aufheben und selbst neue Entscheidungen treffen. Sie hat im Rahmen der Fachaufsicht das Recht zum Selbsteintritt bzw. zur Selbstvornahme.[894] Grundsätzlich sollte aber die Aufsichtsmaßnahme auch mit Rücksicht auf Art.7 IV GG in erster Linie gegen den Träger der Ersatzschule gerichtet sein.[895] Er ist der Beliehene.
Spezielle Regelungen für Befugnisse der Aufsichtsbehörden im Rahmen der Fachaufsicht über anerkannte Ersatzschulen finden sich i.d.R. in den Landesgesetzen nicht. Zur Anwendung kommen ebenfalls die Aufsichtsbefugnisse, die für die Aufsicht über die genehmigten Ersatzschulen gegeben sind. Diese Bestimmungen gelten nach ihrem Regelungsgehalt auch für die Aufsicht über anerkannte Ersatzschulen. Im Hinblick auf die Rechtssicherheit und auf den Grundsatz des Gesetzesvorbehalts sind jedoch spezielle Normen wünschenswert. Nur so kann dem Vorrang und Vorbehalt des Gesetzes Rechnung getragen werden. Extra geregelt wird hingegen häufig der Widerruf bzw. die Rücknahme der Anerkennung.[896] Der Widerruf bzw. die Rücknahme der Anerkennung sind danach möglich, wenn die Anerkennungsvoraussetzungen nicht oder nicht mehr erfüllt bzw. die nach der Anerkennung anzuwendenden öffentlich-rechtlichen Vorschriften nicht beachtet werden. Vor dem Widerruf bzw. der Rücknahme ist aufgrund des Verhältnismäßigkeitsprinzips als milderes Mittel grundsätzlich eine angemessene Frist zur Beseitigung der Mängel einzuräumen.[897] Die Genehmigung bleibt von der eventuellen Aufhebung der Anerkennung unberührt.[898] Fraglich ist, ob die Anordnungen der Aufsichtsbehörden im Verhältnis zur Ersatzschule Verwaltungsakte sind. Problematisch ist dabei die Außenwirkung. Denn Weisungen der Aufsichtsbehörden im Rahmen der Fachaufsicht richten sich an die anerkannte Ersatzschule als Beliehener und damit als Teil der Staatsorganisation. Sie erfolgen somit innerdienstlich von einer übergeordneten an eine untergeordnete Behörde und haben deshalb keine Außenwirkung. Eine Außenwirkung bei Fachaufsichtsmaßnahmen ist jedoch dann anzunehmen, wenn die Maßnahme einen belastenden Eingriff in die Rechtssphäre der Privatschule darstellt. Das ist der Fall, wenn die Aufsichtsmaßnahme über die rein

[893] Jülich, Grundriß des SchulR NRW, S.154; so auch §§ 42 SchOG NRW, 9 III/3 ESchVO NRW
[894] Schlaf, Aufsicht über Privatschulen, S.85
[895] Becker K., Aufsicht über Privatschulen, S.163; Frowein, Lage der Privatschulen, S.23; Müller, Recht der Fr. Schule nach dem GG, S.289; Vogel, Recht der Schulen in fr. Trägerschaft, S.83
[896] § 7 III PrivSchulG Bln; § 123 III BbgSchulG; § 12 III BremPrivSchG; § 173 III HSchG; § 122 IV SchulG M-V; § 148 III SchG Nds; § 21 PrivSchG Rh-P; § 21 SaarlPrivSchG; §§ 17 IV SG LSA, 6 I/1 Nr.1 ESchVO LSA; § 123 IV SchulG Schl-H; § 9 III ThürSchfTG
[897] so auch §§ 9 IV, 7 I, II HmbSfTG; § 148 III Nr.1 SchG Nds; §§ 39 PrivSchG Rh-P, 18 PrivSchGDVO Rh-P; §§ 17 IV SG LSA, 6 I/2 ESchVO LSA
[898] Vogel, Recht der Schulen in fr. Trägerschaft, S.117

organisatorischen Folgen einer innerdienstlichen Weisung hinausgeht, weil sie sich auf den Schulvertrag auswirkt.[899] Dann kann die anerkannte Ersatzschule geltend machen, durch die Aufsichtsmaßnahme in ihrem Grundrecht der Privatschulfreiheit aus Art.7 IV GG verletzt zu sein. Sie kann insoweit im Wege des Widerspruchs und der Anfechtungsklage gegen die Aufsichtsmaßnahme vorgegangen werden.
Die Aufsicht über anerkannte Ersatzschulen stellt sich damit zunächst entsprechend der Aufsicht über genehmigte Ersatzschulen als Rechtsaufsicht dar. Für den Bereich der Anerkennung, in welchem die Ersatzschule als Beliehener Berechtigungen erteilen kann, unterliegt die Ersatzschule der Fachaufsicht. D.h., die Aufsichtsbehörden können im Bereich der Beleihung nicht nur die Recht- sondern auch die Zweckmäßigkeit des Handelns der Privatschule überprüfen und dabei einzelne Anweisungen erteilen. Die Privatschulfreiheit darf aber auch im Rahmen der Fachaufsicht nicht unverhältnismäßig eingeschränkt werden.

IV.) Das Rechtsverhältnis zwischen der anerkannten Ersatzschule und ihren Schülern bzw. deren Eltern

Das Rechtsverhältnis der anerkannten Ersatzschule zu ihren Schülern entspricht hinsichtlich der privatrechtlichen Ausgestaltung dem Schulrechtsverhältnis der genehmigten Ersatzschulen. Hinzugekommen sind für die anerkannte Ersatzschule aber die hoheitlichen Befugnisse aufgrund der Anerkennung. Für die anerkannte Ersatzschule ist deshalb zwischen dem privatrechtlichen Schulvertragsverhältnis und den aus der Anerkennung folgenden hoheitlichen Befugnissen der Ersatzschule im Bereich des Berechtigungswesens zu differenzieren. Es muss unterschieden werden zwischen einem zivilrechtlichen und einem öffentlich-rechtlichen Teil des Schulverhältnisses.[900] Hier soll zunächst der öffentlich-rechtliche Teil des Schulverhältnisses dargestellt werden. Denn er macht den wesentlichen Unterschied im Vergleich zum Schulverhältnis der genehmigten Ersatzschulen aus.

1.) Der öffentlich-rechtliche Bereich des Schulverhältnisses der anerkannten Ersatzschule

Als Folge der Beleihung des Schulträgers im Wege der Anerkennung wird die Ersatzschule im Bereich des Berechtigungswesens hoheitlich tätig. Sie übt staatliche Gewalt als Beliehener aus und ist Teil der mittelbaren Staatsverwal-

---

[899] VGH B-W, Urteil vom 27.5.1981, AktZ.: XI 3377/78, abgedruckt in BEFT, 64.2, S.5(6f.)
[900] Plümer, Rechtsnatur der Privatschulverhältnisse, S.178

tung. Die Rechtsbeziehungen des Privatschulverhältnisses der anerkannten Ersatzschule beschränken sich deshalb nicht nur auf das Zivilrecht. Denn die Aufgabenwahrnehmung durch die Ersatzschule bzgl. der Erteilung von Berechtigungen erfolgt im Interesse der Allgemeinheit. Das Berechtigungswesen soll die Vergleichbarkeit der Schulabschlüsse und somit eine Chancengleichheit gewährleisten. Dabei besteht im Bereich des Berechtigungswesens ein Über-Unterordnungsverhältnis zwischen der anerkannten Privatschule und ihrem Schüler, während im restlichen Teil des Schulverhältnisses der privatrechtliche Schulvertrag Wirkung entfaltet, der grundsätzlich von der Gleichrangigkeit der Vertragsparteien ausgeht. Die Rechtsbeziehungen der anerkannten Ersatzschule im Bereich des Berechtigungswesens orientieren sich außerdem nach den für öffentliche Schulen geltenden Vorschriften, d.h. nach Rechtssätzen, die sich ausschließlich an den Staat als Träger hoheitlicher Gewalt wenden. Die aufgeführten Merkmale entsprechen den gängigen Abgrenzungstheorien zur Abgrenzung von öffentlichem Recht und Privatrecht. Nach allen Abgrenzungstheorien, der Interessentheorie, der Subordinationstheorie und der modifizierten Subjektstheorie[901], die Theorien werden i.d.R. kumulativ bzw. kombiniert angewendet,[902] *wird die anerkannte Ersatzschule insoweit bei der Aufgabenwahrnehmung im Bereich des Berechtigungswesens im Rahmen des öffentlichen Rechts tätig.*[903] Das grundsätzlich rein privatrechtliche Schulverhältnis, in dem alle Bereiche privatautonom zwischen den Vertragsparteien ausgehandelt werden konnten, wird im Bereich der Beleihung somit durch öffentlich-rechtliche Normen überlagert.[904] Die Beleihung hat zur Folge, dass staatliche Aufgaben von Privatrechtssubjekten wahrgenommen werden; sie hat aber nicht zur Folge, dass die wahrgenommene Aufgabe selbst privaten Charakter annimmt.[905] Die anerkannten Ersatzschulen sind, soweit sie Aufgaben des Berechtigungswesens erfüllen, Verwaltungsbehörden[906] i.S. der § 1 IV VwVfG entsprechenden Landesnormen. Anerkannte Ersatzschulen entsprechen insofern den öffentlichen Schulen. Der öffentlich-rechtliche Aufgabenbereich erstreckt sich jedoch nur

---

[901] siehe dazu Rennert in Eyermann, VwGO, § 40, Rn 42ff.; Hufen, VwProzR, § 11, Rn 17ff.; Maurer, AVwR, § 3, Rn 15ff.; Stelkens/Schmitz in Stelkens/Bonk/Sachs, VwVfG, § 1, Rn 75ff.

[902] GmSOGB BGHZ 108, 284(286f.); BVerwGE 89, 281(282)

[903] BVerwGE 17, 41(42); VGH B-W NJW 1971, 2089(2091); DVBl. 1983, 592(593); Elser/Kramer, Grundriß des SchulR in B-W, S.27; Falckenberg, Grundriß des SchulR in Bayern, S.136; Heckel/Avenarius, Schulrechtskunde, S.647; Müller, Recht der Fr. Schule nach dem GG, S.280; Pfautsch/Lorentzen, Grundriß des SchulR Schl-H, Rn 71;Vogel, Recht der Schulen in fr. Trägerschaft, S.187; Hemmrich in v. Münch/Kunig, Art.7, Rn 49

[904] OVG Münster JZ 1979, 677(678); VGH B-W NJW 1980, 2597

[905] Steiner, Öffentl. Verw. durch Private, S.58

[906] BVerwGE 17, 41(42); allgemein für Beliehene: Burgi, FS f. Maurer, S.581(593); Maurer, AVwR, § 23, Rn 59; Rüfner, HdbStR V, § 117, Rn 9; Stelkens/Schmitz in Stelkens/Bonk/Sachs, VwVfG, § 1, Rn 231

auf den Umfang der Beleihung. In allen anderen Bereichen bleibt der privatrechtliche Charakter des Schulverhältnisses bestehen. Insofern kann auf die Ausführungen zum Schulverhältnis der genehmigten Ersatzschulen verwiesen werden.
Diese Zweigleisigkeit des Rechtsverhältnisses der anerkannten Ersatzschule im Verhältnis zu ihren Schülern schafft Abgrenzungsprobleme. Die Abgrenzung ist aber zu bewältigen, wenn das öffentlich-rechtliche Tätigwerden der Ersatzschulen nicht über den Bereich der Aufnahme, der Versetzungen, der Prüfungen und der Zeugnisse von Schülern hinaus extensiv ausgedehnt wird. Nur diese Sachbereiche sind für das Berechtigungswesen relevant. Alle anderen Bereiche werden nicht von der Beleihung erfasst und sind deshalb rein privatrechtlich zu beurteilen. Dabei besteht keine Bindung der Ersatzschule an die öffentlich-rechtlichen Schulvorschriften der staatlichen Schulen.
Solange in Deutschland vom staatlichen Charakter des Berechtigungswesens ausgegangen wird, kann, falls Ersatzschulen ebenfalls in der Lage sein sollen, wirksame Berechtigungen zu erteilen, nicht vom Erfordernis der Beleihung der Ersatzschule abgesehen werden. Ohne die Beleihung mit der staatlichen Aufgabe des Berechtigungswesens könnte die Ersatzschule ansonsten keine staatlichen hoheitlichen Aufgaben wahrnehmen und somit keine Berechtigungen erteilen. Die Einordnung des Berechtigungswesens als staatliche Aufgabe bedingt damit auch die dualistische Ausgestaltung des Schulverhältnisses der anerkannten Ersatzschule in Bezug auf das anwendbare Recht. Aufgrund der Beleihung muss die Ersatzschule die für öffentliche Schulen geltenden Vorschriften im Bereich der Berechtigungen beachten. Die Rechtsverhältnisse zwischen dem Beliehenen und den Dritten, d.h. den Schülern, sind somit, soweit sie auf öffentlich-rechtlichen Rechtssätzen beruhen, öffentlich-rechtlich, im Übrigen jedoch privatrechtlich einzuordnen.[907] Als Ergebnis bleibt damit festzuhalten, *dass in den von der Beleihung erfassten Bereichen das Schulverhältnis öffentlich-rechtlicher Natur ist.* Der privatrechtliche Schulvertrag wird dabei von den anzuwendenden öffentlich-rechtlichen Normen überlagert. *In allen anderen Bereichen ist das Privatschulverhältnis hingegen weiterhin rein privatrechtlich ausgestaltet.*
Hier soll noch kurz angemerkt werden, dass das öffentlich-rechtliche Schulverhältnis auch für die Privatschulen bis in die siebziger Jahre des zwanzigsten Jahrhunderts als „besonderes Gewaltverhältnis“ qualifiziert wurde.[908] Das hatte zur Folge, dass im Verwaltungsbereich des Schulverhältnisses die Grundrechte und der Gesetzesvorbehalt nicht zur Geltung kommen sollten.[909] Die Rechtsfigur des besonderen Gewaltverhältnisses ist jedoch obsolet. Auch in den vormals

---

[907] so Wolff/Bachof/Stober, VwR II, § 104, Rn 10
[908] so z.B. Plümer, Rechtsnatur der Privatschulverhältnisse, S.202, im Jahr 1970
[909] siehe dazu Maurer, AVwR, § 6, Rn 17

dem besonderen Gewaltverhältnis zugeordneten Bereichen, d.h. insbesondere für das Schulverhältnis, gelten die Grundrechte; dem Erfordernis des Vorrangs und Vorbehalts des Gesetzes ist dabei Rechnung zu tragen.[910]

a) Die anzuwendenden öffentlich-rechtlichen Vorschriften

Grundsätzlich regelt der privatrechtliche Schulvertrag die Rechtsverhältnisse der privaten Ersatzschule mit ihren Schülern. Im Bereich der Anerkennung, d.h. für die Berechtigungen sind die anerkannten Ersatzschulen jedoch verpflichtet, die für öffentliche Schulen geltenden Vorschriften anzuwenden. Hinsichtlich der Berechtigungen haben die anerkannten Ersatzschulen somit öffentlich-rechtliche Rechtssätze anzuwenden. Die Anwendung dieser Normen ist nicht abdingbar. Ihre Anwendung wird dem Beliehenen unmittelbar durch die Schul- und Privatschulgesetze der Länder vorgeschrieben.[911] Eine Nichtbeachtung der entsprechenden Vorschriften kann andernfalls zum Widerruf der Anerkennung führen. Hier sollen die entsprechenden Rechtsvorschriften jetzt kurz aufgeführt werden.
Die anerkannten Ersatzschulen haben die für die entsprechenden öffentlichen Schulen geltenden Vorschriften hinsichtlich der *Aufnahme und Versetzung von Schülern* anzuwenden.
In **Baden-Württemberg** ergibt sich dies als Konkretisierung von § 10 PSchG B-W aus § 23 S.1 Nr.1, 6 PSchG B-W i.V.m. Ziff.12 I Nr.1d) VVPSchG B-W.[912] Danach sind folgende Vorschriften für staatliche Schulen, die die Aufnahme und Versetzung von Schülern regeln, entsprechend dem Schultyp der Ersatzschule, anzuwenden: § 89 II SchG B-W i.V.m. der Grundschulversetzungsordnung,[913] der Hauptschulversetzungsordnung,[914] der Realschulversetzungsordnung,[915] der Versetzungordnung Gymnasien,[916] der Verordnung über das Aufnahmeverfahren für die Realschulen und die Gymnasien der Normal-

---

[910] BVerfGE 33, 1(9ff.); 34, 165(192f.); 41, 251(259ff.); 45, 400(417ff.); 47, 46(78ff.); 58, 257(268ff.); Anders, Schulgesetzgebung der neuen Bundesländer, S.293; Niehues, Schul- u. PrüfungsR Bd.1, Rn 31f.
[911] siehe dazu auch oben Teil C), II.), 1.), c) und d)
[912] BVerwGE 68, 185(186f.); VGH B-W NJW 1980, 2597(2598)
[913] GBl. Baden-Württemberg 1984, S.145, zuletzt geändert GBl. Baden-Württemberg 1998, S.567
[914] GBl. Baden-Württemberg 1984, S.146, zuletzt geändert GBl. Baden-Württemberg 1996, S.544
[915] GBl. Baden-Württemberg 1984, S.147, zuletzt geändert GBl. Baden-Württemberg 1996, S.544
[916] GBl. Baden-Württemberg 1984, S.149, zuletzt geändert GBl. Baden-Württemberg 2000, S.367

form[917] und der Verordnung über den Übergang zwischen Hauptschulen, Realschulen und Gymnasien der Normalform.[918] Eine anerkannte Ersatzschule ist in Baden-Württemberg somit nicht berechtigt, Schüler ohne Beachtung der für die entsprechenden öffentlichen Schulen geltenden Aufnahme- und Versetzungsbestimmungen zu unterrichten.[919]
In **Bayern** folgt die Anwendung der öffentlichen Vorschriften für Aufnahme und Versetzung von Schülern aus Art.100 II/1 BayEUG. Danach sind die entsprechenden Vorschriften der Volksschulordnung,[920] der Realschulordnung[921] und der Gymnasialschulordnung[922] zu beachten.
In **Berlin** bestimmt § 7 II/1 PrivSchulG Bln die Anwendung der öffentlichen Vorschriften für Aufnahme und Versetzung von Schülern. Anzuwenden sind danach §§ 27-32 SchulG Bln sowie § 32 VI SchulG Bln i.V.m. der Verordnung über die gymnasiale Oberstufe.[923]
In **Brandenburg** regelt § 123 II/1 BbgSchulG die Anwendung der für öffentliche Schulen geltenden Vorschriften. Zu beachten sind §§ 50-59 BbgSchulG i.V.m. der Grundschulverordnung,[924] der Sekundarstufe I – Verordnung[925] und der Gymnasiale Oberstufen-Verordnung.[926]
In **Bremen** enthält § 12 II BremPrivSchulG keine Regelung, dass anerkannte Ersatzschulen für die Aufnahme und Versetzung von Schülern die für öffentliche Schulen geltenden Vorschriften zu beachten hätten. Eine anderweitige gesetzliche Bestimmung z.B. durch eine Verordnung ist nicht ersichtlich. Ohne gesetzliche Bestimmung kann aber auch der anerkannten Ersatzschule die Anwendung öffentlich-rechtlicher Vorschriften nicht vorgeschrieben werden. Art.7 IV GG geht grundsätzlich von der freien privatautonomen Gestaltung des Privatschulverhältnisses aus. Um hierbei die Gestaltungsmacht der Privatschule durch öffentlich-rechtliche Normen überlagern und beschränken zu können, bedarf es einer hinreichend bestimmten Regelung durch oder aufgrund Gesetzes. Auch vorbehaltlos gewährleistete Grundrechte dürfen nur mit gesetzlicher Eingriffsermächtigung eingeschränkt werden.[927] Da eine solche im Bundesland

[917] GBl. Baden-Württemberg 1983, S.507, zuletzt geändert GBl. Baden-Württemberg 1994, S.376
[918] GBl. Baden-Württemberg 1985, S.285, zuletzt geändert GBl. Baden-Württemberg 2002, S.182
[919] BVerwGE 68, 185ff.; VGH B-W, Urteil vom 27.5.1981, AktZ.: XI 3377/78, abgedruckt in BEFT, 64.2, S.5
[920] GVBl. Bayern 1998, S.516
[921] GVBl. Bayern 1983, S.557, zuletzt geändert GVBl. Bayern 2002, S.413
[922] GVBl. Bayern 1983, S.681, zuletzt geändert GVBl. Bayern 2002, S.415
[923] GVBl. Berlin 1984, S.723, zuletzt geändert GVBl. Berlin 2001, S.275
[924] GVBl. Brandenburg II 1997, S.473, zuletzt geändert GVBl. Brandenburg II 2001, S.292
[925] GVBl. Brandenburg II 1997, S.374, zuletzt geändert GVBl. Brandenburg II 1999, S.440
[926] GVBl. Brandenburg II 1997, S.658, zuletzt geändert GVBl. Brandenburg II 1999, S.255
[927] BVerwGE 90, 112(122)

Bremen nicht vorhanden ist, kann der anerkannten Ersatzschule die Anwendung der für öffentliche Schulen geltenden Vorschriften im Bereich der Aufnahme und Versetzung von Schülern nicht vorgeschrieben werden.
In **Hamburg** regelt § 9 III HmbSfTG die Anwendung der für öffentliche Schulen geltenden Bestimmungen für die Zulassung bzw. Aufnahme und Versetzung von Schülern. Zu beachten sind damit §§ 42-45 HmbSG, § 45 IV HmbSG i.V.m. der Ordnung der Zeugnisse, der Versetzung, der Übergänge und der Abschlüsse für die Klassen 1 bis 10 der allgemein bildenden Schulen (Zeugnis- und Versetzungsordnung),[928] der Ausbildungsordnung der integrierten Gesamtschule[929], der Ausbildungsordnung der kooperativen Gesamtschule[930] sowie der Ausbildungs- und Prüfungsordnung der gymnasialen Oberstufe.[931]
In **Hessen** bestimmt § 173 II/2 HSchG, dass die anerkannte Ersatzschule bei der Aufnahme von Schülern die für öffentliche Schulen gegebenen Anordnungen zu beachten hat. Die Beachtung der Vorschriften für Versetzungen wird hingegen nicht vorgeschrieben. Eine solche Beachtenspflicht würde eine gesetzliche Ermächtigung erfordern, die in Hessen aber nicht vorhanden ist. Angewendet werden müssen deshalb nur die bei der Aufnahme von Schülern für öffentliche Schulen gegebenen Anordnungen. Dies sind §§ 70, 75 HSchG und §§ 70 IV, 75 VII, 81 HSchG i.V.m. der Verordnung zur Ausgestaltung der Grundstufe,[932] der Verordnung zur Ausgestaltung der Bildungsgänge und Schulformen der Mittelstufe (Sekundarstufe I)[933] und der Verordnung über die Bildungsgänge und die Abiturprüfung in der gymnasialen Oberstufe und dem Beruflichen Gymnasium.[934]
In **Mecklenburg-Vorpommern** regelt § 122 II/1 SchulG M-V, dass anerkannte Ersatzschulen die für entsprechende Schulen in öffentlicher Trägerschaft geltenden Aufnahme- und Versetzungsbestimmungen anzuwenden haben. Dies sind §§ 13 III, 16 IV, 18 IV, 64, 69 Nr.4, 131 Nr.4 SchulG M-V i.V.m. der Verordnung über die Versetzung und Abschlüsse an allgemein bildenden Schulen[935] und der Arbeits- und Prüfungsordnung gymnasiale Oberstufe.[936]
In **Niedersachsen** ergibt sich aus § 148 II/1 SchG Nds, dass anerkannte Ersatzschulen verpflichtet sind, bei der Aufnahme und der Versetzung von Schülern

---

[928] GVBl. Hamburg 1998, S.161
[929] GVBl. Hamburg 1998, S.173
[930] GVBl. Hamburg 1998, S.182
[931] GVBl. Hamburg 1990, S.93, 127, zuletzt geändert GVBl. Hamburg 1997, S.325
[932] ABl. HessKM 1995, S.602, zuletzt geändert ABl. HessKM 1999, S.691
[933] ABl. HessKM 2000, S.620
[934] ABl. HessKM 1998, S.734, zuletzt geändert ABl. HessKM 2000, S.458
[935] GVOBl. Mecklenburg-Vorpommern 1996, S.380, zuletzt geändert GVOBl. M-V 2002, S.99
[936] GVOBl. Mecklenburg-Vorpommern 1999, S.361, zuletzt geändert Mitt.bl. BM M-V 2001, S.312

die für öffentliche Schulen geltenden Bestimmungen zu beachten. Anzuwenden sind §§ 59, 60 I Nr.1 und 2 SchG Nds i.V.m. der Verordnung über die Aufnahme von Schülerinnen und Schülern in den Sekundarbereich I der Gesamtschule,[937] der Versetzungsverordnung[938] und der Verordnung über die gymnasiale Oberstufe.[939]
In **Nordrhein-Westfalen** folgt aus den §§ 37 V, 42 SchOG NRW, 4 II/1 ESchVO NRW die Anwendung der für öffentliche Schulen geltenden Vorschriften hinsichtlich der Aufnahme von Schülern. Die Beachtung der Vorschriften für Versetzungen wird hingegen wie in Hessen nicht verlangt. Anzuwenden sind danach §§ 26 III Nr.1 SchVG NRW, 4f. ASchO NRW, die Verordnung über die Ausbildung in der Sekundarstufe I[940] sowie die Ausbildungs- und Prüfungsordnung Gymnasiale Oberstufe.[941]
In **Rheinland-Pfalz** bestimmen §§ 18 III, 39 PrivSchG Rh-P, 16 PrivSchGD-VO Rh-P die Anwendung der für öffentliche Schulen geltenden Vorschriften bei der Aufnahme und Versetzung von Schülern. Dies sind die § 42 I, II Nr.1, 3 SchulG Rh-P i.V.m. der Schulordnung für die öffentlichen Grundschulen,[942] der Schulordnung für die öffentlichen Hauptschulen, Realschulen, Gymnasien und Kollegs,[943] der Landesverordnung über die gymnasiale Oberstufe[944] und der Landesverordnung über die Zeugnisse und Versetzungen an den Hauptschulen, Realschulen und Gymnasien.[945]
Im **Saarland** folgt die Anwendung der öffentlichen Vorschriften für die Aufnahme von Schülern aus § 18 III SaarlPrivSchG. Die Anwendung der für öffentliche Schulen geltenden Vorschriften für die Versetzung von Schülern verlangt das SaarlPrivSchG hingegen nicht. Zu beachten sind danach §§ 33 I, II Nr.1 SaarlSchoG, 2 SaarlASchO i.V.m. der Verordnung über die Aufnahme in Schulen der Sekundarstufe I[946], der Zeugnis- und Versetzungsverordnung für Grundschulen,[947] der Zeugnis- und Versetzungsordnung für die Hauptschu-

---

[937] GVBl. Niedersachsen 1994, S.503
[938] GVBl. Niedersachsen 1995, S.184
[939] GVBl. Niedersachsen 1997, S.139, zuletzt geändert GVBl. Niedersachsen 2001, S.425
[940] GV Nordrhein-Westfalen 1998, S.632, zuletzt geändert GV Nordrhein-Westfalen 2001, S.66, ber. S.798
[941] GV Nordrhein-Westfalen 1998, S.594, zuletzt geändert GV Nordrhein-Westfalen 2001, S.66, ber. S.798
[942] GVBl. Rheinland-Pfalz 1988, S.155, zuletzt geändert GVBl. Rheinland-Pfalz 1998, S.168
[943] GVBl. Rheinland-Pfalz 1989, S.129, zuletzt geändert GVBl. Rheinland-Pfalz 1992, S.113
[944] GVBl. Rheinland-Pfalz 1999, S.158
[945] GVBl. Rheinland-Pfalz 1978, S.297, 506, zuletzt geändert GVBl. Rheinland-Pfalz 1998, S.168
[946] Amtsbl. Saarland 1999, S.1618, zuletzt geändert Amtsbl. Saarland 2000, S.2034
[947] Amtsbl. Saarland 2000, S.1674, zuletzt geändert Amtsbl. Saarland 2002, S.1493

len,[948] der Zeugnis- und Versetzungsordnung für die Realschulen,[949] der Zeugnis- und Versetzungsordnung für die Klassenstufen 5 bis 10 des Gymnasiums[950] und der Zeugnis- und Versetzungsordnung für das auslaufende neunjährige Gymnasium.[951]
In **Sachsen** wird die Anwendung der für öffentliche Schulen geltenden Vorschriften für die Aufnahme und Versetzung von Schülern durch Gesetz oder Verordnung nicht vorgeschrieben. Die Anwendung der entsprechenden Normen kann von den anerkannten Ersatzschulen damit nicht verlangt werden. Etwaige Nebenbestimmungen zur Anerkennung, die die Anwendung der öffentlich-rechtlichen Vorschriften für die Aufnahme und Versetzung von Schülern vorschreiben, sind mangels gesetzlicher Grundlage rechtswidrig.[952] Es gilt das zu Bremen Gesagte.
In **Sachsen-Anhalt** bestimmt § 17 III/1 SG LSA die Beachtung der für öffentliche Schulen geltenden Vorschriften bei der Aufnahme und Versetzung von Schülern. Anzuwenden sind §§ 34, 35 I Nr.1, 2, 3, 7 SG LSA i.V.m. der Versetzungsverordnung,[953] der Verordnung über die Übergänge zwischen Schulformen und Bildungsgängen[954] und der Verordnung über die gymnasiale Oberstufe.[955]
In **Schleswig-Holstein** haben gem. § 123 III/1 SchulG Schl-H anerkannte Ersatzschulen bei der Aufnahme und Versetzung von Schülern die für öffentliche Schulen geltenden Bestimmungen zu beachten. Anzuwenden sind § 31 SchulG Schl-H i.V.m. der Grundschulordnung,[956] der Hauptschulordnung,[957] der Realschulordnung,[958] der Orientierungsstufenverordnung[959], der Oberstufenverordnung,[960] der Gesamtschulordnung[961] und der Aufnahme- und Versetzungsordnung Gymnasien.[962]

---

[948] Amtsbl. Saarland 1979, S.893, zuletzt geändert Amtsbl. Saarland 2000, S.726
[949] Amtsbl. Saarland 1979, S.902, zuletzt geändert Amtsbl. Saarland 2000, S.1113
[950] Amtsbl. Saarland 2002, S.1462; In § 1 II dieser Verordnung wird ausdrücklich noch einmal die Anwendbarkeit der Verordnung für entsprechende staatlich anerkannte private Ersatzschulen festgeschrieben.
[951] Amtsbl. Saarland 2002, S.1481; In § 1 II dieser Verordnung wird ebenfalls die Geltung der Verordnung für entsprechende staatlich anerkannte private Ersatzschulen festgelegt.
[952] VG Dresden, Urteil vom 28.3.2001, AktZ.: 5 K 2726/98, abgedruckt in BEFT, 62.11a, S.1(11)
[953] GVBl. Sachsen-Anhalt 1999, S.172, zuletzt geändert GVBl. Sachsen-Anhalt 2000, S.681
[954] GVBl. Sachsen-Anhalt 1993, S.560, zuletzt geändert GVBl. Sachsen-Anhalt 1996, S.235
[955] GVBl. Sachsen-Anhalt 2003, S.61
[956] NBl. Schleswig-Holstein 1999, S.114
[957] NBl. Schleswig-Holstein 1991, S.297, bereinigt S.403
[958] NBl. Schleswig-Holstein 1995, S.67
[959] NBl. Schleswig-Holstein 1991, S.300
[960] NBl. Schleswig-Holstein 1999, S.8
[961] NBl. Schleswig-Holstein 1993, S.75
[962] NBl. Schleswig-Holstein 2000, S.453, bereinigt NBl. Schleswig-Holstein 2001, S.299

In **Thüringen** regelt § 9 II/3 ThürSchfTG die Verpflichtung der anerkannten Ersatzschule bei der Aufnahme und der Versetzung von Schülern die für staatliche Schulen geltenden Regelungen anzuwenden. Zu beachten sind damit die §§ 49, 60 S.1 Nr.1, 2 ThürSchulG i.V.m. §§ 50-56, 81, 119-139 ThürSchulO.[963] Diese hier kurz aufgeführten Regelungen haben die anerkannten Ersatzschulen bei der Aufnahme und der Versetzung von Schülern zwingend zu beachten. Dazu ist anzumerken, dass in den genannten einzelnen Landesverordnungen nur diejenigen Normen anzuwenden sind, welche die Aufnahme und Versetzung der Schüler betreffen. Andere Regelungsbereiche der Landesverordnungen sind für die Ersatzschulen irrelevant. Die Mehrzahl der Bundesländer sieht in den Regelungen zur Anerkennung der Ersatzschule die Beachtung der für entsprechende öffentliche Schulen geltenden Vorschriften für die Aufnahme und Versetzung von Schülern durch die Ersatzschule vor. In Hessen, Nordrhein-Westfalen und dem Saarland sind hingegen nur die Aufnahmebestimmungen zu beachten. In Bremen und Sachsen erfolgt gar keine Bindung der anerkannten Ersatzschulen für diese Bereiche. Die Aufnahme bzw. die Versetzung von Schülern wird demnach in diesen Ländern nicht von der Beleihung erfasst. Dem Grundsatz des Gesetzesvorbehalts ist Rechnung zu tragen. Es besteht insoweit keine Bindung an öffentlich-rechtliche Vorschriften, die Aufnahme und Versetzung der Schüler kann privatautonom ausgestaltet werden. Ein Abweichen von öffentlich-rechtlichen Vorschriften ist in diesen Fällen unbeachtlich, solange die Gleichwertigkeit und Vergleichbarkeit der an der Ersatzschule abgenommenen Prüfungen und erteilten Zeugnisse mit denjenigen entsprechender öffentlicher Schule nicht beeinträchtigt wird.[964]
Weiterhin haben die anerkannten Ersatzschulen aber auch bei der *Erteilung von Zeugnissen* und der *Abhaltung von Prüfungen* die für entsprechende öffentliche Schulen geltenden Regelungen direkt anzuwenden.
In **Baden-Württemberg** folgt dies aus § 10 II/1 PSchG B-W. Anzuwenden sind § 89 III SchG B-W i.V.m. der Verordnung über die Abschlussprüfungen an Hauptschulen,[965] der Verordnung über die Abschlussprüfung an Realschulen[966] und § 8 V, VI SchG B-W i.V.m. der Abiturverordnung für Gymnasien der Normalform.[967]
In **Bayern** ergibt sich die Anwendung der für öffentliche Schule geltenden Vorschriften für Prüfungen und Zeugnisse aus Art.100 II/1, 2 BayEUG. Zu beach-

[963] GVBl. Thüringen 1994, S.185, zuletzt geändert GVBl. Thüringen 2001, S.260
[964] VG Dresden, Urteil vom 28.3.2001, AktZ.: 5 K 2726/98, abgedruckt in BEFT, 62.11a, S.1(11)
[965] GBl. Baden-Württemberg 1994, S.376, zuletzt geändert ABl. B-W für Kultus und Unterricht 2001, S.239
[966] GBl. Baden-Württemberg 1994, S.417, zuletzt geändert GBl. Baden-Württemberg 2002, S.289
[967] GBl. Baden-Württemberg 2001, S.518

ten sind Art.89 II Nr.12, 13 BayEUG i.V.m. der Volksschulordnung, der Realschulordnung und der Gymnasialschulordnung.
In **Berlin** bestimmt § 7 II/1 PrivSchulG Bln die Anwendung der für öffentliche Schulen geltenden Bestimmungen im Bereich der Prüfungen und Zeugnisse. Dies sind §§ 27, 33 SchulG Bln und § 32 VI SchulG Bln i.V.m. der Verordnung über die gymnasiale Oberstufe.
In **Brandenburg** folgt die Anwendung der Bestimmungen für Zeugnisse und Prüfungen aus § 123 II/1 BbgSchulG. Anzuwenden sind §§ 58, 60 BbgSchulG i.V.m. der Sekundarstufe I – Verordnung und der Gymnasiale Oberstufen-Verordnung.
In **Bremen** regelt § 12 II BremPrivSchG die Beachtung der für öffentliche Schulen geltenden Normen für Prüfungen und Zeugnisse. Zwingend zu berücksichtigen sind danach §§ 38 V, 40 VIII BremSchulG i.V.m. der Verordnung über die Erlangung des Erweiterten Hauptschulabschlusses,[968] der Verordnung für die Prüfung zur Erlangung des Realschulabschlusses,[969] der Gesamtschulabschlussverordnung,[970] der Verordnung über die Abiturprüfung im Lande Bremen[971] und der Zeugnisordnung.[972]
In **Hamburg** folgt aus § 9 II/1 HmbSfTG die Anwendung der für öffentliche Schulen geltenden Bestimmungen hinsichtlich der Prüfungen und Zeugnisse. Dies sind §§ 44, 46 HmbSG i.V.m. der Ordnung der Zeugnisse, der Versetzung, der Übergänge und der Abschlüsse für die Klassen 1 bis 10 der allgemein bildenden Schulen (Zeugnis- und Versetzungsordnung) sowie der Ausbildungs- und Prüfungsordnung der gymnasialen Oberstufe.
In **Hessen** ergibt sich dies aus § 173 II/1 HSchG. Anzuwenden sind danach §§ 13, 73f., 79, 81 HSchG i.V.m. der Verordnung zur Ausgestaltung der Bildungsgänge und Schulformen der Mittelstufe (Sekundarstufe I) und der Verordnung über die Bildungsgänge und die Abiturprüfung in der gymnasialen Oberstufe und dem Beruflichen Gymnasium.
In **Mecklenburg-Vorpommern** wird die Anwendung der für öffentliche Schulen geltenden Bestimmungen für Prüfungen und Zeugnisse durch § 122 III/1 SchulG M-V festgelegt. Anzuwenden sind §§ 16 III, IV, 17 II, 18 V, 19 III, 21 III, VI, 62f., 67, 69 Nr.6, 131 Nr.3, 4 SchulG M-V i.V.m. der Verordnung über die Durchführung von Realschulabschlussprüfungen[973] und der Arbeits- und Prüfungsverordnung gymnasiale Oberstufe.

---

[968] GBl. Bremen 1991, S.149, zuletzt geändert GBl. Bremen 2000, S.91
[969] GBl. Bremen 1991, S.147, zuletzt geändert GBl. Bremen 2000, S.236
[970] GBl. Bremen 1991, S.271
[971] GBl. Bremen 2001, S.47
[972] GBl. Bremen 1997, S.247, zuletzt geändert GBl. Bremen 2002, S.314
[973] GVOBl. Mecklenburg-Vorpommern 1996, S.436, zuletzt geändert GVOBl. Mecklenburg-Vorpommern 1999, S.378

In **Niedersachsen** haben gem. § 148 II/1, 3 SchG Nds anerkannte Ersatzschulen bei der Abhaltung von Prüfungen und der Erteilung von Zeugnissen die für öffentliche Schulen geltenden Regelungen zu beachten. Diese Regelungen sind §§ 8, 11, 59 V, 60 I Nr.6, II SchG Nds i.V.m. der Verordnung über die Abschlüsse im Sekundarbereich I,[974] der Verordnung über die gymnasiale Oberstufe und der Verordnung über die Abschlüsse in der gymnasialen Oberstufe.[975]
In **Nordrhein-Westfalen** bestimmen dies die §§ 37 V, 42 SchOG NRW, 5 ESchVO NRW. Anzuwenden sind hiernach §§ 4c, 26 III Nr.2, 26b SchVG NRW, 31f. AschO i.V.m. der Verordnung über die Ausbildung in der Sekundarstufe I und der Ausbildungs- und Prüfungsordnung Gymnasiale Oberstufe.
In **Rheinland-Pfalz** regeln die §§ 18 II, 39 PrivSchG Rh-P, 16 PrivSchGDVO Rh-P die Anwendung der für öffentliche Schulen geltenden Vorschriften für Prüfungen und Zeugnisse. Zu beachten sind § 42 I, II Nr.5, III SchulG Rh-P i.V.m. der Schulordnung für die öffentlichen Hauptschulen, Realschulen, Gymnasien und Kollegs, der Landesverordnung über die gymnasiale Oberstufe und der Abiturprüfungsordnung.[976]
Im **Saarland** folgt die Anwendung der öffentlichen Vorschriften für die Abhaltung von Prüfungen und die Erteilung von Zeugnissen aus § 18 II SaarlPrivSchG. Anzuwenden sind §§ 3a II/3f., III/3f., V, 33 I, III SaarlSchoG i.V.m. der Zeugnis- und Versetzungsverordnung für Grundschulen, der Zeugnis- und Versetzungsordnung für die Hauptschulen, der Zeugnis- und Versetzungsordnung für die Realschulen, der Verordnung über den Bildungsgang und die Abschlüsse der Erweiterten Realschule, [977] der Verordnung über den Bildungsgang und die Abschlüsse der Gesamtschule,[978] der Prüfungsordnung zum Erwerb des Hauptschulabschlusses an Erweiterten Realschulen und Gesamtschulen,[979] der Prüfungsordnung zum Erwerb des mittleren Bildungsabschlusses an Erweiterten Realschulen, Gesamtschulen, Realschulen und Sekundarschulen,[980] der Zeugnis- und Versetzungsordnung für die Klassenstufen 5 bis 10 des Gymnasiums, der Zeugnis- und Versetzungsverordnung für das auslaufende neunjährige Gymnasium, der Oberstufenverordnung[981] und der Abiturprüfungsverordnung.[982]
In **Sachsen** verlangt § 8 II/1 SächsFrTrSchulG die Einhaltung der für öffentliche Schulen geltenden Vorschriften für die Abhaltung von Prüfungen und die

[974] GVBl. Niedersachsen 1994, S.197
[975] GVBl. Niedersachsen 1997, S.149, zuletzt geändert GVBl. Niedersachsen 2001, S.425
[976] GVBl. Rheinland-Pfalz 1999, S.175
[977] Amtsbl. Saarland 2000, S.1690, zuletzt geändert Amtsbl. Saarland 2002, S.1493
[978] Amtsbl. Saarland 2000, S.1744, zuletzt geändert Amtsbl. Saarland 2002, S.1493
[979] Amtsbl. Saarland 2000, S.1100, zuletzt geändert Amtsbl. Saarland 2002, S.1493
[980] Amtsbl. Saarland 2000, S.1107, zuletzt geändert Amtsbl. Saarland 2002, S.1493
[981] Amtsbl. Saarland 1995, S.1142, zuletzt geändert Amtsbl. Saarland 2002, S.1493
[982] Amtsbl. Saarland 1995, S.1165, zuletzt geändert Amtsbl. Saarland 2000, S.2034

Erteilung von Zeugnissen. Zu beachten sind §§ 6 II/2-4, 7 II, IV, V, 62 I, III SächsSchulG i.V.m. der Verordnung über die Abschlussprüfung an Mittelschulen des Freistaates Sachsen[983] und der Oberstufen- und Abiturprüfungsverordnung.[984]

In **Sachsen-Anhalt** bestimmt § 17 III/1, 3 SG LSA die Einhaltung der für öffentliche Schulen geltenden Vorschriften bei der Abhaltung von Prüfungen und der Erteilung von Zeugnissen.[985] Anzuwenden sind § 35 I Nr.5 SG LSA i.V.m. der Abschlussverordnung Sekundarstufe I[986] und der Verordnung über die gymnasiale Oberstufe.

In **Schleswig-Holstein** sind nach § 123 III/1 SchulG Schl-H die für öffentliche Schulen geltenden Vorschriften für die Abhaltung von Prüfungen und die Erteilung von Zeugnissen durch die anerkannten Ersatzschulen anzuwenden. Zu beachten sind danach § 35 SchulG Schl-H i.V.m. der Hauptschulordnung, der Realschulordnung, der Oberstufenverordnung, der Zeugnisordnung[987] und der Abiturprüfungsverordnung.[988]

In **Thüringen** schließlich haben gem. § 9 II/1 ThürSchfTG die anerkannten Ersatzschulen das Recht nach den für die entsprechenden öffentlichen Schulen geltenden Vorschriften Prüfungen abzuhalten und Zeugnisse zu erteilen. Anzuwenden sind deshalb §§ 4 III/2f., V/2f., 48, 60 S.1 Nr.2 ThürSchulG i.V.m. §§ 60-68, 83-107 ThürSchulO.

Aus den bis hier aufgeführten Regelungen folgt, dass in allen Bundesländern die anerkannten Ersatzschulen die für die entsprechenden öffentlichen Schulen geltenden Vorschriften für die Abhaltung von Prüfungen und die Erteilung von Zeugnissen anzuwenden haben. Dazu kommt, soweit landesrechtlich vorgesehen, noch die Einhaltung der weiter oben aufgeführten Bestimmungen für die Aufnahme und Versetzung von Schülern. Mit der Anwendung dieser Normen wird die Vergleichbarkeit der von anerkannten Ersatzschulen erteilten Berechtigungen mit denjenigen öffentlicher Schulen sichergestellt. Durch die zwingende Anwendung dieser Normen sind die anerkannten Ersatzschulen im Bereich des Berechtigungswesens den öffentlichen Schulen nicht nur gleichwertig sondern sogar gleichartig. Daraus folgt, dass für die Schüler anerkannter Ersatzschulen im Bereich des Berechtigungswesens die gleichen Normen und damit Rechte und Pflichten gelten wie für die Schüler öffentlicher Schulen. Die Schüler können direkt an der Ersatzschule Berechtigungen erwerben, die denen öffentlicher Schulen gleichgestellt sind. Eine so genannte Nichtschüler- oder Ex-

[983] GVBl. Sachsen 1993, S.295, zuletzt geändert GVBl. Sachsen 2002, S.231
[984] GVBl. Sachsen 1996, S.26, zuletzt geändert GVBl. Sachsen 1999, S.403, 406
[985] Reich, SchulG LSA, § 17, Rn 6, 8; Wolff/Richter/Gras, SchulG LSA, § 17, Anm.3
[986] GVBl. Sachsen-Anhalt 2001, S.607, zuletzt geändert GVBl. Sachsen-Anhalt 2002, S.361
[987] NBl. Schleswig-Holstein 1981, S.196, zuletzt geändert NBl. Schleswig-Holstein 1995, S.247
[988] NBl. Schleswig-Holstein 2000, S.20

ternenprüfung müssen sie nicht mehr ablegen. Die Zusammensetzung der Prüfungsausschüsse der anerkannten Ersatzschule wird in einigen Bundesländern durch die zuständige Schulbehörde bestimmt,[989] in anderen Bundesländern führt ein Beauftragter bzw. Vertreter der zuständigen Schulbehörde den Vorsitz während der Abschlussprüfungen.[990]
Es stellt sich jedoch noch die Frage, ob die anerkannten Ersatzschulen in den soeben aufgeführten Bereichen auch verpflichtet sind, *Verwaltungsvorschriften* einzuhalten. Verwaltungsvorschriften sind Innenrecht der Verwaltung und entfalten grundsätzlich keine unmittelbare Rechtswirkung nach außen.[991] Die anerkannte Ersatzschule handelt jedoch im Bereich des Berechtigungswesens als Teil der Staatsverwaltung und unterliegt dabei einer verstärkten Aufsicht und Weisungen durch übergeordnete Behörden. Die anerkannte Ersatzschule ist daher auch verpflichtet, die entsprechenden verwaltungsinternen Vorschriften und Anweisungen übergeordneter Verwaltungsbehörden für die Aufgabenwahrnehmung im Bereich des Berechtigungswesens zu beachten.
Die Leistungsbewertung der anerkannten Ersatzschule nach Notenstufen bzw. Punkten muss der öffentlicher Schulen entsprechen. Die staatlichen Grundsätze der Leistungsbewertung sind einzuhalten. Eigene selbst konzipierte Aufnahme- und Zwischenprüfungen soll die anerkannte Ersatzschule nicht einführen dürfen.[992] Hier ist jedoch Art.7 IV GG zu berücksichtigen. Solange die selbst konzipierten Aufnahme- und Zwischenprüfungen nicht zu den von der anerkannten Ersatzschule zu beachtenden öffentlich-rechtlichen Vorschriften über die Aufnahme und Prüfungen im Widerspruch stehen, sind sie ohne weiteres möglich. Gestaltungsfreiheit besteht, wenn die Landesregelungen keine Bindungen für diese Bereiche vorsehen. Die interne Eruierung des Leistungsstands der eigenen Schüler kann der anerkannten Ersatzschule nicht verwehrt werden.
Die Haupt- und Prüfungsfächer der entsprechenden öffentlichen Schulen sind hingegen für die anerkannte Ersatzschule verbindlich, da sie als Schwerpunktfächer für den Schulabschluss oder für Versetzungen maßgebend sind.[993] Dies ergibt sich aus den öffentlich-rechtlichen Vorschriften über die Durchführung der Prüfungen, da diese festlegen, welche Fächer als Hauptfächer zu prüfen sind. Jedoch kann der anerkannten Ersatzschule damit *keine Lehrplanidentität* vorgeschrieben werden. Die öffentlich-rechtlichen Vorschriften geben zwar Prüfungsfächer vor und verlangen die Einhaltung der Prüfungs-, Zeugnis-, Ver-

---

[989] so § 10 II/2 PSchG B-W; § 9 II/2 HmbSfTG; § 8 II/2 SächsFrTrSchulG; § 17 III/2 SG LSA; § 123 III/3 SchulG Schl-H
[990] so § 7 II/4 PrivSchulG Bln; § 123 II/4 BbgSchulG; § 122 III/1 SchulG M-V; § 148 II/2 SchG Nds; § 37 V SchOG NRW; § 18 II PrivSchG Rh-P; § 18 II SaarlPrivSchG; § 9 II/2 ThürSchfTG
[991] Maurer, AVwR, § 24, Rn 16f.
[992] Woltering/Bräth, Nds SchG, § 148, Rn 7
[993] Woltering/Bräth, Nds SchG, § 148, Rn 9

setzungs- und Aufnahmevorschriften, was u.a. zur Folge hat, dass bei der Entscheidung über die Versetzung von Schülern der an öffentlichen Schulen herrschende Leistungsstand als Versetzungsmaßstab heranzuziehen ist. Wie die anerkannte Ersatzschule aber diesen Leistungsstand erzielt und wie sie genau den Unterricht in den Schwerpunktfächern durchführt, kann ihr aufgrund der Privatschulfreiheit nicht vorgeschrieben werden. Die Privatschule ist frei in der Gestaltung ihres Unterrichts. Durch einen Lehrplan öffentlicher Schulen dürfen ihr die Einzelheiten der Bildungsvermittlung nicht vorgeschrieben werden. Ansonsten bliebe vom Wesensgehalt der Privatschulfreiheit, deren Ziel es ist, inhaltlich frei Bildung zu vermitteln, kaum etwas übrig.
D.h., trotz der Bindung der anerkannten Ersatzschule in den oben aufgeführten Bereichen, bleibt der aus Art.7 IV GG folgende Grundsatz der Freiheit der Gestaltung des Unterrichts durch die Privatschule bestehen. Die Beachtung öffentlich-rechtlicher Vorschriften durch die anerkannten Ersatzschulen darf nicht extensiv ausgedehnt werden. Ziel der staatlichen Normen kann es nur sein, die Vergleichbarkeit der Abschlüsse und der Chancengleichheit zu gewährleisten. Auf anderen Zielsetzungen beruhende Bindungen der anerkannten Ersatzschulen verletzen das Freiheitsrecht der Privatschulfreiheit. Denn für sie besteht keine Rechtfertigung.
Die anerkannte Ersatzschule wird, wenn sie im Bereich des Berechtigungswesens als Beliehener handelt, als Verwaltungsbehörde tätig.[994] Die Versetzungs- und Abschlusszeugnisse der anerkannten Ersatzschule, die Entscheidung über die Nichtversetzung, die Aufnahme oder Abweisung des Schülers stellen die Rechtslage des Schülers unmittelbar fest. Derartige Entscheidungen der anerkannten Ersatzschulen sind als *Verwaltungsakte* zu qualifizieren.[995] Einzelnoten sind hingegen nur dann Verwaltungsakte, wenn sie rechtserheblich sind, also unmittelbare Rechtsfolgen nach außen hin auslösen.[996]
Die anerkannte Ersatzschule ist damit im Rahmen des öffentlichen Rechts tätig, soweit und nur soweit die Anerkennung, die Beleihung mit Hoheitsrechten reicht. Dieser Bereich wird festgelegt und begrenzt durch die oben aufgeführten Landesnormen. In diesem Bereich finden die jeweiligen allgemeinen Landesvorschriften für das Verwaltungsverfahren Anwendung. D.h. insbesondere die Verwaltungsverfahrensgesetze der Länder. Darüber hinaus bleibt der rein privatrechtliche Charakter des Handelns der Ersatzschule auf der Grundlage des

---

[994] BVerwGE 17, 41(42)
[995] VG Schleswig, Urteil vom 19.11.1973, AktZ.: 9 A 51/72, abgedruckt in BEFT, 66.12, S.1(3); Becker K., Aufsicht über Privatschulen, S.135; Heckel, DÖV 1964, 595(597); ders./Avenarius, Schulrechtskunde, S.488; Ossenbühl, Rechtl. Grundfragen der Erteilung von Schulzeugnissen, S.29; Plümer, Rechtsnatur der Privatschulverhältnisse, S.199, 201; Wolff/Richter/ Gras, SchulG LSA, § 17, Anm.3
[996] VGH Kassel DVBl. 1974, 469f.; OVG Berlin DVBl. 1975, 731f.; Heckel/Avenarius, Schulrechtskunde, S.488

privatrechtlichen Schulvertrages bestehen. So sind z.B. Privatschulen und deren Trägern bei der von ihnen zu treffenden Entscheidung über die Erstattung von Schülerfahrkosten, die im Zusammenhang mit dem Besuch einer Privatschule entstanden sind, keine öffentlich-rechtlichen Befugnisse übertragen.[997]
Der Umfang der Beleihung bestimmt die Grenze des Handelns der anerkannten Privatschule als Träger öffentlicher Gewalt und die Bindung der Ersatzschule an Verwaltungsnormen. Dieser Bereich ist eng auszulegen, begrenzt auf die den Kern des Berechtigungswesen ausmachenden Punkte, d.h. begrenzt auf die Aufnahme und Versetzung von Schülern, die Abhaltung von Prüfungen und die Erteilung von Zeugnissen. Darüber hinausgehende Bindungen der anerkannten Ersatzschulen sind mit Art.7 IV GG nicht vereinbar.

b) Die Rechtsfolgen bei Aufhebung bzw. bei Nichterteilung der Anerkennung im Verhältnis zwischen Schulträger und Schüler

Zu beantworten ist die Frage, *welche Rechte der Schüler besitzt, wenn dem Schulträger die Anerkennung entzogen worden ist.* Dies geschieht im Wege der Aufhebung der Anerkennung, wenn der Schulträger die Voraussetzungen der Anerkennung nicht andauernd erfüllt hat oder wenn er die als Rechtsfolge der Anerkennung einzuhaltenden öffentlich-rechtlichen Normen des Berechtigungswesens trotz Aufforderung der Aufsichtsbehörden nicht beachtet. Ohne die Anerkennung ist die Ersatzschule nicht mehr in der Lage Prüfungen mit öffentlich-rechtlicher Außenwirkung durchzuführen.
Das gleiche Problem stellt sich, wenn der Schulträger dem Schüler im Schulvertrag zusagt, eine anerkannte Ersatzschule besuchen zu können, dann aber z.B. mangels eigener ausreichender Bemühungen zur Erfüllung der Voraussetzungen die Anerkennung nicht erhält.
Im Schulvertrag des Schülers mit der anerkannten Ersatzschule wird davon ausgegangen und vereinbart, dass der Schüler seine Prüfungen direkt an der Schule durchführen kann und diese Prüfungen auch öffentlich-rechtliche Außenwirkung entfalten. Obwohl der Schulträger die Befähigung für die Berechtigungserteilung erst durch die Beleihung, einem hoheitlichen Akt, erlangt, darf er die Art und die Wirkung der Prüfungserlangung durch den Schüler im Schulvertrag festlegen. Denn die Möglichkeit des Berechtigungserwerbs direkt an der und durch die Ersatzschule ist häufig ein maßgebliches Entscheidungskriterium des Schülers bzw. seiner Eltern für den Besuch einer anerkannten Ersatzschule.
Erlangt der Schulträger die Anerkennung nun erst gar nicht oder wird sie ihm wieder entzogen, d.h. die Beleihung wird durch einen actus contrarius der beleihenden Behörde aufgehoben, kann der Schulträger eine wesentliche Ver-

---

[997] OVG Münster, Beschl. vom 26.6.2001, AktZ.: 19 E 404/01 (Leitsatz abgedruckt in DÖV 2002, 218)

pflichtung des Schulvertrages nicht mehr erfüllen. Die Art und Weise der Prüfungsdurchführung stellt für die Schüler eine der wesentlichsten Fragen des Schulbesuches überhaupt dar. Die Prüfungsdurchführung wird für den Schulträger aber unmöglich i.S.v. § 275 I BGB, wenn die Aufhebung der Beleihung bzw. der Anerkennung erfolgt. Der Schüler hat aufgrund dieses Umstandes das Recht zur außerordentlichen Kündigung des Schulvertrages gem. § 626 BGB. Der Schüler ist somit in der Lage, ohne noch vertraglich gebunden zu sein, auf eine andere Schule wechseln zu können, die ihm ohne eine Externenprüfung Berechtigungen zu vermitteln in der Lage ist. Der Schüler gerät zudem infolge der Kündigung nicht in Annahmeverzug.
Durch die Kündigung entstehende Kosten kann der Schüler gem. § 628 II BGB vom Schulträger als Schaden ersetzt verlangen.[998] Der Schulträger darf hingegen gem. § 628 I BGB vom Schüler einen seinen bisherigen erbrachten Leistungen entsprechenden Teil des Schulgeldes fordern, wenn die erbrachten Leistungen für den Schüler von Interesse waren. Bei ordnungsgemäß erbrachtem Unterricht ist dies in der Regel der Fall.
Kündigt der Schüler den Schulvertrag hingegen nicht, kann er für ihm entstehende Mehrkosten Schadensersatz gem. §§ 280 I, 283 BGB verlangen. Seine Abschlussprüfung führt er dann im Wege der oben beschriebenen Externenprüfung als Schüler einer lediglich genehmigten Ersatzschule vor einer staatlichen Prüfungskommission durch.
Neben diesen rein zivilrechtlichen Ansprüchen besteht für den Schüler aber auch die Möglichkeit, im Wege des Amtshaftungsanspruchs gem. Art.34 GG, § 839 I BGB Schadensersatz zu verlangen. Denn es besteht für Beliehene im Bereich der Beleihung die Amtspflicht zu einem gesetzmäßigen Handeln. Eine derartige Amtspflicht kann sich u.a. aus förmlichen Gesetzen oder Rechtsverordnungen ergeben.[999] Im Fall der Anerkennung folgt sie aus den oben näher beschriebenen Gesetzen und Verordnungen, die die Voraussetzungen für die Anerkennung und die danach einzuhaltenden Rechtsvorschriften festlegen. Beachtet der Schulträger die gesetzlichen Voraussetzungen der Anerkennung und die danach anzuwendenden Rechtsnormen nun nicht dauerhaft, so verletzt er die Amtspflicht, seine Aufgaben und Befugnisse im Einklang mit dem Recht vorzunehmen. Er handelt nicht gesetzmäßig. Die Regelungen und Folgen der Normen zur Anerkennung betreffen dabei gerade die Schüler, da sie diejenigen sind, die Berechtigungen nach den vom Schulträger zu beachtenden Vorschriften erlangen möchten. Verletzungen dieser Vorschriften beeinträchtigen somit ebenfalls die Rechtsposition und Interessen der einzelnen Schüler. D.h., es handelt sich bei der Pflicht zur Einhaltung der öffentlich-rechtlichen Vorschriften

---

[998] zu den Voraussetzungen des § 628 II BGB siehe oben Teil D), II.), 5.), a), bb), β); Der Schadensersatzanspruch gem. § 628 II BGB setzt insbesondere Verschulden des Schulträgers gem. §§ 276, 278 BGB voraus.
[999] MK/Papier, § 839, Rn 191

die Folge der Anerkennung sind, um eine drittgerichtete Amtspflicht, die auch den Schutz der Schüler bezweckt. Verletzt der Schulträger diese Pflicht vorsätzlich oder fahrlässig, haftet diejenige Körperschaft, welche den Schulträger mit der hoheitlichen Aufgabe des Berechtigungswesens betraut hat im Wege des Amtshaftungsanspruchs gem. Art.34 GG, § 839 I BGB.[1000] Der Schulträger haftet selbst nicht unmittelbar aus dem Amtshaftungsanspruch, da er als Beliehener nicht Körperschaft i.S.v. Art.34 GG ist. Unter Umständen kann die haftende Körperschaft aber Regressansprüche gegen den Schulträger geltend machen.
Der Schutzbereich der soeben beschriebenen drittgerichteten Amtspflicht erfasst nur Schäden, die unmittelbar aufgrund der Nichteinhaltung der Rechtsnormen zur Anerkennung durch den Schulträger entstanden sind. Dazu zählen aber auch Kosten der Schüler, die entstehen, weil die Ersatzschule nach Aufhebung der Anerkennung nun keine Prüfungen selbst mehr durchführen darf.
Fällt dem Schulträger nur Fahrlässigkeit gem. §§ 276 I, II, 278 BGB zur Last, so kann gem. § 839 I/2 BGB die haftende Körperschaft nur dann in Anspruch genommen werden, wenn der Verletzte nicht auf andere Weise Ersatz zu erlangen vermag. Es handelt sich dabei um ein negatives Tatbestandsmerkmal für das der Geschädigte die Darlegungs- und Beweislast trägt.[1001] Verletzte der Schulträger somit lediglich fahrlässig seine Amtspflichten in Bezug auf die Anerkennung, greift der Amtshaftungsanspruch gegen die den Schulträger beleihende Körperschaft nur subsidiär ein, da die betroffenen Schüler gegen den Schulträger einen direkten Anspruch auf Schadensersatz gem. § 628 II BGB bzw. gem. §§ 280 I, 283 BGB geltend machen können. Wurde der Schulträger von der zuständigen Schulaufsichtsbehörde jedoch vor dem Widerruf der Anerkennung erfolglos zur Einhaltung der Normen für die Anerkennung aufgefordert, ist zumindest von dolus eventualis des Schulträgers auszugehen. Die Voraussetzungen des § 839 I/2 BGB liegen dann nicht mehr vor.

c) Weitere Besonderheiten des Schulverhältnisses der anerkannten Ersatzschule

Die Beleihung der Ersatzschule und die daraus folgende Anwendung öffentlich-rechtlicher Vorschriften im Privatschulverhältnis für den Bereich des Berechtigungswesens hat noch weitere Unterschiede im Vergleich zu den genehmigten Ersatzschulen zur Folge. Als Beliehener und Teil der mittelbaren Staatsverwaltung übt der Schulträger hoheitliche Gewalt aus. Aufgrund dessen gelten für den Bereich der Beleihung die Grundrechte unmittelbar im Verhältnis des Schülers der Ersatzschule zum Schulträger.[1002] Die Grundrechte können damit

---

[1000] siehe unten sogleich im Anschluss Teil D), IV.), 1.), c)
[1001] BGHZ 37, 375(377); 120, 124(125); 121, 65(71)
[1002] für Beliehene allgemein: Burgi, FS f. Maurer, S.581(592); Pieroth/Schlink, Staatsrecht II, Rn 167; Rüfner in HdbStR V, § 117, Rn 9

aus ihrem status negativus heraus als Abwehrrechte gegen Maßnahmen des Schulträgers geltend gemacht werden.
Es stellt sich dabei die Frage, ob das Grundrecht aus Art.12 I GG auch auf die Ausbildung in allgemein bildenden Schulen angewandt werden kann. Dann könnte sich der Schüler bei belastenden Maßnahmen des Schulträgers im Bereich des Berechtigungswesens auf dieses Grundrecht berufen. Art.12 I GG schützt neben der freien Berufsausübung die Freiheit der Berufs- und Arbeitsplatzwahl sowie die Freiheit der Wahl der Ausbildungsstätte. Die allgemein bildende Schule müsste für die Eröffnung des Schutzbereichs von Art.12 I GG eine berufsbezogene Ausbildungsstätte sein. Strittig ist die Beantwortung dieser Frage vor allem für die gymnasiale Oberstufe. Für diese wird die Eröffnung des Schutzbereichs von Art.12 I GG vielfach abgelehnt mit der Begründung, der allgemein bildenden Schule fehle der unmittelbare Bezug zur späteren Berufstätigkeit bzw. die berufsspezifische Ausbildung.[1003] Das heutige Schulsystem sei in einem Maße durchlässig, dass der Zugang zu den Universitäten beispielsweise nicht mehr vom erfolgreichen Abschluss der Hochschulreife abhänge und fachgebundene Zulassungen sich auch über Fachoberschulen erwerben lassen würden.[1004] Diesen Argumenten ist im Einklang mit dem Bundesverfassungsgericht aber entgegenzuhalten, dass auch mit dem Besuch allgemein bildender weiterführender Schulen der weitere Bildungs- und Lebensweg des Schülers und seine soziale Rolle massiv beeinflusst werden. Gerade in der gymnasialen Oberstufe erfolgt schon frühzeitig eine Spezialisierung des Schülers nicht zuletzt durch die Kurswahl im Hinblick auf das zukünftige Berufsziel. Durch den Schulabschluss im Wege des Abiturs wird dann der Zugang zu bestimmten höheren Berufen gewährt bzw. die Chance zur freien Berufswahl für viele Bereiche erst eröffnet.[1005] Für den Zugang zu den Universitäten ist nach wie vor grundsätzlich die Hochschulreife erforderlich. Dabei kann es für die Anwendung des Art.12 I GG keinen Unterschied machen, ob die Hochschulreife an einer fachbezogenen oder an einer allgemein bildenden Oberschule erworben wird. Die Wirkung der erlangten Berechtigung ist gleich. Deshalb ist zumindest das Gymnasium, d.h. die Sekundarstufe II zu den Ausbildungsstätten i.S.d. Art.12 I GG zu zählen.[1006] Geschützt sind durch Art.12 I GG die im Rahmen der Ausbildung notwendigen Tätigkeiten, insbesondere die Teilnahme am Unterricht und an den Prüfungen.[1007] Bei der Rechtfertigung von Eingriffen in

---

[1003] Jarass in Jarass/Pieroth, GG, Art.12, Rn 71; ders., DÖV 1995, 674(678); Manssen in v. Mangoldt/Klein/Starck, GG, Art.12, Rn 58
[1004] Manssen in v. Mangoldt/Klein/Starck, GG, Art.12, Rn 58
[1005] BVerfGE 58, 257(272f.)
[1006] BVerfGE 58, 257(273); OVG Münster NJW 1976, 725(726); Breuer, HdbStR VI, § 147, Rn 75; Gubelt in v. Münch/ Kunig, GG, Art.12, Rn 26
[1007] Jarass in Jarass/Pieroth, GG, Art.12, Rn 72; Tettinger in Sachs, GG, Art.12, Rn 69

Art.12 I GG ist in besonderem Maße der Verhältnismäßigkeitsgrundsatz in näherer Konkretisierung durch die Stufenlehre zu beachten.
Für Schüler anderer Schulformen ist hingegen nur der Schutzbereich des Art.2 I GG eröffnet.[1008] Die herkömmliche Schulausbildung wird nicht als berufsspezifische Ausbildung i.S.v. Art.12 I GG angesehen.[1009] Aber auch die Nichtversetzung eines Schülers in der gymnasialen Oberstufe soll keinen unmittelbaren Bezug für den Erwerb des Abschlusses haben, Lebens- und Berufschancen sollen dadurch nicht maßgeblich berührt werden.[1010] Deshalb kann sich der betroffene Schüler auch im Falle der Nichtversetzung nur auf Art.2 I GG berufen.
Der Schulträger der anerkannten Ersatzschule ist, wie schon mehrfach festgestellt wurde, Beliehener und Teil der mittelbaren Staatsverwaltung. Er übt im Bereich des Berechtigungswesens ein öffentliches Amt i.S.v. Art.34 S.1 GG i.V.m. § 839 BGB aus.[1011] Insofern müssen während des Betriebs der anerkannten Ersatzschule im Bereich des Berechtigungswesens drittgerichtete Amtspflichten beachtet werden, die u.a. dem Schutz der Schüler dienen. Eine drittgerichtete Amtspflicht des Schulträgers stellt insbesondere die Pflicht dar, Prüfungen ordnungs- und fristgemäß durchzuführen. Die Schüler haben im Hinblick auf die Erlangung der Berechtigung ein großes individuelles Interesse an der rechtmäßigen Durchführung ihrer Prüfung. Es ist deshalb von der Drittgerichtetheit dieser Pflicht auszugehen. Das konkret betroffene Interesse der Schüler an einer rechtsgemäßen Prüfungsdurchführung soll gerade geschützt werden. Als weitere im Verhältnis zum Schüler drittgerichtete Amtspflichten bestehen u.a. die Pflicht zur fehlerfreien Auskunftserteilung und die Pflicht, bei der Wahrnehmung hoheitlicher Aufgaben die absoluten Rechte der Schüler nicht zu verletzen.
Liegen drittgerichtete, die Schüler schützende Amtspflichten vor, werden diese schuldhaft durch den Schulträger gem. §§ 276, 278 BGB verletzt, entsteht dadurch ein Schaden und ist die Haftung nicht beschränkt oder ausgeschlossen, etwa gem. § 839 I/2, III GG, kann der Schüler einen Amtshaftungsanspruch gem. Art.34 GG i.V.m. § 839 BGB geltend machen. Es haftet der beliehene Schulträger jedoch nicht selbst. Beliehene sind keine Körperschaften i.S.v. Art.34 S.1 GG.[1012] Anspruchsgegner des Amtshaftungsanspruches ist deshalb

---

[1008] BVerwGE 47, 201(206); 56, 155(158); Jarass in Jarass/Pieroth, GG, Art.2, Rn 6, 14; Tettinger in Sachs, GG, Art.12, Rn 67
[1009] für Grundschulen: Scholz in Maunz/Dürig, GG, Art.12, Rn 180; OVG Berlin NVwZ-RR 2002, 577
[1010] BVerfGE 58, 257(273f.)
[1011] für Beliehene generell: Burgi, FS f. Maurer, S.581(593); Jarass in Jarass/Pieroth, GG, Art.34, Rn 6; v. Danwitz in v. Mangoldt/Klein/Starck, GG, Art.34, Rn 61; Brun/Bryde in v.Münch/Kunig, GG, Art.34, Rn 13, (nennt ausdrücklich auch anerkannte Privatschulen); Wolff/ Bachof/Stober, VwR II, § 104, Rn 11
[1012] Maurer, AVwR, § 26, Rn 43

diejenige Körperschaft, die den Beliehenen mit der hoheitlichen Aufgabe des Berechtigungswesens betraut hat.[1013]
Der zu leistende Schadensersatz gem. §§ 249ff., 842ff. BGB ist regelmäßig auf Geldersatz beschränkt.[1014] Bei der Amtshaftung handelt es sich nämlich um eine auf den Staat übergeleitete persönliche Haftung desjenigen, dem ein öffentliches Amt anvertraut worden ist. D.h., es wird ein Anspruch nur auf solche Leistungen begründet, die von dem Amtswalter auch persönlich privat erbracht werden können. Dazu zählen aber nicht Amtshandlungen, sondern i.d.R. nur Geldersatz. Gegenüber dem Schulträger hat die haftende Körperschaft allerdings gem. Art.34 S.2 GG die Möglichkeit des Regresses bei vorsätzlichem oder grob fahrlässigem Verhalten des Schulträgers bzw. seiner Erfüllungsgehilfen. Als Voraussetzung hierfür muss aber eine besondere gesetzliche oder vertragliche Grundlage für diese Innenhaftung bestehen.[1015] Der bloße Verweis auf Art.34 S.2 GG reicht nicht aus. Die Amtshaftung schließt die allgemeine deliktische Haftung des pflichtverletzenden Beliehenen aus. Sie ist in diesem Fall lex specialis im Verhältnis zum Deliktsrecht.[1016] Alle sonstigen Schadensersatz- und Entschädigungsansprüche können hingegen neben dem Amtshaftungsanspruch geltend gemacht werden.[1017] Die den Schulträger beleihende Körperschaft haftet gem. § 839 I/2 BGB nur subsidiär, wenn dem Schulträger lediglich Fahrlässigkeit zur Last fällt und der Schüler auf andere Weise Ersatz zu erlangen vermag.

d) Der Rechtsweg bei Streitigkeiten zwischen dem Schulträger und dem Schüler

Soweit die anerkannte Ersatzschule sich im Rahmen ihrer öffentlichen Verwaltungsbefugnisse betätigt, d.h. im Bereich der Anerkennung, ist sie als Verwaltungsbehörde anzusehen.[1018] Gegen Maßnahmen und Anordnungen der anerkannten Ersatzschule im Bereich des Berechtigungswesens ist deshalb der

---

[1013] für TÜV als Beliehenen: BGHZ 49, 108(115ff.); für Prüfung von Luftfahrtgerät: BGHZ 147, 169(171ff.); Burgi, FS f. Maurer, S.581(593); v. Danwitz in v. Mangoldt/Klein/Starck, GG, Art.34, Rn 121
[1014] BGHZ 34, 99(104ff.); 78, 274(276); 121, 367(374)
[1015] Papier in Maunz/Dürig, GG, Art.34, Rn 293; Brun/Bryde in v.Münch/Kunig, GG, Art.34, Rn 38
[1016] Maurer, AVwR, § 26, Rn 45
[1017] Maurer, AVwR, § 26, Rn 46
[1018] BVerwGE 17, 41(42)

Verwaltungsrechtsweg gem. § 40 I VwGO eröffnet.[1019] Es liegt in diesem Bereich eine öffentlich-rechtliche Streitigkeit nichtverfassungsrechtlicher Art gem. § 40 I VwGO vor.
Für die nicht von der Beleihung erfassten Rechtsbeziehungen des Schülers oder der Eltern zur anerkannten Ersatzschule ist hingegen wie im Privatschulverhältnis der genehmigten Ersatzschule der Rechtsweg zur ordentlichen Gerichtsbarkeit gegeben.
Für die Frage des Rechtsweges muss demnach differenziert werden, ob der Schulträger mit der anzugreifenden Maßnahme eine Funktion ausgeübt hat, die ihm aus seinem privatrechtlichen Status und der durch Art.7 IV GG garantierten Privatschulfreiheit zukommt, oder aber, ob er eine ihm übertragene staatliche Funktion wahrgenommen hat.[1020]
Eine Maßnahme der Privatschule erfolgt dann in Wahrnehmung staatlicher Funktionen, wenn sie auf einer öffentlich-rechtlichen Berechtigung oder Verpflichtung beruht, d.h. wenn der Schulträger nicht allein aufgrund der aus dem Schulvertrag folgenden privatrechtlichen Befugnisse handelt, sondern im Rahmen der Ausübung hoheitlicher Schulgewalt tätig geworden ist.[1021] Dies ist der Bereich der Beleihung, d.h. die Erfüllung von hoheitlichen Aufgaben im Berechtigungswesen durch die Ersatzschule. Daraus folgt, bei Entscheidungen, Verfügungen und Maßnahmen der anerkannten Ersatzschule zur Aufnahme und Versetzung von Schülern, hier aber nur soweit das jeweilige Landesrecht eine Bindung der Ersatzschule vorsieht, sowie zu Prüfungen und Zeugnissen von Schülern ist der Verwaltungsrechtsweg eröffnet.[1022]
Als öffentlich-rechtliche Streitigkeit wurden insofern eingeordnet: die Anfechtung einer misslungenen Aufnahmeprüfung,[1023] die Entscheidung über die Auf-

---

[1019] BVerwGE 17, 41(42); VGH B-W NJW 1971, 2089(2091); DVBl. 1983, 592(593); Elser/Kramer, Grundriß des SchulR in B-W, S.27; Falckenberg, Grundriß des SchulR in Bayern, S.136; Heckel/Avenarius, Schulrechtskunde, S.647; Müller, Recht der Fr. Schule nach dem GG. S.280; Pfautsch/Lorentzen, Grundriß des SchulR Schl-H, Rn 71; Vogel, Recht der Schulen in fr. Trägerschaft, S.119; Hemmrich in v.Münch/Kunig, GG, Art. 7, Rn 49
[1020] OVG Münster JZ 1979, 677(678); NJW 1998, 1579(1580)
[1021] OVG Münster JZ 1979, 677(678)
[1022] VGH B-W, Urteil vom 24.3.1976, AktZ.: IX 490/73, abgedruckt in BEFT, 66.2, S.1(3); OVG Koblenz, Urteil vom 29.9.1965, AktZ.: 2 A 45/65, abgedruckt in BEFT, 65.10, S.1
[1023] BVerwGE 17, 41 für NRW

nahme in eine staatlich anerkannte Ersatzschule,[1024] Feststellungen zum Bildungsgang mit öffentlich-rechtlicher Auswirkung, d.h. Prüfungen und Berechtigungserteilung[1025] sowie die Klage des Schülers einer staatlich anerkannten Ersatzschule gegen das Nichtbestehen der (Abitur-)Prüfung.[1026] Zu beachten bleibt aber, dass ein angegriffener Rechtsakt der anerkannten Ersatzschule entweder in das durch die Anerkennung entstandene öffentlich-rechtliche Verhältnis oder in das zivilrechtliche Grundverhältnis der Ersatzschule eingeordnet werden muss. Eine Doppel- oder Mischnatur von Rechtsakten mit dann zivilrechtlicher und verwaltungsrechtlicher Natur ist ausgeschlossen.[1027] Möglich kann es hingegen u.U. sein, dass Ansprüche auf eine öffentlich-rechtliche und eine zivilrechtliche Anspruchsgrundlage gestützt werden.[1028]

Die anerkannten Ersatzschulen sind im Bereich des Berechtigungswesens Verwaltungsbehörden. Ihre Entscheidungen, wie z.B. Aufnahme, Versetzungen und Abschlusszeugnisse, regeln unmittelbar die Rechtssphäre der Schüler mit unmittelbarer Rechtswirkung nach außen. Die anerkannten Ersatzschulen erlassen damit in Ausübung ihrer Tätigkeit im Berechtigungswesen Verwaltungsakte.[1029] Die Anfechtung dieser Verwaltungsakte erfolgt durch Widerspruch und Anfechtungsklage. Begehrt ein Schüler hingegen einen Verwaltungsakt der Schule und wurde der Antrag auf Vornahme des Verwaltungsakts abgelehnt, so kann er im Wege des Widerspruchs und der Verpflichtungsklage vorgehen. Es gelten insofern die allgemeinen verwaltungsprozessualen Regeln.

[1024] BVerwGE 17, 41; VGH B-W NJW 1980, 2597; DVBl. 1983, 592(593); a.A.: Becker K., Aufsicht über Privatschulen, S.145f. und Evers, JuS 1967, 257(259ff.) die nur die Aufnahmeprüfung, nicht aber die Entscheidung über die Aufnahme selbst dem hoheitlichen Bereich zuordnen und die Aufnahme als bloßen Abschluss eines privatrechtlichen Schulvertrages ansehen wollen. Wenn aber das Landesrecht die Beachtung öffentlich-rechtlicher Normen für die Aufnahme von Schülern vorschreibt, rechnet es diesen Bereich dem Berechtigungswesen zu. Denn es geht um die Frage, ob der Schüler überhaupt über eine Aufnahmeprüfung hinaus die Voraussetzungen erfüllt, um den entsprechenden von ihm gewünschten Schulweg zu beschreiten. Dies ist die Grundbedingung für den späteren Berechtigungserwerb. Der privatrechtliche Schulvertrag wird auch für die Aufnahme von Schülern daher durch öffentlich-rechtliche Normen überlagert.

[1025] OVG Münster JZ 1979, 677(678); OVG Hamburg, Beschl. vom 24.5.1988, AktZ.: OVG Bs IV 733/87, abgedruckt in BEFT, 64.6, S.1; VG Schleswig, Urteil vom 19.11.1973, AktZ.: 9 A 51/72, abgedruckt in BEFT, 66.12, S.1

[1026] VGH B-W, Urteil vom 9.11.1993, AktZ.: 9 S 1537/91, besprochen durch Loebel, RdJB 1994, 506(513); HessVGH, Urteil vom 2.12.1974, AktZ.: VI OE 107/73, abgedruckt in BEFT, 66.7, S.1

[1027] BVerwG DÖV 1977, 366; Rennert in Eyermann, VwGO, § 40, Rn 35

[1028] BVerwG DÖV 1977, 366f.

[1029] Heckel/Avenarius, Schulrechtskunde, S.206, 431; Wolff/Bachof/Stober, VwR II, § 101, Rn 87

Bei bloßer Untätigkeit der Schule hinsichtlich des Erlasses eines VA ist § 75 VwGO anzuwenden und im Wege der Verpflichtungsklage in Form der Untätigkeitsklage vorzugehen.
Als Widerspruchsbehörde wird gem. § 73 I Nr.1 VwGO die nächsthöhere Behörde tätig. Dies ist die nach dem jeweiligen Landesrecht zuständige Schulaufsichtsbehörde.[1030] Die verwaltungsgerichtliche Klage ist gegen den im eigenen Namen handelnden beliehenen Träger der anerkannten Ersatzschule zu richten, nicht aber gegen den hinter dem Beliehenen stehenden staatlichen Rechtsträger.[1031] Der Beliehene ist Körperschaft i.S.v. § 78 I VwGO.[1032]
Während also bei der nur genehmigten Ersatzschule die Abschlussprüfungen durch staatliche Behörden im Wege der Nichtschülerprüfung durchgeführt werden und diese bzw. deren Träger Gegner einer evtl. verwaltungsrechtlichen Klage sind, führt die anerkannte Ersatzschule als Beliehener die Abschlussprüfungen selbst durch. Die verwaltungsprozessuale Klage ist daher im Gegensatz zur genehmigten Ersatzschule gegen die anerkannte Ersatzschule als Beliehenen selbst zu richten.
Als Vorteil des Verwaltungsrechtsweges gegenüber dem Zivilrechtsweg ist der im Verwaltungsprozess geltende Untersuchungsgrundsatz gem. § 86 VwGO aufzuführen. Dem klagenden Schüler kann es für den Bereich des Berechtigungswesens nicht zugemutet werden, alle Tatsachen selbst darzulegen und zu beweisen. Im Hinblick auf die besondere Bedeutung des Berechtigungserwerbs für die zukünftige berufliche Entwicklung des Schülers ist deshalb eine Ermittlung des Sachverhalts durch das Gericht ex officio als angebracht anzusehen.
Bei der Geltendmachung von Amtshaftungsansprüchen durch den Schüler ist hingegen gem. Art.34 S.3 GG der Rechtsweg zu den ordentlichen Gerichten gegeben. Macht der Schüler gegen den Schulträger aufgrund der Nichterteilung oder Entziehung der Anerkennung Ansprüche geltend, ist ebenfalls der Zivilrechtsweg eröffnet.

[1030] Burgi, FS f. Maurer, S.581(594); Schlaf, Aufsicht über Privatschulen, S.84; Vogel, Recht der Schulen in fr. Trägerschaft, S.119; Woltering/Bräth, Nds SchG, § 148, Rn 14

[1031] BVerwGE 17, 41; HessVGH, Urteil vom 2.12.1974, AktZ.: VI OE 107/73, abgedruckt in BEFT, 66.7, S.1; BayVGH NJW 1975, 1796(1797); Hufen, VwProzR, § 13, Rn 50; Maurer, AVwR, § 23, Rn 59; Müller, Recht der Fr. Schule nach dem GG, S.280; Wolff/Bachof/Stober, VwR II, § 101, Rn 87; Für die Gegenansicht wird zumeist auf Steiner, NJW 1975, 1797f. verwiesen. Dieser lehnt im konkreten Fall aber nur mangels ordnungsgemäßer Beleihung aufgrund Verstoßes gegen den Gesetzesvorbehalt die Beklagtenfähigkeit des TÜV gem. § 78 I Nr.1 VwGO ab.

[1032] Burgi, FS f. Maurer, S.581(594); Eyermann/Happ, VwGO, § 78, Rn 13; Redeker/von Oertzen, VwGO, § 78, Rn 1a

2.) Der zivilrechtliche Bereich des Schulverhältnisses der anerkannten Ersatzschule

Außerhalb des Bereichs der im Wege der Anerkennung erfolgten Beleihung ist das Schulverhältnis der anerkannten Ersatzschule wie bei der genehmigten Ersatzschule rein privatrechtlich zu beurteilen. Die anerkannte Ersatzschule ist ein Privatrechtssubjekt und wird grundsätzlich privatrechtlich tätig, die privatrechtliche Natur des Privatschulverhältnisses bleibt durch die staatliche Anerkennung unberührt.[1033] Daraus folgt, in allen Bereichen, die nicht von der Anerkennung der Ersatzschule erfasst werden, handelt der Schulträger weiterhin rein zivilrechtlich als Privatrechtssubjekt.[1034] Denn durch die Beleihung wird die Tätigkeit der Privatschule nicht insgesamt zu einer öffentlich-rechtlichen. Es handelt sich vielmehr um die isolierte Übertragung staatlicher Hoheitsgewalt, die von dem Beliehenen in selbständiger Verantwortung unter der Aufsicht des Staates ausgeübt wird.[1035]
Die zivilrechtlichen Rechtsbeziehungen entsprechen grundsätzlich denen der genehmigten Ersatzschulen. Insofern kann auf die obigen Ausführungen zum Rechtsverhältnis der genehmigten Ersatzschule zu ihren Schülern verwiesen werden. Der privatrechtliche Schulvertrag bleibt weiterhin Grundlage für die Erteilung des Unterrichts durch die Privatschule an den Schüler. Der Schulträger ist Grundrechtsträger und kann sich bei Verletzungen des privatrechtlichen Bereichs des Schulverhältnisses auf das Grundrecht der Privatschulfreiheit gem. Art.7 IV, V GG berufen. So hat die Ersatzschule auch weiterhin das Recht der freien Schülerwahl. Es müssen dabei jedoch aufgrund der Anerkennung, die Aufnahmevorschriften für öffentliche Schulen beachtet werden. Liegen nach diesen Normen die Voraussetzungen für eine Aufnahme des Schülers in die Schule nicht vor, kann der Schüler nicht aufgenommen werden.[1036] Er ist durch die anerkannte Ersatzschule abzulehnen. Eine derartige Ablehnung basiert auf der Wahrnehmung der hoheitlichen Aufgaben des Berechtigungswesens und ist als Verwaltungsakt zu qualifizieren. Aufgrund der Freiheit der Schülerwahl hat aber auch ein Schüler, der die öffentlich-rechtlichen Aufnahmevorschriften erfüllt, weder einen Rechtsanspruch auf Aufnahme in die Privatschule noch einen Anspruch auf Abschluss eines privatrechtlichen Schulvertrages.[1037]

[1033] VGH B-W NJW 1971, 2089(2091)=DÖV 1971, 708; BayVGH RdJB 1983, 245(246); Evers, JuS 1967, 257(259); Kullmann, DÖV 1959, 569; Müller, Recht der Fr. Schule nach dem GG, S.263; Hemmrich in v. Münch/Kunig, GG, Art.7, Rn 49; Woltering/Bräth, Nds SchG, § 148, Rn 11
[1034] Vogel, Recht der Schulen in fr. Trägerschaft, S.186
[1035] Steiner, DÖV 1970, 526(530f.)
[1036] BVerwGE 68, 185ff.
[1037] Plümer, Rechtsnatur der Privatschulverhältnisse, S.206

In den weiteren Bereichen des Berechtigungswesens, bei Versetzungen, Prüfungen und Zeugnissen müssen ebenfalls die landesschulrechtlichen Bestimmungen für öffentliche Schulen eingehalten werden. Verfügungen der anerkannten Ersatzschulen auf diesem Gebiet sind Verwaltungsakte. Die Vertragsabschlussfreiheit und die Inhaltsfreiheit des Schulvertrages werden somit für diese Bereiche durch die öffentlich-rechtlichen Normen des Berechtigungswesens eingeschränkt. Diese öffentlich-rechtlichen Normen gelten zwingend. Sie sind zugleich gesetzliche Verbote i.S.v. § 134 BGB. Damit sind diejenigen privatrechtlichen Vereinbarungen des Schulvertrages unwirksam, die gegen die von der Ersatzschule anzuwendenden öffentlich-rechtlichen Normen des Berechtigungswesens verstoßen. Die Nichtigkeit des Schulvertrages im Übrigen bestimmt sich nach § 139 BGB. Verstößt jedoch schon die Aufnahme des Schülers gegen ein gesetzliches Verbot aufgrund öffentlich-rechtlicher Aufnahmevorschriften ist der gesamte Schulvertrag als unwirksam anzusehen, da der Schüler durch die anerkannte Ersatzschule im vorgesehenen Bildungsgang überhaupt nicht unterrichtet werden darf. Die anzuwendenden öffentlich-rechtlichen Landesnormen für das Berechtigungswesen beschränken damit das aus der Privatschulfreiheit fließende Recht zur freien Gestaltung des privatrechtlichen Schulverhältnisses.

Die zwingenden Normen des öffentlichen Rechts sollen nach Plümer zugleich auch Bestandteil des privatrechtlichen Schulvertrages werden und so für den Schüler rechtsverbindlich im Verhältnis zur Privatschule sein.[1038] Durch den beiderseitig freiwillig vollzogenen Akt des einvernehmlichen Abschlusses des Schulvertrages unterwerfe der Privatschulträger den Schüler, bzw. der Schüler sich zugleich selbst auch den verbindlichen Normen der staatlichen Schulordnung und damit der dem privaten Schulträger dafür begrenzt verliehenen hoheitlichen Gewalt. Der Abschluss eines Schulvertrages sei damit ein Doppelvorgang, nämlich die einvernehmliche Begründung eines privatrechtlichen Rechtsverhältnisses und eines öffentlich-rechtlichen Gewaltverhältnisses.[1039] Dazu ist anzumerken, dass der Inhalt der landesrechtlichen Vorschriften des Berechtigungswesens aufgrund der Privatautonomie natürlich Bestandteil des privatrechtlichen Schulvertrages werden kann, auch z.B. durch Aufnahme des Inhalts dieser Normen in die privatautonome Schulordnung. Dann gilt der Inhalt der öffentlich-rechtlichen Normen für Aufnahmen, Versetzungen von Schülern sowie für Zeugnisse und Prüfungen als unmittelbar schuldrechtlich im Verhältnis zwischen Privatschule und Schüler vereinbart. Eine derartige Vereinbarung hat aber nur deklaratorischen Charakter. Aufgrund der Anerkennung muss die Ersatzschule nämlich bereits die staatlichen Schulrechtsnormen für die genannten Bereiche anwenden. Diese öffentlich-rechtlichen Normen gestalten unmit-

[1038] Plümer, Rechtsnatur der Privatschulverhältnisse, S.196f.
[1039] Plümer, Rechtsnatur der Privatschulverhältnisse, S.197

telbar das Verhältnis zwischen der Ersatzschule und dem Schüler für das Berechtigungswesen. Nur sie bestimmen, wann eine Berechtigung mit öffentlich-rechtlicher Außenwirkung durch die Ersatzschule an den Schüler verliehen wird. Sie sind zwingendes öffentliches Recht, welches die beliehene Ersatzschule als Träger hoheitlicher Aufgaben und als Teil der mittelbaren Staatsverwaltung unmittelbar anzuwenden hat. Sie sind damit konstitutiv für den Berechtigungserwerb der Schüler und können als öffentlich-rechtliche Normen nach Sinn und Zweck als ius cogens nicht durch privatrechtliche Vereinbarungen abbedungen werden. Wer also einen Schulvertrag mit einer anerkannten Ersatzschule abschließt, ist unmittelbar für den Bereich des Berechtigungswesens den staatlichen Schulnormen als zwingendem Recht unterworfen. Die Ersatzschule hat die entsprechenden Schulnormen aufgrund der Anerkennung unmittelbar anzuwenden. Einer besonderen Vereinbarung zwischen Schule und Schüler in Form eines privatrechtlichen oder auch öffentlich-rechtlichen Vertrages über die Anwendung der öffentlich-rechtlichen Normen für Berechtigungen bedarf es daneben nicht. Normalerweise wird der Schüler mit der Schule nur vereinbaren, dass er direkt an der Schule auch die Prüfungen ablegen und einen Abschluss erwerben kann, der Außenwirkung entfaltet. Die öffentlich-rechtlich geregelten Einzelheiten werden dabei nicht näher aufgeführt.
Der Abschluss eines privatrechtlichen Schulvertrages weist damit keinen Doppelcharakter auf. In einem solchen Vertrag werden vielmehr konstitutiv nur diejenigen Pflichten vertraglich geregelt, die der privatautonomen Dispositionsfreiheit der Vertragsparteien unterliegen. Dazu zählen aber nicht die Bestimmungen zum Berechtigungserwerb. Insoweit ist vertraglich nur eine deklaratorische Aufnahme dieser Bestimmungen möglich aber nicht notwendig. Die öffentlich-rechtlichen Normen über den Berechtigungserwerb gelten vielmehr unmittelbar im Verhältnis zum Schüler aufgrund ihres hoheitlichen zwingenden Charakters ohne dass dies extra vereinbart oder durch Verwaltungsakt festgestellt werden müsste. Es besteht allerdings eine Aufklärungspflicht des Schulträgers vor Abschluss des Schulvertrages über die Geltung und Anwendung der öffentlich-rechtlichen Vorschriften.
Die Auflösung bzw. Kündigung des Schulvertrages ist rein zivilrechtlich einzuordnen. Die Beendigung des Schulvertrages berührt nicht den Bereich des Berechtigungswesens. Der Schüler kann jedoch aufgrund der an einer anerkannten Ersatzschule erlangten Jahres- und Halbjahreszeugnisse unproblematisch ohne zusätzliche Aufnahmeprüfung an eine öffentliche Schule wechseln.
Zusammenfassend ist festzuhalten, dass für den zivilrechtlichen Bereich des Schulverhältnisses der anerkannten Ersatzschule demnach immer geprüft werden muss, ob nicht der Anwendungsbereich der öffentlich-rechtlichen Vorschriften des Berechtigungswesens eröffnet ist. Dies bestimmt sich nach den jeweiligen landesrechtlichen Normen, die den Umfang der zu beachtenden öffentlich-rechtlichen Schulvorschriften festlegen. Außerhalb des Anwen-

dungsbereichs der anzuwendenden Normen des Berechtigungswesens, verbleibt es bei der rein zivilrechtlichen Ausgestaltung des Privatschulverhältnisses.
In folgenden Fällen wurde ausdrücklich entschieden, dass nur der zivilrechtliche Bereich des Rechtsverhältnisses der anerkannten Ersatzschule zum Schüler berührt ist: Dies betraf die Auflösung bzw. Beendigung des Privatschulverhältnisses,[1040] Verhaltenspflichten der Schüler und Ordnungsmaßnahmen gegen Schüler wegen ihres äußeren Erscheinungsbildes[1041] sowie die „disziplinäre" Entlassung eines Schülers, da diese nur der Gewährleistung des Erziehungs- und Unterrichtsbetriebes dient.[1042] Die Erziehungs- und Unterrichtstätigkeit ist keine staatlich übertragene sondern eine eigene, d.h. privatrechtliche Aufgabe der anerkannten Ersatzschule.[1043]
Soweit die anerkannte Ersatzschule privatrechtlich tätig wird, ist für beide Vertragsparteien bei Rechtsstreitigkeiten der Rechtsweg zur ordentlichen Gerichtsbarkeit eröffnet.

[1040] BayVGH DÖV 1982, 371(372) = NVwZ 1982, 562 = RdJB 1983, 245(246)
[1041] VGH B-W NJW 1971, 2089(2090) = DÖV 1971, 708
[1042] BGH DÖV 1961, 787 = DVBl. 1962, 70; OVG Münster JZ 1979, 677f.; NJW 1998, 1579(1580)
[1043] BayVGH BayVBl. 1973, 215; OVG Münster JZ 1979, 677(678)

E) Zusammenfassung der Ergebnisse

In diesem letzten Abschnitt sollen nun die bisher gewonnenen Erkenntnisse nochmals im Überblick kurz zusammengefasst werden.

I.) Die verfassungsrechtlichen Grundlagen der Privatschulfreiheit

1.) Die Freiheit der Errichtung und des Betriebs von Privatschulen wird durch das Grundrecht des Art.7 IV, V GG garantiert. Grundsätzlich ist danach die freie Ausgestaltung der Schule und des Unterrichtsbetriebes möglich.

2.) Unterschieden werden muss jedoch gem. Art.7 IV/2 GG zwischen privaten Ersatz- und Ergänzungsschulen. Ersatzschulen entsprechen vorhandenen oder zumindest vorgesehenen öffentlichen Schultypen und können diese damit quasi ersetzen. Ergänzungsschulen haben hingegen keine Entsprechungen im öffentlichen Schulwesen.

3.) Die wichtigste Folge dieser Unterscheidung stellt das Genehmigungserfordernis für die privaten Ersatzschulen gem. Art.7 IV/2-4 GG dar. Ersatzschulen bedürfen vor Aufnahme des Schulbetriebes der Genehmigung. Voraussetzung der Genehmigung ist aber lediglich ein Nichtzurückstehen der Ersatzschule hinter öffentlichen Schulen in für den Schulbetrieb wesentlichen Kriterien, die von Art.7 IV/2-4 GG abschließend aufgeführt werden. Darüber hinausgehende Genehmigungsanforderungen sind verfassungswidrig. Eine Gleichartigkeit der Ersatzschulen mit öffentlichen Schulen kann somit im Wege der Genehmigung nicht herbeigeführt werden. Art.7 IV GG verlangt ausdrücklich nur ein Nichtzurückstehen. Dies wird in der Rechtsprechung und der Literatur im Sinne einer Gleichwertigkeit der Ersatzschule mit öffentlichen Schulen verstanden. Erfüllt die Ersatzschule die Genehmigungsvoraussetzungen, hat sie einen verfassungsrechtlich garantierten Anspruch auf die Erteilung der Genehmigung. Die Genehmigung wird dem Privatschulträger erteilt. Das Genehmigungserfordernis weist damit den Charakter eines verfassungsrechtlichen präventiven Verbots mit Erlaubnisvorbehalt auf. Es ist keine Grundrechtsschranke im klassischen Sinne.

4.) Für die Genehmigung von Volksschulen gelten die zusätzlichen Anforderungen des Art.7 V GG. Die öffentliche Volksschule stellt danach den Regelfall dar. Private Volksschulen sind nur ausnahmsweise aufgrund der zusätzlichen Voraussetzungen des Art.7 V GG zu genehmigen.

5.) Das Grundrecht der Privatschulfreiheit unterliegt keinem Gesetzesvorbehalt. Es kann somit nur durch kollidierendes Verfassungsrecht eingeschränkt werden.

6.) Die Gesetzgebungskompetenz für das Schulwesen inklusive des Privatschulwesens liegt bei den Ländern gem. Art.30, 70ff. GG. Die infolge des Grundgesetzes aufgestellten Regeln für die Genehmigung von privaten Ersatzschulen und den Betrieb von Privatschulen werden durch die jeweiligen Landesverfassungen und Landesgesetze umgesetzt. Art.7 IV, V GG als vorrangiges Bundesrecht muss hierfür zwingend berücksichtigt werden. Teilweise bestehende Tendenzen in den Landesregelungen, die genehmigten Ersatzschulen über die Anforderungen des Art.7 IV GG hinaus, zu einer Anpassung an die öffentlichen Schulen zu zwingen, oder die Privatschulfreiheit aufgrund derartiger Angleichungsziele einzuschränken, sind verfassungswidrig. Die Landesgesetze müssen verfassungskonform i.S.d. Privatschulfreiheit gem. Art.7 IV, V GG ausgelegt werden.

II.) Die Verfassungsmäßigkeit der Anerkennung der genehmigten Ersatzschulen

1.) Zusätzlich zur Genehmigung der Ersatzschulen existiert im Landesrecht der einzelnen Bundesländer das Rechtsinstitut der Anerkennung der bereits genehmigten Ersatzschule. Nach der Erteilung der Anerkennung kann die Ersatzschule entsprechend der jeweiligen Landesregelungen auch Aufgaben des Berechtigungswesens wahrnehmen, d.h. insbesondere Prüfungen durchführen und Abschlusszeugnisse erteilen. Ohne die Anerkennung ist ihr dies nicht möglich. Eine Ausnahme bildet Nordrhein-Westfalen. Dort erlangen die Ersatzschulen bereits mit der Genehmigung aufgrund einer landesverfassungsrechtlichen Bestimmung die entsprechenden Rechte für das Berechtigungswesen.
Die Frage der Verfassungsmäßigkeit der Anerkennung ist heftig umstritten. Die Beantwortung dieser Frage hängt davon ab, ob das Berechtigungswesen als staatliche Aufgabe eingeordnet wird und den Privatschulen zur Aufgabenwahrnehmung daher durch den Staat extra übertragen werden muss oder ob die Aufgabenwahrnehmung in diesem Bereich direkt aus Art.7 IV GG folgt.

a) Historisch betrachtet, wurden spätestens seit der Entwicklung des modernen Staates das Schulwesen und alle damit zusammenhängenden Tätigkeiten in den damals vorhandenen deutschen Territorialstaaten als Staatsaufgabe angesehen. Eine Vorreiterrolle nahm Preußen mit den Regelungen des Allgemeinen Landrechts und den darauf folgenden Verordnungen und Erlassen ein. Die Privatschulen bildeten danach im grundsätzlich staatlichen Schulwesen einen Aus-

nahmefall. Sie unterlagen einem Konzessionserfordernis sowie einer Bedürfnisprüfung. Die an staatlichen Schulen erlangten Abschlüsse wurden zudem zunehmend Voraussetzung für eine Anstellung und Karriere in der staatlichen Administration. Vom Staat erteilte Berechtigungen als Nachweis der Leistungsfähigkeit des einzelnen Individuums erlangten somit immer größere Bedeutung. Diese Rechtslage blieb bis zum Ende des Deutschen Kaiserreichs bestehen.
In der Weimarer Republik wurde erstmals die Unterscheidung zwischen privaten Ersatz- und Ergänzungsschulen durch Art.147 WRV eingeführt. Ersatzschulen bedurften gem. Art.147 I/2 WRV der Genehmigung. Auf diese Genehmigung bestand bei Vorliegen der Voraussetzungen ein Rechtsanspruch. Diese Norm stellt verfassungshistorisch die Vorgängerregelung des heutigen Art.7 IV GG dar. Der Wortlaut beider Regelungen ist fast identisch.
Neben der Genehmigung der Ersatzschule existierte in der Weimarer Republik aber auch das Rechtsinstitut der Privilegierung der Ersatzschule. Nur privilegierte Ersatzschulen konnten Berechtigungen verleihen und Prüfungen selbstständig durchführen. Dieses Recht folgte nicht aus Art.147 WRV sondern aus dem zusätzlichen staatlichen Akt der Privilegierung. Das Berechtigungswesen wurde damit in der Weimarer Republik als staatliche Aufgabe angesehen. Diese Aufgabe musste den Privatschulen zusätzlich zur Genehmigung durch einen weiteren Verwaltungsakt im Wege der Privilegierung übertragen werden.
In der DDR gab es keine Privatschulen. Erst nach dem Sturz des sozialistischen Regimes konnten Privatschulen wieder frei gegründet werden. Das neue Verfassungsgesetz über Schulen in freier Trägerschaft unterschied zwischen Ersatz- und Ergänzungsschulen. Ersatzschulen bedurften der Genehmigung. Um aber Aufgaben des Berechtigungswesens wahrnehmen zu können, sah das Gesetz zusätzlich die Anerkennung der Ersatzschulen vor.
Historisch gesehen, ist das Berechtigungswesen damit als eine staatliche Aufgabe zu betrachten, die den Privatschulen zur Aufgabenwahrnehmung extra übertragen werden musste.

b) Auch rechtsvergleichend, den deutschen Rechtskreis begutachtend, gelangt man zu dem Ergebnis, dass es sich bei dem Berechtigungswesen um eine staatliche Aufgabe handelt, die den Privatschulen zusätzlich überantwortet werden muss, falls sie Prüfungen durchführen und Zeugnisse erteilen wollen. In Österreich unterscheidet das Privatschulgesetz als Bundesrecht zwischen der bloßen Errichtung und der Anerkennung von Privatschulen. Erst nach der Anerkennung, die an zusätzliche Voraussetzungen geknüpft ist, darf die Privatschule die so genannten Öffentlichkeitsrechte wahrnehmen. In der Schweiz ist das Recht der Privatschulen relativ uneinheitlich im jeweiligen Kantonsrecht geregelt. Generell wird aber auch in der Schweiz zwischen der bloßen Bewilligung der Privatschule und ihrer Anerkennung unterschieden.

c) Der Wortlaut des Art.7 IV GG sagt zur Frage der Anerkennung der Ersatzschulen und zum Berechtigungswesen nichts aus. Nach dem Wortlaut verschiedener Landesregelungen ist jedoch davon auszugehen, dass das Berechtigungswesen als eine staatliche Aufgabe einzuordnen ist.

d) Nach dem Telos der Normen zum Berechtigungserwerb wirkt das Berechtigungswesen über den bloßen Schulbereich hinaus. Es ist nicht nur Ausfluss des Schule haltens. Berechtigungen schaffen Zugangsmöglichkeiten für weitere Ausbildungsabschnitte und Berufe. Das Berechtigungswesen ist Vorkehrung gegen die Fehlbesetzung von Berufs- und Studienplätzen. Die Berechtigungen sollen Aussagen über die Leistungsfähigkeit des einzelnen Individuums treffen. Dafür sind einheitliche Leistungs- und Bewertungsstandards, sprich vereinheitlichte Anforderungen notwendig. Nur dann kann die Chancengleichheit für den Erwerb von Berechtigungen ermöglicht werden. Um diese Chancengleichheit sicherstellen zu können, ist eine Einordnung des Berechtigungswesens als Staatsaufgabe notwendig. Nur staatlicherseits, ohne Rücksicht auf wirtschaftliche und monetäre Gesichtspunkte, kann eine Vergleichbarkeit schulischer Abschlüsse gewährleistet werden. Zugleich werden die Möglichkeiten zur Manipulation entscheidend reduziert. Es wird damit keine Nivellierung schulischer und bildungsrelevanter Freiheiten angestrebt. Auch in einem differenzierenden Schulsystem müssen die gewährten Abschlüsse Ausdruck der jeweiligen Leistungsfähigkeit der Schüler sein und untereinander eine Vergleichbarkeit der Ergebnisse gewährleisten. Dies ist durch den Staat sicherzustellen.
Das Berechtigungswesen ist deshalb als Staatsaufgabe anzusehen. Diese Aufgabe muss den Privatschulen durch einen staatlichen Akt zusätzlich im Wege der Anerkennung verliehen werden, damit sie Prüfungen durchführen und Zeugnisse erteilen können, die im Außenverhältnis anerkannt sind. Das Berechtigungswesen steht außerhalb des Regelungsbereiches der Privatschulfreiheit. Zur Wahrnehmung dieser Aufgabe muss sie den Privatschulen im Wege der Anerkennung verliehen werden. Dies verstößt nicht gegen Art.7 IV GG.

2.) Das führt aber zu der Frage, wie die Anerkennung rechtlich ausgestaltet sein sollte. Im Landesrecht der deutschen Bundesländer existieren verschiedene Gestaltungsmodelle. In Bremen, Mecklenburg-Vorpommern und Schleswig-Holstein müssen die Ersatzschulen als Voraussetzung für die Anerkennung die an gleichartige oder verwandte öffentliche Schulen gestellten Anforderungen erfüllen, wobei kein Rechtsanspruch auf die Anerkennung besteht. Derartig formulierte Anerkennungsvoraussetzungen führen jedoch zu einer weitgehenden Anpassung der Privatschulen an öffentliche Schulen, faktisch damit zu einer Gleichartigkeit. Die Regelungen zur Anerkennung in Baden-Württemberg, Bayern, Niedersachsen und Sachsen sehen identisch formulierte Voraussetzungen für die Anerkennung vor, geben aber bei Erfüllung der Voraussetzungen einen Rechtsanspruch auf die Anerkennung. In Berlin, Brandenburg, Hessen und Thüringen wird als Voraussetzung für die Anerkennung lediglich die dauernde Einhaltung der Genehmigungsvoraussetzungen verlangt. Dadurch können die Ersatzschulen wesentlich freier gestaltet werden. Die enge Anpassung an öffentliche Schulen besteht nicht. Jedoch sehen die Regelungen dieser Länder keinen Rechtsanspruch auf die Anerkennung vor. Die zuständige Behörde hat nach pflichtgemäßen Ermessen zu entscheiden. In Hamburg, Rheinland-Pfalz, im Saarland und in Sachsen-Anhalt besteht hingegen ein Rechtsanspruch auf die Anerkennung, wenn die Ersatzschule dauerhaft die Genehmigungsvoraussetzungen erfüllt. In Nordrhein-Westfalen erhalten Ersatzschulen mit der Genehmigung in einem Akt zugleich die Aufgaben des Berechtigungswesens übertragen.

3.) Auch wenn das Berechtigungswesen eine von der Schule und der Privatschulfreiheit zu unterscheidende Regelungsmaterie darstellt, muss das Grundrecht der Privatschulfreiheit gem. Art.7 IV GG i.V.m. Art.3 I GG trotzdem bei der Erteilung der Anerkennung bzw. bei der Bestimmung der Anerkennungsvoraussetzungen berücksichtigt werden. Die Privatschulfreiheit gebietet, Privatschulen nicht schlechter zu behandeln als öffentliche Schulen. Daraus folgt, ist eine Ersatzschule in der Lage, den Zweck des Berechtigungswesens zu erfüllen, d.h., die Vergleichbarkeit und Gleichwertigkeit von Prüfungen und Abschlüssen zu gewährleisten, so ist ihr die Aufgabe des Berechtigungswesens zu übertragen. Die Ersatzschulen haben demnach einen Rechtsanspruch auf die Erteilung der Anerkennung, wenn sie die gesetzlichen Voraussetzungen erfüllen. Die Ersatzschulen haben damit auch einen Rechtsanspruch auf Beleihung mit den hoheitlichen Aufgaben des Berechtigungswesens. Dies ist für Beleihungen zwar atypisch, wird aber aufgrund des Verbots der Schlechterstellung der Ersatzschulen als Institution im Verhältnis zu den öffentlichen Schulen durch Art.7 IV GG bedingt. Aus Art.7 IV GG folgt insoweit ein Teilhaberecht an der öffentlichrechtlichen Einrichtung des Berechtigungswesens.
Die Voraussetzungen für die Anerkennung werden ebenfalls durch Art.7 IV GG begrenzt. Vor Erteilung der Anerkennung kann aufgrund von Art.7 IV GG keine Gleichartigkeit der Ersatzschulen mit öffentlichen Schulen verlangt werden. Gesetzliche Voraussetzung für die Erteilung der Anerkennung ist demnach die Bewährung der Privatschule. Hat sich die genehmigte Ersatzschule bewährt, kann auch davon ausgegangen werden, dass sie in der Lage ist, die Aufgaben des Berechtigungswesens zu erfüllen. Von einer Bewährung der Ersatzschule ist dann auszugehen, wenn sie dauerhaft die Genehmigungsvoraussetzungen erfüllt. Die genehmigte Ersatzschule hat somit einen Rechtsanspruch auf die Anerkennung, wenn sie dauerhaft die Genehmigungsvoraussetzungen erfüllt. Die Anerkennung wird dem Träger der Privatschule erteilt.

4.) Erst nach der Anerkennung kann von der Ersatzschule verlangt werden, im Bereich des Berechtigungswesens die gleichen Voraussetzungen zu erfüllen, wie sie für öffentliche Schulen gelten. Dies wird allerdings ebenfalls durch die Privatschulfreiheit und das Verhältnismäßigkeitsprinzip begrenzt. Denn nur Regelungen, die geeignet und erforderlich sind, die Vergleichbarkeit von Berechtigungen sicherzustellen, können die Privatschulfreiheit einschränken. Alle Bundesländer sehen insoweit die Anwendung der für öffentliche Schulen geltenden Bestimmungen für Prüfungen und Zeugnisse vor. In vielen Bundesländern sind zudem die Vorschriften für die Aufnahme und Versetzung von Schülern zu beachten. Insoweit besteht eine Gleichartigkeit der anerkannten Ersatzschulen mit den entsprechenden öffentlichen Schulen. Die Staatsaufgabe des Berechtigungswesens schränkt insofern Art.7 IV GG ein. Darüber hinaus verbleibt es jedoch bei der freien Gestaltung des Privatschulverhältnisses. Insbesondere eine Lehrplanidentität der Ersatzschule mit entsprechenden öffentlichen Schulen kann nicht als Folge der Anerkennung gefordert werden. Nur in den für Berechtigungen relevanten Bereichen des Schulverhältnisses darf die Privatschulfreiheit eingeschränkt werden.

III.) Die Abiturprüfung für Schüler nur genehmigter Ersatzschulen

1.) Die genehmigten Ersatzschulen erfüllen keine Aufgaben des Berechtigungswesens. Sie können somit nicht mit öffentlich-rechtlicher Außenwirkung Prüfungen durchführen und Zeugnisse erteilen. Für die Schüler genehmigter Ersatzschulen muss trotzdem die Möglichkeit bestehen, nach außen hin wirksame Berechtigungen erwerben zu können. Dies geschieht, indem die Prüfungen von staatlichen Prüfungskommissionen durchgeführt werden. In den meisten Bundesländern wird eine derartige Prüfung als Nichtschüler-, Fremden- oder Externenprüfung bezeichnet. Solche Bezeichnungen sind irreführend, da die Schüler der genehmigten Ersatzschulen durch den Besuch der Privatschule regelmäßig ihre Schulpflicht erfüllen und somit nicht etwa als „Nichtschüler" oder „Externe" die Abschlussprüfung ablegen möchten.

2.) Die Regelungen für die Prüfungen der Schüler genehmigter Ersatzschulen werden im Landesrecht durch Verordnungen auf der gemeinsamen Basis von Vereinbarungen der Kultusministerkonferenz geregelt. Die Schüler genehmigter Ersatzschulen werden danach durch die Prüfungsverordnungen zum Erwerb des Abiturs im Verhältnis zu Schülern öffentlicher Schulen ungleich behandelt. Dieser Schluss beruht auf folgenden Feststellungen:

a) Die Schüler genehmigter Ersatzschulen müssen in insgesamt acht Fächern Prüfungen ablegen, ohne dass zuvor erbrachte Leistungen berücksichtigt werden könnten, während Leistungen der Schüler öffentlicher Schulen aus einer zweijährigen Kurs- bzw. Qualifikationsphase vor der eigentlichen Prüfung mit hoher Wertigkeit am Gesamtergebnis in die Abiturnote eingehen. Die Prüfung selbst erfolgt lediglich in vier Fächern.

b) Die Lehrkräfte der genehmigten Ersatzschulen sind nach den Prüfungsverordnungen der meisten Bundesländer in den Prüfungsgremien grundsätzlich nicht vertreten, die Lehrkräfte der öffentlichen Schulen hingegen immer. Letztere kennen den Charakter und die Leistungsfähigkeit ihrer Prüflinge und können somit insbesondere in mündlichen Prüfungen besser auf diese eingehen.

c) An der Erstellung der Prüfungsaufgaben sind die genehmigten Ersatzschulen in den meisten Bundesländern nicht beteiligt, während die Lehrkräfte öffentlicher Schulen regelmäßig Aufgabenvorschläge einreichen können. Dabei sind sie in der Lage, den von ihnen konkret behandelten Lehrstoff zu berücksichtigen.

d) Schließlich finden die Prüfungen für die Schüler genehmigter Ersatzschulen zumeist nicht in den Räumlichkeiten der Ersatzschule, sondern an öffentlichen Schulen in ungewohnter Umgebung statt. Die Prüfungen für Schüler öffentlicher Schulen erfolgen hingegen in den eigenen gewohnten Räumlichkeiten.

3.) Die Ungleichbehandlung der Schüler infolge der verschiedenen Prüfungsordnungen zum Erwerb des Abiturs wird nicht gerechtfertigt. Dazu ist festzustellen:

a) Da Personengruppen ungleich behandelt werden und zudem durch die Ungleichbehandlung in den Schutzbereich des Freiheitsgrundrechtes der Privatschulfreiheit eingegriffen wird, muss die Rechtfertigung der Ungleichbehandlung im Rahmen einer Verhältnismäßigkeitsprüfung erfolgen. Eine bloße Willkürprüfung reicht nicht aus.

b) Rechtfertigungsgrund für die Ungleichbehandlung ist der staatliche Charakter des Berechtigungswesens. Privatrechtssubjekte dürfen die staatlichen Aufgaben des Berechtigungswesens nicht wahrnehmen. Deshalb müssen die Schüler genehmigter Ersatzschulen ihre Prüfungen vor staatlichen Prüfungskommissionen abhalten. Besondere Prüfungsvorschriften sind dabei grundsätzlich zulässig, denn die genehmigten Ersatzschulen sind in der Gestaltung der Schule und des Unterrichts im Rahmen von Art.7 IV GG frei und können deshalb nicht zur Einführung einer den öffentlichen Schulen identischen Kursstufe verpflichtet werden.

c) Sicherzustellen haben die Prüfungsordnungen aber die Vergleichbarkeit der Anforderungen und Ergebnisse sowie die Chancengleichheit für den Erwerb des Abiturs. Aufgabe der Abschlussprüfungen für Schüler genehmigter Ersatzschulen ist es, zu gewährleisten, dass die Abiturienten dieser Schulen einen Schüler öffentlicher Schulen vergleichbaren Leistungsstandard aufweisen. Für die Ereichung gerade dieser Ziele sind die besonderen Prüfungsvorschriften für Schüler genehmigter Ersatzschulen aber nicht geeignet. Denn die Abiturprüfungen für Schüler öffentlicher Schulen und genehmigter Ersatzschulen basieren auf zwei völlig verschiedenen Systemen, nämlich einmal auf einer kontinuierlichen Leistungsüberprüfung mit geringerer Bedeutung der Abschlussprüfung selbst und andererseits auf einer hohen Zahl von Prüfungen, ohne dass vorherige Leistungen berücksichtigt werden könnten. Diese völlig verschiedenen Prüfungssysteme fördern gerade nicht den Zweck, die Vergleichbarkeit der Ergebnisse zu gewährleisten. Ob ein gleichwertiger Leistungsstandard der Schüler öffentlicher Schulen und genehmigter Ersatzschulen besteht, lässt sich aufgrund der unterschiedlichen Anforderungen zum Erwerb der Hochschulreife nicht sicher feststellen. Durch die grundsätzlich verschiedenen Anforderungen ist die Chancengleichheit nicht gegeben. Die besonderen Prüfungsregelungen für Schüler genehmigter Ersatzschulen sind damit nicht geeignet, die Vergleichbarkeit des Abiturs im Hinblick auf einen gleichwertigen Leistungsstandard im Verhältnis zum Abitur der öffentlichen Schulen sicherzustellen. Dazu sind die strukturellen Unterschiede der Prüfungsgestaltung zu groß.

d) Auch die unterschiedliche Ausgestaltung der Prüfungsregelungen hinsichtlich der Beteiligung der Lehrkräfte in den Prüfungsgremien und bei der Erstellung der Prüfungsaufgaben sowie hinsichtlich des Ortes der Prüfung ist im Hinblick auf die Chancengleichheit des Abiturs nicht zu rechtfertigen.

e) Für die Eruierung eines gleichwertigen Leistungsstandards und die Gewährleistung der Vergleichbarkeit und Chancengleichheit der Abiturprüfung an öffentlichen Schulen und an genehmigten Ersatzschulen sollten deshalb die Prüfungssysteme und Regelungen stärker angeglichen werden. Die Berücksichtigung von Halbjahresleistungen der Schülern genehmigter Ersatzschulen kann in Bayern und für Waldorfschulen auch in anderen Bundesländern schon heute unter Aufsicht der Schulaufsichtsbehörden erfolgen, ohne dass eine Kursstufe eingeführt werden musste.

4.) Die Ungleichbehandlung der Schüler genehmigter Ersatzschulen führt somit zu einer Verletzung des Art.3 I GG, da sie mangels Geeignetheit der besonderen Prüfungsvorschriften zur Erfüllung der Ziele der Berechtigungserteilung nicht gerechtfertigt werden kann. Außerdem wird Art.7 IV GG verletzt. Denn die Freiheit des Betreibens von Privatschulen ist gefährdet, wenn die Schüler aufgrund andersartiger Prüfungsregelungen benachteiligt werden bzw. wegen dieser Regelungen der Privatschule u.U. fernbleiben.

5.) Nur in Bayern ist für alle genehmigten Ersatzschulen eine verfassungskonforme Regelung vorhanden. In mehreren Bundesländern gilt ähnliches nur für die Freien Waldorfschulen. Denn nach der bayerischen Regelung können zumindest zwei Leistungen des Abiturienten aus dem letzten Kurshalbjahr anstatt zweier mündlicher Prüfungen in die Abiturnote einfließen, so dass sich die Anzahl der Prüfungsfächer auf sechs reduziert. Die Lehrkräfte der Ersatzschule dürfen Mitglied der Prüfungsgremien sein und sind an der Erstellung der Prüfungsaufgaben zu beteiligen. Die Prüfungen können außerdem in den Räumlichkeiten der Ersatzschulen erfolgen.

IV.) Das Schulverhältnis der privaten Ersatzschule und Unterschiede im Schulverhältnis zwischen der genehmigten und der anerkannten Ersatzschule

1.) Die Träger der genehmigten Ersatzschulen sind Privatrechtssubjekte. Eine Ausnahme stellen die Religionsgemeinschaften dar, die die Rechtsform einer Körperschaft des öffentlichen Rechts aufweisen. Sie können ebenfalls Träger einer Privatschule sein. Die Religionsgemeinschaften nehmen jedoch keine staatlichen hoheitlichen Aufgaben wahr. Sie sind nicht Teil der Staatsverwaltung. Die genehmigte Ersatzschule wird rein privatrechtlich tätig. Sie erfüllt keine hoheitlichen Aufgaben. Das Schulverhältnis ist somit privatrechtlich organisiert. Es richtet sich nach den Vorschriften des Bürgerlichen Gesetzbuchs.

a) Der Schulvertrag ist ein Dienstvertrag gem. § 611 BGB. Er kann in Verbindung mit anderen Vertragspflichten auch als atypischer Vertrag ausgestaltet sein. Der Schwerpunkt der Leistungsbeziehungen liegt jedoch regelmäßig im Dienstvertragsbereich. Der Schulvertrag ist ein Dauerschuldverhältnis.

b) Der Vertragsschluss erfolgt nach allgemeinen zivilrechtlichen Regeln. Die Eltern als gesetzliche Vertreter des Schülers vertreten ihr minderjähriges Kind beim Abschluss des Schulvertrages. Sie können den Schulvertrag aber auch als Vertragspartei im Wege eines Vertrages zugunsten Dritter gem. § 328 BGB abschließen. Der Schüler erhält als Dritter daraus einen Rechtsanspruch gegen den

Schulträger auf die Erteilung des Unterrichts. Der Schulträger erlangt einen vertraglichen Anspruch gegen die Eltern auf Zahlung des Schulgeldes.

c) Die Rechte und Pflichten der Vertragsparteien bestimmen sich nach den Regelungen des Schulvertrages. Häufig wird auf die Allgemeinen Geschäftsbedingungen des Schulträgers Bezug genommen. Diese müssen den Anforderungen der §§ 305ff. BGB gerecht werden. Hauptleistungspflicht des Schulträgers ist die ordnungsgemäße Unterrichtserteilung. Er muss insoweit den Schüler auch hinreichend mit den Prüfungsanforderungen vertraut machen. Hauptleistungspflicht des Vertragspartners des Schulträgers ist die Zahlung des Schulgeldes. Eine Vorausleistung des Schulgeldes ist unter Abbedingung von § 614 BGB möglich. Bei einer Abbedingung durch AGB kann aufgrund von § 307 BGB eine Vorauszahlungspflicht nur für einen begrenzten Zeitraum festgelegt werden.
Zwischen den Vertragsparteien bestehen weiterhin umfassende vertragliche Nebenpflichten, die nun insbesondere aus § 241 II BGB folgen. Der Schulvertrag wird häufig für unbefristete Zeit abgeschlossen. Erfolgt dies im Rahmen Allgemeiner Geschäftsbedingungen, sind die §§ 309 Nr.9a), 307 BGB zu beachten.

d) Die Rechte der Vertragsparteien bei Leistungsstörungen bestimmen sich nach dem allgemeinen schuldrechtlichen Leistungsstörungsrecht. Das Rücktrittsrecht wird im Dauerschuldverhältnis Schulvertrag grundsätzlich aber durch das Recht zur außerordentlichen Kündigung gem. § 626 BGB verdrängt. § 628 II BGB ist lex specialis im Verhältnis zu § 280 I BGB. Bei mangelhafter Unterrichtserteilung bzw. bei mangelhafter Vorbereitung des Schülers auf die Prüfungen durch den Schulträger hat der Schüler gem. § 626 BGB das Recht zur außerordentlichen Kündigung des Schulvertrages. Er kann dann Schadensersatz vom Schulträger gem. § 628 II BGB verlangen. Kündigt der Schüler den Schulvertrag hingegen nicht, kann er Schadensersatz nach den allgemeinen Leistungsstörungsregeln insbesondere gem. § 280 I BGB geltend machen.

e) Die Beendigung des Schulvertrages erfolgt bei befristeten Schulverträgen gem. § 620 I BGB mit Ablauf der Vertragsdauer, bei unbefristeten Verträgen entweder durch Auflösungsvertrag gem. § 311 I BGB, ordentliche Kündigung gem. §§ 620 II, 621 BGB oder durch außerordentliche Kündigung gem. § 626 BGB. Wird der Ersatzschule die Genehmigung durch die zuständige Behörde wieder entzogen, hat der Schüler ein Kündigungsrecht gem. § 626 BGB. § 627 BGB ist für die Beendigung des Schulvertragsverhältnisses hingegen nicht anwendbar.

2.) Die genehmigte und zusätzlich anerkannte Ersatzschule ist im Vergleich dazu ebenfalls privatrechtlich organisiert. Ihr Schulverhältnis wird grundsätzlich wie das der lediglich genehmigten Ersatzschulen privatrechtlich ausgestaltet. Die anerkannte Ersatzschule nimmt aber im Bereich des Berechtigungswesens hoheitliche Aufgaben wahr. Der Träger der anerkannten Ersatzschule wurde für diesen Bereich beliehen. Die Beleihung erfolgt im Wege der Anerkennung, in Nordrhein-Westfalen hingegen im Wege einer landesverfassungsrechtlichen grundrechtlichen Garantie. Im Rahmen des Umfangs der Beleihung wird die Ersatzschule öffentlich-rechtlich tätig. Es erfolgt insoweit eine Überlagerung des privatrechtlichen Schulvertrages durch die öffentlich-rechtlichen Normen für das Berechtigungswesen. Sie verdrängen als hoheitlich zwingende Normen etwaige entgegenstehende privatrechtliche Normen der Schulvertragsparteien. Anzuwenden haben die anerkannten Ersatzschulen die für entsprechende öffentliche Schulen geltenden öffentlich-rechtlichen Vorschriften je nach Landesrecht für den Bereich der Aufnahme und Versetzung von Schülern sowie in allen Bundesländern für Prüfungen und die Erteilung von Zeugnissen. Insofern besteht eine Gleichartigkeit der anerkannten Ersatzschulen mit den öffentlichen Schulen. Das Schulverhältnis der Ersatzschule ist in diesen Bereichen öffentlich-rechtlich ausgestaltet. Darüber hinaus bleibt allerdings die Gestaltungsfreiheit der Privatschule im Rahmen der Privatschulfreiheit bestehen. Eine über das Berechtigungswesen hinausgehende Anpassung der Ersatzschulen an öffentliche Schulen im Wege der Anerkennung verletzt Art.7 IV GG.
Wird die Anerkennung der Ersatzschule dem Schulträger entzogen, hat der Schüler ein außerordentliches Kündigungsrecht gem. § 626 BGB zur Auflösung des Schulvertrages. Er kann gem. § 628 II BGB Schadensersatz vom Schulträger verlangen und die Schule wechseln. Kündigt der Schüler den Schulvertrag hingegen nicht, kann er Schadensersatz gegen den Schulträger gem. § 280 I BGB geltend machen. Der Schüler muss seine Prüfungen dann im Wege der Externenprüfung ablegen.

3.) Die genehmigten Ersatzschulen unterliegen einer Rechtsaufsicht, mit der die dauerhafte Erfüllung der Genehmigungsvoraussetzungen überprüft werden darf. Das Tätigwerden der Aufsichtsbehörden erfordert eine gesetzliche Grundlage. Der Vorrang und Vorbehalt des Gesetzes ist einzuhalten. Ein Selbsteintrittsrecht steht den Aufsichtsbehörden nicht zu.
Die anerkannten Ersatzschulen unterliegen hingegen im Bereich der Beleihung der Rechts- und Fachaufsicht durch die Schulaufsichtsbehörden. Aufgabe der Schulaufsicht ist es, zu gewährleisten, dass bei der Auswahl der Schüler, der Erteilung von Zeugnissen und der Abhaltung von Prüfungen die für öffentliche Schulen geltenden Prüfungs-, Aufnahme- und Versetzungsvorschriften eingehalten werden. Die Schulaufsichtsbehörden können den Schulen Weisungen erteilen und eigene Zweckmäßigkeitserwägungen anstellen. Die Aufsicht darf

aber nicht über die Kontrolle der Einhaltung der Anforderungen für den Berechtigungserwerb hinausgehen. Außerhalb des Berechtigungswesens ist die Privatschule in der Gestaltung frei. Eine Aufsicht darf dort nur im Wege der Rechtsaufsicht erfolgen. Eine Fachaufsicht verstößt außerhalb des Berechtigungswesens gegen Art.7 IV GG.

4.) In dem rein zivilrechtlichen Privatschulverhältnis der genehmigten Ersatzschule entfalten die Grundrechte keine unmittelbare Wirkung zwischen dem Schulträger und seinen Schülern. Beides sind bloße Privatrechtssubjekte. Der Schulträger ist nicht Teil staatlicher Gewalt. Die Grundrechte bilden jedoch eine objektive Wertordnung, die im Wege einer mittelbaren Drittwirkung auf die Privatrechtsnormen ausstrahlt, so dass das gesamte Privatschulverhältnis im Geiste der Grundrechte ausgelegt werden muss.
Die anerkannte Ersatzschule wird hingegen im Bereich der Beleihung als Teil der mittelbaren Staatsverwaltung tätig. Sie übt, während sie Aufgaben des Berechtigungswesens erfüllt, hoheitliche Gewalt aus und ist Grundrechtsverpflichteter gem. Art.1 III GG. Insoweit können sich die Schüler unmittelbar auf die Grundrechte berufen. Diese werden aus ihrem status negativus heraus als Abwehrrechte gegen die von der anerkannten Ersatzschule im Bereich des Berechtigungswesens ausgeübten staatlichen Gewalt geltend gemacht. Grundsätzlich können die Schüler sich bei Maßnahmen der anerkannten Ersatzschulen im Bereich des Berechtigungswesens auf Art.2 I GG berufen. Für Schüler der gymnasialen Oberstufe ist vorrangig der Schutzbereich des Art.12 I GG eröffnet.

5.) Die lediglich genehmigte Ersatzschule kann keine Prüfungen mit Außenwirkung durchführen und keine im Außenverhältnis anerkannten Zeugnisse ausstellen. Für die Schüler derartiger Schulen werden Nichtschülerprüfungen nach den jeweiligen Landesvorschriften durch staatliche Prüfungskommissionen durchgeführt. Die Prüfungen zum Erwerb von Berechtigungen erfolgen somit nicht durch die genehmigten Ersatzschulen. Die Prüfungen stehen grundsätzlich außerhalb des Privatschulverhältnisses. Gegen die Entscheidungen der staatlichen Prüfungsbehörde ist der Verwaltungsrechtsweg eröffnet. Richtiger Beklagter ist der Träger der Prüfungsbehörde.
Die anerkannte Ersatzschule ist im Bereich des Berechtigungswesens Beliehener. Sie führt die Prüfungen zum Erwerb der Berechtigung als hoheitliche Aufgabe selbst durch und hat dabei die für staatliche Schulen geltenden Vorschriften zu beachten. Die von anerkannten Ersatzschulen erteilten Zeugnisse werden im Außenverhältnis anerkannt. Sie stehen Zeugnissen öffentlicher Schulen gleich. Bei Rechtsstreitigkeiten bezüglich der Aufgabenwahrnehmung der anerkannten Ersatzschule im Bereich des Berechtigungswesens ist die Klage im Verwaltungsgerichtsverfahren gegen den Träger der anerkannten Ersatzschule als Beliehenen selbst zu richten.

6.) Für Streitigkeiten im Privatschulverhältnis ist der Rechtsweg zur ordentlichen Gerichtsbarkeit gem. § 13 GVG eröffnet. Die genehmigten Ersatzschulen werden im Verhältnis zu ihren Schülern nur rein privatrechtlich tätig.
Die anerkannte Ersatzschule wird im Bereich des Berechtigungswesens hingegen hoheitlich tätig. Bei Streitigkeiten in Fragen des Berechtigungswesens ist deshalb gem. § 40 I VwGO der Verwaltungsrechtsweg eröffnet.
Die anerkannte Ersatzschule übt aber zugleich im Rahmen der Beleihung ein öffentliches Amt im Sinne von Art.34 GG aus. Verletzt sie die ihr gegenüber dem Schüler obliegenden Amtspflichten, kann gegen den Träger der Privatschule ein Amtshaftungsanspruch gem. Art. 34 GG i.V.m. § 839 BGB geltend gemacht werden. Es haftet diejenige Körperschaft, die den Träger der Ersatzschule mit den hoheitlichen Aufgaben des Berechtigungswesens beliehen hat. Für die gerichtliche Geltendmachung des Anspruchs ist gem. Art. 34 S.3 GG der Rechtsweg zur ordentlichen Gerichtsbarkeit eröffnet.

Schriften zum Staatskirchenrecht

Herausgegeben von Axel Frhr. von Campenhausen und Christoph Link

Band 1 Christoph Link: Staat und Kirche in der neueren deutschen Geschichte. Fünf Abhandlungen. 2000.

Band 2 Andreas Franitza: Der Allgemeine Hannoversche Klosterfonds und die Klosterkammer Hannover. Untersuchung zur rechtsgeschichtlichen Entwicklung. 2000.

Band 3 Reinald Willenberg: Rundfunk unter kirchlicher Trägerschaft. 2001.

Band 4 Martin Fischer: Kirchliche Beiträge im Fernsehen. Darstellung eines abgestuften Mitgestaltungsmodells kirchlicher Beteiligung im Fernsehen. 2001.

Band 5 Bernd Albrecht von Garmissen: Landwirtschaftliches Grundvermögen in kirchlicher Hand. Dargestellt am Beispiel der Evangelischen Kirche in Deutschland und unter besonderer Berücksichtigung der Evangelisch-Lutherischen Landeskirche Hannovers. 2001.

Band 6 Berend Lindner: Entstehung und Untergang von Körperschaften des öffentlichen Rechts. Unter besonderer Berücksichtigung der Religions- und Weltanschauungsgemeinschaften. 2002.

Band 7 Gesa Dirksen: Das deutsche Staatskirchenrecht - Freiheitsordnung oder Fehlentwicklung? 2003.

Band 8 Im Dienste der Sache. Liber amicorum für Joachim Gaertner. Herausgegeben von Ricarda Dill, Stephan Reimers, Christoph Thiele. 2003.

Band 9 Arnd Diringer: Scientology. Verbotsmöglichkeit einer verfassungsfeindlichen Bekenntnisgemeinschaft. 2003.

Band 10 Konstantin v. Notz: Lebensführungspflichten im evangelischen Kirchenrecht. 2003.

Band 11 Matthias Schwara: Die Heiliggeistkirche in Heidelberg im Wandel der Zeiten. Ein Beitrag zur Rechtsgeschichte Südwestdeutschlands. 2003.

Band 12 Axel Frhr. von Campenhausen (Hrsg.): Deutsches Staatskirchenrecht zwischen Grundgesetz und EU-Gemeinschaftsrecht. Symposion im Kirchenamt der Evangelischen Kirche in Deutschland am 25. und 26. April 2002 in Hannover. 2003.

Band 13 Thomas Bauer: Die GmbH als Rechtsform karitativer Einrichtungen der Kirche. 2003.

Band 14 Anne-Ruth Glawatz: Die Zuordnung privatrechtlich organisierter Diakonie zur evangelischen Kirche. Unter besonderer Berücksichtigung von unternehmerischen Umstrukturierungen in der Diakonie. 2003.

Band 15 Detlef Kehlen: Europäische Antidiskriminierung und kirchliches Selbstbestimmungsrecht. Zur Auslegung von Art. 13 EG und Art. 4 der Richtlinie 2000/78/EG. 2003.

Band 16 Andreas Grube: Der Sonntag und die kirchlichen Feiertage zwischen Gefährdung und Bewährung. Aspekte der feiertagsrechtlichen Entwicklung im 19. und 20. Jahrhundert. 2003.

Band 17 Burghard Winkel: Kirche und Vergaberecht. Der vergaberechtliche Status der evangelischen Landeskirchen in Deutschland. 2004.

Band 18 Suzanne Mann: Das Kopftuch der muslimischen Lehramtsanwärterin als Eignungsmangel im Beamtenrecht. 2004.

Band 19 Markus Ogorek: Geltung und Fortbestand der Verfassungsgarantie staatlichen Religionsunterrichts in den neuen Bundesländern. Ein Beitrag zur Lehre vom sogenannten Verfassungswandel. 2004.

Band 20 Steffen Rupp: Verwaltungsmodernisierung in der Kirche. Eine Untersuchung am Beispiel des Neuen Steuerungsmodells der Evangelischen Landeskirche in Baden. 2004.

Band 21 Gunter Barwig: Die Geltung der Grundrechte im kirchlichen Bereich. Eine Untersuchung zur Grundrechtsfähigkeit und Grundrechtsbindung der Religionsgemeinschaften. 2004.

Band 22 Andreas Kasper: Sozialsponsoring. Eine rechtliche Bewertung unter besonderer Berücksichtigung des Sponsorings kirchlicher Werke und Einrichtungen. 2004.

Band 23 Martin Rauhaus: Das kirchenrechtliche Gemeindeprinzip und seine Auswirkungen auf die kirchliche Verfassungsgestaltung. Dargestellt am Beispiel der Verfassung der evangelisch-reformierten Kirche. 2005.

Band 24 Heidi Reichegger: Die Auswirkungen der Richtlinie 2000/78/EG auf das kirchliche Arbeitsrecht unter Berücksichtigung von Gemeinschaftsgrundrechten als Auslegungsmaxime. 2005.

Band 25 Matthias Triebel: Das europäische Religionsrecht am Beispiel der arbeitsrechtlichen Anti-Diskriminierungsrichtlinie 2000/78/EG. 2005.

Band 26 René Seidel: Die Anerkennung der privaten Ersatzschule und ihre Auswirkungen auf das Privatschulverhältnis. 2005.

Sonja Lanzerath

Religiöse Kleidung und öffentlicher Dienst

Zur Zulässigkeit dienstrechtlicher Bekleidungsverbote in Schule, Gerichtsbarkeit und Polizei

Frankfurt am Main, Berlin, Bern, Bruxelles, New York, Oxford, Wien, 2003.
XX, 280 S.
Islam und Recht. Herausgegeben von Janbernd Oebbecke. Bd. 2
ISBN 3-631-51073-X · br. € 45.50*

Religiöse Kleidung im öffentlichen Dienst ist von besonderer Brisanz. Der Beamte steht an der Schnittstelle zwischen Staat und Gesellschaft. Er ist sowohl Teil des neutralen Staates wie religiöses Individuum. Diesen Konflikt löst die Arbeit. Sie zeigt die Grenzen auf, in denen religiöse Kleidung im Dienst in Schule, Gerichtsbarkeit und Polizei zulässig ist. Ausgehend von den verfassungsrechtlichen Grundlagen legt sie die Einschreitungsmöglichkeiten des Dienstherrn dar. Einen Schwerpunkt bildet die Ermittlung der einschlägigen beamtenrechtlichen Ermächtigungsgrundlage. Die Arbeit kommt zu dem Ergebnis, dass sich Lehrer in der Schule religiös kleiden dürfen, Richter und Polizisten aber durch das Tragen religiöser Kleidung im Dienst ihre Amtspflichten verletzen.

Aus dem Inhalt: Arten und Bedeutung religiöser Kleidung · Beispiele religiöser Bekleidungsverbote aus der behördlichen Praxis · Grundrechtsrelevanz der Bekleidungsverbote · Gesetzliche Grundlagen · Rechtfertigung durch kollidierendes Verfassungsrecht · Parallelfälle in anderen Ländern

Kolibri 360 GmbH
Ferdinand-Jühlke-Straße 7
99095 Erfurt, Deutschland
produktsicherheit@kolibri360.de

Druck:
CPI Druckdienstleistungen GmbH
im Auftrag der
Kolibri 360 GmbH
Ferdinand-Jühlke-Str. 7
99095 Erfurt